Isel

AF879259

THEORIE GENERALE DE L'ADDICTION

DU MÊME AUTEUR

Notre cerveau est un drogué, 1997.

La structure des fantasmes érotiques, 2001.

ERIC LOONIS

THEORIE GENERALE DE L'ADDICTION

Introduction à l'hédonologie

Préface du professeur Michael J. Apter

Publibook

Dialoguez avec l'auteur, et retrouvez cet ouvrage accompagné de la critique de notre club de lecture, des commentaires des lecteurs, sur le site Publibook :

http://www.publibook.com

Publibook, Paris, 2002

Ce texte publié par Publibook est protégé par les lois et traités internationaux relatifs aux droits d'auteur. Son impression sur papier est strictement réservée à l'acquéreur et limitée à son usage personnel. Toute autre reproduction ou copie, par quelque procédé que ce soit, constituerait une contrefaçon et serait passible des sanctions prévues par les textes susvisés et notamment le code français de la propriété intellectuelle et les conventions internationales en vigueur sur la protection des droits d'auteur.

Publibook, Republic Alley
18 rue du Faubourg du Temple
75011 Paris France
Tel: 33 (0)1 47 00 05 07

IDDN : FR.010.0095164.000.R.P.2001.027.40100

A ma fille, pour l’encourager à suivre la voie du compromis entre pragmatique et gestion hédonique.

Préface

Cet ouvrage représente une tentative de construire une théorie générale de l'addiction, et de plus, de montrer qu'une telle théorie peut être, d'une certaine façon, une théorie de la psychopathologie en général, voire rendre compte de la nature humaine elle-même. Il s'agit donc d'une entreprise très générale et ambitieuse, posant un principe unificateur : le principe d'addictivité générale.

Le chercheur en sciences humaines a habituellement des scrupules pour se lancer dans la réalisation d'une théorie générale. Car cette démarche peut paraître aux yeux des pairs et de la communauté scientifique comme grandiloquente et faire suspecter son auteur d'une ambition un peu « folle ». En même temps, s'engager dans une telle entreprise nécessite, en plus de connaissances étendues sur son domaine et des domaines connexes, un sérieux esprit d'organisation de la pensée et de la créativité. Une théorie générale n'est, en effet, pas une théorie comme les autres, il se cache toujours en son sein quelque chose de « révolutionnaire », une nouvelle façon de voir les choses et le monde et c'est sans doute là la source majeure de l'embarras et des difficultés qu'elle soulève.

Le premier ouvrage d'Eric Loonis (*Notre cerveau est un drogué*[1]) annonçait déjà celui-ci dans son sous-titre : *vers une théorie générale des addictions*. Le passage du pluriel au singulier, en ce qui concerne le mot « addiction », laissant entrevoir l'évolution de la pensée de l'auteur, qui est parvenu à l'unifier dans un modèle global, pour lequel **les** addictions répondent d'un principe unique et fondamental **de** l'addiction. Le résultat de cette tentative inhabituelle est très impressionnant, même si les arguments exposés soulèvent beaucoup de questions – ce qui est un signe de la fécondité et de la puissance des concepts présentés.

---

[1] Presses Universitaires du Mirail, Toulouse, 1997.

En tant qu'auteur de la « théorie du renversement » – qui est aussi une théorie générale et l'un des ingrédients majeurs de la théorie d'Eric Loonis – je voudrais souligner ici l'intérêt d'une théorie générale de l'addiction capable d'intégrer de façon harmonieuse plusieurs modèles scientifiques, allant de la neurobiologie à la psychanalyse. Il y a là une volonté constructive et remarquable de prendre en compte, dans les autres modèles, ce qui annonce déjà le saut paradigmatique.

La preuve empirique de cette théorie générale n'est pas encore fermement établie, mais la tentative réalisée par Eric Loonis et dont il rend compte à la fin de son ouvrage, représente une étape préliminaire prometteuse qui contribuera certainement à inspirer un grand nombre de recherches.

Professeur Michael J. Apter
Georgetown University
Washington, DC.

Introduction

Addictions, dépendances, interdépendances, personnalités dépendantes, compulsions, attachements, habitudes, autant de termes qui parlent de ce qui nous rend esclave, nous aliène, nous contraint, au quotidien comme dans les excès de la pathologie. Besoins positifs de se stimuler, d'avoir du plaisir, ou négatifs de se protéger d'un malaise intérieur, les addictions paraissent des nécessités vitales pour les êtres humains. Elles sont multiples, extrêmement variées, suivant les époques, les cultures, les modes, les possibilités économiques, politiques, les disponibilités d'accès, les développements scientifiques et technologiques, le marché. Les addictions mettent en jeu une multitude de facteurs : biologiques, psychologiques, psychiques, sociaux, économiques, politiques. Elles sont comprises, formalisées, étudiées, au travers de nombreux modèles : neurobiologiques, psychologiques, cognitivistes, économiques, sociaux, psychanalytiques.

Cette profusion, cette richesse, du phénomène, du concept et de ses modèles, doivent nous interroger sur au moins trois points : existe-t-il un principe général directeur sous la profusion des phénomènes ? Peut-on envisager un concept surorganisateur d'addiction ? Peut-on construire un modèle général de l'addiction ? C'est à ces trois questions que nous allons essayer de répondre en suivant une démarche scientifique en deux temps : une approche convergente inductive qui nous amènera à réunir des faits épistémologiques et d'observation dont nous tirerons des lois générales ; puis, après avoir construit une théorie générale de l'addiction, sous-tendue par ces lois générales, nous irons dans le sens d'une approche divergente hypothético-déductive, afin de mettre à l'épreuve de l'expérience notre modèle.

Le but de ce travail de recherche est la mise en lumière de ce qui s'organise dans nos activités de la vie quotidienne pour certains de nos besoins de plaisir et de soulagement. Une addiction n'est pas une substance que l'on consomme, une source de stimulation à laquelle on s'adonne ; elle est avant toute chose une organisation particulière, monopolisante de nos activités. L'une d'elles, l'activité addictive, est sélectionnée, surinvestie, elle envahit le quotidien, la pensée, le comportement, les émotions, les relations, l'adaptation au monde et c'est ce qui en fait une addiction. Aussi, ce qu'il nous faudra comprendre est ce qui fonde cette organisation particulière, centralisatrice, « totalitaire » de nos activités. Comment fonctionne cette saillance de l'activité ? Quels sont ses mécanismes ? Ses objectifs ? Et finalement, dans quelle mesure pourrons-nous la contrôler, préventivement et curativement, à partir des connaissances que nous pourrons en avoir ?

Il semble bien que la récurrence comportementale appartienne au répertoire naturel des activités des êtres humains (et des animaux), aussi, comprendre ces répétitions dans ce qu'elles ont de contraignant, mais aussi de mobilisateur et d'enrichissant, nous paraît un enjeu essentiel pour comprendre l'Homme, dans le cadre d'une psychologie des états. Le sous-titre de l'ouvrage, introduction à l'hédonologie, annonce l'ambition de fonder une nouvelle science, c'est-à-dire un savoir unifié autour d'un modèle central et porteur. L'hédonologie pouvant se définir comme la science de la gestion hédonique, cette gestion du bonheur au quotidien à laquelle nous nous adonnons tous de tant de façons.

– I –

ADDICTION

La formalisation du concept d'addiction et de la notion de symptôme addictif ne représente pas une avancée scientifique, mais est mieux comprise comme un phénomène culturel qui comble des besoins fonctionnels et symboliques. Si nous souhaitons, de fait, créer un concept d'addiction scientifiquement bien défini, nous aurons besoin de nous détacher de nos préoccupations avec les narcotiques et d'autres drogues illicites, pour réfléchir à la question du pourquoi les gens ont-ils des attachements irrésistibles de toutes sortes.

Stanton Peele

Construire une théorie générale de l'addiction est une œuvre ambitieuse face à l'extensivité et la complexité du concept d'addiction lui-même et en regard de la multiplicité des modèles de l'addiction déjà proposés sur le « marché » de la recherche en psychologie. Pourtant, c'est cette profusion même, du concept d'addiction et des modèles qui l'ont repris, qui justifie sans doute le mieux l'ambition d'une théorie générale. Thomas S. Kuhn (1962/1970) nous a en effet montré comment la science évolue, non pas par une simple accumulation du savoir, mais au travers de crises et de révolutions qui nous amènent à changer périodiquement de paradigme. Le changement suit un processus typique qui commence par une accumulation d'anomalies et d'énigmes irrésolues. A ces problèmes nouveaux viennent répondre une accumulation de réponses sous formes d'hypothèses *ad hoc* et de nouvelles théories qui entrent en conflit. Il semble bien qu'en science, comme dans le psychisme humain, c'est le conflit qui est à la base et le moteur du changement. La résolution des conflits entre les différents modèles ne se fait pas par une sorte de synthèse passive entre tous les modèles, ce qui reviendrait à réaliser une construction bigarrée, un Arlequin scientifique si complexe qu'il en serait inutilisable. La crise se résout par un changement actif de paradigme, c'est-à-dire par l'apparition d'une nouvelle vision du monde. C'est un nouveau système de pensée qui apparaît, non comme une accumulation (toute synthétique ou œcuménique qu'elle puisse être), mais comme une émergence nouvelle, ce qui signifie que les théories anciennes, issues des échecs répétés de l'ancien paradigme, se restructurent en un nouveau système conceptuel qui nous fait « voir les choses autrement ». Aussi, une théorie générale de l'addiction est-elle moins ambitieuse qu'il n'y paraît si l'on comprend qu'il s'agit moins de réaliser une œuvre irréaliste qui embrasserait tout ce qui existe, qu'une construction nouvelle, infiniment plus simple que la simple accumulation des modèles. L'effort ne réside donc pas tant dans la synthèse que dans l'émergence qui nécessite la volonté de penser autrement. Une théorie scientifique n'est pas la réalité, mais une construction de la réalité (Bachelard, 1938), comme outil intellectuel servant à comprendre une série d'opérationnalisations et d'expériences destinées à appréhender plus précisément le monde et c'est en cela qu'une théorie scientifique rejoint l'œuvre d'art, et qu'étrangement, son efficacité relève de son esthétique. Ainsi, vouloir une théorie générale de l'addiction répond-il de ce désir du chercheur de quitter l'inconfort intellectuel d'un champ de bataille théorique où s'affrontent les modèles, souvent de façon abêtissante lorsque l'affrontement conduit aux idéologies, afin de formuler un modèle plus général qui dépasserait, par sa vision nouvelle, l'ensemble des théories en conflit. Cela dit, rien ne saurait sortir de rien, et notre théorie générale ne produira un dépassement, une nouvelle émergence, que parce qu'elle aura su tirer des théories qu'elle prétend dépasser, ce qui préfigure ce dépassement. L'ambition, si ambition il y a, se situe donc bien là : extraire de l'ancien les indices qui annoncent déjà le nouveau, et bâtir le nouveau comme émergence de ces indices.

Qu'est-ce qu'une addiction ? Nous ne nous attarderons pas sur l'origine ancienne, à présent bien connue, du terme (dans l'ancien droit romain, l'homme libre, qui ne pouvait rembourser ses dettes, était « dit à » – *addictum* – son créancier, dont il devenait ainsi l'esclave temporaire – Fernandez, Sztulman, 1997). Si le mot a une origine latine et française, son usage extensif dans la langue est surtout anglo-saxon. Du XVIème au XIXème siècle l'anglais *to addict* signifiait se consacrer à, se vouer à, en parlant d'une pratique, d'un vice ou d'une mauvaise habitude (Peele, 1990). C'est au cours du XIXème siècle que le concept a d'abord été appliqué plus précisément sur les penchants alcooliques, puis étendu aux passions humaines en général, comme fumer, jouer, se livrer à des excès sexuels... (Berridge, Edwards, 1981). Et c'est dans le dernier quart de ce siècle que le terme est devenu plus franchement synonyme de maladie avec le développement d'une conception médicale de la consommation abusive de l'alcool et des narcotiques (Levine, 1978), venue supplanter la conception moraliste. Aujourd'hui, le terme *addiction* et ses dérivés, toujours dans la langue anglaise, sont d'un usage très commun pour signifier un penchant, un goût très fort pour quelque chose, en plus de la dépendance à une drogue. Un *addict* est un intoxiqué, mais aussi un fanatique, un mordu, pour telle ou telle passion et sera dite *addictive* la chose qui induit une dépendance, un accrochage, comme les jeux vidéos ou les biscuits dont on raffole.

Aux États-Unis cette prégnance linguistique du concept d'addiction se double d'une forte activité de régulation sociale qui l'incarne au travers d'une multitude d'associations et de groupes d'aide destinés à apporter un soutien psychologique, voire de prétendues « guérisons » à des addictés de toutes sortes. Hormis les bien connus Alcooliques Anonymes ou Narcotiques Anonymes, on rencontre presque autant de groupements « anonymous » qu'il peut y avoir de passions humaines. Le tabac, la nourriture, les achats, le sport, le sexe, l'amour, les autres en général, le travail, le téléphone..., et tout récemment l'internet, peuvent faire l'objet d'un traitement collectif afin de devenir « abstinent ». Des ouvrages comme *Love and Addiction* (Amour et addiction) de Stanton Peele et Archie Brodsky (1975), *Women Who Love Too Much* (Femmes qui aiment trop) de Norwood (1982), *The Compulsive Woman* (La femme compulsive) de Sandra Simpson LeSourd (1987), ou encore *When Society Becomes an Addict* (Quand la société devient addictée) de Anne Wilson Schaef (1987), ont été et sont encore des succès. Selon les analyses de Stanton Peele (1985, 1990), l'attitude des américains et leur obsession envers les addictions (une sorte d'addiction aux addictions ?) seraient liées à la culture protestante et puritaine qui mettrait en avant les valeurs du contrôle et de l'accomplissement de soi. L'addiction a remplacé le péché, tout comme la maladie a remplacé l'immoralité, mais la même idéologie religieuse du « tout ou rien » persiste et marque de son sceau manichéen les multiples transpositions du canonique programme en douze étapes des Alcooliques Anonymes : l'homme alcoolique est impuissant devant l'alcool (alcool que l'on peut remplacer par tout ce que l'on veut : sexe, amour, travail, ...) tout comme le pécheur face au péché et seul Dieu (ou ce qui en tient lieu pour la personne) peut vous aider dans la seule chose que vous ayiez à faire : être abstinent à perpétuité. La vision médicale de l'addiction était sensée remplacer sa vision morale et religieuse, mais en fait, la logique est restée la même. Le mythe du péché originel, du processus inexorable et irréversible de délabrement, sans possibilité de contrôle (sauf à entrer dans une sainte et ascétique abstinence) a été transposé sur le plan de la médecine par le caractère héréditaire, incontrôlable et irréversible jusqu'à la mort, des addictions (Peele, 1990).

En France, le concept d'addiction, hors du cercle des spécialistes, est encore fort mal connu du grand public, même cultivé. Pourtant, l'idée que l'on peut être dépendant de tout un tas de choses en dehors des drogues, de l'alcool et du tabac existe bien et se retrouve dans les expressions populaires comme « être accro » ou « être drogué de » (Loonis, 1997). Un article de vulgarisation scientifique paru en septembre 1997 (*Science & Vie*, 960, 110-119) et intitulé *Sommes-nous tous des drogués ?* introduit sans doute pour la première fois, auprès du grand public cultivé, l'idée explicite de la possibilité d'une dépendance sans drogue. Pour autant, les mots « addictif » et « addiction » n'y paraissent qu'une fois pour le premier (placé d'ailleurs entre guillemets) et deux fois pour le second.

Si le concept d'addiction dans le discours et le savoir populaires est fortement relié à des déterminants culturels, nous allons voir que son acception scientifique n'est pas non plus très claire et est largement influencée par ces mêmes déterminants culturels qui se transposent, au mieux dans les modèles et théories scientifiques et, au pire dans des idéologies (ou quasi-idéologies) qui sélectionnent une partie du *corpus* des recherches pour pouvoir justifier leur point de vue.

Le concept d'addiction n'existe pas dans les grandes définitions internationales des maladies comme le DSM-IV (Manuel Diagnostique et Statistique des Troubles Mentaux de l'Association des Psychiatres Américains – APA, 1996), ou la CIM-10 (Classification Internationale des Maladies de l'Organisation Mondiale de la Santé – OMS, 1994). La raison en est que le concept d'addiction, comme nous venons de le voir, est trop contaminé de sens commun (dans le monde anglophone) pour pouvoir servir utilement la science (Peele, 1985). Nous verrons bientôt que les addictions correspondent à un ensemble de conduites qui vont des consommations de substances psychotropes, jusqu'aux conduites compulsives les plus variées. Aussi, si nous considérons le DSM-IV (la CIM-10 en est très proche), les troubles correspondant aux addictions sont distribués en quatre grandes catégories de troubles bien séparés les uns des autres : 1) les troubles liés à une substance ; 2) les troubles des conduites alimentaires ; 3) les paraphilies ; et 4) les troubles des impulsions. Si le mot « addiction » n'est pas présent, le mot « dépendance », qui en est proche, apparaît, mais uniquement pour les troubles liés à une substance, il s'agit de la sous-catégorie des **troubles liés à l'utilisation d'une substance** / dépendance à une substance. Les critères en sont : une altération du fonctionnement (ou une souffrance) caractérisée par la tolérance (baisse des effets et augmentation compensatrice des doses) ; le symptôme de sevrage (selon la substance et son soulagement si la substance – ou une substance proche – est consommée) ; la perte de contrôle (quantité, durée) ; le désir persistant (échec du contrôle) ; le temps passé pour obtenir la substance ou se remettre de ses effets ; l'abandon d'activités adaptatives (sociales, travail, loisirs) à cause de l'utilisation de la substance ; et enfin, la substance continue d'être utilisée malgré la connaissance des problèmes physiques et psychologiques qu'elle peut poser (ulcère alcoolique, dépression cocaïnomane, ...). Des troubles mentaux (dépression, anxiété, troubles des conduites) peuvent précéder et être associés à la consommation de substance. Les substances en question sont : l'alcool, les amphétamines, la caféine, le cannabis, la cocaïne, les hallucinogènes, les solvants volatiles, la nicotine, les opiacés, la phencyclidine (PCP ou substances similaires), les sédatifs, les hypnotiques ou anxiolytiques (les médicaments psychotropes).

Les **troubles des conduites alimentaires** se divisent en deux grandes catégories : 1) l'anorexie mentale ; et 2) la boulimie. En ce qui concerne la première, au-delà des critères de surface (refus d'assurer un poids minimum normal, peur de prendre du poids et altération de la perception de son propre corps), sont plus intéressants à retenir les troubles mentaux associés qui mettent en jeu l'humeur dépressive et des traits obsessionnels-compulsifs portant sur la nourriture (collection de recettes de cuisine, accumulation de provisions). On peut aussi trouver dans l'anorexie, associés à des crises boulimie/vomissements provoqués, d'autres troubles du contrôle des impulsions et des consommations de drogues ou d'alcool. La boulimie, de son côté, est décrite comme un comportement de crise au cours duquel une quantité inhabituelle de nourriture est absorbée (à distinguer donc du grignotage tout au long de la journée). Les crises sont déclenchées par une dysphorie qui n'est soulagée que momentanément, cédant la place, après l'ingestion, à l'auto-dépréciation et la dépression. La crise s'accompagne d'un sentiment de perte de contrôle, d'une frénésie, avec parfois un état de dissociation. La crise peut aussi être suivie de comportements de compensation, tels que le vomissement provoqué, l'emploi de laxatifs, ou encore jeûner durant plusieurs jours ou se livrer à des exercices physiques intenses qui peuvent interférer avec le cours normal de la vie (moments, lieux inappropriés, ou au-delà des capacités physiques réelles). Tout comme pour l'anorexie, on note des troubles mentaux associés dépressifs, anxieux, l'abus et la dépendance à des substances, dont l'alcool et les stimulants.

Les **paraphilies** sont définies explicitement comme *des fantaisies imaginatives sexuelles excitantes, des impulsions sexuelles ou des comportements survenant de façon répétée et intense (...)* (APA, 1996). Ces impulsions concernant des objets sexuels non appropriés. *Ces comportements, impulsions sexuelles, ou fantaisies imaginatives sont à l'origine d'un désarroi cliniquement significatif ou d'une altération du fonctionnement social, professionnel, ou dans d'autres domaines importants* (ibidem). Parfois ce désarroi n'est pas reconnu par le sujet, mais le comportement entraîne des conséquences négatives (arrestations, emprisonnements, opprobre sociale et familiale) qui peuvent générer une souffrance secondaire. Les paraphilies comprennent : l'exhibitionnisme, le fétichisme, le frotteurisme, la pédophilie, le masochisme et le sadisme sexuels, le transvestisme fétichiste, le voyeurisme, plus quelques autres troubles variés (appels téléphoniques obscènes, nécrophilie, ...).

Les **troubles des impulsions** non classés ailleurs (ce qui signifie bien que les troubles des impulsions sont reconnus ailleurs : utilisations d'une substance, paraphilies, troubles des conduites alimentaires). Ils se caractérisent par la perte de contrôle (*l'incapacité à résister à l'impulsion, à la tendance ou à la tentation d'accomplir un acte qui nuit à soi-même ou à autrui*) (ibidem). Ces troubles se caractérisent par leur aspect critique, immotivé, hormis la nécessité de soulager une tension intérieure devenue insupportable. Une dysphorie dépressive ou anxieuse est souvent associée. Les comportements impulsifs ont des conséquences négatives (arrestations, emprisonnements, problèmes familiaux ou sociaux).

Tableau 1 : Les troubles à caractère addictif selon le DSM-IV.

	Substances	Conduites alimentaires	Paraphilies	Impulsions
Dysphorie antécédente	dépression, anxiété	dépression, anxiété, troubles des impulsions, abus de substances	(mal repérée)	dépression, anxiété, tension insupportable
Dysphorie conséquente	tolérance, symptôme de sevrage, dépression	dépression	désarroi, dépression	(mal repérée)
Perte de contrôle	perte de contrôle, désir persistant	crise, frénésie, comportement de compensation, traits obsessionnels compulsifs	impulsions répétées intenses	crise, impulsivité
Conséquence négatives	surinvestissement, désadaptation	désadaptation	désadaptation	désadaptation

Ces troubles comprennent : le trouble explosif intermittent (impulsions agressives graves sur les personnes ou sur les biens), la kleptomanie, la pyromanie, le jeu pathologique, la trichotillomanie (arrachage de ses propres cheveux).

Dans une première approche, il est possible de réaliser une synthèse (voir tableau 1) de ce que nous dit le DSM-IV à propos de cet ensemble de troubles à caractère addictif. Quatre éléments communs peuvent être dégagés : les dysphories antécédente et conséquente, la perte de contrôle et les conséquences négatives. Seules les dysphories antécédente pour les paraphilies et conséquente pour les troubles des impulsions semblent mal repérées par le DSM-IV.

Cette synthèse suggère la description des troubles à caractère addictif comme **la mise en route d'un comportement critique, compulsif, répété et persistant, destiné à lutter contre une dysphorie préalable, mais qui entraîne lui-même un ensemble de troubles dysphoriques et des conséquences négatives, dont la principale est la désadaptation**.

Si ce résultat est en lui-même déjà intéressant, nous ne pouvons en demander davantage au DSM-IV (ou à la CIM-10) qui ne sont, après tout, que des instruments consensuels de diagnostic et c'est un regard plus appuyé sur les études cliniques concernant les addictions qui nous permettra d'éclairer davantage le processus général commun à toutes les addictions.

1. Clinique des addictions

La clinique des addictions fait l'objet d'une littérature scientifique abondante et ancienne, de laquelle se dégagent de nombreux points de convergence. C'est à partir de ces points qu'un concept unificateur d'addiction pourra être proposé. Nous verrons que le concept d'addiction ne paraît pas avoir de limites précises, au sens où tout semble pouvoir se transformer en une addiction, qu'il s'agisse d'une substance ingérée, ou d'une activité stimulante à caractère compulsif. Nous verrons aussi, que le facteur de gravité des addictions n'est pas clairement tranché et qu'une addiction peut être, ou non, pathologique selon bien entendu son intensité, mais que cette caractéristique n'a pas de valeur absolue. En effet, des critères de tolérance personnelle, familiale, ou encore sociale, peuvent amoindrir une addiction, qui sous la même forme passerait pour grave dans d'autres contextes, sociaux ou culturels. Aussi, nous sommes face à une double imprécision, sur le plan de la nature, du type d'addiction et sur le plan de la gravité. Imprécisions que nous essaierons de traduire par deux continuum, celui des types d'addiction et celui de la sévérité de l'addiction. Simplement à titre de démonstration, nous allons rapidement examiner la clinique de quelques addictions que l'on rencontre typiquement dans la littérature scientifique, sans que notre choix doive être considéré comme exhaustif ou intentionnel, d'autres types d'addiction auraient pu servir à la même démonstration. Nous allons voir la clinique des toxicomanies, celle des addictions sexuelles, l'addiction à autrui, aux achats, au travail, au jeu et à la violence. Plus loin, avec les tentatives de suicide répétées et les troubles obsessionnels compulsifs, nous irons aux limites du concept d'addiction.

A. Clinique des toxicomanies

L'œuvre de Jean Bergeret (1980, 1981, 1982, 1990a) est celle qui vient spontanément à l'esprit lorsqu'on veut aborder la clinique du toxicomane. Bien qu'il nous parle du toxicomane, Bergeret s'est largement rallié à l'idée d'une unité clinique dans la diversité des addictions. La problématique du toxicomane tourne pour l'essentiel autour de carences narcissiques et de vécus dépressifs *contre lesquels il s'agit de lutter à la fois par le comportement et par le corps* (Bergeret, 1990b). Les deux pôles de la clinique addictive sont la souffrance et la plainte accusatrice qui attribue cette souffrance toujours aux autres (la famille, la société), rarement au sujet lui-même. La toxicomanie représente alors plus qu'un simple rapport à une substance, mais il s'agit d'un mode transactionnel avec l'environnement social au sens le plus large. Elle est la récupération d'une puissance narcissique, agression et culpabilisation de l'environnement, qui est ainsi incité à des contre-comportements défensifs qui viennent confirmer le toxicomane dans ces idées d'accusation. Des accusations qu'il faut distinguer de la persécution paranoïaque en ce qu'elles se contentent d'alimenter une plainte à fonction étayante de l'identité : « Je suis un toxicomane, un drogué ».

Derrière les formes bruyantes de l'asservissement et de la plainte existe toujours une problématique dépressive et suicidaire que l'on reconnaît à un certain nombre d'éléments caractéristiques : la carence des identifications, la carence du fonctionnement imaginaire, un besoin de protection, la force des demandes affectives narcissisantes sous la forme d'un besoin permanent de satisfactions immédiates (ibidem). Les frustrations sont vécues dans l'angoisse et le sentiment de manque, qui ne sont pas tant le produit d'un manque contingent, que la ré-émergence d'un manque intrinsèque, narcissique, à l'occasion d'une rupture addictive.

Pour Bergeret, les aménagements dépressifs de l'addiction ne correspondent pas tous à la même structure psychique sous-jacente. Les aménagements dépressifs névrotiques sont plus rares aujourd'hui que dans les années 60 et correspondent à des sujets plus âgés, à la toxicomanie peu bruyante et gardant une bonne adaptabilité avec l'environnement. Il peut s'agir de consommations « récréatives » qui dérapent à l'occasion d'un stress ayant mis en danger momentanément l'intégrité narcissique (perte, rupture affective, changements existentiels) et qui ranime la problématique œdipienne. Les aménagements psychotiques sont eux aussi présents, permettant d'éviter pour un temps la psychiatrisation chez le sujet jeune. La lutte se porte contre la dépression psychotique, dont on connaît les spécificités en termes de clivage, d'angoisse de morcellement, et le délire. La psychose émergera brusquement à l'occasion d'un sevrage trop bien réussi. Enfin, les problématiques addictives les plus fréquentes aujourd'hui concernent les personnalités narcissiques, états-limites, pour lesquelles la lutte contre la dépression dite « essentielle » signe le défaut d'organisation structurelle. Ces problématiques concernent les adolescents et les jeunes adultes, cette « jeunesse » pouvant parfois se prolonger jusqu'au début de la trentaine. C'est ici qu'un ensemble de facteurs prédisposants (problématiques familiales) et déclencheurs, voire prolongateurs (problèmes socio-économiques, d'environnement), entrent en jeu pour amener ce qui ne devait être qu'une « crise » de l'adolescence vers un processus psychopathologique plus étendu.

La toxicomanie n'est donc pas une « maladie » ou une « structure », mais un mode d'aménagement en réponse à une souffrance psychique ayant un caractère fondamental pour la personne, cette souffrance mettant en jeu le narcissisme même du sujet. Sous le comportement, bruyant, vindicatif, manipulateur des autres et de l'environnement, se cache une stratégie de survie à la dépression dont les modes répétitifs, compulsifs, servent le maintien d'une intégrité, d'une sorte de continuité du moi.

B. Clinique des addictions sexuelles

Dès 1877, le médecin allemand Levenstein plaçait parmi les addictions les excès sexuels (Berridge, Edwards, 1981), mais c'est Patrick Carnes (1983a) qui a popularisé pour la première fois la notion d'addiction sexuelle, un trouble qui affecte surtout les hommes et qui a donné l'occasion de créer aux États-Unis un énième groupe d'entraide, les « *Sexaholics Anonymous* », qui prêchent la tempérance, sinon l'abstinence et pourfendent la masturbation comme aux heures les plus noires du fameux docteur Tissot au XVIIIième siècle. Le concept d'addiction sexuelle trouve souvent d'autres dénominations qui rappellent celle de la paraphilie du DSM-IV, comme le « comportement sexuel compulsif » (Coleman, 1992), le « désordre du contrôle des impulsions » (Barth, Kinder, 1987), voire le concept de « néosexualité » développé par McDougall (1978, 1987, 1996) et qui met l'accent sur les aspects à la fois pervers et créatifs de l'addiction sexuelle. Poudat (1997) a pu montrer, d'une part, que pour la plupart des auteurs les addictions sexuelles allaient bien au-delà des paraphilies mentionnées dans le DSM-IV, et d'autre part, qu'une addiction sexuelle, en plus du comportement sexuel compulsif, est souvent liée à une compulsivité fantasmatique et à une relation affective addictive : les addictions sexuelles sont souvent accompagnées de relations anaclitiques qui réclament la présence impérieuse de l'objet comme étayage du narcissisme du sujet.

Selon les auteurs, on trouvera : la masturbation compulsive, la sexualité anonyme (pornographie, téléphone), l'utilisation de drogues stimulantes du plaisir sexuel (marijuana, cocaïne, psilocybine) ou d'accessoires (Kafka, 1991). On peut encore trouver le sexe payant (prostituées, messageries roses), le sexe intrusif (exploitation sexuelle d'autrui), le sexe échange (contre argent, drogue ou autres avantages), le sexe objet (avec accessoires, déguisements, fétichisme, ...) (Carnes, 1993). Coleman (1992) regroupe les comportements sexuels compulsifs en cinq catégories : la drague compulsive (partenaires multiples), l'auto-érotisme compulsif (masturbation répétitive quotidienne seulement limitée par la fatigue extrême, les blessures ou la pression sociale, l'activité pouvant déborder sur le fonctionnement professionnel, social, familial), la fixation compulsive (sur un objet inapproprié, sans réciprocité, sur la base d'une auto-suggestion fantasmatique), les rapports compulsifs amoureux multiples (obsession-compulsion dans la recherche permanente d'un sentiment amoureux de grande intensité, besoin de nouveauté, course à la « lune de miel »), et enfin, la sexualité compulsive (intégrée dans une relation, avec la manipulation du partenaire, la coercition et la violence).

La clinique des addictions sexuelles ne se réduit donc pas au comportement compulsif. McDougall (1978, 1996) met en relation l'addiction sexuelle avec la perversion et ce qu'elle appelle les « néosexualités » qui se présentent comme des formes légitimes et spontanées, au départ, de créativité. Ce sont les besoins d'étayage narcissique, de « solution addictive » pour lutter contre la dépression, qui entraînent une intensification psychique de la fantasmatique sexuelle, qui entraîne à son tour le sujet vers des activités de plus en plus déviantes. Nous avons montré comment les fantasmes érotiques possèdent un ensemble de structures particulières et universelles qui correspondent aux fonctions psychiques qu'ils remplissent dans la vie quotidienne des individus (Loonis, 1999, 2001). Les fantasmes érotiques, dans leur usage, sont soumis aux mêmes phénomènes d'usure et de tolérance que les drogues chimiques de sorte que leur valeur déviante doit être augmentée au fil du temps. Ces fantasmes possédant une valeur pragmatique (au sens de la pragmatique du langage, c'est-à-dire la capacité à inciter au passage à l'acte), le sujet se trouve de plus en plus incité à mettre en scène dans la réalité les fantasmes qu'il ressasse en se masturbant compulsivement. Au mieux cette pression fantasmatique peut trouver à se libérer avec un (des) partenaire(s) adulte(s) consentant(s), au pire elle peut finir par entraver toute possibilité de relation de couple (le partenaire ne peut plus suivre sur la voie de la déviance, il se sent utilisé comme un simple objet), ou l'on assiste aux passages à l'acte bien connus sur des personnes non-consentantes (agression sexuelle, pédophilie, ...).

Les addictions sexuelles mettent donc en jeu une lutte contre les vécus dépressifs à l'aide d'un étayage fantasmatique, parfois associé à une relation anaclitique, et qui se met en acte au travers d'activités sexuelles compulsives, souvent déviantes, destinées en retour à nourrir le moi d'un ensemble de sensations et de tableaux proprioceptifs.

C. Clinique de l'addiction à l'autre

Le type de choix d'objet anaclitique (prendre appui sur la personne que l'on aime) ou par étayage et le type de choix d'objet narcissique, sont sans doute les deux apports majeurs de Freud à une théorie de l'addiction à autrui (Freud, 1905, 1914). Dans son parallèle entre sentiment amoureux et hypnose, Freud (1910a) avait aussi montré les possibilités aliénantes de la relation à l'autre. Dans la notion de choix d'objet par étayage, les pulsions sexuelles prennent appui sur les pulsions d'auto-conservation, marquant le choix amoureux d'une forme de recherche de protection vitale semblable à la relation mère-nourrisson. Le couple qui peut se bâtir sur un tel modèle est basé sur la faiblesse de soi, ou du partenaire, ou des deux, la peur de la solitude, l'insupportable des frustrations affectives et sexuelles. Chacun des partenaires considère l'autre comme une sorte de mère qui doit lui donner de l'amour et de la vie. Cependant, très souvent la fragilité des personnalités en présence, l'incapacité à s'aimer soi-même, les frustrations grandissantes qui en résultent, provoquent l'anéantissement du couple dans la dépression.

Dans le cadre du choix d'objet narcissique, ce que l'on aime c'est soi dans l'autre, et à ce titre il s'agit souvent d'un choix d'objet homosexuel. Le sentiment amoureux se porte sur un partenaire idéal, comme réplique grandiose du soi, mais aussi ombre de la mère parfaite, ce qui montre les liens qu'il peut y avoir entre les deux types de choix d'objet. Le couple narcissique est donc bâtit sur la recherche d'un second soi-même. Il est chargé d'investissements réciproques de l'idéal du moi de chacun des partenaires sur l'autre. Ce qui constitue une négation mutuelle de la réalité de l'autre qui entraîne un conflit sous-jacent que le couple tâche d'étouffer le plus longtemps possible. Lorsqu'enfin ce conflit éclate, l'amour cède brusquement le pas à la haine et à l'agressivité. Les investissements s'écroulent rapidement, chacun retrouvant la réalité d'un moi immature.

Ces deux types de choix d'objet sont souvent reliés, mettant en jeu à la fois les besoins de protection et d'idéal, à la fois la dépression et l'immaturité. Ce que n'exploite pas suffisamment Freud, c'est le parcours diachronique de tels modes de relation. L'échec étant une constante, le sujet se retrouve constamment confronté à la solitude et à la nécessité de répéter une relation chaque fois nouvelle et cela de manière parfois compulsive. Peele (1975) nous dit que ce type de dépendance interpersonnelle n'est pas comme une addiction, ou analogue à une addiction, mais qu'il s'agit d'une véritable addiction : *on peut être aussi accroché à une personne qu'à une drogue.* Depuis les travaux de Bowlby (1969) on sait toute l'importance de l'environnement social dans les divers attachements du jeune humain, aussi, précise Peele, c'est à cet environnement humain que nous sommes le plus addictés. L'amour romantique peut souvent devenir un piège et une relation au départ axée sur une croissance mutuelle peut se transformer en une relation basée sur la recherche de sécurité et de confort, passer tout son temps avec un partenaire qui est censé combler tous nos besoins. On devient « accroché » à l'autre comme à un objet de dépendance. L'autre devient un moyen permanent de réassurance comme une prolongation de la relation aux parents. La relation s'inscrit au quotidien comme une habitude, une raison d'être qui est destinée à colmater angoisse et dépression, une peur d'affronter le monde adulte. Le couple a tendance à se replier sur lui-même, à s'isoler pour vivre ce qu'il croit être la seule possibilité de bonheur. Cependant, les sentiments d'aliénation, de contrainte, la lassitude, une sorte de tolérance au partenaire, entraînent des sentiments de mépris, puis de haine, le couple entre en crise. Si les partenaires cherchent à prendre de la distance, ils ressentiront alors un véritable symptôme de manque qui les poussera à retourner l'un vers l'autre rapidement. Ils tenteront alors d'augmenter les doses, de plus d'amour, plus de sexe, plus de fusion, ce qui ne fera qu'augmenter le malaise, la haine ou l'indifférence. Généralement, une telle relation peut finir par une rupture explosive, dans la haine, parfois la violence et les partenaires se retrouvant seuls, essaient de renouer le plus rapidement possible une nouvelle relation de type addictif, sans se donner le temps d'un deuil de toute façon impossible. Ils peuvent aussi passer à d'autres types d'addiction (sexuelle, drogue, alcool, ...) s'ils ne parviennent pas à retrouver aussitôt un nouvel amour.

L'addiction à l'autre peut aussi prendre un tour plus général et diffus dans une addiction **aux** autres, ou addiction sociale. Nous avions décrit le cas (Loonis, 1997) d'une jeune femme qui utilisait la socialité comme un moyen de s'anesthésier de ses souffrances, de maintenir un lien distractif, de fuir une douloureuse solitude, dans l'incapacité par ailleurs de s'engager dans une relation plus profonde et authentique. Une telle addiction sociale peut parfois être le destin tardif d'une addiction amoureuse que le sujet ne supporte plus, conscient de l'aliénation de cette répétition d'un couple qui échoue toujours, mais qui ne parvient pas pour autant à dépasser les souffrances psychiques profondes et la fragilité narcissique qui mènent à l'addiction.

D. Clinique de l'addiction aux achats

Dans une société où la consommation entre dans l'ordre des choses et fait l'objet de sollicitations intenses, la compulsion à acheter, l'incapacité à gérer son budget, sont des désordres de la conduite de plus en plus fréquents. En 1996, on dénombrait près de 481 000 dossiers de surendettement (Bobet, Charry, 1997), dont près de 60% ne sont pas liés à la pauvreté. Pour Cameron et Bryan (1994), c'est une tentative d'endiguer un sentiment d'inadaptation et d'anxiété qui expliquerait le besoin compulsif de dépense. De nombreuses études psychopathologiques permettent aujourd'hui de mieux cerner le phénomène

(Adès, Lejoyeux, 1994 ; Clerc, 1994 ; Criquillon-Doublets, 1992 ; Lejoyeux et al., 1992). Bobet et Charry (1997) décrivent la phénoménologie de l'achat compulsif ainsi : il apparaît comme une impulsion soudaine, une envie irrésistible qui s'accompagne d'une forte tension intérieure, le sujet se sentant à la fois excité, mais déjà coupable de l'acte auquel il va se livrer. Cette tension qui précède, soutient et accompagne l'acte d'achat, se trouve momentanément réduite après l'acquisition d'un objet souvent inutile, parfois même acheté en plusieurs exemplaires. Le vécu est marqué par une intolérance à la frustration et le besoin d'une réalisation immédiate du désir afin de fuir un vide intérieur. La tension qui sous-tend la compulsion entraîne une perte du contrôle et les achats sont renouvelés toujours davantage pour tenter de maintenir un niveau suffisant de soulagement. Les conséquences négatives surviennent plus ou moins rapidement selon les ressources du sujet en moyens financiers et en résidus de contrôle. Après c'est l'endettement, parfois des actes délictueux (chèques sans provisions, vols, abus de biens sociaux, détournements de fonds) et l'intervention du contrôle social.

Les achats réalisés possèdent rarement une véritable valeur pragmatique, il s'agit plutôt de « se faire plaisir » ou de « faire plaisir » et ainsi de combler un manque plus profond, de restaurer une image narcissique défaillante. Comme pour toute addiction, la solution est illusoire et ne tient que le temps de l'acte et le vécu post-achat est fait de sentiments de vide, d'épuisement, d'angoisse et de dépression. L'acheteur compulsif se sent aussi seul, replié sur lui-même et coupable, son image de soi est ternie. Parfois d'autres conduites addictives peuvent coexister : boulimie, alcoolisme. De même, il existe souvent une incapacité à réaliser une relation d'amour avec une autre personne.

Pour Bobet et Charry (1997), les achats compulsifs ne se réduisent pas simplement à l'acquisition, mais entrent dans le cadre de transactions narcissiquement étayantes. D'une part, le sujet s'arrange pour fréquenter et manipuler un entourage capable de lui donner de l'argent, puis cet argent sert souvent à faire des cadeaux qui sont sensés représenter un gage d'amour, une estime de soi. C'est comme si en un potlatch[1] ultra-court, la personne cherchait à combler à la fois des besoins d'étayage (qu'on lui donne de l'argent) et de narcissisation (qu'on lui donne, en retour de ses cadeaux, de l'amour, de la reconnaissance, de l'estime). Si l'argent sert pour soi, alors il s'agit de valoriser une image de soi défaillante : se vêtir avec élégance, prendre soin de son corps, aller dans des endroits chics, finalement il s'agit de combler un besoin de paraître et de séduire, recevoir le regard de l'autre.

Les achats compulsifs représentent donc une solution addictive à un douloureux vécu de vide intérieur et de dépression qui signent une défaillance narcissique. La mise en tension produite par l'achat et sa répétition distrait momentanément de la dysphorie et le sujet a tendance à instaurer des relations d'étayage et de réassurance pour sa survie narcissique.

E. Clinique de l'addiction au travail

L'addiction au travail est sans doute celle qui se rapproche le plus du sens premier et juridique du mot addiction qui, rappelons-le, signifiait une sorte de mise en esclavage d'un débiteur envers son créancier ; mais si le *workaholism* est l'esclavage moderne du travailleur surmené, il garde tout de même une qualité ambiguë, celle d'une vertu cardinale : le glorieux dévouement du travailleur pour la société (Castro, 1997). C'est l'addiction la plus *clean* (Fassel, 1990), difficile à combattre du fait des renforçateurs sociaux, de sa productivité tant collective qu'individuelle (argent et pouvoir). Cependant, dans la véritable addiction au travail, un glissement se produit au cours duquel l'individu n'est plus tant motivé par le fruit de son activité que par la procédure elle-même. Cette centration sur l'action au présent et les sensations, ou états mentaux

---

[1] Système ritualisé observé chez certaines tribus amérindiennes consistant à échanger des biens au moyen de dons et contre-dons. Le potlatch a une valeur de régulation sociale.

qu'elle procure est partagée par toutes les addictions : les jeux d'argent, le sport excessif, l'hyper-sexualité, l'addiction à la télévision, ...

L'addiction au travail doit tout d'abord être distingué de ce que Castro (1997) propose d'appeler une *workaholophobie* : le sujet se dit workaholique (souvent il connaît le mot qu'il a découvert dans quelque magazine), mais l'analyse de ses activités montre, non pas un surcroît d'activité professionnelle, mais bien plutôt sa contamination par toute une série d'activités de diversion (week-ends prolongés, journée de travail entrecoupée de repas, d'activités sportives, de pauses rituelles et de visites médicales...). Ici le diagnostic doit être celui d'un surmenage contre lequel le sujet lutte à sa façon. Dans la véritable addiction au travail (au moins dans les premiers temps), le sentiment du sujet est le plaisir. La suractivité fait d'ailleurs l'objet d'un ensemble de dénis et de justifications (j'arrête quand je veux, c'est une surcharge temporaire, il me faut ces revenus supplémentaires pour les gosses, ...).

L'addicté au travail présente une personnalité et des troubles psychiques particuliers (Loonis, 1997). Il a besoin de recevoir de grandes satisfactions narcissiques afin d'être réassuré sur sa force, sa puissance, son pouvoir (on observe souvent des troubles affectifs – difficulté pour aimer – et sexuels – impuissance). Le travail acharné permet alors d'agir stratégiquement sur deux fronts : la réassurance narcissique et e n'est pas la plus importante. Le véritable aiguillon se situe au niveau de ce fameumettre en lumière la défaillance du moi. Les dessous de l'addiction au travail se révèlent lorsqu'une rupture est imposée (chômage, retraite, maladie), c'est la dépression et les angoisses de vide, d'ennui profond.

Le workaholique se caractérise par une perte de contrôle (ce qui le distingue du type de personnalité dit « A »), malgré les contraintes ou les conséquences négatives de son travail acharné, il est incapable dans l'immédiat de réduire son activité. Fassel décrit trois stades : 1) l'individu est entièrement absorbé par et voué à son activité professionnelle qui lui procure du plaisir et il répugne à s'arrêter ; 2) la vie personnelle commence à être affectée, les relations sociales et familiales sont négligées, puis évitées, les tentatives de changer les habitudes de travail échouent. L'individu se sent usé, vidé, asthénique, il a des troubles du sommeil, des périodes d'absence, de vide apathique ; 3) on assiste à un retentissement somatique avec céphalées, lombalgies et d'autres troubles fonctionnels qui tendent à se chroniciser. La dépression et le *burn out* (sentiment de rejet absolu et impératif du travail, qui peut s'initier dans des passages à l'acte agressifs et impulsifs avec la hiérarchie, les collaborateurs, les clients, le matériel) accompagnent au stade ultime, les sentiments de désespoir et d'impuissance.

Des liens existent entre l'addiction au travail et les autres addictions, notamment l'alcoolisme (Lazear, 1992) qui est souvent l'aboutissement d'un *burn out*, d'une mise au chômage, ou d'un arrêt-maladie pour surmenage. Nous voyons encore ici comment une base de défaillance narcissique et de dépression trouve à se compenser dans une activité répétitive à laquelle le sujet se sont à la fois aliéné, mais aussi vers laquelle il est irrésistiblement attiré.

F. Clinique de l'addiction au jeu

Le moteur du jeu pathologique est la sensation voluptueuse de vertige et la peur ressenties (Caillois, 1958). Cette peur de perdre a été mesurée chez 60% des joueurs compulsifs comme un état d'activation physiologique (Anderson, Brown, 1984) qui est recherché et représente un renforçateur. Cependant, d'autres variables entrent en jeu : des fantaisies de toute puissance qui impliquent le conjoint, les enfants, ou les parents, en imaginant devenir très riche en signe de valeur narcissique (Bergler, 1957) ; des distorsions cognitives qui affectent la capacité du joueur à percevoir correctement sa situation financière, ses chances, une illusion de contrôle, des superstitions, la réinterprétation de l'anxiété en excitation (Gilovitch, 1983 ; Langer, 1975 ; Kahneman, Tversky, 1982) ; des facteurs affectifs tels qu'une anxiété chronique, ou une dépression qui cherchent à être soulagées par l'excitation du jeu ; des renforçateurs environnementaux comme l'atmosphère, le décor d'un casino (Dickerson, 1979).

La vie d'un joueur pathologique est dominée par le jeu et organisée en fonction de celui-ci. Les symptômes de manque, de dépendance et de tolérance sont bien présents (Pedinielli, Rouan, Bertagne, 1997). Le jeu induit des sensations particulièrement fortes, avec les alternances d'espoir et de désespoir, de dépression ou d'euphorie ; le temps semble s'arrêter, tandis que le joueur ressent comme une restauration de son identité : admirable dans le gain, stoïque dans la perte. Dans les moments de lucidité, le joueur se sent coupable, écœuré de lui-même, étonné de l'emprise du jeu sur son psychisme, avec des sentiments d'étrangeté (ibidem).

A plus ou moins long terme, le jeu pathologique confronte le sujet à des conséquences négatives importantes : l'envahissement des intérêts autres que le jeu, la souffrance occasionnée par l'emprise addictive du jeu, le retour à la dépression et les idées de suicide si le sujet décide d'arrêter (le suicide étant alors perçu comme une façon ultime de ne pas retomber), puis, les passages à l'acte délictueux pour se renflouer en argent, les conséquences financières et leurs répercussions au plan familial, professionnel, jusqu'à l'intervention du contrôle social.

G. Clinique de l'addiction à la violence

Le goût répétitif pour les actes violents que l'on rencontre chez les jeunes de certains quartiers « difficiles », la passion des *hooligans* pour les batailles rangées entre supporters autour des stades et dans les gradins, l'aliénation du terroriste à de plus en plus de violence et de cruauté gratuite, jusqu'au *serial killer*, tueur en série, soulèvent la question de l'application du modèle addictif sur de tels actes compulsifs et répétitifs de violence. Examinons, comme prototype extrême, la clinique du meurtrier multiple en essayant d'oublier les trop faciles étiquettes de

« psychopathie », « sociopathie », « folie », « incurabilité », « monstre » et ainsi de suite, qui soulagent sans doute momentanément notre sensibilité malmenée, mais n'expliquent rien et nous cachent le sujet derrière le criminel.

Chez les meurtriers en série il existe une forte prévalence de traumatismes dans l'enfance (Gresswell, Hollin, 1997), tels qu'abus sexuels, brutalités, abandons, ruptures des liens avec les parents (Ansevics, Doweiko, 1991 ; Burgess et al., 1986 ; Levin, Fox, 1985 ; Norris, 1990). Plus tard, le tueur en série présentera la série de traits suivants : tendance à dépersonnaliser les autres (en particulier la victime), une tendance à l'isolation, un manque d'inhibitions contre les tendances violentes et la croyance que la violence contre les autres est légitime (Burgess et al., 1986 ; Ressler et al., 1986). Cependant d'autres facteurs entrent en jeu.

Tout d'abord le rôle des fantaisies imaginaires, des fantasmes, qui sont à la fois des précurseurs de l'agression et un moyen de faire face aux pressions de la vie (Brittain, 1967 ; Ressler et al., 1988). Les tueurs sadiques ont une riche vie fantasmatique qui implique la mise en scène d'actes sadiques, par eux-mêmes ou par d'autres. Ces fantaisies sexuelles violentes sont utilisées durant la masturbation (l'isolement social s'expliquant par le besoin de ressassement masturbatoire des fantasmes érotiques), puis mises en acte souvent dans la réalité de l'agression (MacCulloch et al., 1983). Les fantasmes s'avèrent procurer à la fois un plaisir de sensations (l'excitation) et un soulagement d'états émotionnels négatifs (en particulier la dépression).

Dans le cadre de cette lutte contre la dépression, l'excitation procurée par les fantasmes est soumise à des phénomènes d'usure et de tolérance. Cette « diminution des effets » donne lieu tout d'abord à un accroissement du caractère déviant (violent, cruel, abject) du fantasme, puis, plus tard, à une incitation à réaliser les fantasmes, à passer à l'acte violent (Brown, 1997). Nous voyons ainsi que l'addiction à la violence commence (tout comme l'addiction sexuelle) par une addiction aux fantasmes érotiques. Une fois les actes de violence mis en route, le sujet entre peu à peu dans un modèle de comportement qui présente toutes les caractéristiques d'une addiction. L'acte violent est surinvesti et le sujet passe de nombreuses heures de ses journées à fantasmer, acquérir des armes, repérer des victimes et des endroits propices, préparer le lieu, le matériel nécessaire à la contrainte et à la violence. Toute cette activité se faisant au détriment d'autres activités plus socialisées (Gresswell, Hollin, 1997).

L'activité violente n'est pas foncièrement egosyntone et un conflit existe dans la personnalité, faits de sentiments de révulsion et de culpabilité après chaque meurtre (Ressler et al., 1988). De nombreux tueurs en série emprisonnés demandent à ce qu'on ne les libèrent pas, car ils craignent de tuer à nouveau (Norris, 1990). Il est constant de trouver dans le parcours de tels sujets une sorte d'entraînement, d'auto-apprentissage de la violence et à dépasser les barrières d'inhibition, durant l'enfance et l'adolescence, en s'entraînant tout d'abord sur des petits animaux, pour passer ensuite à des animaux de plus en plus gros. L'apprentissage peut aussi se faire à partir de l'observation des faits divers violents, les films sanglants et certaines lectures fantastiques (Masters, 1985, 1993). MacCulloch et al. (1983) ont pu clairement identifier des phénomènes de tolérance dans une progression du caractère sadique des fantasmes. Plusieurs tueurs affirment que leurs fantasmes doivent constamment changer afin de les maintenir comme source d'excitation et de plaisir, ceci en accroissant leur contenu sadique.

Des phénomènes de manque, avec anxiété et transpiration abondante on pu être relevés lorsque le sujet tente de différer ses passages à l'acte (Revitch, 1965). Les actes violents eux-mêmes procurent un soulagement du manque, mais encore d'un état affectif négatif plus profond, fait d'impuissance, de colère, ou de frustration (Norris, 1990). Enfin, comme pour toute addiction, la rechute est bien là, donnant son qualificatif à la violence « multiple », « en série », mais elle vient toujours s'inscrire dans une lutte du sujet contre cette répétition.

Nous ne pouvons plus voir les tueurs en série comme des êtres immondes qui se complaisent simplement dans une violence abjecte et répétée. Nous avons affaire à des sujets perdus dans une grande souffrance psychique dont l'étiologie familiale est toujours patente. Le sujet lutte contre cette souffrance d'abord à l'aide de fantasmes masturbatoires, initiant ainsi une addiction qui suivra ensuite sa trajectoire addictive classique entre tolérance et augmentation des doses, le sujet luttant à la fois contre sa dysphorie (dépression et isolation) par l'addiction et contre l'addiction qui est elle-même source de souffrance.

H. Les addictions limites : tentatives de suicide répétées et compulsions

Si dans les addictions dont nous venons de parler et bien d'autres (addictions au sport, au vol dans les magasins, à la prise de risque et aux sensations fortes...), il est plus ou moins facile de reconnaître les critères de base d'une addiction : saillance (de l'activité addictive sur les autres activités), conflit, tolérance, manque, soulagement et rechute (Brown, 1988), d'autres troubles du comportement font l'objet d'une réflexion en terme d'addiction sur la base de la compulsion à la répétition (compulsion parfois transitoire, par période), mais dont il est souvent difficile de dégager d'autres éléments, comme la tolérance ou le manque. Nous examinerons deux de ces addictions limites : les tentatives de suicide répétées et les compulsions.

Les tentatives de suicide répétées sont souvent le fait de jeunes en crise, adolescents ou jeunes adultes (Chabrol, 1984 ; Jeammet, 1987a). La clinique des suicidants récidivistes révèle la constante d'un cycle particulier en cinq étapes : 1) des difficultés interpersonnelles qui entraînent une dysphorie marquée de sentiments de vide intérieur, de détresse ou de colère ; 2) l'impossibilité de faire face à cette dysphorie par des moyens psychiques ; 3) la présence obsédante d'une représentation de la solution suicidaire, de ses moyens de mise en œuvre, ou de ses conséquences soulageantes ; 4) le geste suicidaire lui-même ; et 5) le soulagement de l'état de tension intérieure (Pedinielli, Rouan, Bertagne, 1997). Le geste suicidaire lui-même n'est pas rattaché à une idée de la mort (ou lorsque cette idée est exprimée, elle prend une figure positive de tranquillité, de bien être, de soulagement, de délivrance, de changement). Ou encore, la mort est considérée dans le cadre d'une transaction avec l'objet : pour pouvoir le retrouver, ou pour lui faire du mal. Ainsi, la tentative de suicide répétée ne peut-elle être considérée comme une mort ratée, mais plutôt comme un « jeu pathologique », une prise de risque avec soi (ibidem).

A partir de là, au même titre que n'importe quelle addiction, il convient de découvrir les fonctions que remplit la tentative de suicide répétée (Jeammet, Birot, 1994). Parmi ces fonctions, celle de la destruction/reconstruction se détache plus particulièrement comme une réparation du moi, une tentative de création d'une autre identité, ou d'un autre état (Rouan et al., 1994). Au travers de sa tentative le sujet recherche, et parfois trouve, une affirmation de lui-même. A cette « créativité » positive s'ajoute tout un tableau d'expériences qui apparaissent comme des solutions valables face aux difficultés intérieures. Le geste suicidaire devient un événement historique marquant, composé d'un certain nombre d'effets positifs : les changements internes, les changements d'attitude de l'entourage, la rencontre avec les soignants et toutes les sensations, perceptions, sentiments, expressions affectives qui précèdent et suivent l'acte suicidaire. Ce tableau positif de la tentative de suicide pourrait correspondre à un élément renforçateur qui, au-delà de la peur de la mort, viendrait soutenir une compulsion à répéter le geste. Si cette fascination pour le suicide a encore besoin de déclencheurs (retrouver des circonstances identiques de détresse) pour se mettre en acte, chez certains sujets, les défaillances narcissiques qui entraînent une dysphorie constante, conduisent à la solution d'une répétition suicidaire destinée à soulager la défaillance narcissique et la perte d'identité qui l'accompagne. La confrontation addictive à la mort servirait alors la restauration d'un sentiment de toute-puissance et d'identité (Bailly, Parquet, 1990).

Tentons à présent de confronter l'acte suicidaire répété aux six critères de l'addiction de Brown (saillance, conflit, tolérance, manque, soulagement et rechute). Peut-on parler de saillance ? Ce surinvestissement existe, bien qu'il ne se présente pas comme une position permanente comme dans les addictions plus classiques. Dans la toxicomanie, par exemple, le sujet surinvestit la drogue sur de longs mois, voire des années, au cours desquels elle remplit sa vie au quotidien. En ce qui concerne les tentatives de suicide ce surinvestissement occupe une période, un cycle de la vie du sujet, mais nous retrouvons la même emprise de la préoccupation suicidaire sur les pensées, les mêmes illusions cognitives, le même désinvestissement des intérêts hors de la sphère suicidaire. La différence apparaît comme une différence de fréquence, mais non de qualité. On peut bien se shooter, ou se masturber, quatre fois par jour, fumer quotidiennement ses vingt cigarettes, se soûler tous les soirs, ..., mais il serait bien difficile de tenter ne serait-ce qu'un suicide au quotidien. L'addiction au suicide serait une addiction de basse fréquence, aussi difficile à percevoir que les périodes glaciaires du climat alors que nous repérons sans problème le rythme rapide des saisons. En ce qui concerne le conflit, interne et externe, sa présence est largement attestée par la clinique : les tentatives de suicide répétées, si elles apportent sur le coup un soulagement à la tension intérieure, génèrent aussi de forts sentiments de culpabilité, de honte et d'échec. Aux changements d'attitude positifs de l'entourage (qui sont souvent des changements de surface et temporaires), s'ajoutent le reproche, voire la haine contre ce qui est considéré comme des tentatives de manipulation, de faire du mal autant à soi qu'aux autres et la répétition du geste suicidaire ne fait qu'exacerber ses sentiments conflictuels. Pour ce qui concerne la tolérance et le manque, on aura sans doute des difficultés à les repérer sur la houle lente d'une tentative qui se répète à plusieurs mois d'intervalle. Il faudrait que l'on trouve les moyens de mesurer précisément les changements d'humeur les plus fins, de repérer une aggravation des gestes qui signerait une augmentation de la « dose », par contre, le critère de soulagement est bien présent, comme aboutissement d'une tension croissante. Le critère de rechute, lui-même semble bien pouvoir s'appliquer aux tentatives de suicide. Prenant en compte la durée d'une « abstinence », la rechute est ce retour à l'addiction, même après plusieurs mois ou années d'arrêt, alors que tout symptôme de manque a disparu. Si nous venons de voir que la question du manque ne se pose guère en ce qui concerne le suicide répété, nous avons tout de même affaire à quelque chose qui se répète après un laps de temps plus ou moins long. Cependant, le déclencheur est sans doute différent de celui de la toxicomanie et ce ne sont pas tant des signaux « positifs » issus de l'environnement, reliés à la drogue et qui déclenchent le désir, que des signaux internes de souffrance qui entraînent le besoin de soulagement.

Si l'on considère de plus que l'addiction suicidaire se présente souvent en cooccurrence avec d'autres addictions, notamment aux psychotropes, nous voyons que quatre critères sur six peuvent lui être appliqués sans trop de difficultés et que les deux critères restant, la tolérance et le manque, pourraient être rendus imperceptible du fait de la grande « longueur d'onde » des gestes suicidaires répétitifs.

Relevant l'existence d'addictions dites « sans drogue » (Fenichel, 1945), qui prennent la forme de compulsions, Élie-Georges Hantouche (1997) note que pour certains auteurs *il existe des facteurs de similitude aux niveaux phénoménologique, neurobiologique, génétique et pharmacologique entre les addictions chimiques et comportementales* (ou procédurales) *et d'autres troubles psychiatriques, comme les troubles obsessionnels compulsifs et les troubles des impulsions* (Hollander, 1993 ; McElroy et al., 1992). Hantouche note tout d'abord, et à juste titre, que les idées sur les addictions chimiques ont évolué de façon considérable durant ces dernières années : la dépendance physique passe au second plan après les aspects psychiques qui rapprochent les addictions des obsessions-compulsions (Marks, 1990 ; Modell et al., 1992a ; Anton et al., 1995) ; l'addiction serait une « maladie du cerveau » dans le cadre d'une altération de l'activité dopaminergique (Swift, 1995 ; Leshner, 1997b) ; la comorbidité des addictions avec d'autres troubles mentaux, l'addiction pouvant venir comme « solution » à un trouble mental primaire (anxiété, dépression, psychose), ou encore l'addiction pouvant être primaire et entraîner à son tour le trouble mental ; les addictions induisent une dysfonctionnalité psychosociale marquée (McLellan et al., 1980).

Ainsi, les définitions récentes de l'addiction privilégient la composante psychique englobant surtout le « désir compulsif et incontrôlable », le *craving* (Hantouche, 1997). Sont mis en avant « la contrainte, la répétition et le besoin compulsif » (Baylé et al., 1994). Or, de nombreux auteurs tendent aujourd'hui à rapprocher l'expérience du *craving*, tel qu'il se présente dans les addictions, des phénomènes cognitifs similaires qui se produisent dans les troubles obsessionnels compulsifs (la tendance compulsive, les pensées récurrentes et persistantes, la lutte compulsive contre ces tendances et pensées, ...) (Modell et al., 1992a). Le rapprochement est tel que des instruments de mesure du *craving* ont été réalisés à partir d'items concernant une échelle des obsessions-compulsions (Anton et al., 1995 ; Goodman et al., 1989).

Le *craving* représente un trouble plus complexe qu'un simple état appétitif conditionné et il inclut, en plus de l'intensité du désir, l'évitement, la dysfonctionnalité psychosociale, l'anxiété, la dépression, le trouble du sommeil, l'hostilité et la somatisation (McLellan et al., 1980 ; Modell et al., 1992b ; Linnoila et al., 1994). Pour Hantouche (1997), la parenté entre troubles obsessionnels compulsifs et addictions est de plus en plus patente. Déjà au plan étymologique, le mot « compulsion », provenant du latin *compulsare* qui signifie exiger, contraindre, nous rappelle cette autre sorte de « contrainte » que représentait l'état de l'*addictum*, contraint à rembourser sa dette par sa force de travail, tandis que le mot « obsession » vient du latin *obsessus* qui signifie être assiégé, soit une autre sorte de contrainte qui donne l'image fort parlante d'une ville fermée et assaillie par ses ennemis. Alors que les obsessions sont des pensées, impulsions ou images récurrentes et persistantes, ressenties comme intrusives et inappropriées et source d'anxiété et de détresse, les compulsions correspondent à des comportements répétitifs, dirigés vers un but et intentionnels, se déroulant selon certaines règles ou de façon stéréotypée. Ces comportements sont destinés à neutraliser ou à empêcher un sentiment de malaise, ou un événement, ou une situation redoutés (Hantouche, 1997). Il y aurait un continuum entre les troubles obsessionnels compulsifs et une multitude de troubles psychopathologiques comme les troubles du contrôle des impulsions, les troubles somatoformes (dysmorphophobie, dépersonnalisation, hypochondrie...), les troubles des conduites alimentaires (Hollander, 1993 ; McElroy et al., 1994). Il existe des ressemblances importantes entre les troubles obsessionnels compulsifs et des addictions non-chimiques telles que les achats compulsifs, le jeu pathologique et certaines paraphilies (McElroy et al., 1992).

Au bilan, nous voyons que ces addictions « limites » que sont les tentatives de suicide répétées et les troubles obsessionnels compulsifs, rejoignent un ensemble de plus en plus consistant au plan théorique et étayé par de nombreuses recherches, de troubles des impulsions, qui se présentent sous le dénominateur commun d'une lutte impérieuse contre la souffrance psychique à l'aide de stimulations comportementales répétées et contraignantes. A ce titre, on remarquera que la plupart des troubles mentaux possèdent cette dimension manichéenne souffrance psychique/lutte contre la souffrance psychique. Par exemple, dans la dépression, les structures cognitives négatives dégagées par Beck et al. (1961), si elles entretiennent l'état dépressif, sont en même temps des stratégies de lutte contre la dysphorie. Tout comme pour le toxicomane qui se raconte « je suis toxicomane », elles donnent une identité au dépressif, lui permettent des transactions étayantes (ou conflictuelles) avec son entourage et les soignants. Nous avons aussi les troubles phobiques, qui partagent une qualité de profusion avec les addictions, et trouvent à se réguler avec les rituels contra-phobiques. Là encore, une souffrance psychique, l'angoisse, trouve, ou plutôt tente de trouver un sédatif dans des actes répétitifs. Comment, enfin, ne pas rapprocher des addictions certains délires psychotiques dont on connaît la fonction de lutte contre les angoisses éponymes. La preuve n'en est-elle pas dans le fait que de nombreux jeunes psychotiques utilisent une toxicomanie pour lutter contre la psychose, celle-ci décompensant dans un délire dès le moindre sevrage de la drogue ? (Bergeret, Leblanc, 1983). Cette lutte psychique délirante contre la dysphorie devant nous rappeler une lutte semblable, sur le terrain du psychisme et pas seulement du comportement, dans l'addiction aux fantasmes érotiques qui sous-tend la perversion ou une addiction sexuelle.

I. La multiplicité des addictions

La liste des addictions est fort longue ; on en compte plus d'une trentaine dans la littérature scientifique (voir tableau 2, où nous les avons regroupées en 16 grandes catégories) et leur nombre aurait plutôt tendance à augmenter (Milkman, Sunderworth, 1987). Les groupes d'entraide sur le modèle des « *Alcoholic Anonymous* » se déclinent sur toute la gamme des passions humaines aux États-Unis, et en France, nos étudiants en psychologie fascinés par ce nouveau terrain d'exploration à bon compte, ne cessent de débusquer de nouvelles addictions (par exemple, l'addiction à la voyance, à la sorcellerie, à l'internet, aux jeux vidéo, …). Le champ de l'addiction, lorsqu'on l'ouvre aux « addictions comportementales » (Marks, 1990) en vient finalement à se confondre avec celui des passions humaines. Vous êtes passionnés de football, de timbres-poste, ou de photographie animalière et vous vous pensiez sportif, collectionneur ou artiste ? Que non ! Vous êtes un « addicté » au sport, aux timbres, à la photographie. Dès lors, il en faudra peu pour que vous soyez un « malade » en puissance. Votre épouse ou vos enfants peuvent se plaindre de ce que vous passez trop de temps au stade, que vous dépensez trop d'argent sur le budget familial pour vos timbres ou vos photographies, c'est la saillance, premier critère d'une addiction. Cette saillance de l'activité addictive provoque des conflits familiaux, votre femme menace de divorcer et vos enfants vous détestent, ce qui vous met en conflit aussi bien avec vous-mêmes : comment concilier votre addiction et votre vie familiale ? second critère, le conflit. Et d'ailleurs, si vous regardez bien la chose, n'avez-vous pas tendance à en faire de plus en plus ? Vous regardez de plus en plus de matches, aux stades, mais aussi à la télévision, surtout depuis que vous avez investi dans une antenne parabolique pour recevoir cette fameuse « chaîne sportive » qui diffuse tous les grands matches de la planète. Vous vous enfermé de plus en plus dans votre bureau depuis que vous gérez votre collection de timbres sur ordinateur (encore un achat dispendieux pour la famille !) et que vous prospectez vos achats sur l'internet, ce qui fait faire des bonds à votre facture de téléphone. De plus en plus vous partez en week-end, de plus en plus loin, pour tirer le portrait d'animaux de plus en plus exotiques et vous avez récemment déséquilibré sérieusement le budget familial en achetant à crédit un appareil photo numérique fort dispendieux. N'est-ce point un effet de la tolérance qui vous pousse à « augmenter la dose » ? Avez-vous essayez d'arrêter un peu, ou ne serait-ce que ralentir ? N'avez-vous pas alors ressenti une irritation psychique, des sentiments de frustration, de l'ennui, de la colère ? Est-ce que vous n'avez pas ressenti jusque dans vos tripes le fait d'avoir manqué le dernier championnat de football, de ne plus voir et toucher vos chers timbres ? N'avez-vous pas perdu l'appétit et le sommeil pour avoir renoncé à ce week-end dans les Pyrénées espagnoles pour photographier des ours ? Voilà un nouveau critère de votre addiction : vous êtes en manque. Étrangement, comment allez-vous expliquer que votre retour au stade, qu'une visite au musée du timbre, qu'une journée dans les marécages poitevins armé de votre caméra, aient pu soulager si facilement votre humeur et votre malaise ? C'est bien que vous êtes un addicté. Allons plus loin : vous avez arrêté depuis plusieurs mois maintenant et le football, et les timbres, et la photographie animalière. Vous ne ressentez plus le manque (bien que vous ne soyez plus aussi heureux et épanouis qu'avant), et puis... un jour vous restez plus d'une demi-heure au rayon télévision du supermarché, bêtement accoudé sur votre caddie vide en train de regarder un match ; un jour vous craquez pour la foire aux timbres qui se tient dans la ville voisine ; un jour, vous vous surprenez à photographier les nouveaux chiens irlandais de votre voisin. C'est la rechute ! Vous êtes bien un horrible addicté, il faudra songer très certainement à vous faire soigner, car si vous ne le faîtes pas, il se trouvera bien quelqu'un de votre entourage pour vous faire remarquer que vous êtes en train de manquer plein de choses dans la vie, que vous négligez votre femme, ou vos enfants, que c'est pas « normal » d'être passionné à ce point, que vous « compensez » quelque chose et qu'une psychanalyse vous ferait le plus grand bien... A notre avis, il ne vous reste plus qu'à rejoindre sans délai le groupe d' « Anonymes » approprié pour vous faire soigner en douze étapes : reconnaître que le football (les timbres-poste, la photo) sont plus forts que vous et que seul *Big Brother* au ciel pourra vous aider, à condition que vous respectiez une parfaite abstinence.

Au travers de ces cas imaginaires d'addiction (imaginaires mais non irréalistes), nous avons voulu montrer, avec un peu de facétie, qu'il était très facile de transformer n'importe quelle passion un peu prenante en une « addiction », c'est-à-dire en une sorte de maladie. Que signifie ce glissement de la passion à l'addiction ? Est-il illusoire, exagéré ? Avons-nous là la nouvelle « hystérie » des temps modernes ? Avant de nous e conditions psychosociales et familiales, souligne la nécessité de prendre aussi en compte les multiples facteurs□??XE

Tableau 2 : Liste non-exhaustive des addictions

Substances psychotropes : Consommations abusives de drogues (héroïne, cocaïne, cannabis, opium, khat, ...), d'alcool, de médicaments psychotropes (calmants, hypnotiques, anxiolytiques, anti-dépresseurs, ...), de nicotine, de caféine, ... (Bergeret J., Leblanc J. (1983), *Précis des toxicomanies*, Masson, Paris. Bachman C., Coppel A. (1989), *La drogue dans le monde, hier et aujourd'hui.* Seuil, Points Actuels, Paris).
Substances non psychotropes : Consommations abusives d'aliments, de boissons, de sucreries (boulimie, potomanie), ... (Sanchez-Cardenas M. (1990), *Le comportement boulimique*. Masson, Paris).
Travail : Investissement excessif (durée, empiétement sur d'autres activités) dans une activité professionnelle, un travail intellectuel, ... (Castro B. (1997), Le « workaholisme » : une vraie dépendance ? *Pratiques Psychologiques*, 4, 79-87. Charlot V. (1994), L'addiction au travail. *Neuropsy*, 1/2, 48-50).

Sport, effort physique : Investissement excessif (durée, empiétement sur d'autres activités) dans une activité sportive, dans l'effort physique, ... (Colt E.W.D., Wardlaw S.L., Frantz A.G. (1981), The effect of running on plasma β-endorphin. *Life Sciences*, 28, 1637-1640. Hawley L.M., Butterfield G.E. (1981), Exercise and the Endogenous Opioids. *New England Journal of Medicine*, 305, 1591).
Prise de risque, sensations fortes : Investissement excessif (durée, empiétement sur d'autres activités) dans des activités comportant un haut risque vital et procurant des sensations fortes liées à l'anxiété (parachutisme, saut à l'élastique, vitesse, glisse, chute, ...) (Charles-Nicolas A. (1985), A propos des conduites ordaliques : une stratégie contre la psychose ? *Topique*, 35/36, 207-229. Zuckerman M. (1983), Sensation Seeking and Sports. *Personality and Individual Differences*, 4, 285-293).
Jeux : Pratiques excessive des jeux d'argent, de chance, conduisant à un apragmatisme, des problèmes financiers, délictueux, ... (Brown R.I.F. (1986), Arousal and Sensation-Seeking Components in the General Explanation of Gambling and Gambling Addictions. *International Journal of the Addictions*, 21(9/10), 1001-1016. Bucher C. (1993), Le jeu pathologique, une conduite addictive : le jeu, le joueur et la loi. *Nervure, Journal de Psychiatrie*, 6(9), 15-26).
Suicide : Tentatives de suicide répétées, pouvant se présenter comme « parasuicides », des prises de risque à caractère suicidaire (Jeammet Ph., Birot E. (1994), *Etude psychopathologique des tentatives de suicide chez l'adolescent et le jeune adulte.* PUF, Paris. Chabrol H. (1984), *Les comportements suicidaires de l'adolescent.* PUF, Paris).
Transgressions : Comportements répétitifs, impulsifs, ou planifiés, transgressant les lois (vols à l'étalage, vols de voitures, agressions, destructions de biens, agressions sexuelles, ...) (Kilpatrick R. (1997), Joy-Riding : An Addictive Behaviour. In J.E. Hodge, M. McMurran, C.R. Hollin (eds), *Addicted to crime ?* John Wiley & Sons Ltd, Glasgow, UK. Katz J. (1988), *Seductions of Crimes : Moral and Sensual Attractions in Doing Evil.* Basic Books, New York, NY. Walsh D.P. (1978), *Shoplifting : Controlling a Major Crime.* Macmillan, London, UK).
Agressions meurtrières : Agressions répétées, planifiées, fantasmées avant réalisation, avec viols, tortures, meurtres, les meurtres en série, meurtres de masse (attentats, terrorisme) (Hodge J.E., McMurran M., Hollin C.R. (1997), *Addicted to crime ?* John Wiley & Sons Ltd, Glasgow, UK).

Amour et sexualité : Investissement excessif d'une relation amoureuse, ou de plusieurs relations en même temps ou en chaîne, sexualité à caractère compulsif, excessif, sur une base fantasmatique, avec des actes pervers, solitaire (masturbation compulsive) ou avec un partenaire, ou plusieurs partenaires, en même temps ou en chaîne (Carnes P. (1983b), *Understanding Sexual Addiction*. Minneapolis Campeare Publications. McDougall J. (1991), De la sexualité addictive. *Psychiatrie Française*, 22, 29-51. Peele S., Brodsky A. (1975), *Love and Addiction*. Taplinger, New York, NY).
Rêveries, fantasmes érotiques : Investissement excessif (au détriment d'autres activités) dans des rêveries intenses, à caractère bienheureux, euphorique ou érotique, ces dernières pouvant consister en fantasmes sexuels pervers (McDougall J. (1996), *Éros aux mille visages*. Gallimard, NRF, Paris. Loonis E. (2001), *La structure des fantasmes érotiques*).
Activités de groupe, sectes : Investissement excessif dans une activité groupale au détriment de la vie familiale, sociale, professionnelle, avec des risques financiers, la contrainte idéologique, parfois suicidaire (Pedinielli J.L. (1997), *Sectes et addiction*. Communication au Colloque « Manipulations Mentales », Centre d'Etude des Nouvelles Religions (CESNUR), Paris, 25 avril).
Anorexie, jeûne, ascèses : Investissement excessif dans des comportements ascétiques, avec parfois une dimension « spirituelle », anorexie mentale (Célerier M.C. (1990), Anorexie mentale et maladie d'emprise. *Revue de Médecine Psychosomatique*, 23, 83-96).
Distractions, télévision, cinéma, lectures, internet, jeux vidéo, jeux de rôle : Investissements excessifs dans des comportements distractifs au détriment d'autres activités, familiales, sociales, professionnelles, avec parfois un risque financier (Glasser W. (1976), *Positive Addictions*. Harper & Row, New York, NY. Fisher S.E. (1994), Identifying Video Game Addiction in Children and Adolescents. *Addictive Behaviours*, 14, 21-28).
Achats : Comportement compulsif d'achat, avec apragmatisme de l'achat, risque financier et délictueux (Adès J., Lejoyeux M. (1994), Les achats pathologiques. *Neuropsy*, 9(1/2), 25-32).
Obsessions, compulsions, luttes contra-phobiques : Activités mentales ou motrices à caractère compulsif, répétitif, ritualistique, contraignant, destinées à lutter contre la dysphorie (anxiété, dépression), handicapant les autres activités et l'adaptabilité générale (Hantouche E.G. (1997), Addictions et compulsions : similitudes conceptuelles. *Pratiques Psychologiques*, 4, 25-36).

Les interviews qui suivent sont issues d'une émission radiophonique consacrée aux addictions, que nous avons enregistrée en novembre 1997 sur une station publique destinée à un public de jeunes (nous n'avons retranscrit que les propos des interviewés).

Addiction au café (jeune femme, étudiante) :

« J'ai une grosse dépendance au café. Le matin, surtout le matin, sans sucre, sans lait et super-noir et super-fort, parce que sinon j'arrive pas à me réveiller et j'ai mal à la tête et je suis énervée pendant quatre jours, si j'ai pas eu mon café.

« Tous les matins. Et si je ne le prends pas au matin, si je le prends vers quatre heures de l'après-midi, c'est foutu aussi. C'est dès le réveil, la cafetière et puis voilà. Parfois je la programme, même, pour être sûre quand j'ai pas le temps le matin pour faire le café.

« C'est complètement physique. J'ai pas besoin de manger, si je prends mon café. Je prends du café toute la journée. Le café turc aussi, c'est bien fort, c'est bien bon, mais il me faut plein de quantité. En fait, je bois du café, comme on boit de l'eau. D'ailleurs quand j'ai pas de café, c'est horrible. Je suis prête à payer n'importe quel prix à l'épicerie du coin.

« Par contre, quand je vais chez mes parents, c'est horrible parce que eux ils boivent le café, heu, c'est du jus de chaussettes leur café et ça me rend malade aussi parce que s'il n'est pas fort et corsé et qu'il déchire pas, alors je trouve ça dégueulasse, on dirait de l'eau et ça me donne mal à la tête. Mais je me refais du café après, quand ils sont partis et en cachette, parce qu'ils n'aiment pas que je bois du café fort.

« Parce que c'est quand même dangereux le café, peut-être... ça rend nerveux, cardiaque, toutes ces conneries-là, non ?

« Oui, je suis tout à fait dépendante du café, mais c'est pas grave, c'est pas comme une dépendance à la cigarette, c'est moins dangereux. A la drogue, à l'alcool, c'est beaucoup plus dangereux.

« Oui, peut-être que la dépendance à avoir avec le manque de quelque chose... Qu'est-ce que je peux dire là-dessus ? Le café,

il a comblé quel manque ? Ben, le manque de sommeil, tout simplement (elle rit). Bon, voilà, combler un manque de sommeil c'est pas dramatique et c'est pas amoral. C'est vrai que je dors pas beaucoup, ça me fait chier de dormir, il y a trop de trucs à faire, alors pourquoi dormir, c'est une perte de temps. »

Addiction au travail intellectuel, à la recherche (jeune homme, chercheur) :

« Je suis chercheur depuis maintenant presque six ans et c'est un boulot qui me passionne énormément. Et j'en suis dépendant, parce que j'ai essayé de quitter la science, pendant trois ans j'ai fais autre chose, mais c'est une vie qui ne me convenait pas, je suis revenu à la recherche.

« Je pense que beaucoup de chercheurs sont narcissiques et comme dans une déclaration d'amour, réussir ça procure un peu les mêmes sensations. Tu es aimé pour ce que tu penses. Je suis dépendant des sensations que la recherche me procure, plus que de la recherche elle-même.

« Je vis avec, je ne prends pas de vacances, mais cela ne m'empêche pas de sortir, j'ai plein d'activités à côté. Mais pourtant, même quand je vais aux toilettes, j'amène un peu de papier, pour réfléchir, voilà (il rit). Si j'ai une idée, si j'ai un truc qui me passe par la tête, un petit calcul à faire, voilà, je vis avec ça.

« Vu de l'extérieur, ça peut ressembler à une obsession, je vis avec. Je vis comme avec une femme que j'aimerais beaucoup, j'y pense même pendant les vacances.

« Cette dépendance à la recherche m'a empêché d'avoir des relations stables, parce que j'étais beaucoup en voyage, en déplacement. C'est pas facile pour une femme d'être avec un chercheur. »

Addiction au vol en U.L.M. (jeune homme, moniteur d'avion Ultra Léger Motorisé) :

« Je suis un passionné d'U.L.M. Depuis tout petit, j'ai toujours rêvé de pouvoir voler comme un oiseau. On est dans un siècle où on a domestiqué le vol, hé bien j'en profite.

« J'ai consacré beaucoup d'argent et beaucoup de temps sur cette discipline. Parce que pour moi c'est une activité, une discipline. Bon maintenant j'en fais une profession, mais ça été dur au départ. Financièrement, il m'est arrivé de me retrouver dans des situations délicates. Mais, bon, c'est comme tous les passionnés.

« Si j'étais privé d'U.L.M. ça n'irait pas. Le vol pour moi c'est un équilibre, un bien-être et, heu bon, c'est le virus. Je pourrais plus m'en passer. Plusieurs jours sans voler, je me sens pas bien, il faut ma dose quotidienne. J'y passe, selon la météo, deux à trois heures par jour, en moyenne. »

(L'interviewer pose la question d'un choix imaginaire entre « continuer à voler » ou « vivre avec la femme de votre vie »).

« Ah ! Vous êtes durs, quand même. Alors là... (hésitant). C'est délicat, c'est à double tranchant. Il n'y a pas trop de solution. Je ne sais pas... ce serait mentir de... je sais pas... là vraiment c'est une question-piège ! C'est pas clair que je choisirais une femme, ça pourrait être l'U.L.M. »

Addiction à la musique Techno (adolescent) :

« Je suis accro à la musique, plus précisément à la Techno, à la Tech. Ça m'a pris à l'âge de onze ans, ça fait six ans. C'est venu en écoutant la radio, j'ai écouté ça et puis à force c'est resté quoi.

« C'est vrai que je dépense pas mal de fric. Des fois je me fais un peu tirer les oreilles par les parents. Au club, en boite, je sors pratiquement tous les week-ends. Je dépense à peu près quatre cent francs par mois en disques. Et tout ça me donne envie de faire D.J. et d'être animateur de rubrique dans une radio. J'essaie d'en faire mon métier. Je suis prêt à faire des centaines de kilomètres pour un concert ou pour voir un D.J., je suis trop accro.

« Avec mes copains on se dispute assez souvent, parce qu'ils aiment le Rock ou d'autres musiques, alors des fois on s'engueule. »

Addiction au militantisme (jeune homme, étudiant) :

« Je suis dépendant au militantisme, je ne conçois pas une journée sans militer. Je suis militant dans une organisation d'étudiants. Je suis élu étudiant dans cette organisation, ce qui est déjà quelque chose de relativement important, du fait du mandat de la part de l'université. Donc ça c'est quelque chose qui occupe pas mal en soi, si on le prend à cœur. Et je suis responsable, membre du bureau et ça donne d'autant plus des responsabilités. On a beaucoup de campagnes, sur beaucoup de thèmes, on est mobilisé sur toute l'année.

« C'est une activité pratiquement de tous les jours. Je passe pas un moment de libre sans que je me rappelle que j'ai un truc à faire dans le local syndical...

« C'est vrai que si je bosse pas une journée pour le syndicat, pour l'association, je suis en manque, c'est un petit peu ce phénomène-là, on finit par prendre le pli. Je suis en train de me demander qu'est-ce que j'aurais pu faire d'autre qui ne soit pas du militantisme, c'est vraiment à ce point-là.

« Je ne pense pas que ce soit pour fuir quelque chose. A la base c'est un engagement, je pourrais me contenter de prendre ma carte et ne pas militer derrière ; mais si je continue, il y a quand même une volonté qui va avec.

« Militer, c'est effectivement comme une drogue. Une fois que je suis dans une campagne, j'en sors plus. Les gens qui voient ça de l'extérieur trouvent que c'est exagéré, que j'en fais trop, ils se demandent si je trouve le temps de bosser mes cours à côté. C'est vrai que ça m'est arrivé de refuser une sortie avec des copains, parce que j'étais en campagne, ou de faire six cent kilomètres en stop pour rejoindre une assemblée générale étudiante. »

Addiction aux films pornographiques (jeune homme) :

« Ça a commencé avec l'arrivée de la télévision câblée, mes parents chopaient tous les films alors je regardais tous les films. Bon, j'ai une bonne culture, je sais pas combien de films j'ai vu, mais bon, plusieurs centaines, quoi. Du film amateur, au film à gros budget.

« Ça j'aime bien, c'est un hobby, c'est fun. C'est pour la rigolade et puis voilà. J'aime le cul, comme tout le monde, j'espère.

« Je pense que je vis ça de façon plus saine que les autres, parce qu'il y a maintenant plein de paramètres qui entrent en jeu quand je regarde un film. Il y a le scénario (s'il y en a un, c'est vrai que ça manque un peu de nos jours), il y a les acteurs, les actrices, les performances, des uns et des autres. Là-dessus c'est des pros, ça se voit, parce que c'est pas monsieur ou madame tout le monde qui pourrait faire la même chose chez eux, quoi. Faut le dire ça ! Ça c'est comme des performances, comme quand tu vois de l'athlétisme. Des fois il y a des scènes debout où c'est vraiment athlétique et ce qu'ils font c'est délirant. Comme j'aime les films amateurs où parfois c'est super gore*, ça craint, mais faut les voir. C'est horrible. Mais j'aime bien. »*

Addiction au ménage (jeune femme) :

« Je suis accro au bonheur. Ben oui, parce qu'en fait c'est la seule dépendance que je m'autorise. Pour moi ça me semble assez logique. Être accro au bonheur pour moi, c'est être capable de lutter contre toutes les autres dépendances qui nous bouffent la vie. Être accro à la clope c'est pas plus glorifiant que ça, être accro à l'alcool non plus. Donc pour moi être accro au bonheur, c'est être accro à mon bien-être. »

(L'interviewer demande si ça marche).

« C'est pas facile ! Faut lutter, parce que si t'es accro à une bagnole, c'est forcément limitatif. Donc être accro au bonheur, pour moi, c'est être accro au bien être, c'est par exemple être accro à mon mec, mais avec justement la tempérance,

l'équilibre, l'harmonie, qui fait que c'est un truc qui te rend heureux et pas malheureux. »

(L'interviewer suggère que ça ressemble à une utopie).

« Oui, mais il faut tendre vers ça. Autrement je ne vois pas à quoi je pourrais être accro... non, au bien-être, c'est-à-dire j'essaie de cultiver autour de moi quelque chose où je me sens bien. Alors du coup tu rentres là-dedans... le fait que si tu aimes bien une maison rangée tu deviens un petit peu maniaque, parce que... parce que tu fais tout dans ta vie pour te sentir bien ! »

(L'interviewer demande si elle est accro au ménage).

(Elle rit) « Ben, c'est sans doute ça, je suis accro au ménage, mais c'est pour le bonheur, pour me sentir bien... »

A partir de ce matériel qui rend compte de ce que nous avons appelé ailleurs (Loonis, 1997) des Addictions de la Vie Quotidienne (AVQ), nous allons montrer dans quelle mesure nous retrouvons les critères de l'addiction de Brown (1988b), critères que nous expliciterons au passage.

Pour Iain Brown, les addictions sont des activités destinées à produire des changements affectifs et au niveau de l'activation physiologique. En parlant ainsi d'activités et non de produits, de substances, nous quittons la dichotomie du « avec ou sans drogue » pour aller vers une vision plus globale, où la consommation de psychotropes n'est plus perçue comme simple « effets du produit », mais comme activité particulière de consommation d'une substance qui produit des effets psychotropes, ce qui place cette activité au même niveau d'analyse que n'importe quelle autre activité répétitive, compulsive, sans drogue, mais produisant des effets psychotropes secondaires par le jeu cérébral des drogues endogènes. Les activités addictives peuvent ainsi être analysées selon les six critères qui suivent.

Saillance

Le saillance est la traduction de l'anglais *salience*, qui est un néologisme signifiant quelque chose qui est saillant, qui appelle l'attention, qui est marquant, comme on dit *les faits saillants de l'actualité*. Nous l'avons traduit par saillance à partir de la définition de Brown : l'activité addictive devient la chose la plus importante dans la vie de la personne, elle domine ses pensées (préoccupations et distorsions cognitives), ses sentiments (le désir excessif - *craving*) et ses comportements (détérioration des comportements socialisés). En choisissant le terme de saillance nous avons privilégié un néologisme, au détriment du concept psychanalytique économique de « surinvestissement » (« apport d'un investissement supplémentaire à une représentation, une perception, ... » – Laplanche, Pontalis, 1967) qui, axé sur la fonction d'attention, rejoint partiellement l'un des critères de la *Salience* : la domination des pensées du sujet.

Dans le cadre de nos interviews radiophoniques la saillance apparaît sous la forme d'un envahissement de la vie du sujet par l'activité (Café : *« Le matin, surtout le matin »*, *« Je prends du café toute la journée »* ; Recherche : *« Je vis avec, je ne prends pas de vacances »*, *« même quand je vais aux toilettes, j'amène un peu de papier, pour réfléchir »*, *« je vis avec ça »*, *« Je vis comme avec une femme que j'aimerais beaucoup, j'y pense même pendant les vacances »*, *« Cette dépendance à la recherche m'a empêché d'avoir des relations stables, parce que j'étais beaucoup en voyage, en déplacement »* ; U.L.M. : *« J'ai consacré beaucoup d'argent et beaucoup de temps sur cette discipline »*, *« Financièrement, il m'est arrivé de me retrouver dans des situations délicates »*, *« J'y passe, selon la météo, deux à trois heures par jour, en moyenne »*, *« C'est pas clair que je choisirais une femme, ça pourrait être l'U.L.M. »* ; Techno : *« C'est vrai que je dépense pas mal de fric. Des fois je me fais un peu tirer les oreilles par les parents »*, *« Au club, en boite, je sors pratiquement tous les week-ends »* ; Militantisme : *« je ne conçois pas une journée sans militer »*, *« on est mobilisé sur toute l'année »*, *« C'est une activité pratiquement de tous les jours »*, *« Je passe pas un moment de libre sans que je me rappelle que j'ai un truc à faire dans le local syndical »*, *« Une fois que je suis dans une campagne, j'en sors plus »*, *« C'est vrai que ça m'est arrivé de refuser une sortie avec des copains, parce que j'étais en campagne »* ; Pornographie : *« mes parents chopaient tous les films alors je regardais tous les films »* ; Ménage : *« parce que tu fais tout dans ta vie pour te sentir bien ! »*).

La saillance apparaît bien dans la durée, les préoccupations, le désir, l'investissement financier et nous verrons au niveau du conflit comment certains comportements socialisés sont compromis par l'activité en question. Cependant, cette saillance ne saurait être telle qu'elle empêcherait d'autres activités adaptées : la buveuse de café consomme de la caféine finalement comme une stratégie pour dormir moins et faire des tas de *trucs* ; le chercheur ne part pas en vacances, mais il a *plein d'activités à côté*, et puis on imagine aisément que ses voyages professionnels ne doivent pas manquer d'activités annexes ; le passionné d'U.L.M. a consacré beaucoup d'argent à sa passion, mais apparemment pas au point de s'endetter et devoir faire des chèques sans provision comme l'addicté aux achats ; de même, le passionné de Techno se contente de dépenser son argent de poche et occuper ses week-ends ; l'étudiant militant doit certainement trouver les moyens de *bosser ses cours*, au moins pour rester étudiant ; le passionné de pornographie ne ressemble pas à un pervers obnubilé par ses fantasmes, mais montre un discernement esthétique qui le range dans la catégorie « amateur » ; finalement, c'est bien la très défensive « accro au ménage » qui montre sans doute le vrai visage d'une authentique addiction. Cette jeune femme se présente d'emblée comme *luttant contre toutes les autres dépendances qui nous bouffent la vie* à l'aide d'une unique dépendance très idéale et abstraite, la *dépendance au bonheur*. Cependant, au cœur de cette lutte contre les dépendances, transparaissent des traits obsessionnels (*« Alors du coup tu rentres là-dedans... le fait que si tu aimes bien une maison rangée tu deviens un petit peu maniaque, parce que... »)* avec les arrêts dans la pensée typiques de cette structure et l'on apprend finalement son accrochage obsessionnel au ménage, à la propreté, à l'ordre, mais bien sûr *« c'est pour le bonheur, pour me sentir bien... »*. Ainsi, nos interviewés parlent-ils tous en terme d'addiction, sans toutefois prononcer le mot (encore mal connu du public français), mais avec ses équivalents (*« une grosse dépendance », « une obsession », « je suis accro »,*

« c'est comme une drogue ») ; cependant, ils peuvent dire aussi *« une passion, un hobby »*, montrant ainsi que la saillance n'a pas un caractère négatif (le passionné d'U.L.M. en a fait une profession, ce que souhaite faire le passionné de Techno) et montre le caractère adaptatif de telles addictions (même le café, rappelons-le, sert à faire tout un tas de trucs). Ce que nous voyons plutôt, c'est une sorte de surinvestissement stratégique, choisi, délibéré, pouvant remplir des fonctions et poursuivre des buts dont le sujet est plus ou moins conscient. Ce constat nous amène à comprendre qu'une addiction plus pathologique doit correspondre à une saillance beaucoup plus contraignante, mais nous amener aussi à nous demander si au départ, la saillance (même dans la drogue, comme la drogue récréative) ne remplissait pas des fonctions légitimes et stratégiques, puis qu'il y aurait eu un glissement, quelque chose qui aurait échappé au sujet. A moins que rien n'ait échappé au sujet, que la perte de contrôle ne soit qu'un produit d'une idéologie du « manque de volonté ».

Conflit

Brown définit le conflit en rapport avec l'activité addictive selon deux dimensions : externe et interne. Dans le conflit externe la personne addictée est confrontée aux pressions que son entourage exerce pour qu'elle réduise ou arrête une activité qui est perçue comme trop envahissante et dangereuse. De plus, la personne est aussi confrontée au conflit intérieur entre ses choix continuels pour un plaisir et un soulagement à court terme qui conduisent à ignorer les conséquences négatives à plus long terme. Des conséquences qui accroîtront à leur tour le besoin apparent pour l'activité addictive, comme stratégie pour faire face à la souffrance conséquente et aux conséquences négatives.

Pour nos sujets interviewés, les conflits interne et externe sont bien présents (Café : *« Mais je me refais du café après, quand ils* [ses parents] *sont partis et en cachette, parce qu'ils n'aiment pas que je bois du café fort », « Parce que c'est quand même dangereux le café, peut-être... ça rend nerveux, cardiaque, toutes ces conneries-là, non ? »* ; Recherche :

« C'est pas facile pour une femme d'être avec un chercheur » U.L.M. : *« C'est pas clair que je choisirais une femme, ça pourrait être l'U.L.M. »* ; Techno : *« Des fois je me fais un peu tirer les oreilles par les parents », « Avec mes copains on se dispute assez souvent, parce qu'ils aiment le Rock ou d'autres musiques, alors des fois on s'engueule »* ; Militantisme : *« Les gens qui voient ça de l'extérieur trouvent que c'est exagéré, que j'en fais trop »* ; Ménage : *« être capable de lutter contre toutes les autres dépendances qui nous bouffent la vie »*).

Peut-il ne pas y avoir de conflit, comme cela semble être le cas pour notre addicté à la pornographie ? Par principe, une AVQ est peu envahissante, bien gérée et garde un équilibre par rapport aux autres activités. De plus, une AVQ correspond souvent à une passion qui loin d'être un simple plaisir à court terme chargé d'un risque à long terme, peut représenter au contraire un moyen d'enrichissement personnel, malgré parfois ses côtés « envahissants ». Par exemple, le passionné d'U.L.M. a fait de sa passion un métier et notre mordu de musique Techno espère pouvoir devenir D.J. professionnel. Cependant, on peut supposer que le conflit soit aussi rendu invisible grâce à divers procédés, comme le déni, des rationalisations qui tendent à réduire son importance et le rendent secondaire (comme le fumeur qui continue à fumer malgré les campagnes d'information sur les dangers du tabac), ou encore, par une manipulation de la réalité autour de soi, afin de la rendre conforme à son addiction, en côtoyant des personnes qui ont la même addiction et qui l'acceptent (comme le fumeur qui ne fréquente que des fumeurs, ou le passionné de spiritualité qui s'engage dans une secte (Abgrall, 1996 ; Pedinielli, 1997) afin d'éviter les pressions de sa famille).

Tolérance

Elle se définit comme des quantités croissantes de l'activité addictive, nécessaires pour atteindre les mêmes effets qu'au début de l'addiction. Nous avions vu qu'avec le manque, la tolérance reste difficile à repérer dans les addictions limites. Dans les AVQ cela semble encore plus difficile car, par principe, une AVQ trouvant un équilibre parmi d'autres AVQ et toutes les autres activités de la vie quotidienne, il lui manque cette centration exclusive, susceptible de produire une usure des effets. On sait bien aujourd'hui que la tolérance est un effet cérébral (Siegel, 1983) qui se produit à partir de doses élevées de stimulations capables de bousculer l'équilibre des paramètres cérébraux, ce qui ne semble pas être le cas des Addictions de la Vie Quotidienne.

Manque

Le manque correspond à des sentiments de déplaisir et/ou des effets physiques négatifs quand l'activité addictive est interrompue ou soudainement réduite. Il apparaît très nettement dans les AVQ examinées (Café : *« parce que sinon j'arrive pas à me réveiller et j'ai mal à la tête et je suis énervée pendant quatre jours », « C'est complètement physique », « il me faut plein de quantité », « quand j'ai pas de café, c'est horrible »* ; Recherche : *« pendant trois ans j'ai fais autre chose, mais c'est une vie qui ne me convenait pas »* ; U.L.M. : *« Si j'étais privé d'U.L.M. ça n'irait pas », « Plusieurs jours sans voler, je me sens pas bien »* ; Militantisme : *« C'est vrai que si je bosse pas une journée pour le syndicat, pour l'association, je suis en manque, c'est un petit peu ce phénomène-là, on finit par prendre le pli »*.

Tout comme pour la drogue, le manque peut s'exprimer pour une AVQ de façon physique et/ou psychique. On peut se sentir « pas bien », « énervé », « en manque », ou plus simplement ressentir un inconfort moral, une sorte de nostalgie « une vie qui ne me convient pas ». Le manque, s'il se rencontre plus facilement que la tolérance, peut ne pas paraître pour au moins deux raisons. D'abord parce que l'équilibre entre les AVQ peut facilement le cacher : qu'une Addiction de la Vie Quotidienne vienne à manquer et elle peut être aisément remplacée par d'autres sources de stimulation. Cependant, plus une AVQ tourne à la passion et moins il sera aisé de lui substituer une autre activité, car la saillance réduit d'autant les possibilités de substitution et rend plus rigides les capacités au changement d'activité. Le manque peut aussi ne pas paraître pour cause de déni, la personne tente de résoudre le conflit en elle entre : son désir incontrôlable pour l'activité addictive, et la dysphorie conséquente et les conséquences négatives de cette activité, en minimisant ou en déniant le manque et nous entendons longtemps les jeunes fumeurs dire que « j'arrête quand je veux ».

Soulagement

Toujours selon la définition de Brown, les effets de l'activité addictive sont si puissants qu'il apparaît un rebond de contre-effets lorsque l'activité cesse (c'est le manque) et quand ce manque arrive à un certain niveau, la seule façon d'éviter les sentiments pénibles est de trouver un soulagement en recommençant l'activité addictive à la première opportunité. Chez nos interviewés le soulagement n'est pas perceptible directement (il aurait fallu pour cela orienter plus finement l'interview vers les conséquences de la reprise de l'activité addictive à partir du manque), par contre, on perçoit indirectement le soulagement dans l'expression du retour à l'AVQ (Café : *« Le matin, surtout le matin, sans sucre, sans lait et super-noir et super-fort », « Tous les matins », « C'est dès le réveil, la cafetière et puis voilà », « Mais je me refais du café après »* ; Recherche : *« une vie qui ne me convenait pas, je suis revenu à la recherche »* ; U.L.M. : *« Le vol pour moi c'est un équilibre, un bien-être »* ; Ménage : *« parce que tu fais tout dans ta vie pour te sentir bien », « c'est pour le bonheur, pour me sentir bien »*).

L'expression du soulagement peut être rendue invisible pour les mêmes raisons que le manque : l'équilibre entre plusieurs AVQ qui, prévenant le manque, diminue d'autant l'impression de soulagement, et puis le déni toujours actif afin de préserver une image de soi acceptable, *« Je ne pense pas que ce soit pour fuir quelque chose »* déclare, de façon défensive, notre addicté au militantisme.

Rechute et rétablissement

Il s'agit de la tendance à des retours répétés vers les anciens modèles de comportements addictifs et, dans les cas les plus extrêmes, un haut niveau d'activité addictive peut être rapidement restauré, même après plusieurs années d'abstinence. La rechute et le rétablissement de l'activité addictive ne sont perceptibles qu'à partir d'une évaluation diachronique et rétrospective portant sur plusieurs mois ou années, aussi, ce phénomène est-il absent de nos interviews, à l'exception peut-être du passionné de recherche qui dit que *« pendant trois ans j'ai fais autre chose, mais c'est une vie qui ne me convenait pas, je suis revenu à la recherche »*. Cela dit, il convient aussi de retenir que l'équilibre entre les différentes AVQ et leur variété peut adoucir ou interdire le phénomène de rechute. Après quelques temps d'abandon, une activité addictive peut se réinstaller de façon très souple et insidieuse, parmi les autres activités et ne pas donner cette impression de brutale rechute comme dans l'alcoolisme ou la toxicomanie. Ou encore, une AVQ a pu être passionnante à telle période de la vie (comme par exemple la Techno pour les jeunes), puis trouver à s'épuiser et il y a que fort peu de chance que cet intérêt soit ressuscité ultérieurement.

Si nous recoupons à présent notre analyse des AVQ avec les quatre critères dégagés du DSM-IV (dysphories antécédente et conséquente, perte de contrôle et conséquences négatives), nous pouvons rapprocher trois de ces critères des éléments posés par Iain Brown : la dysphorie conséquente correspond au manque et à la tolérance, ainsi qu'au soulagement de cette dysphorie par la reprise de l'activité addictive (la rechute). La perte de contrôle concerne la saillance et le *craving* et les conséquences négatives concernent les conflits interne et externe. Par contre, bien que Brown (et d'autres chercheurs sur le front du cognitivisme) prennent en compte la souffrance psychique antécédente (par exemple, celle qui est liée aux traumatismes violents durant l'enfance des futurs agresseurs sexuels), ils ne vont pas jusqu'à faire de cette souffrance psychique un critère de l'addiction. Ce pas a été franchi par les chercheurs du courant psychodynamique, aussi, il est indispensable de bien mettre en évidence ce critère afin d'établir les bases de toute addiction, qu'elle soit pathologique ou de la vie quotidienne.

Pour notre addictée au café, la souffrance psychique ne se révèle qu'à la fin de l'interview. Ainsi, lorsqu'elle déclare que *« ça me fait chier de dormir, il y a trop de trucs à faire, alors pourquoi dormir, c'est une perte de temps »*, nous devons comprendre que sa véritable addiction, l'addiction « primaire » devrait-on dire, n'est pas celle au café, mais une addiction aux activités, une hyperactivité qui n'est pas sans rappeler la compulsion maniaque. La souffrance psychique se situe là, dans cette course en avant, effrénée, dans tout un tas de *« trucs à faire »*, qui empêche le sommeil. L'insomnie (symptôme typique de la dépression) mise au profit de l'hyperactivité, génère un *« manque de sommeil »* (rationalisé au passage afin d'en dénier les soubassements psychiques plus profonds en terme de souffrance *« combler un manque de sommeil c'est pas dramatique et c'est pas amoral »*), qui doit être *comblé* par ce qui ne représente qu'une addiction secondaire, conséquente, stratégique, l'addiction psychotrope au café.

Pour notre chercheur interviewé (précision : ce n'est pas un chercheur en sciences humaines), la souffrance psychique est révélée de façon très intellectuelle par la référence au narcissisme et à l'amour (*« Je pense que beaucoup de chercheurs sont narcissiques et comme dans une déclaration d'amour, réussir ça procure un peu les mêmes sensations »*). Le besoin d'étayage narcissique se présente dans cette forme particulière d'amour destinée à soutenir le moi, la pensée (*« Tu es aimé pour ce que tu penses »*). Ici, ce n'est pas tant les résultats pragmatiques de la recherche qui sont importants que les *sensations* procurées par l'activité de recherche elle-même (*« Je suis dépendant des sensations que la recherche me procure, plus que de la recherche elle-même »*), de sorte que l'activité est perçue comme une *obsession*, une *relation amoureuse*, qui vient étayer un moi en souffrance (*« quand je vais aux toilettes, j'amène un peu de papier, pour réfléchir », « Vu de l'extérieur, ça peut ressembler à une obsession, je vis avec », « Je vis comme avec une femme que j'aimerais beaucoup, j'y pense même pendant les vacances »*).

Chez notre passionné d'U.L.M. la souffrance psychique doit être débusquée derrière ce rêve mégalomane, relié à une jouissance psychique comme solution à cette souffrance (*« Depuis tout petit, j'ai toujours rêvé de pouvoir voler comme un oiseau »*). Cette souffrance psychique, si elle ne fait que transparaître encore dans l'emprise addictive (*« Si j'étais privé d'U.L.M. ça n'irait pas. Le vol pour moi c'est un équilibre, un bien-être et, heu bon, c'est le virus. Je pourrais plus m'en passer. Plusieurs jours sans voler, je me sens pas bien, il faut ma dose quotidienne »*), explose au grand jour dans la véritable crise et déstabilisation psychique (un choc à la question) qui apparaissent lorsque le sujet est brusquement confronté à l'alternative imaginaire entre une relation d'objet en bonne et dûe forme et une relation addictive (*« Ah ! Vous êtes durs, quand même. Alors là... (hésitant). C'est délicat, c'est à double tranchant. Il n'y a pas trop de solution. Je ne sais pas... ce serait mentir de... je sais pas... là vraiment c'est une question-piège ! C'est pas clair que je choisirais une femme, ça pourrait être l'U.L.M. »*). Et il est vrai que c'est une *question-piège* que cette question qui lui fait toucher du doigt sa souffrance profonde, au point que celui qui la pose paraît un persécuteur (*« Ah ! Vous êtes durs, quand même »*), armé d'un *double-tranchant*, qui fait douloureusement hésiter le sujet entre deux logiques : celle de la relation et celle de l'étayage, celle de l'investissement objectal et celle de la sauvegarde narcissique et de l'identité (Jeammet, 1990).

La souffrance psychique de notre passionné de musique Techno ne se laisse deviner que dans cette unique phrase *« Ça m'a pris à l'âge de onze ans, ça fait six ans »*, qui révèle l'impériosité de la douleur ; mais l'em-prise et l'indication de l'âge sont suffisants pour pouvoir nous interroger sur la fonction soulageante d'une passion soudaine pour une musique bien particulière. La musique dite « Techno » tire son nom à la fois de ses moyens de production et de sa forme. C'est une musique technique au sens où elle est entièrement produite par l'électronique. Elle est le fruit d'une programmation informatique et non d'un art des mains, du souffle et de l'oreille. De plus, la première fois qu'on l'entend, elle rappelle irrésistiblement les bruits de machines industrielles, avec leurs rythmes inaltérables. Il faut l'écouter attentivement pour y découvrir des jeux subtils dans les rythmes et leurs combinaisons, dans toutes les déclinaisons des tonalités sonores. Cela dit, cette musique est utilisée, non pour un plaisir esthétique, celui de l'émotion, tel qu'on le trouve dans la musique classique, par exemple, mais pour attaquer le corps et la conscience de celui qui l'écoute. Nous disons « attaquer » non pas dans son acception d'agression, mais comme l'électronicien dit que tel composant « attaque » tel autre au sens d'une action très directe. Le passionné de Techno tente de se brancher directement sur le rythme, s'aidant en cela avec son amplitude (assourdissante !), sa constance (la base de la Techno est un rythme inchangé sur lequel viennent se greffer des variations), sa durée (toute une nuit, parfois trois journées entières dans le cas de *rave-parties*), l'utilisation de drogues psychotropes, d'une ambiance collective d'émulation, de fumée, de lumières laser. Si l'on suit Jeammet, l'initialisation des conduites addictives est consécutive au *traumatisme pubertaire* qui met brusquement en lumière une fragilité narcissique jusque-là invisible. Le changement pubertaire correspond à *une menace sur l'autonomie et la pensée du sujet* [qui représente] *une situation de violence qui attaque son intégrité narcissique et génère en retour une violence défensive que traduit la réponse par l'agir comportemental* (ibidem). Et Jeammet de souligner plus loin le *caractère répétitif* masturbatoire des conduites addictives, le rythme dans la répétition de l'acte (« *Au club, en boite, je sors pratiquement tous les week-ends* »), le rythme à l'intérieur de l'acte lui-même, celui de la musique.

Le militant, après avoir largement évoqué l'emprise du militantisme sur sa vie, révèle malgré tout sa souffrance psychique par cette dénégation : *« Je ne pense pas que ce soit pour fuir quelque chose »*. Il rationalise en parlant d'*engagement* et de *volonté*, mais reconnaît aussitôt après que *« Militer, c'est effectivement comme une drogue »*. Et face à cette souffrance qu'il ne veut pas reconnaître et qui fait barrage à toute éventualité de relation d'objet, il s'interroge, perplexe : « *Je suis en train de me demander qu'est-ce que j'aurais pu faire d'autre qui ne soit pas du militantisme, c'est vraiment à ce point-là* », peut-être tomber amoureux...

Si l'addiction, même à une AVQ, est destinée à apporter une « solution » à cette souffrance psychique, et tout d'abord à l'occulter, un rempart supplémentaire peut être érigé en brouillant la piste même de l'activité addictive et de sa fonction anti-souffrance. C'est bien ce que font nos deux derniers interviewés, le passionné de pornographie en s'attardant défensivement sur les détails et les performances athlétiques des acteurs, et l'obsédée du ménage en se réfugiant derrière un très abstrait accrochage au bonheur. On peut cependant s'interroger face à cette « initiation » parentale (sans doute plus par négligence, que par intention, en tout cas consciente) au cinéma pornographique. On peut aussi s'interroger sur la contrainte de cette *culture* du bonheur qui rend *maniaque* du ménage.

Malgré leur grande diversité, malgré leur étalement sur un spectre qui va des Addictions de la Vie Quotidienne aux addictions pathologiques, nous voyons bien que les activités addictives présentent un ensemble de caractéristiques partagées, au rang desquelles la souffrance psychique (que l'on peut proposer comme septième critère de l'addiction), touchant au narcissisme et à l'identité, fait figure de facteur prédisposant général. Est-il pour autant universel, impliquant qu'avec les AVQ tout un chacun est investi dans une addiction ou une autre pour tenter de soutenir un moi éternellement remis en question ? Avant de répondre à cette question et d'établir un bilan plus général de notre analyse des activités addictives, il est nécessaire de voir de plus près ces soubassements neurobiologiques des addictions, que nous avons évoqués au travers des effets cérébraux du manque et de la tolérance : en quoi des « besoins cérébraux » fondent-ils les activités addictives les plus diverses ?

2. Neurobiologie de l'addiction

L'addiction est un phénomène complexe avec des causes et des conséquences psychologiques et sociales importantes. Cependant, elle implique des processus biologiques essentiels : les effets d'une exposition répétée dans le temps à une substance (drogue, alcool, ...), ou à un autre type de stimulation (sensations, formations psychiques, ... liées à un comportement compulsif), d'un substrat biologique : le cerveau. Les adaptations cérébrales que cette exposition répétée produit correspondent à des altérations du fonctionnement individuel des neurones, altérations qui produisent à leur tour des problèmes dans le fonctionnement des circuits cérébraux auxquels ces neurones participent. Tout ceci peut conduire aux comportements complexes, tels que dépendance, tolérance, sensibilisation, désir irrépressible (*craving*), qui caractérisent une conduite addictive (Koob, Le Moal, 1997).

Pour Leshner (1997a), il existe un fossé entre les développements scientifiques (neurobiologiques) des connaissances sur les addictions comme des « maladies chroniques de la rechute » et les conceptions, voire idéologies, de l'addicté comme individu faible, sans volonté, voire mauvais, influencé par les contingences sociales. Ce fossé se retrouve aussi bien dans les pratiques de soin et trouverait sans doute avantage à être comblé.

En fait, le problème des addictions est à la fois un problème individuel, social et de santé publique. On croit habituellement qu'il y a un lien entre la force du symptôme physique de manque et la dangerosité d'une drogue. Cette conception est aujourd'hui bien dépassée, face à des drogues (crack, cocaïne, métamphétamine) qui ne produisent que peu de symptômes physiques (comparées à l'héroïne, l'alcool et même le tabac). Le problème ne se situe donc pas à cet endroit, mais dans la compulsion à la consommation malgré les conséquences négatives. Ce problème de compulsion est partagé avec ces autres addictions sans substances que sont les conduites compulsives et répétitives de toutes sortes auxquelles se livrent les gens et qui, pour beaucoup d'individus, présentent aussi le problème de la compulsion à l'activité, malgré les conséquences négatives, et le plus souvent en l'absence de tout symptôme physique de manque.

La neurobiologie nous présente un élément commun à toutes les drogues, voire à toutes les addictions, l'activation de trois systèmes cérébraux fondamentaux et reliés (Loonis, 1997 ; Loonis, Sztulman, 1998) : 1) le système d'activation du tronc cérébral, de la substance réticulée et du *Locus Cœruleus* (Zuckerman, 1994) ; 2) les systèmes de motivation (*wanting*) impliquant les systèmes dopaminergiques mésocorticaux et mésotélencéphaliques, ; et 3) les systèmes de plaisir/déplaisir (on dit aussi de récompense - *liking*) impliquant les systèmes mésolimbiques et les noyaux sous-corticaux, ainsi que des systèmes plus spécifiques à chaque substance (Robinson, Berridge, 1993 ; Koob, Le Moal, 1997 ; Tassin, 1998). Les drogues, mais encore les conduites compulsives, produisent des changements cérébraux à long terme et situés à tous les niveaux des systèmes (moléculaire, cellulaire, membranaire, structural, fonctionnel) et les effets communs pour toutes les addictions suggèrent des mécanismes communs.

Cette implication du système nerveux central fait de l'addiction une « maladie cérébrale » (Leshner, 1997a) : le cerveau d'un sujet addicté serait différent de celui d'un non-addicté. Il se produit à un moment donné un basculement cérébral lorsque l'individu passe d'une activité (ou consommation) contrôlée à la perte de contrôle. Cependant, souligne Leshner, l'addiction n'est pas qu'une maladie cérébrale, car entrent en jeu dans la rechute des facteurs sociaux et d'environnement. Ainsi (comme toute maladie cérébrale d'ailleurs) l'addiction doit être traitée à la fois aux niveaux cérébral, comportemental et social. Elle reste toutefois un désordre chronique de la rechute et ne doit pas être traitée comme une maladie aiguë, aussi, de son traitement ne doit-on pas attendre une « guérison », mais un aménagement de la maladie (par exemple, une baisse significative de la consommation, ou de l'activité addictive, avec un contrôle permanent, mais des possibilités de rechutes occasionnelles).

A. Le dérèglement d'un système hédonique homéostatique

Si l'on veut bien ne considérer tout d'abord que l'abus de substance (comme prototypique des addictions en général), plusieurs facteurs contribuent au passage de l'usage à l'abus de drogue : la voie d'administration, les facteurs génétiques prédisposants, l'histoire de la consommation (trajectoire) et les facteurs environnementaux déclenchants (stress, événements de la vie). L'approche neurobiologique essaie de comprendre, parmi tous ces facteurs, quels éléments neurobiologiques conduisent les sujets à une plus grande vulnérabilité qui les fait passer de l'usage à l'abus ? (Koob, Le Moal, 1997).

Si l'on se centre à présent sur le système hédonique de récompense (système dopaminergique mésocorticolimbique et ses liaisons avec le cortex frontal basal – noyau *accumbens* et amygdale), on remarque qu'il existe des conjonctions entre les problèmes de dérèglement de ce système et ce qui a pu être observé des pertes de contrôle addictives au plan psychologique. Ces pertes de contrôle impliquent aussi bien des consommations de psychotropes, que des conduites compulsives comme le jeu pathologique, ou la boulimie. On assiste dans tous les cas à la mise en place d'une *spirale de détresse* (Baumeister, Heatherton, Tice, 1994) qui peut être décrite ainsi : les facteurs prédisposants (dont la souffrance psychique, la dysphorie antécédente) entraînent un premier échec dans l'autorégulation (échec qui se situe au-delà des premières rencontres avec la substance ou l'activité et donc au-delà du mécanisme de « révélation », de fascination et de la « lune de miel » ; c'est ensuite que la perte de contrôle est vécue comme un échec et une emprise). Le sujet cherche à instaurer un contrôle, mais il échoue, c'est le premier dérapage, qui conduit à une détresse émotionnelle (la dysphorie conséquente). C'est cette détresse émotionnelle qui conduira ultérieurement à de nouveaux échecs dans le contrôle, instaurant la boucle addictive, qui correspond à une rupture de l'homéostasie hédonique au plan cérébral. L'individu passe d'un « je bois pour ne plus souffrir » au fameux « je bois pour oublier que je bois ». Baumeister et al. (1994) expliquent que la personne se retrouve prise dans un conflit entre la force du désir et les mécanismes d'auto-régulation de l'action, conflit qui implique des déficiences cognitives comme les fausses croyances, les croyances distordues, les surgénéralisations et des efforts de contrôle mal appliqués. Le concept de « spirale de détresse » peut alors être utilisé pour décrire la dérégulation progressive du système de récompense cérébral dans le contexte de cycles d'addictions répétés (Koob, Le Moal, 1997).

De nombreuses études ont contribué à révéler l'implication du système dopaminergique mésocorticolimbique dans les addictions (Di Chiara, Imperato, 1988). Par exemple, la cocaïne, les amphétamines et la nicotine facilitent la neurotransmission dopaminergique (Pontieri et al., 1996) ; les opiacés (tels que l'héroïne) ont des effets de renforcement positif sur les systèmes dopaminergiques (ibidem) ; l'alcool interagit avec de multiples systèmes de neurotransmission : GABA, glutamate, sérotonine et systèmes opioïdes, tous ces circuits étant reliés au système dopaminergique mésocorticolimbique (Tabakoff, Hoffman, 1992) ; enfin, l'action de renforcement positif du THC (cannabis) est provoquée par la libération de dopamine dans le noyau *accumbens* (Tanda, Pontieri, Di Chiara, 1997).

Cependant, la dopamine a un rôle beaucoup plus complexe que celui d'un simple messager du plaisir et sa libération peut être déclenchée par la seule présence d'une récompense, même inaccessible (Tassin, 1998). Cela signifie que les neurones dopaminergiques deviennent, par apprentissage, réactifs au signal d'une récompense (ainsi qu'à ses signaux environnementaux et idéaux – symboliques – associés). Ce phénomène, qui met en jeu une sensibilisation cérébrale (Robinson, Berridge, 1993) implique la possibilité d'une dépendance et d'une « spirale addictive » avec des stimulations agréables autres que les drogues psychotropes, c'est-à-dire à partir d'activités compulsives (par exemple, sexualité compulsive, jeu pathologique, boulimie, sport excessif, ...) capables d'impliquer le système cérébral de récompense.

Cette implication générale des systèmes dopaminergiques de récompense devrait entraîner des manifestations du manque pratiquement identiques, quelle que soit l'addiction mise en jeu. Actuellement, les conceptions les plus récentes concernant les symptômes d'abstinence, ont commencé à se centrer sur les aspects de cette dysphorie conséquente qui sont communs à tous les types d'addiction. Cette dysphorie est décrite comme un « état affectif négatif général » dont les symptômes comprennent des émotions négatives variées comme le malaise, la dépression, l'irritabilité et l'anxiété (Koob, 1996). Cet état affectif négatif général a même été confirmé chez l'animal : le manque associé avec n'importe quelle drogue entraîne une élévation prononcée du seuil de récompense à une auto-stimulation intracrânienne (Markou, Koob, 1991) ; en d'autres termes, la souffrance du manque implique une difficulté à atteindre ultérieurement au plaisir, cette souffrance correspond donc bien à ce qui ressemble à l'anhédonie dépressive. De plus, la présence de cet état affectif négatif, ne signale pas seulement le développement de la dépendance, mais contribue aussi à la vulnérabilité à la rechute avec une signification motivationnelle et une facilitation du cycle addictif (Koob, Le Moal, 1997).

Cette dysphorie conséquente à l'addiction signifie que l'homéostasie de la récompense a subi une rupture, d'où la perte de contrôle. Le concept d'homéostasie soutient l'idée qu'un organisme maintient un équilibre dans tous ses systèmes, y compris son système cérébral de récompense, en utilisant toutes ses possibilités physiologiques, cognitives ou comportementales pour rester dans les limites de son fonctionnement. Cependant, à côté de l'homéostasie (maintien du même), existe un mécanisme « allostatique » (maintien du différent) qui consiste en une dérive générale du fonctionnement de l'organisme dans une visée adaptative à des conditions extrêmes du milieu. En d'autres termes, avec l'allostasie, l'homéostasie est maintenue, mais transposée à d'autres niveaux de fonctionnement (comme une mélodie qui peut être jouée à l'identique, mais un ton plus aigu, ou plus grave). C'est ce qui survient lorsque du fait d'une consommation régulière de drogue, un système nerveux s'adapte à des quantités de plus en plus importantes de substance (qui seraient mortelles pour un débutant). Cependant, la dérive allostatique ne correspond pas à un état naturel de l'organisme et lui demande de dépenser d'énormes quantités d'énergie pour maintenir une stabilité apparente, de sorte que le système finit par se trouver à ses limites et la moindre difficulté adaptative pourra conduire à sa rupture, c'est le commencement de la spirale de détresse dans le cycle de l'addiction : lorsque l'organisme et son système de récompense ont atteint un état de dérèglement suffisamment élevé, il y a perte de contrôle (ibidem).

Deux mécanismes apparemment opposés entrent en jeu : la sensibilisation et la contre-adaptation. La sensibilisation, ou état de *wanting* (Robinson, Berridge, 1993), qui met en jeu les systèmes de motivation (systèmes dopaminergiques mésocorticaux et mésotélencéphaliques), correspond à la mise en place d'un état de sur-motivation à la suite d'une exposition répétée à un stimulus appétitif, à un plaisir. Cette sensibilisation est attribuée à une suractivité des systèmes dopaminergiques en question, avec un accroissement des sécrétions de glucocorticoïdes pour le maintien à long terme de l'état de sensibilisation (Piazza, Le Moal, sous presse).

La contre-adaptation, ou état de *liking*, qui met en jeu les systèmes de plaisir/déplaisir (systèmes mésolimbiques et noyaux sous-corticaux), correspond à une homéostasie cérébrale, neuronale, servie par des processus d'opposition (Solomon, Corbit, 1974), qui représente des modes de régulation. La contre-adaptation signifie que le cerveau produit une dérive allostatique de ses paramètres de fonctionnement afin de s'adapter (et donc de retrouver un équilibre homéostatique) à l'arrivée de drogue ou de stimulation. C'est ce phénomène de contre-adaptation qui explique le phénomène de tolérance (les mêmes quantités de drogue ou de stimulation ne font plus le même effet recherché – euphorie, soulagement de la dysphorie – à cause de la dérive adaptative, ce qui conduit à « augmenter la dose » – de drogue ou de stimulation – pour pouvoir retrouver l'effet initial). La tolérance génère son propre état de manque, qui accroît la motivation à consommer, ou à se livrer à l'activité addictive. La contre-adaptation met en jeu une activation des systèmes limbiques C.R.F. et une baisse de la fonction mésolimbique dopaminergique (Rodriguez de Fonseca et al., 1997).

A première vue, les deux processus, de sensibilisation et de contre-adaptation, semblent fonctionner en sens inverse : la sensibilisation accroît l'effet de la drogue, ou de la stimulation, tandis que la contre-adaptation diminue ces effets. Cependant, cette opposition disparaît si l'on considère ces mécanismes sur la durée et dans le cadre global d'une spirale de détresse et addictive. La contre-adaptation est le processus de base, le plus visible au départ d'une trajectoire addictive. L'individu doit augmenter les doses pour lutter contre l'effet de tolérance et maintenir la fonction anti-dysphorique de son activité addictive. Dans cette lutte, l'addicté est aiguillonné par la souffrance du manque, dont on sait actuellement que la composante physique n'est pas la plus importante. Le véritable aiguillon se situe au niveau de ce fameux « état affectif négatif » que l'on retrouve dans toutes les addictions et qui correspond à un retour en force de la dysphorie. Ce phénomène de lutte contre les effets de la tolérance entraîne une première spirale addictive, de courte amplitude temporelle, qui occupe les heures de la journée à rechercher le soulagement addictif. Nous disons « soulagement » et non plaisir, car au fil du temps ce dernier s'estompe justement. L'addicté n'éprouve plus de plaisir comme au début de la découverte de son addiction, mais un simple soulagement de sa souffrance. On pourrait croire que s'il n'y a plus plaisir, alors l'addiction peut cesser : pourquoi continuer une activité addictive et subir toutes ses nombreuses conséquences négatives sur la santé et l'adaptation sociale, s'il n'y a plus de plaisir ?

Cette question est au cœur de la problématique des addictions dont, rappelons-le, l'un des critères majeurs est « la poursuite de l'activité addictive malgré les conséquences négatives ». De fait, l'individu addicté est entré, sans s'en rendre compte, dans une spirale addictive et de détresse de plus grande amplitude temporelle, qui va rendre compte non seulement de cette persistance de l'activité addictive malgré ses conséquences préjudiciables, mais encore de la vulnérabilité à la rechute, même après plusieurs années d'abstinence. Ici entre en jeu le second mécanisme : la sensibilisation. Elle s'établit dès le début de la rencontre avec l'activité addictive, avec la drogue ou la stimulation, parfois après une unique initiation. La sensibilisation, bien que se renforçant au fur et à mesure de l'avancée sur la trajectoire addictive, ne correspond pas exactement aux processus classiques du conditionnement (qu'il s'agisse du renforcement négatif ou positif) ou de l'apprentissage, mais à un mécanisme de « mémoire », qui relie une source de plaisir à des stimuli de l'environnement qui lui sont associés et qui deviennent de ce fait « saillants ». La sensibilisation est beaucoup plus proche des phénomènes d'empreinte tels qu'ils ont été décrits par Lorenz (1978, 1984), ou d'attachement (Bowlby, 1969), quelque chose de l'ordre de la rencontre amoureuse. Ainsi apparaît un phénomène de « saillance incitatrice » (*incentive-salience* – Robinson, Berridge, 1993), qui implique tout un ensemble de signaux cognitifs « saillant » de l'environnement et « incitant » à l'activité addictive. Ces indices environnementaux, en tant que signaux, déclenchent des phénomènes complexes qui vont bien au-delà des effets de contre-adaptation du manque et de la tolérance. Ils sont à la base de la spirale addictive à long terme et expliquent la vulnérabilité à la rechute.

Le dérèglement de l'homéostasie hédonique correspond à un décrochage entre les mécanismes de contre-adaptation liés aux systèmes de récompense et les mécanismes de sensibilisation liés aux systèmes de motivation. Pour l'addicté au long cours le plaisir disparaît, seul persiste le besoin de soulagement et c'est ce besoin qui prend un tour irrépressible, comme une motivation créée artificiellement (Bejerot, 1972), ce qui explique que la spirale de détresse addictive peut survenir aussi bien avec des substances psychotropes, qu'avec l'usage compulsif de renforçateurs non-chimiques, comme dans le jeu pathologique, la suralimentation, l'exercice physique compulsif, la sexualité compulsive, et ainsi de suite (Baumeister, Heatherton, Tice, 1994). De plus, ce modèle à base neurobiologique, mais qui prend en compte l'environnement, permet un retour à la vie quotidienne et aux facteurs psychosociaux dans une perspective biologique. Le système hédonique cérébral possède ses limites naturelles, limites que l'on peut rapidement dépasser par la prise de drogue, ou par les stimulations extrêmes de comportements compulsifs, ce qui fait courir à l'individu le grand risque d'entrer dans la spirale de dérèglement hédonique de l'addiction. Koob et Le Moal (1997) concluent qu'une alternative à l'addiction reviendrait à adopter une approche plus équilibrée du plaisir qui consisterait à restreindre l'usage du système de récompense aux frontières naturelles de l'homéostasie, soulignant au passage que cela pourrait poser d'autres problèmes, sans toutefois préciser lesquels. Nous verrons plus loin que ces « problèmes » sont en lien avec les besoins de l'être humain de dépasser, justement, les frontières naturelles de son homéostasie hédonique dans la recherche de sensations fortes et d'expériences extrêmes. Toutefois, pour nos auteurs, une telle « ascèse » peut ou non être en accord avec les normes culturelles, mais elle possède probablement une signification biologique[1].

B. Marvin Zuckerman : la recherche de sensation

Les mécanismes neuronaux qui régulent les émotions et les comportements ont été formés par la sélection naturelle dans

[1] Ascèse que nos auteurs appellent avec une pointe d'humour « hédonique calviniste », ceci en référence aux systèmes de vie calvinistes et puritains qui prônent le contrôle de soi, le rejet des loisirs et des vaines distractions, la modération et l'obéissance. La récente analyse des modes de vie « sectaires » comme des addictions (Pedinielli, 1997) ne garantit pas que le mode de vie hédonique calviniste ne soit pas lui-même, parfois, addictif...

une visée adaptative, aussi, les drogues psychoactives peuvent-elles détériorer cette adaptation (Nesse, Berridge, 1997). Les auteurs poursuivent en signalant qu'en contrepartie les drogues psychoactives peuvent améliorer l'adaptation dans certaines circonstances, compenser des psychopathologies et induire des plaisirs qui peuvent parfois être inoffensifs. Deux points doivent toutefois être précisés : 1) qu'en plus des drogues psychoactives, un très grand nombre d'activités compulsives à effet psychoactif peuvent aussi détériorer l'adaptation – dans les deux cas on considère les conséquences négatives aux plans de la santé et de l'adaptation ; 2) que la fonction d'amélioration de l'adaptation (qu'il s'agisse donc des drogues ou des activités compulsives) concerne pour l'essentiel des problématiques de désadaptation liées aux environnements humains, à la culture et qu'il en est de même des « plaisirs inoffensifs » qui correspondent à des besoins typiquement humains d'expériences extrêmes. Ces besoins ont été formalisés par Zuckerman (1994) dans un modèle de la recherche de sensation (*sensation seeking*) que l'auteur définit comme un trait de personnalité qui correspond à *la recherche de sensations et d'expériences variées, nouvelles, complexes et intenses, et la volonté de prendre des risques physiques, sociaux, légaux et financiers pour la recherche de telles expériences*. La base de toute problématique addictive est : la poursuite de l'activité addictive malgré les conséquences négatives. Cette problématique ne concerne toujours qu'un certain nombre de sujets d'une population donnée. A titre indicatif, on estimait entre 142 000 et 176 000 le nombre de toxicomanes « à problème » en France en 1999, à 3,3 millions pour l'alcool et à 10 millions pour le tabac, toujours en ne considérant que les seuls consommateurs « à problème » (DGLDT, 1999). Aussi, la problématique addictive ne saurait être complète si l'on ne prend pas en compte ce constat : tout le monde n'est pas égal devant les activités addictives. De la même façon, expliquer les activités compulsives comme des addictions, démonter leurs mécanismes de spirales addictives ne suffit pas, si l'on n'est pas capable d'expliquer pourquoi certains individus sont davantage concernés par ces activités que d'autres. Pourquoi y a-t-il des différences individuelles dans le risque à passer de la consommation contrôlée de substances psychoactives, ou de la pratique contrôlée d'activités procurant des sensations fortes, ou distractives, à la perte de contrôle ? Dans le cadre d'une appréhension multifactorielle des addictions, les facteurs actuels sociologiques, économiques, familiaux, ainsi que les conditions de l'offre d'une opportunité addictive entrent certainement en jeu pour déclencher une addiction, l'aggraver, la prolonger et en cas d'abstinence, pour favoriser la rechute (Charles-Nicolas, 1990). Cependant, là encore jamais 100% d'une population n'est concernée malgré l'accumulation de facteurs favorisant l'addiction, ce qui doit être expliqué. Sur un plan plus personnel, nous savons que les addictions sont liées à l'âge, leur prévalence est beaucoup plus grande chez les adolescents et les jeunes adultes (Jeammet, 1990). Plus tard, des rémissions ont tendance à se produire (Peele, 1987) et si l'addiction persiste, elle peut prendre un mode contrôlé et adapté (Caiata, 1996), ou encore signer une psychopathologie plus grave (Bergeret, 1990b). Or l'âge, qui correspond à un niveau de maturation à la fois physiologique et psychologique, nous introduit à l'idée de la différence interindividuelle. Cette différence va porter sur l'impact du traumatisme pubertaire (Jeammet, 1990), sur la force des pulsions sexuelles et agressives, celle des nouvelles exigences d'autonomie et d'identité (Charles-Nicolas, 1990), tout ceci signant l'impact du biologique sur la tendance addictive. De plus, nous savons que des facteurs, cette fois historiques, familiaux, d'apprentissage et de conditionnement, entrent en jeu pour créer une fragilité narcissique, elle-même à l'origine d'une aggravation du risque addictif.

Comme tous les adolescents, ou jeunes adultes, ne chutent pas (ou pas avec la même ampleur) dans une addiction, nous sommes à nouveau confrontés à une différence qui concerne une vulnérabilité personnelle à l'addiction, qui renvoie à la fois à un substrat biologique prédisposant, mais encore à un « marquage », lui aussi prédisposant, de la personnalité (ce qui suggère un marquage cérébral) sur la base des aléas des relations précoces et de la formation du moi. Toute l'œuvre de Marvin Zuckerman est d'avoir montré comment une donnée individuelle de nature biologique et historique, le *sensation seeking*, peut conditionner la vulnérabilité aux addictions.

La recherche de sensation est une donnée que l'on rencontre dès l'observation animale. Celui-ci explore son environnement, même lorsque ses besoins primaires sont satisfaits (Tolman, 1926), ou bien encore, un rat explorera son environnement avant même de satisfaire son besoin primaire de nourriture (Harlow, 1953). La contre-épreuve va consister à placer un animal dans des conditions de privation sensorielle, tout en satisfaisant ses besoins primaires. Qu'il s'agisse des rongeurs (Baron, Kish, 1962), ou des singes (Butler, Alexander, 1955), on observe une recherche active de stimulations, ces stimulations correspondants à des besoins et des satisfactions de nature cognitive. De nombreuses expériences chez l'humain (Bexton et al., 1954 ; Scott et al., 1959 ; Jones, 1961) ont pu montrer les mêmes effets d'un empêchement de la satisfaction de cette tendance à rechercher des sensations : ennui, anxiété, puis troubles affectifs et psychiques de plus en plus graves au fur et à mesure de la prolongation de l'expérience, jusqu'à la désorganisation de la personnalité. Zuckerman en conclut que le besoin de variation dans la stimulation sensorielle est aussi élémentaire que les besoins primaires classiques et que ce besoin est particulièrement fort chez tous les primates. Nous avons poussé encore plus loin cette idée d'un besoin « primaire » de stimulation, d'informations (une pulsion *stimulophile* ?), en le rattachant à un organe particulier, notre cerveau, et en travaillant sur l'hypothèse que notre cerveau et l'ensemble des neurones qui le constituent, pourraient être concernés par une faim de stimulations nouvelles afin de pouvoir lutter contre un *bruit de fond cérébral* qui prendrait son origine dans les décharges neuronales spontanées (Loonis, 1997 ; Loonis, Sztulman, 1998). C'est ce *bruit de fond cérébral* qui serait à l'origine, à la conscience, du malaise produit par la privation sensorielle et de stimulation. D'abord perçu comme ennui, la prolongation de l'isolation amplifie ce malaise, qui devient une souffrance cérébrale de plus en plus angoissante, jusqu'à ce que le fonctionnement neuronal se désorganise, entraînant la désorganisation psychique.

Nous n'allons pas nous intéresser à la thèse défendue par Zuckerman de la recherche d'un niveau optimal d'activation, ce modèle étant, comme nous le verrons plus loin, aujourd'hui dépassé (Zuckerman, 1979a ; Apter, 1989), mais à sa « théorie de la différence individuelle », c'est-à-dire la découverte des variations interindividuelles en matière de recherche de sensation. La sensation correspond à une variation dans la stimulation reçue par un organisme, cette variation pouvant porter sur différentes qualités : l'intensité, la taille, la couleur, la modalité sensorielle, les connotations affectives, la nouveauté, la complexité, le degré de variation, la soudaineté de la variation, l'effet de surprise, l'incongruité, l'indétermination, l'ambiguïté (Berlyne, 1971). Cependant, la réaction à la sensation ne dépend pas seulement de sa qualité, mais encore de la « qualité » de l'organisme qui la reçoit. Pavlov (1927) avait très tôt découvert au cours de ses observations, deux types de chiens : 1) le type « sanguin » qui est curieux, amical, actif dans les comportements naturels, mais difficile à conditionner car il a tendance à s'endormir durant les monotones séances de conditionnement, sauf à faire varier les stimuli ; 2) le type « mélancolique » dont l'activité est restreinte, qui explore peu son environnement naturel, craintif avec les humains, il est toutefois facile à conditionner car il reste alerte et éveillé durant les séances. Eysenck (1957) développera une typologie de la personnalité basée sur deux grands traits polaires : l'extraverti et l'introverti (voir tableau 3). La différence porte à la base sur le niveau tonique d'activation cérébrale qui va dépendre du troisième système neuronal mis en jeu dans les addictions : le système d'activation du tronc cérébral, de la substance réticulée et du *Locus Cœruleus*, dont les efférences activatrices, ou inhibitrices, rayonnent dans tous les grands systèmes de l'encéphale (Gray, 1987). On peut se représenter ce système comme la pédale d'accélération du cerveau, qui va contrôler son régime de fonctionnement général. Il existerait donc des différences individuelles entre les cerveaux, certains fonctionnant à des régimes plus élevés que d'autres.

Zuckerman a repris ces travaux pour définir deux types extrêmes de personnalité : les grands chercheurs de sensation

(HSS, *High Sensation Seekers*) et les petits chercheurs de sensation (LSS, *Low Sensation Seekers*).

Tableau 3 : Caractéristiques des traits de personnalité extraverti/introverti (Eysenck , 1957)

Type extraverti	**Type introverti**
- Bas niveau tonique d'activation ; - capacité à supporter de fortes stimulations avant d'atteindre une tonalité hédonique négative (plaisir de la surexcitation) ; - incapacité à supporter les faibles niveaux de stimulation (ennui, dysphorie) ; - tendance à rechercher les sensations et même les sensations fortes pour certains individus.	- Haut niveau tonique d'activation ; - incapacité à supporter de fortes stimulations, il sature et atteint rapidement une tonalité hédonique négative (anxiété de la surexcitation) ; - capacité à supporter les faibles niveaux de stimulation (plaisir de la relaxation) ; - tendance à éviter les sensations et même à les fuir anxieusement pour certains individus.

Ces différences ont même été retrouvées chez les animaux, et après les observations de Pavlov, on a pu repérer des rats de types HR (pour *High Responders*, l'équivalent de HSS), ou LR (pour *Low Responders*, l'équivalent de LSS). Les rats HR qui explorent davantage un nouvel environnement, sont plus susceptibles de s'auto-injecter des amphétamines si on leur en donne l'occasion (Piazza, Deminière, Le Moal, Simon, 1989).

Suivant Zuckerman, un individu penchera davantage du côté du type HSS ou LSS en fonction d'une série de facteurs biologiques et/ou environnementaux. Au plan biologique, on note tout d'abord une corrélation entre le type et le sexe, l'âge et la force de l'activité sexuelle. Sont davantage de type HSS les individus jeunes et de sexe masculin et parmi eux ceux qui ont la plus importante activité sexuelle. Les études démographiques montrent que la courbe du niveau de recherche de sensation selon l'âge suit une pente ascendante jusqu'à un pic aux alentours de 18 ans, puis qu'elle redescend progressivement jusqu'à la vieillesse. Les courbes des hommes et des femmes ont le même profil selon l'âge, mais les femmes sont dans l'ensemble moins HSS que les hommes. Ces observations suggèrent le lien entre le type HSS et les taux de sécrétion des hormones gonadiques mâles (testostérone), ces dernières dégradent la MAO (monoamine oxydase) qui est une enzyme de régulation des systèmes catécholaminergiques (dopamine et noradrénaline) dont on sait par ailleurs la fonction régulatrice au niveau cérébral. D'autre part, des taux plus bas d'endorphines cérébrales ont été corrélés avec le type HSS. Au bilan, on constate que les types extrêmes HSS et LSS se différencient sur tout un ensemble de paramètres biologiques liés (voir tableau 4), qui conditionnent à leur tour le niveau global d'activation cérébrale et la recherche de stimulations.

Tableau 4 : Bilan biologique entre HSS et LSS (Zuckerman, 1994)

	Type HSS	**Type LSS**
- Hormones gonadiques mâles	➚	➘
- Endorphines	➘	➚
- MAO	➘	➚
- Catécholamines (DA, NA)	➚	➘
- Niveau tonique d'activation	➘	➚
- Recherche de stimulations	➚	➘

➚ = niveau élevé ; ➘ = niveau bas

Ces données sont à relier avec ce que nous savons déjà de l'implication de la dopamine dans les addictions. Les systèmes dopaminergiques, dans le cerveau, ne concernent qu'un faible nombre de neurones (aire tegmentale ventrale – ATV – du mésencéphale, noyau *accumbens* et cortex frontal), mais ils sont impliqués dans des fonctions essentielles concernant les émotions, le plaisir et le désir. Un modèle « triangulaire » peut être proposé (Loonis, 1997) qui prendra en compte les trois groupes de systèmes : systèmes d'activation, de motivation et de récompense, dans des interrelations complexes (voir figures 1 et 2). Bien que le formalisme du détail des interactions inter-systèmes soit encore difficile à établir, du fait de la complexité des mécanismes cérébraux et du grand nombre de paramètres mis en jeu, il est possible de proposer une première ébauche de ce système complexe, pouvant rendre compte de la vulnérabilité aux addictions.

Figure 1 : Interrelations entre les systèmes d'Activation, Motivation et Récompense pour le type LSS

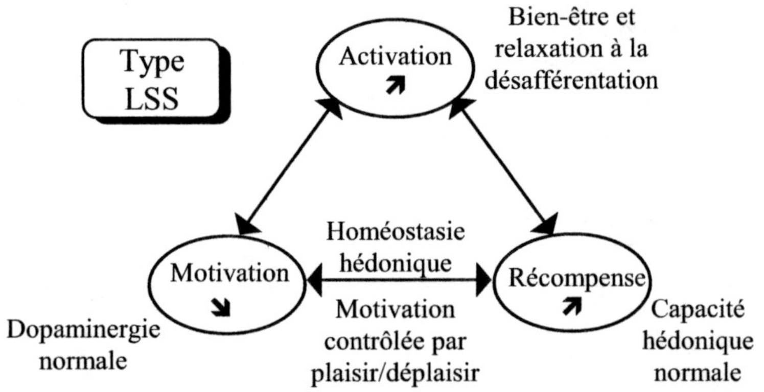

Au préalable, il nous faut préciser deux points importants : la description porte sur des types théoriques extrêmes, un individu réel devant être situé quelque part entre ces extrêmes ; nous avons affaire à un système complexe, interactif et circulaire, aussi c'est par pure convention qu'on en donnera une description linéaire, avec un point de départ et un point d'arrivée, la seule description que permettent le langage humain et quelques phrases simples. Le niveau d'activation cérébrale du type LSS est « naturellement » élevé (moindre effet des hormones gonadiques masculines), de sorte que ce type réagit positivement à la désafférentation (privation sensorielle) qu'il peut vivre comme bien-être et détente. A l'inverse, ce type à haut niveau d'activation est facilement sur-stimulé et aura donc tendance à éviter les stimulations, ceci étant lié à la dopaminergie normale des systèmes de motivation qui fait que ce type est peu enclin à rechercher les stimulations. Cette parcimonie motivationnelle permet le maintien d'une homéostasie hédonique avec les systèmes de récompense, dont l'activation élevée permet un accès facile au bien-être et au plaisir. Le risque addictif est peu élevé, voire nul, pour le type LSS, dans la mesure où la recherche de sensations fortes et extrêmes est absente, voire évitée, et où ne peut donc pas s'engager une dérive des systèmes de récompense, ni une rupture de l'homéostasie hédonique (à la base de la spirale addictive).

Figure 2 : Interrelations entre les systèmes d'Activation, Motivation et Récompense pour le type HSS

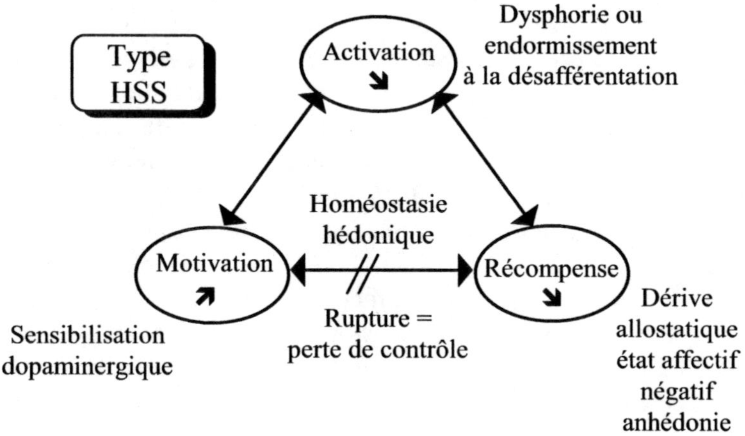

Le type HSS possède, à l'inverse, un bas niveau d'activation cérébrale (par l'effet pro-dopaminergique des hormones gonadiques masculines), d'où une réactivité négative à la désafférentation, qui sera vécue dans la dysphorie (au moindre, l'ennui), ou provoquera un endormissement. La faiblesse de l'activation cérébrale entraîne de puissantes motivations pour la recherche de stimulations, voire de stimulations fortes et très fortes. Les stimulations sont destinées à venir compenser la faible activation des systèmes de récompense, qui correspond à une plus grande dysphorie intrinsèque. L'excès de stimulations induit une sensibilisation des systèmes dopaminergiques, dont les taux élevés cherchent à être maintenus, et amène la rupture de l'homéostasie hédonique. Cette perte de contrôle, liée à la dérive allostatique des systèmes de récompense, entraîne une lutte contre un état affectif négatif et une anhédonie provoqués par la dérive. Le type HSS est particulièrement concerné par le risque addictif, par le fait de la rupture de l'homéostasie entre systèmes de récompense et systèmes de motivation.

Une précision en ce qui concerne la notion de « niveau d'activation cérébrale ». Le lecteur peut naturellement comprendre qu'une personne avec un cerveau « activé » doit être dynamique, active et rechercher les stimulations. Ce n'est pas le cas, car « niveau d'activation cérébrale » ne signifie pas « cerveau activé ». Un cerveau est de toute façon toujours « activé », aussi le niveau d'activation représente une sorte de facilitation que possède un cerveau pour réagir aux stimulations qu'il reçoit, c'est un niveau de réactivité et non un niveau d'activité. Si le lecteur retient que « niveau d'activation élevé » signifie « niveau de réactivité élevé », il lui sera facile de comprendre qu'un tel cerveau ne sera pas très motivé pour rechercher des stimulations, du fait que sa réactivité lui permet de réagir même à des niveaux très bas de stimulation et qu'il est rapidement saturé par des stimulations trop fortes. La position est bien entendu inverse en ce qui concerne un cerveau ayant un « bas niveau d'activation », c'est-à-dire un « bas niveau de réactivité ». Dans ce cas, il y aura bien une forte motivation pour rechercher des stimulations et même des stimulations fortes.

Zuckerman et ses collaborateurs ont développé un instrument d'évaluation de la recherche de sensation (Zuckerman et al., 1964, 1972 ; Zuckerman, 1994) : la *Sensation Seeking Scale* (SSS, Échelle de Mesure de la Recherche de Sensation). Les nombreuses corrélations de cet instrument avec d'autres outils d'évaluation ont permis de donner une description très précise et solide du trait de personnalité « recherche de sensation ». La dernière version (courte) de la SSS se décline selon deux dimensions : 1) la recherche de sensation et d'aventure ; et 2) la désinhibition (voir tableau 5). L'instrument se présente comme un inventaire d'activités destiné à évaluer l'expérience (ce que le sujet a fait dans sa vie) et l'intention (ce qu'il se sent capable de faire) en matière de recherche de sensation.

Tableau 5 : Quelques items illustratifs de la Sensation Seeking Scale de M. Zuckerman

Recherche de sensation et d'aventure
- Grimper sur des montagnes escarpées
- Faire le funambule sur une corde
- Sauter en parachute
- Nager au dessus de récifs de corail
- Faire une course de voiture
Désinhibition
- Lire des livres pornographiques
- Faire une partouze
- Être sans respect envers un professeur ou un employeur
- Prendre une drogue inconnue
- Faire quelque chose d'illégal, mais plaisant

Dans son ouvrage de 1994, Zuckerman rend compte de façon exhaustive des études qui ont montré les liens entre la recherche de sensation et des caractéristiques comme l'impulsivité, l'agressivité, l'exhibitionnisme et l'extraversion. Des liens significatifs existent aussi avec le besoin de nouveauté et de changement, l'ouverture à l'expérience et à l'originalité, la curiosité, la dominance paratélique (orientation psychologique sur l'action et les sensations au présent), l'évitement de l'ennui et de la monotonie, la prise de risque, l'hédonisme et le jeu, le libéralisme. La recherche de sensation est aussi bien corrélée avec les addictions (toxicomanie, alcoolisme, l'addiction sexuelle, les conduites à risque répétées, le jeu pathologique). Au point de vue de la psychopathologie, ce trait se retrouve dans la psychopathie (personnalités anti-sociales) et l'hypomanie.

Zuckerman (1994) note encore que la recherche de sensation correspond souvent à un style de vie et les HSS sont davantage portés, que les LSS, sur les caractéristiques suivantes : le volontarisme pour de nouvelles expériences (ou le combat pour les soldats) ; la conduite automobile est plus rapide ; la conduite en état d'intoxication psychotrope ; l'engagement dans des conduites à risque ; la plus grande activité sexuelle ; le goût pour les jeux d'argent et les paris ; la tendance à adopter des stratégies risquées ; le goût pour les voyages (émigration, choix de lieux à risque, anticipent davantage le plaisir que l'anxiété) ; moins d'anxiété éprouvée dans les situations phobiques (serpents, hauteurs, obscurité, sang) ; attirance pour des expériences nouvelles et intenses ; le choix de sports dangereux, de métiers à risque, d'activités à l'extérieur pouvant donner des sensations. Il est à noter que le trait HSS n'implique pas l'irresponsabilité, même personnelle et les choix de prise de risque s'accompagnent des dispositions sécuritaires conseillées (ceinture de sécurité, préservatif, contrôle du risque...). Le trait de recherche de sensation est aussi relié à des options extrêmes en ce qui concerne l'imaginaire et l'expression artistique : goût pour les œuvres d'art complexes et ambiguës, la musique intense, l'action directe plutôt que l'action vicariante, la nouveauté en matière d'art et de spectacle, les thèmes imaginaires morbides, sexualisés, violents, sanguinolents, une fantasmatique érotique riche et plus déviante. Précisons encore que le trait HSS, tel que nous le décrivons ici, correspond à une extrême théorique, qu'il est modulé par l'âge, le sexe, mais encore par la culture, les modes de vie et les moyens économiques. Il s'agit d'un trait normal de la personnalité et non d'une pathologie. Par contre, le trait HSS associé à d'autres caractéristiques comme les tendances antisociales, des environnements difficiles et des situations stressantes, peut conduire à des désordres du comportement comme la criminalité, la violence, les addictions graves.

Pour Zuckerman, la recherche de sensation apparaît comme une dimension de base de la personnalité et prédictive pour une grande variété d'expériences de vie, de comportements, d'attitudes et de préférences. Si l'on peut y voir une dimension génétique innée à la recherche de sensation (par exemple, une étude sur des jumeaux a pu montrer une certaine héritabilité dans la recherche d'aventure et de sensations fortes – Resnick et al., 1993), celle-ci ne saurait être considérée comme une qualité définitivement figée. L'éducation, les relations précoces, le style de vie imposé durant l'enfance, les expériences de recherche de sensation vécues tout au long de l'enfance, sont des facteurs qui entrent en jeu pour expliquer la part épigénétique et historique du trait de recherche de sensation. Pour Zuckerman, l'influence de l'environnement et de l'histoire du sujet tend à surpasser celle du génétique. Ce dernier joue sur la valeur latente du trait, tandis que les facteurs environnementaux prédominent dans la détermination des expressions spécifiques du trait. Ainsi, on a pu constater que les aînés d'une famille, ou les enfants uniques, sont plus HSS que les cadets (Zuckerman, 1994). Cette différence est expliquée comme un effet de la sur-stimulation parentale accordée à leur premier (ou unique) enfant, par rapport aux suivants. Cette stimulation parentale précoce et exclusive influence le développement ultérieur de la recherche de sensation. Plus tard, c'est par exemple l'influence des pairs qui peut jouer pour exacerber ou inhiber un trait de recherche de sensation (bien qu'il faille considérer aussi que le choix des pairs que fait l'individu est en grande partie fonction de son trait de recherche de sensation de base : on a les amis que l'on choisit et qui répondent à notre personnalité profonde).

Pour certains auteurs, le trait de recherche de sensation trouve ses limites dans le fait qu'il ne saurait s'appliquer à toutes les addictions (Pedinielli, Rouan, Bertagne, 1997 ; Fernandez, Sztulman, 1998). Ainsi, il faudrait concevoir deux grands types d'addictions : celles de la recherche de sensation et celles, inverse, de la recherche d'une sédation (comme, par exemple, la boulimie), la recherche de sensation ne pouvant, par définition, s'appliquer à ce second type d'addictions. Cependant, cette distinction est mal étayée au plan scientifique et semble transformer en classes d'addictions ce qui ne représente que deux étapes successives de toutes les addictions. Toute addiction présente une phase de recherche de stimulation destinée à lutter contre une tension intérieure ; phase à laquelle succède une phase de soulagement et de sédation. Si pour certaines addictions l'une ou l'autre phase peut apparaître de façon plus visible, l'une et l'autre phase sont toujours présentes, de sorte qu'il n'est plus pertinent de désigner telles addictions comme recherche de sensation et telles autres comme recherche de sédation. La boulimie comporte bien la recherche de sensations de déglutition, d'ingestion et de réplétion, sensations destinées à lutter contre la tension psychique, elle-même en rapport avec une souffrance psychique non élaborable. Cependant, c'est dans une seconde étape (peut-être plus marquée dans la boulimie) qu'apparaît une sédation, avec dépersonnalisation et endormissement. Ce schéma « recherche de sensation → sédation » appartient bien à toutes les addictions, seul l'accent sur l'une ou l'autre étape pouvant varier. Cette controverse à propos des aspects « stimulation » ou « sédation » des différentes addictions, doit être reliée au débat déjà ancien de l'opposition entre drogues « stimulantes » (cocaïne, amphétamines, nicotine, ...) et « dépressantes » (héroïne, barbituriques, alcool, ...). Or, ce débat s'est éteint le jour où l'on s'est rendu compte que toutes les substances psychotropes avaient des effets biphasiques, selon la dose, et/ou selon le moment de la prise (Wise, Bozarth, 1987). De plus, on s'est aussi aperçu que l'une et l'autre phases étaient liées de façon différente aux processus addictifs : la phase sédative est liée aux processus de tolérance et de manque en rapport avec les systèmes de récompense, tandis que la phase stimulante est liée au processus de sensibilisation en rapport avec les systèmes de motivation. On comprend bien ainsi qu'à une bivalente distinction entre les addictions, doit être substituée la description fine et complexe des deux groupes de processus mis en jeu dans **toutes** les addictions : les processus du plaisir et du soulagement et les processus du désir et de la compulsion ; les uns et les autres pouvant jouer soit de façon synchronique, soit de façon diachronique dans une biphasie et dans ce dernier cas, les uns ou les autres pouvant acquérir une plus grande visibilité clinique, sans pour cela compromettre l'unité du concept d'addiction.

En résumé, le concept de « recherche de sensation » comme trait de personnalité, caractéristique personnelle, consistante et dépendante de facteurs à la fois génétiques, historiques et environnementaux, se révèle comme hautement heuristique dans la compréhension de l'inégalité devant les activités addictives. Le fait que le *Sensation Seeking* soit, par exemple, lié à l'âge (rappelons que le pic se situe statistiquement autour de 18 ans), s'accorde parfaitement avec le fait de la prévalence des addictions chez les adolescents et les jeunes adultes. Si la recherche de sensation signe la vulnérabilité personnelle à l'addiction, c'est qu'il y a bien un lien processuel entre recherche de sensation et addiction. Aussi, nous devons explorer l'addiction, non seulement selon ses caractéristiques comportementales (par exemple, la compulsivité, la perte de contrôle, la tolérance, le manque, la rechute, ...), mais encore selon son but plus primaire. Le but d'une addiction est d'assurer un « nourrissage » en stimulation cérébrale et ainsi de soutenir le moi, le narcissisme de la personne. Cependant, nous devons distinguer désormais entre le but et le moyen : la recherche et le nourrissage en stimulation sont le moyen, le but véritable étant l'élévation du niveau d'activation cérébrale. Voilà un saut conceptuel qui devrait avoir de grandes conséquences pour l'avenir de la recherche sur l'addiction : **l'addiction comme moyen d'élever le niveau d'activation cérébrale**.

3. Stanton Peele : propositions pour une théorie générale de l'addiction

Jusqu'à présent l'œuvre de Stanton Peele a été présentée dans la littérature scientifique française comme « *éclectique et descriptive, empruntant au constructivisme social et recourant à des concepts comportementaux et cognitifs* » (Pedinielli, Rouan, Bertagne, 1997). Nous pensons que ce jugement passe trop rapidement sur une pensée profonde et précise à propos des dépendances humaines. La prise en compte des facteurs sociaux et environnementaux, ainsi que des processus comportementaux et cognitifs, ne doit pas être vue comme un choix limitatif, mais bien au contraire comme un enrichissement indispensable des modèles, aussi bien neurobiologiques que psychodynamiques, des addictions.

La question essentielle que pose Peele est la suivante : l'addiction est-elle réductible strictement au rapport addictif entre un organisme et une substance ? Et nous pourrions ajouter « ou une source de stimulations répétées ». A cette question, Peele répond d'emblée non, car de nombreuses études, aussi bien chez l'animal que chez l'homme, montrent que les facteurs environnementaux ont une influence cruciale sur le comportement addictif. Influence non seulement sur l'initialisation du comportement, ou la tendance à la rechute, mais aussi sur le besoin compulsif de base à consommer une substance (Peele, DeGrandpre, à paraître). Ainsi, au-delà de la centration exclusive sur la biologie de l'addiction, il devient possible d'étendre le concept sur un large éventail de conduites, comme l'amour, la sexualité ou le jeu. Le comportement addictif ne peut jamais être isolé des modalités de sa survenue et de la situation du sujet se comportant (Sidman, 1956 ; Zinberg, 1984).

A. La remise en question des recherches sur l'animal

Peele analyse de façon très fine les recherches sur l'animal et dénonce l'utilisation des modèles animaux comme moyen de distorsion épistémologique. Le modèle de l'animal s'auto-injectant des drogues de façon compulsive (au détriment de tous ses autres besoins vitaux) a servi à justifier l'ignorance des facteurs psychologiques et environnementaux dans l'addiction chez l'humain. Finalement, ce modèle animal simpliste s'est avéré être le résultat des conditions simplifiantes, réductrices, des expériences et non représenter la complexité du phénomène d'addiction. Pourtant, encore dans les années quatre-vingt on considérait le consommateur de cocaïne comme identique au rat qui, dans sa cage, s'auto-injecte de la cocaïne avec une pédale et un cathéter (Cohen, 1985). Des expériences plus sophistiquées ont remis en question ce schéma simpliste, même chez le rat, en prenant en compte des facteurs comme : la dose de drogue disponible, les possibilités d'accès à la drogue, le travail requis pour obtenir la drogue, la présence ou l'absence de renforçateurs alternatifs non-drogue. L'ensemble de ces recherches mérite d'être présenté, car elles suggèrent un éclairage nouveau de la psychologie humaine des addictions.

C'est bien l'accès artificiel à des quantités illimitées de drogue à haute concentration, à tous moments, avec peu ou aucun effort pour l'obtenir, qui entraîne le phénomène dramatique d'auto-injection létale. Dès que l'on réduit et modifie ces conditions, le phénomène disparaît ou se modifie de façon nettement moins dramatique (Wilson, Hitomi, Schuster, 1971 ; Johanson, Balster, Bonese, 1976 ; Johanson, Fischman, 1989). A faibles doses l'auto-injection disparaît, parfois aussi à fortes doses, seules les doses médianes sont addictivogènes (mais parfois aussi les fortes dose, selon les conditions d'administration) (Fitch, Roberts, 1993). En conséquence, une bonne partie de l'addictivité de la drogue peut être considérée comme le résultat des conditions expérimentales : le dispositif de cathéter permanent entrave la libre mobilité de l'animal qui ne peut plus accéder à ses activités ordinaires (Aigner, Balster,

1978 ; Deneau et al., 1969 ; Johanson et al., 1976). Les animaux sont perturbés par leur isolement dans une cage étroite. A l'inverse, la consommation est particulièrement réduite si la cage est plus grande et qu'on y introduit des congénères (Bozarth, Wise, 1985 ; Young, Herling, 1986 ; Woolverton, 1992). La puissance de renforcement de la cocaïne et d'autres drogues, a été remise en question quand on s'est aperçu que les animaux pouvaient contrôler leur auto-administration et que la drogue n'était pas, de ce fait, toujours létale.

Figure 3 : Mode erratique de consommation horaire de cocaïne (d'après Bozarth, Wise, 1985)

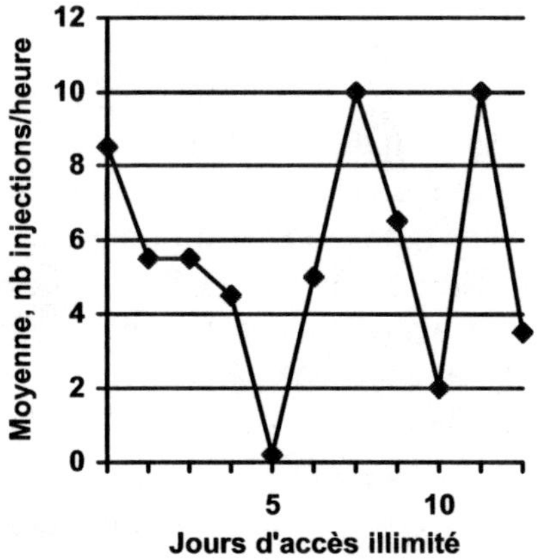

Dans l'étude de Bozarth et Wise (1985), on constate que la consommation chez le rat ne suit pas une courbe continue vers une augmentation constante et mortelle, mais que cette consommation est plutôt erratique (voir figure 3). Cet effet de discontinuité est encore renforcé si l'accès à la drogue n'est plus illimité.

En conséquence, chez l'animal il semble que ce ne soit pas tant l'effet renforçateur de la drogue qui joue dans l'abus de sa consommation, que les conditions extrêmes de cette consommation et sa présence constante dans l'organisme.

B. La remise en question des recherches sur l'homme

Peele poursuit son analyse en soulignant que malgré les descriptions dramatiques des toxicomanes dans les médias, de nombreuses études récentes montrent que, quel que soit le mode d'administration, la cocaïne ou d'autres psycho-stimulants n'est pas spécialement, ni inévitablement addictive pour l'être humain (Erickson, 1993 ; Erickson, Alexander, 1989 ; Fagin, Chin, 1989). Les études épidémiologiques sur les populations de consommateurs de cocaïne aux États-Unis, montrent que seulement 10 à 25% des consommateurs sont réguliers et qu'un petit pourcentage est véritablement addicté (Erickson, Alexander, 1989). Tandis que les études longitudinales révèlent que seule une petite minorité des consommateurs progresse vers un usage addictif (par exemple, Siegel, 1984). Des études internationales montrent de nombreux modes d'usage en pic, ou par intermittence, pour la cocaïne ou le crack, ce qui démontre qu'un usage contrôlé reste possible (Erickson, 1993 ; Erickson et al., 1987 ; Siegel, 1984), à l'inverse, la marijuana, le tabac ou l'alcool s'avèrent beaucoup plus risqués en ce qui concerne l'usage chronique (Newcomb, Bentler, 1986a, b).

A la différence des expériences simplistes sur l'animal, la consommation de psychotropes chez l'homme dépend de nombreux facteurs : les choix actifs, la liberté, la réversibilité des conduites, les valeurs, le milieu culturel, l'environnement social et familial, le travail, les motivations existentielles. Le risque addictif survient lorsque la consommation est solitaire et qu'il n'y a pas d'activités alternatives. Plusieurs chercheurs ont développé un modèle « d'économie comportementale » destiné à rendre compte de la consommation de substances psychoactives en tant que choix préférentiel, au même titre que n'importe quel autre choix de consommation (Bickel, DeGrandpre, Higgins, 1993 ; Carroll, 1993 ; Hursch, 1993). Dans le cadre de ce modèle, sont pris en compte l'effort pour obtenir la drogue (travail accompli, coût) et les renforçateurs alternatifs (la possibilité de faire autre chose d'intéressant que de prendre de la drogue). Le rapport se trouve alors placé entre la drogue comme *commodité économique* et un organisme consommateur ayant une demande (qui est fonction du coût de la drogue) et une élasticité de sa consommation (selon le rapport disponibilité/coût des renforçateurs en compétition avec la drogue).

Un tel modèle permet de poser de nouvelles questions intéressantes : dans quelle mesure la consommation de drogue est-elle affectée par son coût ? (Le coût ne concerne pas seulement le prix de la drogue, mais l'effort total pour l'obtenir). La demande de drogue peut-elle être élastique ? Est-ce que la disponibilité d'importantes récompenses alternatives peut déprécier la réponse de prise de drogue, chez l'animal comme chez l'homme ? Quel équilibre dose/coût un organisme peut-il réaliser en fonction du rapport force/coût des renforçateurs en compétition avec la drogue ? De très nombreuses recherches ont étudié les conséquences du coût sur la consommation. Qu'il s'agisse de drogues psychoactives, ou d'autres renforçateurs comme la nourriture, l'élévation du coût entraîne toujours une baisse de la consommation. Cet effet est produit aussi bien chez l'animal (singes, pigeons) que chez l'homme (Bickel, DeGrandpre, Higgins, Hugues, 1990 ; DeGrandpre, Bickel, Hugues, Layng, Badger, 1993 ; Goldberg, 1973 ; Harrigan, Downs, 1978 ; Peden, Timberlake, 1984). Des études plus fines et prolongées dans le temps montrent qu'il apparaît une première phase au cours de laquelle la consommation augmente avec le coût, cela jusqu'à un pic, puis il y a décroissance de la consommation (Goldberg, 1973 ; Goldberg, Kelleher, 1976 ; Meish, George, Lemaire, 1990 ; Spear, Muntaner, Goldberg, Katz, 1991).

On connaît les résultats classiquement dramatiques chez l'animal artificiellement addicté qui consomme la drogue jusqu'à la mort en négligeant la nourriture (Aigner, Balster, 1978). Or, ces recherches sont marquées d'un biais considérable dans la mesure où la nourriture est présentée **après** le conditionnement à consommer la drogue. Par contre, si la nourriture est présentée dès le début et en même temps que la drogue, il n'apparaît pas d'abus de drogue. Et si l'on retire la nourriture, l'excès de consommation de drogue qui survient, disparaît au retour de la nourriture (Carroll, Lac, Nygaard, 1989 ; Carroll, Lac, 1993). En terme d'économie comportementale, la préférence pour tel ou tel renforçateur dépend des doses disponibles et du coût pour consommer ; mais de plus, la présence de renforçateurs alternatifs conditionne le choix exclusif sur tel ou tel autre renforçateur. Cela signifie bien que la consommation de drogue et les activités addictives en général, ne sont pas seulement sous la dépendance de facteurs internes prédisposants (comme l'excès de souffrance psychique), mais que l'engagement dans l'activité addictive dépend aussi des conditions dans lesquelles un individu est confronté à un dramatique manque de variété dans ses possibilités d'addictions de la vie quotidienne. Beaucoup de psychothérapies des addictions sont justement basées sur des renforçateurs alternatifs à la drogue (les programmes de gestion du stress, les entretiens familiaux, les programmes d'insertion professionnelle, l'entraînement aux habiletés sociales, les programmes récréatifs et le support social).

Si les études sur l'animal en matière de consommation de drogue s'avèrent marquées d'un biais énorme du fait des conditions extrêmement artificielles dans lesquelles les animaux sont placés, ces conditions représentent tout de même un cadre expérimental intéressant comme modèle de certains environnements humains qui conduisent ou facilitent les conduites addictives. Des lieux où la drogue est présente et facile d'accès, en grande quantité et sous forme de substances très riches en molécules psychoactives ; l'impossibilité ou de fortes entraves pour accéder à d'autres activités alternatives plus naturelles, comme des relations sociales équilibrées, une vie affective et sexuelle, des activités de travail, de loisir et de développement personnel ; enfin, la faiblesse économique qui réduit la mobilité et favorise l'isolement social, tout ceci représente un ensemble de facteurs favorisant les activités addictives et augmentant la vulnérabilité à poursuivre ou rechuter dans de telles activités. Finalement, entre le rat coincé et isolé dans sa cage, en contact avec des pourvoyeurs scientifiques de drogue et n'ayant pour toute source de satisfaction qu'une pédale lui injectant de la cocaïne, et d'autre part, le jeune chômeur coincé dans sa banlieue, qui sort de son studio en HLM pour rencontrer ses copains de came ou ses *dealers* et n'ayant pour toute satisfaction que la shooteuse, la ressemblance est éloquente…

Peele conclut que le modèle économique de consommation implique que l'on ne considère plus les activités addictives comme correspondant à un mécanisme biologique pré-cablé, selon une logique du Marche/Arrêt. La consommation de drogue est considérée selon un gradient plus ou moins élevé, cela en accord avec un modèle de réduction des risques et de contrôle de la consommation. Les facteurs environnementaux jouent ici un rôle particulièrement important et on ne doit plus se poser la question « pourquoi les gens prennent-ils des drogues ? », mais plutôt se demander « pourquoi les gens arrêtent-ils d'en prendre ? » et analyser un ensemble de forces démotivantes pouvant conduire à une rémission naturelle : le mariage, la maturation et l'évolution personnelles, parfois une transformation de soi à caractère religieux, ou des changements dans le réseau social. Par exemple, plus de 90% des américains qui ont arrêté de fumer, l'ont fait sans traitement (Fiore, Novotny, Pierce et al., 1990), bien que la cigarette soit plus difficile à abandonner (Kozlowski, Wilkinson, Skinner et al., 1989) et plus addictive que la cocaïne ou ses dérivés (alors qu'après un essai, 9 personnes sur 10 deviennent addictées au tabac, seulement 1,7 personnes sur 10 deviennent addictées au crack (Henningfield et al. 1991). La rémission naturelle est une puissante force, non reconnue, dans l'amélioration de l'addiction aux drogues (Biernacki, 1986 ; Waldorf et al., 1991).

Nous pensons qu'un véritable renversement de point de vue commence à s'amorcer ici en ce qui concerne les addictions. Nous allons devoir substituer à la vision classique de substances (ou de stimulations produites par des activités compulsives) nanties d'un risque addictif et entraînant dans certaines conditions une addiction, une nouvelle façon de voir le risque addictif. Si la cigarette est plus addictivogène que la cocaïne, c'est bien que l'addictivité ne se situe pas dans la substance (ou la stimulation), mais dans la possibilité d'intégrer la substance (ou la stimulation) dans le contexte de la vie quotidienne. Ce qui signifie que l'addictivité doit être déplacée sur ce contexte et ses caractéristiques, associés aux caractéristiques de l'individu. Le point de départ n'est plus la substance (ou la stimulation), mais l'individu dans un contexte donné. **C'est l'individu qui « fait » son addiction.** A partir de sa souffrance psychique (liée à son histoire personnelle) et en fonction de ses moyens et capacités intrinsèques (est-il, par exemple, plus ou moins HSS ou LSS), l'individu va chercher dans son environnement les moyens, les plus accessibles et au moindre coût, de soulager sa souffrance, tout en gardant une situation la plus adaptée possible dans son univers. C'est pour cela qu'un nombre considérable de personnes ont choisi le tabac et/ou l'alcool comme moyen de soulagement, car l'un et/ou l'autre permettent ce soulagement tout en poursuivant des activités socialement adaptées. Et c'est bien en cela que tabac et alcool ont une addictivité énorme, non pas pour leur puissance biochimique psychotrope, mais pour leur furtivité pragmatique (pour l'alcool, nous faisons ici référence à cette consommation excessive « à la limite », que l'on rencontre dans maintes professions). Alors qu'à l'inverse, les drogues dites « dures », parce qu'excessivement visibles au plan pragmatique (le drogué « défoncé » ne passe pas inaperçu), n'ont qu'une faible addictivité au sens où, sauf cas de souffrance psychique extrême (soit historique, soit circonstancielle), l'individu doit contrôler son usage pour maintenir son adaptation. Ce n'est donc plus la puissance biochimique psychotrope d'une substance (ou d'une stimulation) qui fonde l'addictivité, mais son faible coût adaptatif.

C. La signification de l'expérience addictive

Dans son ouvrage de 1985 (les récents débats des spécialistes à propos de la toxicomanie, aux États-Unis comme en Europe (MacCoun, Reuter, 1997 ; Henrion et al., 1995 ; Morel, Hervé,

Fontaine, 1997 ; Solal, 1997 ; Lucas, 1996 ; Caiata, 1996 ; Maestracci, 1999 ; Roques, 1998), montrent que le livre de Peele de 1985 (*The Meaning of Addiction*) et même celui de 1975 (*Love and Addiction)*, n'ont pas encore perdu une once d'actualité), Stanton Peele remet en question l'idée conventionnelle de l'addiction comme substance ou activité pouvant produire une compulsion débordant les capacités de contrôle du sujet. Le concept d'addiction tient davantage de la magie que de la science, affirme-t-il, car selon son acception habituelle, tout un ensemble de sentiments et de comportements sont sous le contrôle d'un unique processus biologique, ce qui est réducteur. Il est correct de dire que l'addiction se définie par la tolérance, le manque et le besoin irrépressible, mais ce qui n'est plus aussi recevable est le processus sous-jacent imaginé. Pour Peele, l'addiction comme concept exclusivement biologique, est un concept *ad hoc* et superflu, car le comportement addictif n'est pas différent de tous les autres sentiments et actions de l'être humain, soumis lui aussi aux influences sociales et cognitives. L'addiction est mieux comprise comme un **ajustement** de l'individu à son environnement (et nous verrons aussi, à lui-même). En ce sens cet ajustement représente un style de *coping* habituel, qui peut toutefois changer selon les circonstances de la vie et les données psychologiques. Peele se situe au cœur d'une controverse : de nombreuses études (dont nous rendons compte ci-dessous) remettent en question l'idée que l'addiction serait le résultat d'un unique mécanisme biologique spécifique, qu'elle serait marquée d'un besoin maladif supérieur et par un manque traumatique.

L'utilisation non addictive des narcotiques

De nombreux consommateurs d'opiacés sont des médecins, ou d'autres personnels de santé, qui parviennent à contrôler leur consommation sur des périodes de plusieurs années (Winick, 1961 ; Zinberg, Lewis, 1964). L'un des sujets, un médecin, pouvait prendre de la morphine quatre fois par jour, mais s'abstenir durant les week-ends et ses deux mois annuels de vacances. Suivi sur plus de dix ans, ce médecin n'a jamais augmenté ses doses, ni souffert de manque durant les périodes d'abstinence (Zinberg, Jacobson, 1976). Zinberg (1984) a analysé durant plus de vingt années la consommation contrôlée de drogue et il en a dégagé les critères suivants : la consommation est subordonnée à d'autres valeurs comme les activités, les relations personnelles, de façon à ce que la drogue ne domine pas la vie ; du fait de l'engagement dans d'autres investissements valorisés, les consommateurs ne ressentent ni manque, ni besoin irrépressible pour la drogue.

Le contrôle de la consommation ne se limite pas aux professions médicales, ou aux classes aisées, dans les ghettos de nombreux consommateurs d'héroïne ont un domicile stable et sont impliqués dans une activité professionnelle, toutes choses difficiles à maintenir en cas de perte de contrôle (Lukoff, Brook, 1974).

En Suisse, Maria Caiata (1996) a enquêté auprès d'une dizaine de toxicomanes (dont neufs physiquement dépendants), situés en différents points de la trajectoire addictive (du débutant au vieux consommateur), mais qui parvenaient à maintenir une consommation contrôlée et un style de vie adapté. Les résultats de ces travaux tendent à nuancer le point de vue de Peele. En effet, l'usage contrôlé de la drogue implique un ensemble de stratégies fortes, destinées à donner le change, et qui limitent l'intégration dans un formalisme de surface. Les efforts et la discipline exigés pour le contrôle de la consommation, limitent en fait la socialité et fragilisent l'identité personnelle. Malgré ces restrictions, Caiata se considère en accord avec des auteurs comme Zinberg (1984) ou Hanson et al. (1985) pour reconnaître le toxicomane, non comme un être passif et sans volonté, mais comme une personne capable de réfléchir, de s'organiser et de suivre des « stratégies de gestion » du rapport entre univers de la drogue et univers de la conformité, et du conflit de normes. Les stratégies recensées par Caiata sont : la gestion des effets de la drogue sur le corps (contrôle stricte des doses, sécurisation des modes d'absorption, attention à sa santé, périodes d'abstinence imposées pour contrôler l'emprise de la drogue, la tolérance comme le manque) ; la gestion de l'argent (dégager un budget drogue à partir du salaire d'un travail normal, le renoncement à des loisirs) ; la gestion du stigmate (cacher sa consommation pour préserver l'identité sociale, éviter le plus possible le « milieu » de la drogue, consommer en solitaire et dans des contextes très limités, s'approvisionner loin de chez soi, éviter des relations sociales trop nombreuses ou trop intimes – le retrait individualiste) ; la gestion du stress et de l'anxiété dus aux pressions générées par la mise en place des autres stratégies, notamment les pressions causées par les problèmes physiques, financiers, l'approvisionnement, le contrôle social, la peur d'être découvert (planifier strictement la consommation, la dépense d'argent, le décours des journées).

Cet ensemble de stratégies particulièrement contraignantes, demandant de sérieuses qualités de gestionnaire et qui incitent nombre d'auteurs à parler d'une « profession » et d'une « carrière » de toxicomane, semble remettre en question le point de vue peelien d'une trop facile gestion de la drogue. Réapparaît aussi la puissance biochimique psychotrope de la drogue comme fondatrice de l'addictivité, alors que nous avions déclaré cette addictivité seulement comme la conséquence du faible coût adaptatif. Avec les sujets de Caiata nous voyons la drogue porteuse d'un fort coût adaptatif, mais le sujet continue pourtant à la consommer, en en faisant un mode de vie intégré. Comment comprendre cette incohérence des résultats ?

Il est clair que tous les consommateurs de drogue ne sont pas égaux en matière de contexte professionnel, social, d'approvisionnement en drogue. Et il ne faudrait pas, choisissant chaque fois la population qui sert nos hypothèses, agiter les moulins à vent d'affirmations péremptoires et universelles et négliger de questionner ainsi la validité écologique des études. Il est possible qu'un professionnel de santé ait beaucoup moins de difficultés pour s'approvisionner en morphine à l'hôpital où il travaille, ou chez un pharmacien ami, que le toxicomane ordinaire ; vivre dans un ghetto peut aussi faciliter les approvisionnements et une intégration sociale de « drogué travailleur et domicilié ». Quant aux consommateurs intégrés de Caiata, ce sont aussi des cas bien particuliers, d'individus qui ont fait le choix d'une double vie éreintante et stressante pour des raisons qui restent à élucider. La consommation de drogue, ou l'activité compulsive liée à un autre type d'addiction, doivent toujours être replacés dans le contexte individuel qui comprend : la fonction particulière que l'addicté donne à son addiction (cela en rapport avec la puissance de sa souffrance psychique, de son déséquilibre psychopathologique), les facilités que l'environnement et le contexte personnels donnent pour exercer l'activité addictive et enfin, les talents personnels qu'une personne peut déployer pour maintenir cet équilibre précaire entre son addiction et sa vie pragmatique adaptée, talents au nombre desquels on peut placer la tendance de recherche de sensation, l'intelligence, l'esprit d'organisation, la socialité, la capacité à jouer des rôles, ...

En résumé, nous pouvons maintenir l'affirmation que ce n'est pas la puissance biochimique psychotrope d'une substance (ou d'une stimulation) qui fonde son addictivité, cependant, l'idée d'une addictivité basée sur le faible coût adaptatif doit être relativisée au degré de besoin de soulagement et au degré de compétence « addictive ». L'addictivité d'une substance, ou d'une stimulation, dépend donc de trois facteurs associés (voir figure 4) dans une interaction pour laquelle la pression du besoin de soulagement, en rapport avec la souffrance psychique, diminue le coût par le fait que le sujet est davantage prêt à subir les inconvénients de son activité addictive, tant que ces inconvénients ne surpassent pas le soulagement à sa souffrance intérieure ; tandis que les facilités accordées par l'environnement (comme l'accès aisé à la drogue) et celles données par des compétences personnelles (comme être HSS), contribuent, elles aussi, à diminuer le coût. Le coût global de l'addiction, celui qui va déterminer la force addictive, est la résultante de ces trois forces et selon les populations étudiées, le moindre coût, celui qui permet l'addiction et son maintien, ne sera pas donné par la même configuration de facilitateurs.

En prenant trois cas extrêmes, correspondant aux trois sommets du triangle (figure 4), nous pourrions envisager le cas du psychotique qui utilise sa toxicomanie comme thérapeutique. Ici l'addictivité de la drogue est donnée essentiellement par le soulagement psychique et ce type de toxicomane pourra vivre dans des conditions d'extrême précarité et de désinsertion sociale pour maintenir ce soulagement, même avec un environnement défavorable et des compétences personnelles très faibles.

Figure 4 : Les trois facteurs contribuant à l'addictivité d'une substance ou d'une stimulation

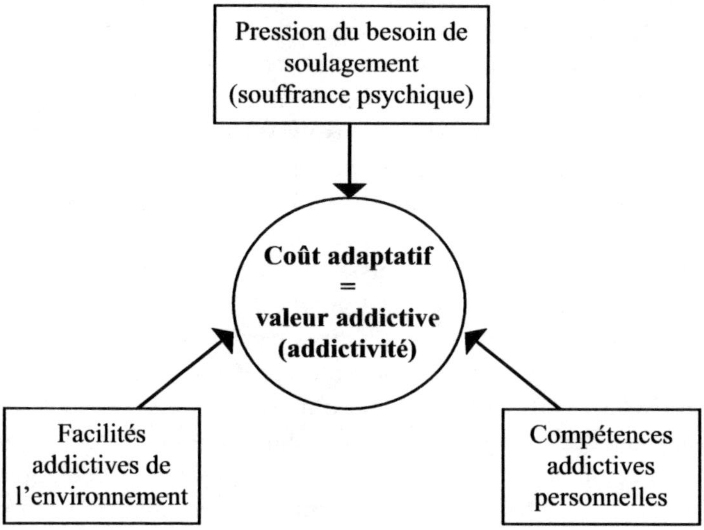

Dans un autre cas, on peut envisager le médecin qui accède facilement à des substances sur le lieu de son exercice professionnel. Ici le soulagement psychique, ou les compétences personnelles pourront n'avoir que peu de poids sur l'addictivité. Enfin, pour un troisième type de cas, ce sont les compétences personnelles qui peuvent primer. Nous pourrions avoir affaire à un sujet de type HSS, dynamique et particulièrement bien organisé, qui peut mener de front, ou successivement, des types de vie opposés (un peu comme le Don Juan qui jongle entre ses maîtresses), qui n'est ni poussé par sa souffrance psychique, ni particulièrement incité par l'environnement, mais stimulé par son goût du risque et des sensations. Bien entendu, dans la réalité, pour la plupart des gens, nous devons envisager une combinaison particulière de ces trois facteurs et une comparaison entre plusieurs études exige qu'ils soient pris en compte afin de respecter la sacro-sainte condition scientifique du « toutes choses égales par ailleurs ».

Puisqu'il nous est désormais possible de maintenir que la valeur addictive d'une substance (ou d'une stimulation) ne dépend pas de sa puissance biochimique psychotrope, mais de son moindre coût adaptatif, et comme soulagement de la souffrance psychique (par exemple, l'aménagement d'une psychose, ou d'une dépression), et comme compétence personnelle dans le choix addictif (par exemple, le goût pour les sensations fortes et le risque), et comme facilités environnementales (par exemple, la présence de produits psychotropes dans le milieu familial ou professionnel), alors nous pouvons revenir à l'œuvre de Peele et comprendre comment il rattache, lui aussi, l'addictivité aux diverses circonstances de la vie qui sont autant de facteurs capables de modifier la force relative de nos trois variables addictivogènes. A l'instar de la consommation erratique des rats de Bozarth et Wise (1985), mais cette fois non plus sur un délai de quelques jours, mais sur une période de plusieurs années, l'observation des trajectoires addictives montre de grandes fluctuations spontanées ou provoquées, incluant des basculements entre substances ou sources de stimulation, des périodes volontaires ou involontaires d'abstinence, des rémissions spontanées. Ces phénomènes ont notamment été observés pour l'héroïne (Maddux, Desmond, 1981 ; Nurco et al., 1981 ; Robins, Murphy, 1967 ; Waldorf, 1973, 1983 ; Zinberg, Jacobson, 1976), mais ils se retrouvent finalement pour n'importe quel investissement que les êtres humains peuvent faire. Dans la fameuse étude de Robins et al. (1975), portant sur les soldats de retour du Viet Nam et addictés aux narcotiques (héroïne, opium), on observe que seulement 14% d'entre eux sont restés addictés après leur retour au pays, tous les autres ont facilement abandonné leur consommation (Jaffe, Harris, 1973 ; Peele, 1978). D'autres études montrent qu'il est possible de consommer à nouveau occasionnellement, même en étant un ancien addicté, sans pour cela rechuter dans un mode de consommation avec perte de contrôle (Waldorf, 1983).

La controverse que soulève Peele est la suivante : existe-t-il un usage contrôlé possible des drogues ? A quoi correspond la présence simultanée d'études démontrant cet usage contrôlé, et d'autres études démontrant son impossibilité ? Sommes-nous à nouveau face à une problématique épistémologique de sélection inconsciente des populations par les chercheurs afin de pouvoir démontrer ce qu'ils cherchent à démontrer ? En France, des documents comme le rapport Henrion (1995) restent complètement ignorants d'une telle controverse, au point que le rapport de recherche dirigé par R. Castel, à propos des « sorties de la toxicomanie » (1992), n'a pas été très bien reçu par un certain nombre de professionnels de la toxicomanie (Castel, 1994). Le document de la DGLDT (Délégation Générale à la Lutte contre la Drogue et la Toxicomanie - 1995) précise qu'il n'y a pas de trajectoire unique, que chaque toxicomane suit son propre parcours dans la drogue, selon une série de périodes : prises en charges sanitaires et sociales, emprisonnements, abstinences, retours à la drogue. Certains toxicomanes resteront complètement invisibles au plan institutionnel, alors que d'autres auront de multiples prises en charge ou incarcérations. Mais dans l'ensemble « il n'existe pas de véritable étude d'évaluation du devenir des toxicomanes ». Des données comme l'usage très répandu de la drogue dans les prisons (Jean, 1997), ou certains liens constatés entre l'usage de drogue et les activités délinquantes et criminelles selon une trajectoire du pire (Brochu, Brunelle, 1997), laissent à penser que les rémissions spontanées ne vont pas de soi. Solal (1997) souligne bien que l'idée de la guérison impossible est profondément ancrée dans l'imaginaire social relatif aux addictions, c'est le fameux « qui a bu, boira », mais il remarque aussi qu'une analyse attentive des études portant sur la « guérison par maturation », démontrent une grande disparité entre les populations étudiées. La guérison par maturation est réservée à la grande majorité des addictés qui utilisent les drogues comme étape de vie, pour franchir des périodes de maturation, d'équilibration, de stabilisation et de découverte intérieure. Pour les autres, le petit pourcentage de ceux qui sont les plus visibles, ceux que l'on rencontre dans les diverses institutions de soin ou de répression et qui font l'objet des enquêtes officielles et... des grands titres de la presse, il s'agit de sujets présentant une symptomatologie psychiatrique, essentiellement dépressive, d'autre fois psychotique (Graven, Greaven, 1982 ; Rounsaville, Kleber, 1983). Solal en conclut que la fonction des centres de soin spécialisés concerne les toxicomanes « malades », non de la toxicomanie, mais de son ratage à masquer, soigner, ou guérir une symptomatologie psychiatrique récurrente.

D'un côté, on observe qu'il est possible de consommer à nouveau occasionnellement, même en étant un ancien addicté, sans pour cela risquer une irrémédiable rechute, et d'un autre côté, d'autres observations démontrent le caractère imparable de la rechute et la nécessité d'une abstinence absolue afin de la prévenir. Les deux phénomènes semblent bien coexister, ce qui signifie que d'autres variables doivent être envisagées, comme la personnalité, la psychopathologie et ses aménagements, le support de l'environnement ou ses défaillances, l'impact des fragilisations transitoires dues au stress, aux traumatismes. Le bilan que fait Peele, est que la recherche sur la consommation de drogues est marquée d'un biais fondamental : elle est essentiellement basée sur des sujets qui ont échoué à contrôler leur usage, ce qui donne l'impression que cette perte de contrôle est entièrement la conséquence de la substance. C'est comme si l'on voulait juger de la dangerosité addictive de l'alcool en n'étudiant que les alcooliques invétérés !

Les facteurs non-biologiques de l'addiction

Si l'addiction ne saurait dépendre uniquement des facteurs biologiques, si l'addictivité d'une substance, ou d'une source de stimulations liée à des activités compulsives, ne correspond pas à une caractéristique intrinsèque de cette substance ou de cette source de stimulation, alors il nous faut prendre en compte ces autres facteurs qui vont influencer les trois déterminants de base de toute addiction : la souffrance psychique, les compétences personnelles et l'environnement. Pour Peele, un concept dont le but serait de décrire la pleine réalité de l'addiction doit prendre en compte les facteurs non biologiques comme ingrédients essentiels de l'addiction, et ce jusqu'à inclure ce qui apparaît comme désir irrépressible et effets de la tolérance et du manque. L'auteur recense sept groupes de facteurs non biologiques : facteurs culturels, facteurs sociaux, facteurs situationnels, facteurs ritualistiques, facteurs développementaux, facteurs de personnalité et les facteurs cognitifs. Ce que nous tâcherons de souligner au passage, c'est que pour certains groupes, la biologie a encore son mot à dire au vu de ses découvertes les plus récentes.

Les *facteurs culturels* peuvent être rapidement définis comme l'ensemble des interprétations des effets d'une substance (ou d'une stimulation), qui sont propres à une culture donnée et qui influencent en retour le potentiel addictif de la substance (ou de la stimulation). Par exemple, l'introduction artificielle d'une substance psychoactive au sein d'une culture qui ne possède pas les codes et les modes d'interprétation de ses effets conduit à des comportements d'abus dramatiques. En Inde, l'opium est culturellement intégré et son usage ne pose pas de problème, alors que son introduction massive en Chine au XIXe siècle a produit des problèmes sociaux majeurs (Blum et al., 1969). La destruction d'une culture, qui perd ainsi ses valeurs, ses codes et ses rituels, peut conduire à transformer une substance psychotrope jusque-là bien intégrée en un produit destructeur. L'usage ritualiste de l'alcool chez les indiens Hopi et Zuni ne posait aucune difficulté, jusqu'à l'arrivée de l'envahisseur espagnol (Bales, 1946).

Les *facteurs sociaux* entrent en jeu dans la mesure où une substance psychoactive est étroitement reliée au groupe social et de pairs auquel appartient la personne qui consomme. Cet effet se retrouve dans la pression des pairs en ce qui concerne l'initiation et la poursuite de la consommation chez les adolescents (Jessor, Jessor, 1977 ; Kandel, 1978 ; Cahalan, Room, 1974 ; Clark, 1982). Le groupe de pairs influence aussi les modes d'usage et les façons dont la drogue est expérimentée (Zinberg, 1984). On constate un effet de modélisation (Bandura, 1980), par l'observation vicariante des effets de la substance, ce qui modèle en retour les réactions du sujet au produit (Schachter, Singer, 1962). On peut aussi rappeler les fameuses études de Becker (1953) sur la marijuana : le groupe permet au sujet non seulement d'apprendre à fumer, mais aussi à reconnaître et anticiper les effets de la drogue. Les symptômes de manque sont nettement diminués dans les communautés thérapeutiques où ils sont interdits (par exemple, pour les narcotiques, ou pour l'alcool), alors qu'en prison les symptômes sont toujours dramatiques (Zinberg, Robertson, 1972 ; Oki, 1974 ; Gilbert, 1981).

Les *facteurs situationnels* impliquent que le désir d'une personne de prendre de la drogue ne peut être séparé de la situation dans laquelle se trouve cette personne. Ces facteurs jouent déjà auprès de l'animal chez lequel on a pu observer que la présence ou l'absence d'alternatives à la drogue peut influencer de façon considérable le comportement de consommation (Falk, 1983 ; Falk et al., 1983). Chez l'être humain de telles alternatives jouent sur l'humeur qui va, à son tour, influencer la poursuite ou non de la consommation (Johanson, Uhlenhuth, 1981). Les études de Robins enfin, montrent que la consommation de narcotiques par les soldats au Viet Nam était liée au stress de la guerre (Robins et al., 1974 ; Robins et al., 1975).

Les *facteurs ritualistiques* consistent en un tableau, fait de l'ambiance, des gestes, des actions, des sensations, ..., qui forment le rituel de la consommation. Ce rituel fait partie intégrante de l'addiction et peut donner en lui-même des effets addictifs. Par exemple, un symptôme de manque peut apparaître par rapport au rituel et pénaliser toute l'expérience addictive. Recevoir de l'héroïne dans un programme de maintenance n'apporte pas du tout la même satisfaction que l'obtenir dans la jungle excitante de la rue et les effets de la drogue en sont diminués, sinon vécus de façon négative, lorsque le rituel est absent (Solomon, 1977). A l'inverse, des symptômes de manque peuvent apparaître en présence des signaux rattachés au rituel. Ainsi, la présentation de quelques éléments du tableau peuvent provoquer des effets pour le moins étonnants : les symptômes de manque peuvent être soulagés par la simple sensation de piqûre, ou par l'auto-injection de saline (Childress et al., 1988), ou encore, ces sensations peuvent à elles seules provoquer le ressenti d'une euphorie (Meyer, Mirin, 1979) ; certaines overdoses mortelles, sans que la dose injectée soit réellement plus importante, ont pu être attribuées à une simple rupture ou absence de rituel (par exemple, se shooter dans un endroit inconnu, dans des conditions nouvelles), le mécanisme cérébral en jeu serait que le rituel provoque la mise en route de préadaptations neuronales préparant le cerveau à recevoir la drogue, c'est la tolérance ainsi provoquée qui évite la surdose (Siegel, 1975 ; Siegel et al. 1978, 1982) ; par ailleurs, et pour revenir à une addiction plus commune, on sait depuis longtemps que la nicotine directement administrée (en oral ou avec un timbre percutané) ne produit pas du tout le même effet que la nicotine inhalée avec la cigarette (Jarvik, 1973), ou encore, le fumeur continuera à fumer même lorsque son taux de nicotine cellulaire, par capsule ou timbre, est atteint (Jarvik et al., 1970), le rituel et la gestuelle du fumeur font partie intégrante des effets du tabac. A titre général, tous les effets du rituel addictif et de son tableau, relèvent de conditionnements opérants qui mettent en jeu des processus cérébraux (Wikler, 1973) et les états psychobiologiques (Neiss, 1993).

Les *facteurs développementaux* indiquent que les réactions à la drogue et les besoins pour une substance psychotrope changent en fonction de l'avancement dans le cycle de vie, il y aurait là un phénomène de « maturation ». Le fait que les conduites addictives soient surtout imputables à des sujets jeunes, que l'on rencontre plus rarement des toxicomanes dans la quarantaine, suggère à beaucoup de chercheurs que les rémissions addictives correspondent à un passage vers une acceptation d'un rôle adulte (Winick, 1962 ; Waldorf, 1983). Cependant, si les drogues « dures » et difficiles à se procurer sont bien concernées par le cycle de vie, d'autres substances comme le tabac et l'alcool (et sans doute de nombreuses sources de stimulation), beaucoup plus accessibles (et surtout licites) sont consommées tout au long de la vie (Cahalan, Room, 1974 ; O'Donnell et al., 1976). Ces données signifient que la « maturation » n'est pas un facteur simple et unique. Si on peut rapprocher l'effet de maturation de ce que présente Zuckerman de l'évolution au cours de l'âge de la caractéristique HSS (son pic autour de 18 ans) qui, rappelons-le, favorise une vulnérabilité aux addictions, nous devons aussi prendre en compte le « coût » d'une addiction. Ce coût correspond à un moindre effort adaptatif, aussi il est compréhensible que les addictions les plus coûteuses soient finalement abandonnées lorsque les tourments de la jeunesse s'estompent et que d'autres choix existentiels, avec des addictions alternatives moins coûteuses s'offrent à l'individu. *A contrario*, les addictions de moindre coût, comme le tabac ou l'alcool, peuvent facilement trouver à s'intégrer dans le style de vie aussi bien du jeune que de l'adulte et rester peu sensibles aux facteurs de développement. D'autre part, nous savons que le moindre coût est aussi fonction de la souffrance psychique, des facilités personnelles à rechercher les addictions et des facilités d'accès offertes par l'environnement. Il est peu probable que l'effet de maturation puisse jouer un grand rôle pour le psychotique biochimiquement aménagé, tout au plus finira-t-il par passer à des substances licites de maintenance (méthadone, buprénorphine et autres psychotropes, généralement à fortes doses). Les facteurs développementaux sont donc à moduler avec les facteurs de moindre coût adaptatif de l'addiction.

Les *facteurs de personnalité* peuvent entrer en jeu dans la vulnérabilité aux addictions. Cependant, cette influence n'est pas simple et nous verrons qu'elle interfère avec d'autres facteurs qui viennent moduler l'impact de la personnalité. Ici, deux grands courants de pensée s'opposent : les tenants de l'explication personnaliste, qui voient dans les addictions une réponse à une problématique de la personne, essentiellement narcissique ; et ceux qui défendent la thèse environnementaliste pour laquelle les addictions seraient davantage l'effet de conditions psychosociales et familiales.

Du côté de l'explication personnaliste, de très nombreux travaux ont mis en évidence des traits de personnalité et des caractéristiques structurales fortement liés au trouble addictif. Par exemple, les traits de personnalité liés au risque addictif chez l'adolescent sont : la baisse de l'estime de soi, une incompétence apprise, la passivité, des relations de dépendance inscrites dans l'histoire du sujet (Chein et al., 1964). Lang (1983) trouve des similarités troublantes entre les consommateurs à diverses substances : la faible valeur dans la réalisation de soi, le désir pour des satisfactions immédiates, des sentiments habituels de stress élevés. On observe que de tels individus restent addictés tout au long de leur vie à plusieurs sources de stimulation, simultanément, séquentiellement, ou en alternance ; les effets de tolérance croisée (ou de sensibilisation croisée) entre diverses drogues, impliquent de possibles substitutions (Peele, 1983 ; Peele, Brodsky, 1975 ; O'Donnell, 1969 ; Robins et al., 1975). C'est une donnée commune que l'observation d'addictions associées : tabac, café, alcool (Gilbert, 1981), dont la moindre perturbation (par exemple, avec une tentative personnelle d'arrêter l'une ou l'autre substance) conduit automatiquement à l'émergence d'autres compulsions comme l'excès d'alimentation, la consommation de calmants, ou d'autres investissements sans drogue (Vaillant, 1983 ; Wishnie, 1977).

C'est Otto Fenichel (1945) qui le premier a souligné la composante narcissique présente dans les addictions. Pour cet auteur, les addictions correspondent à une régression à l'étape narcissique du développement psychosexuel. Johnson (1993) voit ainsi les addictions comme une solution pathologique à une fixation durant la phase de séparation-individuation du nourrisson, qui met en jeu le narcissisme du sujet. La dimension narcissique des addictions a été retrouvée par de nombreux travaux qui mettent en avant qu'une addiction est toujours à sa racine une addiction à l'autre, même si l'échec dans le maintien d'un étayage suffisant sur l'autre conduit ultérieurement à choisir des étayages non-humains, comme des drogues ou des activités compulsives. Noiville (1982) a pu montrer que les alcooliques se caractérisent par une relation d'objet sexuelle typique, construite autour de forts sentiments de jalousie qui représentent des besoins de ré-assurance narcissique. En effet, comparant les mécanismes du narcissisme par rapport à ceux de la relation d'objet, Grosch (1994) met en lumière que le narcissisme représente une dimension de la personne nécessaire à la survie d'une signification du moi qui s'inscrit en-deçà de la relation d'objet. Ce qui explique les affects typiques de la problématique narcissique, la honte et la rage, comme l'expression d'un moi affaibli et éparpillé. Aussi, une addiction représente-t-elle une tentative de restauration du moi, comme expérience de l'objet-moi fort et unifié, même si cette restauration implique une aliénation au présent et entraîne des conséquences négatives sur le long terme. Cette préservation de la cohésion du moi, a été retrouvée par Meissner (1980-81) dans les mécanismes de projection paranoïdes sur la substance psychotrope consommée, comme puissance magique de restauration du narcissisme. Ainsi, les relations inter-personnelles sont toujours présentes au cœur des addictions, soit comme sources d'étayage, soit comme échec dans ces étayages. Pour Battegay (1988), la dépendance à un groupe à long terme protège de la rechute addictive par le renforcement narcissique qu'il procure. Ce qui démontre la dramatique alternative narcissique : c'est ou l'autre (les autres), ou la drogue (l'alcool, ...), il n'y a pas d'autre choix. Une étude réalisée au Japon sur des prisonniers de droit commun, a pu montrer que l'abus de drogues stimulantes est relié aux personnalités immatures, qui présentent des dépendances de type narcissique au groupe de délinquants, durant l'adolescence. Ces personnalités se caractérisent par le manque de contrôle des émotions et des confusions identitaires entre le moi et les autres (Ishige, 1985). Ces liens entre narcissisme et addiction, montrent que cette dernière représente un mécanisme de défense primitif (Wurmser, 1994 ; Kernberg, 1979, 1980) destiné à gérer les affects, à l'aide du déni, du clivage et de la projection, de sorte que les addictions représentent une forme de pathologie narcissique (Van-Schoor, 1992 ; Kohut, 1974) : on observe souvent un moi fragile, marqué par des blessures de l'estime de soi et protégé par des défenses archaïques. Par exemple, les désordres narcissiques de la personnalité mesurés au MCMI (*Millon Clinical Multiaxial Inventory*) mettent en lumière des styles de personnalité communs entre des addictés aux opiacés et des alcooliques, comme l'évitement et l'agressivité passive (Craig, Verinis, Wexler, 1985). Ou encore, les fumeurs consultant pour sevrage tabagique présentent des traits narcissiques plus prononcés que les non-fumeurs, tandis que parmi ces derniers, ceux qui sont dépendants d'autres conduites addictives que le tabagisme, présentent aussi de fortes caractéristiques narcissiques (Fernandez, Sztulman, 1997). Pour Morel et al. (1997), de nombreuses variables personnelles interviennent dans la nature de l'addiction et l'intensité de ses effets.

Des travaux plus récents ont défini une « disposition narcissique » (Fernandez, 1998 ; Fernandez, Sztulman, 1999), liée à une vulnérabilité aux addictions, notamment tabagique. Reprenant les multiples théorisations d'obédience psychanalytique (Braunschweig, Fain, 1974 ; Pedinielli, 1985 ; Gutton, 1984 ; Charles-Nicolas 1981, 1985 ; Charles-Nicolas, Valleur, 1982 ; Winnicott, 1969 ; Kohut, 1974 ; McDougall, 1982 ; Jeammet, 1990), Fernandez réalise une ample synthèse que l'on peut résumer par la célèbre phrase de Bergeret (1990b) : « *La clinique des conduites addictives nous ramène toujours à des carences narcissiques sérieuses et précoces entraînant des vécus dépressifs contre lesquels il s'agit de lutter à la fois par le comportement et par le corps* ». La problématique narcissique est caractérisée par la tension intérieure, la souffrance psychique, l'angoisse devant le vide intérieur, la réactivité aux conflits et aux ruptures. A cette problématique les activités addictives répondent en remplissant plusieurs fonctions : la création de « néo-besoins » (McDougall, 1996) destinés à étayer le moi, un moyen de lutte contre l'angoisse, la dépression ou encore la psychose, un moyen de soutenir l'identité, de se protéger contre l'autre (son intrusion, son emprise, les conflits), de réparer une blessure narcissique, de réguler l'estime de soi. Ce qui paraît comme le dénominateur commun à toutes ces fonctions, est le souci de soutenir la personne, la personnalité, face à ce que l'on pourrait résumer par le terme général d'une « perte d'existence ». Cela signifie que, chez l'être humain (vraisemblablement aussi chez les animaux supérieurs), deux grands groupes de besoins coexistent : 1) les besoins en rapport avec le monde et l'adaptation pragmatique (comme manger, la sexualité, les relations sociales, le travail, ...) ; 2) les besoins en rapport avec le soi et la sensation d'être, qui paraissent comme une donnée sans cesse remise en question. McDougall (1978) souligne justement cette double fonction, par exemple, de la sexualité dans ses formes addictives, soit au service du relationnel, soit au service du narcissisme, tentant, dans ce dernier cas, de combler une « faim psychique ». C'est parce que nous sommes sujets à l'ennui, à l'angoisse, à la tristesse, aux sentiments de vide intérieur, de perte de soi et que ces sentiments ne sont motivés par aucune cause externe, mais qu'ils apparaissent comme une souffrance psychique intrinsèque, fondamentale, naturelle, que nous sommes amenés à nous prémunir contre une telle souffrance en utilisant nos besoins d'adaptation pragmatique sous une forme particulière, marquée de compulsivité, ou encore en nous adonnant à des activités spécifiques, ou en absorbant des substances psychoactives. Les addictions prennent un relief particulier chez les personnes où la problématique « narcissique » ou « état-limite » est prévalante au point que l'on pourra parler de véritable « personnalité limite addictive » (Sztulman, 1998). Cependant, nous allons voir que tout un courant de pensée montre que ces liens entre narcissisme, personnalité et addictions non rien d'exclusifs.

La thèse environnementaliste, pour laquelle les addictions seraient davantage l'effet de conditions psychosociales et familiales, souligne la nécessité de prendre aussi en compte les multiples facteurs non-personnalistes qui entrent en jeu dans une addiction. Ce glissement épistémologique, de la personnalité vers d'autres origines, s'amorce lorsque l'on commence à examiner les interdépendances. Par exemple, si nous avons parlé de l'addiction à l'autre comme au fondement de toutes les addictions, Cermak (1991) souligne bien que les addictions inter-personnelles sont avant tout des co-addictions, ce qui signifie qu'il y a réciprocité dans la relation addictive, qui forme un système de partenaires. Le système dépassant la somme de ses composantes, on peut se demander si la relation addictive ne serait pas davantage l'effet du système relationnel que l'effet des personnalités en présence. Ou en tout cas, l'effet des personnalités doit être envisagé en regard de l'effet du système. Autre exemple, dans l'inter-dépendance familiale (dans le cas des problématiques d'autonomisation des jeunes), on observe la mise en jeu d'une économie narcissique familiale (Penot, 1988) qui, elle aussi, représente un système de fonctionnement narcissique, d'étayages mutuels, que l'on ne peut réduire à une somme de « personnalités limites addictives ». On peut aller encore plus loin dans l'appréhension d'un environnement addictivogène et, par exemple, dans le cas des mesures de défense de type « ascétique » (avec jeûne, régime et course à pieds compulsifs) que l'on rencontre chez certaines jeunes femmes, les buts narcissiques poursuivis sont socialement supportés par une société occidentale elle-même compulsive et addictive dans ses modes de fonctionnement collectifs (Restak, 1987). Ainsi, la présence d'autres facteurs rend souvent difficile l'établissement de liens entre traits de personnalité et addiction. Autre exemple, l'effet de groupe peut majorer artificiellement tel trait de personnalité qui peut ne pas se retrouver dans d'autres groupes d'addictés (Cahalan, Room, 1974 ; Robins et al., 1980). A l'inverse, tel trait peut être retrouvé à la fois chez des sujets addictés et non addictés, ou avec un usage contrôlé de la substance (Peele, 1983). Lang (1983) affirme que les efforts pour découvrir une personnalité addictive ont généralement échoué, tout en reconnaissant de troublants faisceaux de caractéristiques communes entre divers addictés. Pour Stanton Peele, les modèles de la faiblesse narcissique échouent souvent à expliquer correctement la grande variabilité des dépendances aux drogues, ainsi que la variabilité de l'addiction chez le même individu, dans des situations différentes et tout au long du parcours de vie. Si une structure de personnalité donnée conduit au besoin de drogue, pourquoi ces mêmes personnes sont-elles capables de se sevrer de la drogue ? Pourquoi d'autres personnes, avec des personnalités comparables, ne deviennent-elles pas dépendantes des mêmes substances ? Par contre, ce qui paraît plus évident, par exemple, en ce qui concerne les narcotiques, c'est leur association avec certains groupes sociaux et certains styles de vie (Gay et al., 1973 ; Rubington, 1967), plutôt que certaines personnalités (ou alors il nous faut considérer la « personnalité » comme une entité suffisamment malléable et influençable pour subir les effets du groupe social et des modes de vie imposés/proposés ; mais même dans ce cas elle n'obtient que le statut de variable intermédiaire et non de variable déterminante). Cette volonté d'intégrer le niveau de la réalité sociale dans un modèle de l'addiction, nous amène au-delà d'une dynamique purement psychologique (ou même purement biologique), afin de combiner les facteurs à la fois sociaux et psychologiques dans une compréhension plus précise des addictions.

En plus des facteurs environnementaux, un autre argument de poids vient comme délier personnalité narcissique et addiction, c'est le caractère transnosographique de ces dernières. Comme l'indique Kolb (1962), les personnalités névrotiques et psychopathes reçoivent des narcotiques un soulagement des réalités de leur vie dont les personnes normales ont moins besoin, du fait de cette normalité. Les liens entre personnalité et addiction transparaissent, mais restent difficiles à saisir avec précision. Bergeret (1982), qui considère qu'il n'existe aucune structure profonde spécifique de l'addiction, a pu tout de même définir, non pas une, mais des personnalités du toxicomane (Bergeret, 1990b ; Bergeret, Leblanc, 1983), qu'il rattache à la nosographie psychopathologique classique en névrose, état-limite, psychose. Ainsi, de caractère transnosographique, comme des caméléons épistémologiques, les addictions traversent les trois lignées structurelles, prenant tour à tour les couleurs correspondant à chaque lignée. La souffrance psychique peut bien varier (angoisses, peurs, dépression de perte de la névrose ; angoisse d'abandon et dépression anaclitique de l'état-limite ; angoisse de morcellement du psychotique), ainsi que la fonction de surface (anesthésie/stimulation psychiques pour le névrosé ; étayage narcissique anti-dépressif pour l'état-limite ; lutte contre le délire, ou sa justification, pour le psychotique), les addictions gardent un ensemble de « traits communs » comme les carences imaginaires et identificatoires et des manifestations comportementales caractéristiques, les compulsions, jusqu'aux *actings* suicidaires. Cependant, Bergeret nous met en garde contre toute systématisation autour d'une personnalité « toxicomane » en soulignant les dangers d'une stigmatisation qui viendrait distordre la réalité et il nous rappelle qu'une personnalité dépendante de produits illicites n'est guère différente d'une personnalité dépendante de produits licites, ou d'autres formes de déviances sociales. C'est finalement tout un chacun qui est concerné par la problématique de la dépendance au sens large.

Or, cette problématique existentielle ne paraît pas être l'apanage d'une personnalité particulière, ni même d'une structure spécifique. La problématique narcissique existe et elle prend des formes originales selon la « structure » ou la « personnalité » concernée, habillant d'une couleur particulière l'angoisse, la dépression et la souffrance psychique et les comportements de lutte contre cette angoisse, cette dépression et cette souffrance. Ces comportements de lutte prennent figure de compulsions, d'actes qui se répètent et qui vont se marquer d'une addictivité, avec le besoin irrépressible, le manque, la tolérance, en un mot l'emprise d'une mesure de sauvetage du moi qui fait exister, *in extremis*, un moi de souffrance.

Ainsi, si l'on veut faire la synthèse de ces oppositions, entre personnalité narcissique et facteurs d'environnement, nous pouvons proposer de voir les addictions comme l'expression d'une nécessaire problématique narcissique qui trouve sa « solution », c'est-à-dire à s'aménager dans l'activité addictive. A partir de là, si certaines personnalités, que l'on peut appeler plus proprement « narcissiques » ou « limites », semblent entièrement dédiées aux addictions, d'autres types de personnalités et de structures (névrotiques, psychotiques, perverses) sont susceptibles de présenter une dimension narcissique elle-même négociable en terme d'addiction. Enfin, dans tous ces cas, on fera bien de tenir compte des facteurs environnementaux (de stress) qui, du social, familial, jusqu'à l'économique et le politique, peuvent jouer un rôle considérable dans le déclenchement d'une addiction, sa persistance, ou son retour après une période d'abstinence parfois longue.

Nous voudrions, pour clore cette section à propos des facteurs de personnalité, soulever un problème épistémologique et méthodologique central en ce qui concerne nos recherches sur les addictions : le problème des populations d'études. Le type de liens que l'on trouve entre les addictions et ce que l'on appelle les « narcissiques », les « états-limites », ne serait-il pas l'effet de ce que nos populations de recherche, rencontrées dans les « institutions », sont des cas extrêmes et « limites » (c'est bien le cas de le dire) qui faussent complètement le tableau ? Si nous nous tournions davantage vers les addictions du « normal », ou plutôt de l'invisible (le genre de personnes qui, addictées au long cours, maintiennent tout de même une intégration sociale, professionnelle et passent au travers du filet sanitaire et répressif), ne verrions-nous pas que les addictions ne sont en rien l'apanage de certaines « personnalités », ou « pathologies », mais qu'elles concernent tout un chacun, ne faisant parfois que prendre une tournure aberrante à l'occasion de tel ou tel contexte psychologique, ou social ? Si nous choisissons de prendre en compte le fait que les individus que nous étudions dans nos institutions (et même ceux que nous approchons, pratiquement dans la rue, dans les centres d'accueil, ou encore pour certains dans les prisons), sont tout d'abord des individus marqués d'une psychopathologie et secondairement addictés dans une visée de soulagement, alors, nous pourrons comprendre que l'implication sociale de l'étude des addictions, en termes de prévention, de santé et d'ordre publiques, ne passe pas par de telles études, mais par un intérêt pour toutes ces addictions du quotidien, ces addictions soigneusement cachées, justifiées, socialement entérinées. Bien entendu, nous aurons alors les plus grandes difficultés pour approcher une telle population (la population en général) avec nos outils d'investigation psychologique, mais c'est là une autre histoire...

Les *facteurs cognitifs* consistent en un ensemble d'attentes et de croyances à propos des effets des drogues qui influencent en retour de façon parfois considérable les réactions, physiologiques et psychologiques, à la drogue. Ces réactions peuvent renverser complètement les propriétés pharmacologiques des drogues (Lennard et al., 1971 ; Schachter, Singer, 1962). Ou encore, en l'absence de toute substance psychoactive, les placebos montrent que les cognitions peuvent créer les effets attendus de la drogue et, par exemple, imiter la morphine (Lasagna et al., 1954). Les facteurs cognitifs ont aussi une influence sur les conséquences addictives de la drogue, comme le besoin irrépressible, les symptômes de manque ou de tolérance (Zinberg, 1972). Par exemple, la consommation thérapeutique de morphine à l'hôpital ne conduit pratiquement jamais à un besoin addictif pour cette substance après la sortie de l'hôpital (Zinberg, 1974). Ces patients sont protégés de l'addiction tout d'abord parce qu'ils ne se perçoivent pas comme addictés et parce que même s'ils viennent à ressentir quelques effets de manque, ils les considèrent comme passagers et se sentent capables de les affronter (Lindesmith, 1968). Marlatt (1982) a pu identifier les facteurs cognitifs et émotionnels comme des déterminants majeurs de la rechute, qu'il s'agisse de narcotiques, d'alcool, de tabac, de la suralimentation ou du jeu pathologique ; par exemple, les croyances subjectives de patients alcooliques sont de meilleurs prédicteurs de la probabilité de rechute que l'évaluation de leur dépendance alcoolique passée (Heather et al., 1983 ; Rollnick, Heather, 1982).

D. L'addiction comme expérience humaine

Stanton Peele réinterroge la nature de l'addiction à partir de l'ensemble des études qui montrent que les phénomènes liés aux addictions (le besoin, la rechute, la tolérance) ont davantage à voir avec les facteurs subjectifs et historiques (les sentiments, les croyances) qu'avec les propriétés chimiques de la substance. Et ce sont ces mêmes facteurs subjectifs qui, nous amenant à aller au-delà de la biologie, nous permettent de lancer un pont vers les addictions sans substance qui font l'objet de phénomènes addictifs analogues. Considérons les études sur le symptôme de manque qui sont à ce titre exemplaires. Leurs résultats sont particulièrement surprenants lorsqu'on se rend compte que la souffrance du manque varie d'une façon considérable, entre son absence complète et son expression dramatique, selon le sujet et sa situation et cela quel que soit le produit utilisé. Les études en question concernent aussi bien la cocaïne (van Dyke, Byck, 1982), que l'héroïne (Jaffe, Harris, 1973 ; Jones, Jones, 1977 ; Light, Torrance, 1929 ; Zinberg, 1972), l'alcool (Oki, 1974), le tabac (Schachter,

1978), le café (Allbutt, Dixon notés dans Lewis, 1969 ; Goldstein et al., 1969), les sédatifs et somnifères (Gordon, 1979 ; Kales et al., 1974 ; Smith, Wesson, 1983), et même les antidépresseurs et les antipsychotiques (George, Mammar, Rousseau et al., 1998 ; Dilsaver, 1994).

Un ensemble de facteurs déterminent le symptôme de manque, comme le milieu social, les attentes (liées au contexte), les attitudes culturelles, la personnalité et l'image de soi, le style de vie et les opportunités alternatives à l'addiction. Tout cela signifie que l'addiction n'existe pleinement qu'à un niveau culturel, social, psychologique et expérientiel ; que l'addiction ne peut être réduite au rapport étroit entre un individu et son addiction, sur la base des processus biochimiques cérébraux. Pour Kalant (1982), la dépendance physique et la tolérance sont deux manifestations du même phénomène, une adaptation biologique qui survient chez tous les organismes vivants et pour de nombreux types de stimuli, pas seulement les drogues. C'est en ce sens que Peele conclut en disant que *la dépendance est une caractéristique de la personne et non de l'objet d'addiction.*

L'effet biochimique n'est pas un critère d'addiction, car avec ou sans drogue, une stimulation, en dernier ressort, possède un effet biochimique sur le cerveau (Leventhal, 1980). Aussi, nous devons admettre que tout comportement répétitif, stéréotypé, qui est associé avec des expériences répétées d'activation ou de changement physiologiques, que cela soit induit par un agent psychoactif ou non (par exemple, le jeu pathologique, la sexualité compulsive), peut produire des difficultés à arrêter chez l'individu, et s'il fait ce choix, celui-ci peut alors être accompagné de perturbations de l'humeur et du comportement (Wray, Dickerson, 1981).

4. La complexité de l'addiction

L'addiction, dans ses formes extrêmes, est un investissement pathologique submergeant la personne et son mode de vie. Cependant, l'objet de l'addiction n'est pas la drogue, ou une autre source de stimulation, mais l'**expérience** que fait la personne addictée avec cet objet. En conséquence, nous devons nous tourner vers une approche phénoménologique de l'addiction, qui prendra en compte les éléments physiques, émotionnels, cognitifs et représentationnels, et finalement, environnementaux qui déterminent cette expérience. Et comme le précise Stanton Peele (1990), c'est seulement en acceptant cette complexité de l'addiction, qu'il sera possible d'en rassembler une image compréhensible, qu'il sera possible d'en dire quelque chose d'utile, aussi bien à propos de l'usage des drogues que des compulsions, et de comprendre alors comment les gens se font du mal à eux-mêmes au travers de leur comportement, aussi bien qu'ils finissent par grandir au-delà de ses implications autodestructrices.

A. Qu'est-ce qu'une addiction ?

L'ensemble de nos investigations nous a permis de dégager une définition plurielle de l'addiction. Plurielle car les regards sont multiples, mais partiels, ainsi que les approches, et tous les phénomènes ne sont pas appréhendés en même temps. Du DSM-IV nous avions tiré les troubles à caractère addictif, qui peuvent ou non impliquer une substance et qui consistent en la mise en route d'un comportement critique, compulsif, répété et persistant, destiné à lutter contre une dysphorie préalable, mais qui entraîne lui-même un ensemble de troubles dysphoriques et des conséquences négatives, dont la principale est la désadaptation. Goodman (1990), s'est largement inspiré des définitions internationales (le DSM-III-R) pour proposer une définition opératoire de l'addiction qui semble actuellement faire consensus : *un processus dans lequel est réalisé un comportement qui peut avoir pour fonction de procurer du plaisir et de soulager un malaise intérieur, et qui se caractérise par l'échec répété de son contrôle et sa persistance en dépit des conséquences négatives*.

A cette définition Goodman adjoint une liste de critères (voir tableau 6) qui reprennent ce que l'on trouve habituellement disséminé dans les définitions internationales. Jusque-là, l'addiction rassemble cinq points nodaux dans sa définition : 1) la dysphorie antécédente ; 2) la dysphorie conséquente ; 3) la perte de contrôle ; 4) les conséquences négatives ; et 5) l'implication de stimulations directement ou indirectement psychotropes. Analysons attentivement ces cinq points afin d'avancer dans notre compréhension de l'addiction. Par **dysphorie antécédente**, nous faisons référence à la souffrance psychique. Celle-ci peut prendre la forme d'un ennui, d'une anxiété, d'une angoisse, d'une dépression. Cette souffrance, bien qu'elle puisse se mêler à des souffrances contingentes (et se trouver comme stimulée par de telles souffrances), c'est-à-dire des souffrances morales clairement liées aux situations de la vie, n'est elle-même pas contingente. Il s'agit d'une souffrance psychique intrinsèque, indépendante des contextes existentiels, sauf à dire qu'elle est une donnée générale de la condition humaine, elle est dans l'acte même de la vie (Widlöcher, 1983). Cette souffrance est présente même au cœur du plaisir, de la satisfaction, du bonheur. Il s'agit d'un malaise existentiel, une interrogation primordiale sur le sens de l'existence qui prend souvent, et au mieux, figure d'irritation sourde, ce que nous avions appelé dans un précédent ouvrage : le bruit de fond existentiel (Loonis, 1997).

Cliniquement, cette souffrance concerne le moi, ce qui est appelé la faiblesse narcissique et la défaillance identitaire.

Tableau 6 : Critères de l'addiction de Goodman (1990)

A. Impossibilité de résister aux impulsions à réaliser ce type de comportement.
B. Sensation croissante de tension précédant immédiatement le début du comportement.
C. Plaisir ou soulagement pendant sa durée.
D. Sensation de perte de contrôle pendant le comportement.
E. Présence d'au moins cinq des neuf critères suivants :
1. Préoccupations fréquentes au sujet du comportement ou de sa préparation ;
2. Intensité et durée des épisodes plus importantes que souhaitée à l'origine ;
3. Tentatives répétées pour réduire, contrôler ou abandonner le comportement ;
4. Temps important consacré à préparer les épisodes, à les entreprendre, ou à se remettre de leurs effets ;
5. Survenue fréquente des épisodes lorsque le sujet doit accomplir des obligations professionnelles, scolaires ou universitaires, familiales ou sociales ;
6. Activités sociales, professionnelles ou de loisirs majeures sacrifiées du fait du comportement ;
7. Persévération du comportement bien que le sujet sache qu'il cause ou aggrave un problème persistant ou récurrent d'ordre social, financier, psychologique ou physique ;
8. Tolérance marquée : besoin d'augmenter l'intensité ou la fréquence pour obtenir l'effet désiré, ou diminution de l'effet procuré par un comportement de même intensité ;
9. Agitation ou irritabilité en cas d'impossibilité de s'adonner au comportement.
F. Certains éléments du syndrome ont duré plus d'un mois ou se sont répétés pendant une période plus longue.

Cela signifie qu'à cette souffrance qui apparaît dans l'humeur dysphorique, voire la tension physique du corps, s'ajoute un sentiment de menace, d'insécurité, quant à l'existence du moi, non pas tant physique (bien que parfois un tel sentiment de mort physique puisse aussi apparaître), mais psychique, de mort psychique. Ces sentiments, souvent complexes et difficiles à cerner, peuvent prendre l'apparence de réflexions anxieuses quant au sens de notre existence, la valeur de notre identité.

La conséquence immédiate de la souffrance psychique est la mise route d'une « solution » dite « addictive » ou aménagement addictif de la souffrance existentielle. Cette solution qui, nous le verrons, est une fausse solution, consiste à se procurer des sources de stimulation distractives de la dysphorie, des **stimulations directement ou indirectement psychotropes**. Ces stimulations vont consister en sensations, tableaux de sensations, qui sont produites par l'action du corps, le comportement, l'agir, ou encore par un agir psychique que l'on reconnaît au défaut de mentalisation. Cette défaillance de la mentalisation, bien connue de la clinique des addictions, ou de la dépression, ne signifie pas obligatoirement l'arrêt de la mentalisation. Cet arrêt existe, par exemple, dans la dépression profonde, marquée par le vide mental, l'obnubilation. Le défaut de mentalisation concerne plutôt une incapacité à produire de la pensée élaborée, liée (au sens psychanalytique), qui se construit et se déconstruit en permanence, telle que nous la vivons au cours de nos rêveries diurnes bienheureuses. Par contre, représente un défaut de mentalisation ce que nous proposons d'appeler la « pensée-acte », c'est-à-dire tous ces modes de pensée répétitifs comme les obsessions, les mesures mentales contra-phobiques, les plaintes dépressives et les fantasmes érotiques qui, pour ces derniers, s'emparant de la fonction élaboratrice de la pensée, réalisent des scénarios à fonction activatrice, dont une partie de la force stimulante provient de la répétition mentale. Deux autres grandes sources de stimulation sont les sensations fortes et les intrusions chimiques cérébrales à l'aide de substances psychoactives.

Ce que l'on appelle des stimulations se ramène en dernier ressort à une activation cérébrale, qui peut impliquer l'activation physiologique du corps et le plus souvent aussi une activation psychique. Cette activation cérébrale, telle que découverte par la recherche neurobiologique, implique des systèmes cérébraux particuliers, qui gèrent le niveau d'activation cérébrale, la motivation et le plaisir/déplaisir. L'implication du cerveau dans ce qui va devenir la solution addictive suggère que la souffrance psychique existentielle soit, elle aussi, un produit de notre cerveau. Nous avons développé dans un premier ouvrage (Loonis, 1997), l'hypothèse d'un bruit de fond cérébral généré à partir des décharges spontanées de nos neurones. La solution addictive correspondrait à un mécanisme de lutte contre ce bruit de fond cérébral, qui serait occulté par les stimulations reçues par le cerveau, par son activation. L'idée est lancée, nous devons laisser le soin aux neurobiologistes de l'explorer. Dans l'immédiat, le modèle théorique impliquant le cerveau est défendu par les recherches qui expliquent le dérapage de la solution addictive comme le dérèglement d'un système (cérébral) hédonique homéostatique (Koob, Le Moal, 1997), et les recherches concernant la recherche de sensation qui s'intéressent à la conjonction entre une typologie de la recherche de sensation, sur le registre comportemental et de la personnalité, et un ensemble de paramètres physiologiques qui détermine un niveau d'activation cérébrale (Zuckerman, 1994).

Le but de l'activation cérébrale entreprise au cours de la solution addictive est d'occulter la dysphorie antécédente, la souffrance psychique existentielle. Nous disons occulter, parce que cette souffrance intrinsèque à l'être humain ne saurait être définitivement annihilée, car elle est inhérente à notre fonctionnement cérébral. Au plan clinique, cette occultation de la souffrance, sur base d'activation cérébrale, correspond à un étayage du moi, du narcissisme, voire un support de l'identité. Et parce que la souffrance ne peut être qu'occultée et non détruite, nous sommes constamment en sursis par rapport à cette souffrance. L'activation cérébrale produit un soulagement de la souffrance, mais ce soulagement est constamment limité, dans le temps et dans sa profondeur. La durée du soulagement n'est jamais bien longue et la souffrance psychique finit toujours par refaire surface, par nous rattraper, à un moment ou à un autre. Le soulagement lui-même n'est jamais parfait, jamais suffisamment complet, et il reste toujours un fond d'irritation, même au cœur du plus grand soulagement. Ces limites nous renvoient à nouveau au cérébral et il paraît juste de penser que l'activation cérébrale ne peut franchir certaines limites naturelles, qui représentent les limites à l'efficacité soulageante de cette activation. Aussi, la souffrance psychique émerge-t-elle à nouveau dans le manque et la tolérance, le besoin de renouer avec les stimulations qui produisent l'activation cérébrale et la nécessité d'augmenter la force de cette activation afin de compenser une naturelle dérive de son effet occultant de la souffrance. Ici encore, des mécanismes cérébraux expliquent le manque et la tolérance comme des formes d'adaptation cérébrale à la sur-activation qui génère une spirale addictive du « plus en plus ». D'autre part, les phénomènes de sensibilisation cérébrale conduisent aussi à « faciliter » un certain nombre de solutions addictives, qui peuvent alors faire emprise sur la personne comme des motivations irrépressibles à partir de signaux environnementaux qui s'imposent comme « saillances » incitatrices. C'est cette sensibilisation qui marque la solution addictive d'une dimension temporelle aliénante sous la forme d'une trajectoire addictive, marquée d'alternances entre des périodes de rémission et des périodes de rechute, on parle d'une vulnérabilité à la rechute.

L'ensemble de ces limites et conditions cérébrales, liées à la solution addictive, conduit à une souffrance secondaire à l'activation cérébrale, une **dysphorie conséquente**, qu'il convient de ne pas confondre avec les conséquences négatives de l'addiction. La dysphorie conséquente est constituée des limites du soulagement, du manque, de la tolérance et de la pression de la sensibilisation comportementale. C'est cette dysphorie qui provoque la **perte de contrôle** qui est destinée à annihiler la souffrance secondaire, mais là encore, sans succès permanent, du fait des limites cérébrales des mécanismes mis en jeu. Ce sont ces limites et ces souffrances secondaires qui font dire de l'addiction qu'elle est une solution, mais une « fausse solution » à la souffrance psychique.

Enfin, l'ensemble du processus concernant la solution addictive conduit à des **conséquences négatives** qui correspondent à une désadaptation de l'individu par rapport à son environnement et ses nécessités vitales.

Figure 5 : Modèle de l'addictionde type I : version addictivité dans la stimulation

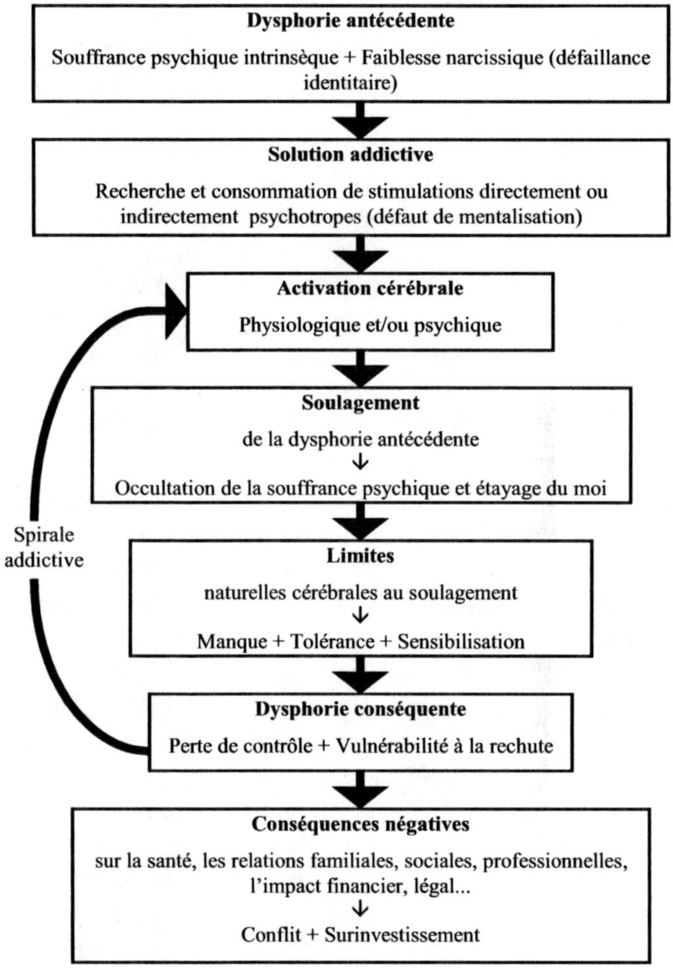

La solution addictive s'inscrit dans le registre des besoins en rapport avec le soi et la sensation d'être, qui viennent se substituer aux besoins d'adaptation pragmatique au monde.

Les investissements addictifs envahissent les autres types d'investissements de l'individu (c'est la saillance) et provoquent ainsi, par leur emprise exagérée, la désadaptation.

La santé physique et mentale du sujet se trouvent mises en danger, le conflit apparaît avec l'entourage, la loi et les réalités professionnelles, financières, médicales...

L'ensemble de ce tableau processuel de l'addiction est résumé ci-avant (voir figure 5). Il ne représente qu'une première étape dans la définition complexe de l'addiction. Pour le moment, nous sommes encore dans la logique d'une addictivité placée dans la stimulation, c'est-à-dire en rapport avec la puissance biochimique psychotrope de la stimulation, qu'il s'agisse d'une stimulation directement (drogue, alcool, nicotine, anxiolytique, ...), ou indirectement (sensations fortes, activation conséquente d'actes compulsifs, ...) psychotrope. Au passage, la solution addictive considérée comme une « recherche et consommation de stimulations directement ou indirectement psychotropes », implique la multiplicité des addictions au-delà des seules drogues chimiques.

Les jeux complexes entre l'activation cérébrale, le soulagement et les limites cérébrales de ce soulagement, conduisent à instaurer la spirale addictive qui correspond au déséquilibre de l'homéostasie hédonique. Ce modèle de l'addiction de type I reste incomplet tant que l'on n'y intègre pas l'ensemble des facteurs non-biologiques qui entrent en jeu dans toute addiction. Ces facteurs se regroupent en deux grandes catégories : les facteurs d'environnement et les facteurs personnels. Ces deux groupes de facteurs déterminent la valeur addictive (l'addictivité) d'une stimulation en fonction de son coût adaptatif, qui est aussi fonction de la force de la dysphorie antécédente. Sur la base du « plus faible coût adaptatif » ainsi réalisé, nous entrons dans une logique dite de l'addictivité dans la personne, qui tente de maintenir un équilibre entre le soulagement procuré par la solution addictive et les conséquences négatives. En ce qui concerne plus précisément nos deux groupes de facteurs non-biologiques, le groupe des facilités addictives de l'environnement comprend : les facteurs culturels, sociaux, situationnels et ritualistiques ; tandis que le groupe des compétences addictives personnelles comprend : les facteurs de développement, de la personnalité et cognitifs. Le schéma ci-après (voir figure 6), reprend le modèle de type I en y intégrant les facteurs non-biologiques.

Figure 6 : Modèle de l'addiction de type II : version addictivité dans la personne

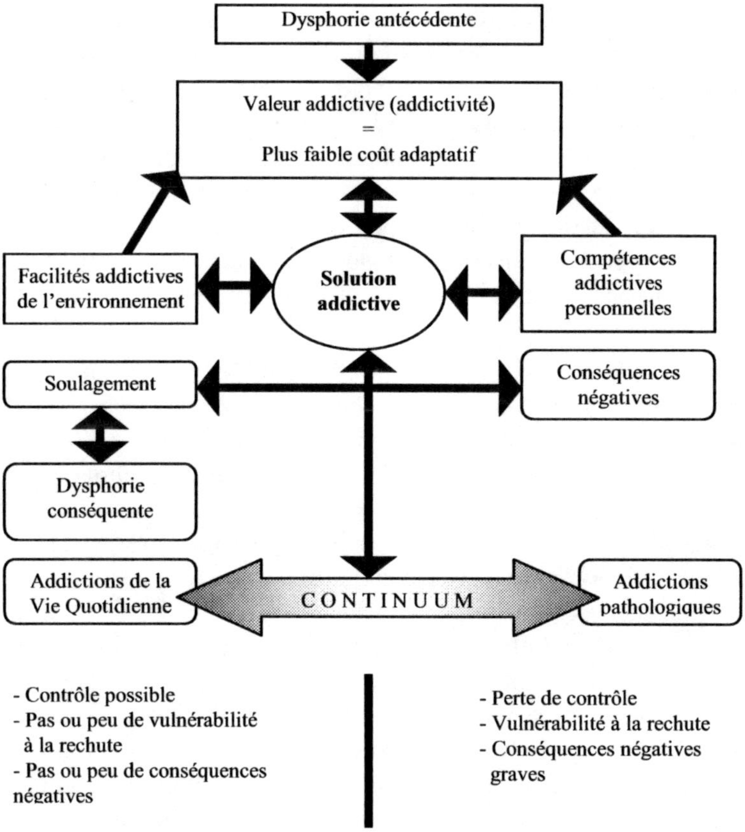

Ces modèles de l'addiction de type I et II impliquent une répartition de la gravité des addictions sur un continuum qui part des addictions de la vie quotidienne pour aller à l'autre extrême, jusqu'aux addictions pathologiques ; ces dernières répondant bien à la logique de type I où l'addictivité est essentiellement rattachée à la puissance biochimique psychotrope de la stimulation recherchée. Ici entrent en jeu la perte de contrôle, la vulnérabilité à la rechute sur le long terme et des conséquences négatives graves. Parmi les trois groupes de facteurs qui déterminent l'addictivité, c'est bien la dysphorie antécédente qui est ici prépondérante et le plus faible coût adaptatif peut supporter des conséquences négatives très importantes, même pour un faible soulagement.

Du côté des AVQ, nous avons affaire à une logique de type II où l'addictivité est largement influencée par les facteurs environnementaux et de personnalité, la souffrance psychique étant peu importante. Les AVQ s'opposent donc à la vision classique des addictions à emprise totale, sans possibilité de contrôle. Ici le contrôle devient possible, l'addiction n'est plus irrémédiable et il n'y a pas ou peu de vulnérabilité à la rechute et pas ou peu de conséquences négatives du fait de la bonne intégration des addictions dans la vie pragmatique de la personne.

Ainsi les addictions se déclinent-elles sur deux axes : un axe que l'on pourrait considérer comme vertical des types d'addictions, des addictions aux stimulations directement psychotropes jusqu'aux addictions aux stimulations indirectement psychotropes ; et l'axe horizontal sur lequel chaque addiction possède un degré de gravité entre AVQ et addiction pathologique. Aux deux extrémités de ce second axe sont placées les deux types théoriques (I et II) d'un modèle unique pour lequel chaque individu réel se trouve quelque part sur le continuum, à une place qui n'est pas statique et définitivement figée, mais qui peut évoluer, dans une certaine mesure, en fonction des changements parmi toutes les variables concernées. Ainsi, se trouvent réconciliées les approches dites « médicale » et « psychosociale » de l'addiction, sans l'exclusion de l'une ou de l'autre, mais dans une synthèse que l'on peut souhaiter plus heuristique. De la même façon, avant de tirer toute conclusion en ce qui concerne une recherche sur les addictions, il est indispensable de s'interroger sur la nature de la population étudiée et de bien savoir à quel endroit du continuum elle se situe. Car selon cette position sur l'axe horizontal des addictions, certains phénomènes seront plus visibles que d'autres, donnant un aspect plus médical ou plus psychosocial des cas étudiés. Les comparaisons entre études et entre populations devront prendre en compte au moins cette variable de gravité afin d'éviter les fausses incohérences.

Le degré de dysphorie antécédente est très certainement le facteur le plus important dans la position d'un individu sur l'axe horizontal de la gravité de l'addiction. Les deux autres groupes de variables, de la personnalité et de l'environnement, ont une force d'action relative au degré de cette souffrance psychique intrinsèque. Sa force variera en fonction de données historiques et actuelles. C'est l'histoire émotionnelle, relationnelle qui, marquant l'organisme et son système nerveux, va plus ou moins donner de la force à cette souffrance psychique. Et ici, les différents modèles psychodynamiques peuvent nous permettre de comprendre les aléas de la genèse de cette souffrance qui est aussi bien genèse du moi. Mais c'est encore le parcours de vie et le contexte actuel qui peuvent, au travers des stress subit par l'individu, amplifier ou calmer cette souffrance. Des périodes difficiles de l'existence peuvent l'exacerber et le recours à une addiction salvatrice est alors chose commune. Finalement, cette souffrance psychique intrinsèque est la marque la plus sûre de notre humanité (bien que les animaux supérieurs, capables de pâtir de l'ennui, le mal du manque de stimulation, puissent s'y trouver confrontés, elle n'est certainement pas chez eux marquée de cette angoisse existentielle, propre à l'homme qui connaît sa mort).

Nous pouvons à présent formuler une définition de l'addiction capable de prendre en compte l'ensemble des facteurs en interaction : *l'addiction est une activité corporelle ou psychique, produisant une activation cérébrale, destinée à occulter une dysphorie antécédente, consistant en une souffrance psychique intrinsèque et une menace existentielle.*

Nous avons là la racine, le cœur d'une définition à laquelle il faudra adjoindre une seconde couche afin de rendre compte de la complexité du phénomène d'addiction. Nous n'y parlons encore (au contraire de la définition de Goodman) ni de plaisir, ni même de soulagement et encore moins de perte de contrôle ou de conséquences négatives. Notre définition se veut au départ le plus neutre possible, comme la définition d'un principe de physique : il y a une souffrance psychique, elle est intrinsèque donc on ne peut rien modifier de ce qui nous entoure pour s'en libérer, nous ne pouvons qu'agir sur nous-mêmes. Cette souffrance nous aiguillonne car elle correspond à une menace vitale, celle de la perte du moi. La nature précise de cette souffrance va conditionner la « solution » que nous pouvons et que nous allons lui apporter. Ce n'est pas une souffrance comparable au mal de tête que l'on dissipe en avalant un antalgique ; elle ressemblerait plutôt à la brûlure sur la main qu'un glaçon peut calmer, mais qui est pourtant toujours là, ne s'effaçant qu'à la condition d'y maintenir la froidure de la glace. La souffrance psychique dont nous parlons est comme une brûlure permanente, inextinguible, qui ne peut disparaître car elle est notre vie même. Aussi, on ne peut que la cacher, l'occulter, c'est-à-dire s'en distraire. Pour cela, nous avons besoin de nous nourrir de stimulations, qui vont nous activer cérébralement et nous distraire de cette souffrance. Ces stimulations ne nécessitent pas d'activités très élaborées pour être produites et des activités simples et répétitives, produisant des sensations, occupant l'esprit, sont suffisantes pour nous distraire de notre souffrance intrinsèque. Cependant, même les activités plus élaborées, les activités pragmatiques de la vie quotidienne, peuvent aussi servir de solution, il suffit de s'y adonner avec suffisamment de constance et de force.

A partir de là, nous pouvons compléter notre définition en ajoutant que : *la saillance dans l'activité d'occultation de la dysphorie antécédente est une fonction du degré de cette dysphorie et entraîne une dysphorie conséquente et des conséquences négatives.*

Ce complément de définition laisse entendre qu'une addiction peut ne pas avoir de conséquences négatives, et qu'elle peut aussi ne pas provoquer de symptômes de manque, de tolérance ou de perte de contrôle. Les Addictions de la Vie Quotidienne sont destinées à occulter un moindre degré de souffrance intrinsèque et par là, elles gardent une apparence discrète, une sorte d'invisibilité. Par contre, lorsque la souffrance psychique prend des proportions intolérables, l'activité « solution » se trouve mise en saillance, toutes les forces vitales de l'être finissant par s'y consacrer. Et ce sont les limites pratiquement physiques du cérébral qui vont accuser le coup de cette saillance en générant une dysphorie conséquente et les signes d'un déséquilibre dans la régulation hédonique. Manque, tolérance et perte de contrôle seront les conditions propices à l'instauration d'une spirale addictive, d'une addiction particulièrement visible et dont les conséquences sur l'adaptation pragmatique, l'adaptation au monde, seront de plus en plus dramatiques.

Mais notre définition de l'addiction ne saurait être complète sans la prise en compte des facteurs non-biologiques : *pour une dysphorie antécédente donnée, la dysphorie conséquente et les conséquences négatives seront elles-mêmes une fonction des facteurs non-biologiques de l'environnement et de la personne, selon un moindre coût adaptatif.*

Ce sont les facteurs non-biologiques qui, associés avec la souffrance psychique intrinsèque, conditionnent au préalable la solution addictive et son ampleur selon l'addictivité de la source, c'est-à-dire le prix à payer pour maintenir l'équilibre entre la souffrance, l'environnement et la personne.

Dans cette définition à trois étages, qui prend en compte les deux extrémités du continuum de la gravité addictive, le plaisir est absent. Nous ne parlons pas de plaisir, car celui-ci n'appartient pas au principe de l'addiction. Il y a occultation d'une souffrance et soulagement, mais le plaisir, s'il apparaît, ne fait que se surajouter au soulagement. Ou bien encore, il n'est qu'une variation de la sensation distractive destinée à la fonction d'occultation. Cette absence de prise en compte du plaisir correspond par ailleurs à ce que l'on observe des addictions dans leur ensemble : parmi les AVQ, nombreuses sont celles qui ne procurent pas vraiment du plaisir, comme les recherches de sensations fortes, anxiogènes, douloureuses ; tandis qu'au sein des addictions graves et pathologiques, le plaisir a totalement disparu, laissant la place à une douloureuse recherche d'un soulagement sans cesse à retrouver.

B. Vers de nouvelles questions

Une théorie valable de l'addiction, nous dit Peele, doit pouvoir faire la synthèse entre pharmacologie, expérientiel, culturel, situationnel et composantes de la personnalité dans une description souple, mais précise, de la motivation addictive. Une telle théorie doit pouvoir rendre compte de : pourquoi une drogue est plus addictive dans une société que dans une autre ? Pourquoi est-elle plus addictive pour un individu que pour un autre ? Pourquoi est-elle plus addictive pour le même individu à un moment donné et pas à un autre ? Rendre compte des conduites compulsives sans drogue ; rendre compte du cycle d'élévation de la dépendance jusqu'à son dysfonctionnement (lorsque l'investissement dans la drogue ou l'activité compulsive surpasse les autres investissements disponibles pour le sujet). Finalement, une telle théorie de l'addiction doit rendre compte de l'expérience humaine elle-même (et pouvoir aussi se confronter aux observations sur le nourrisson ou l'animal).

Avant d'affronter ce cahier des charges, il nous faut préciser le statut clinique et épistémologique du concept d'addiction, car avec notre modèle à trois étages, qui ramène finalement l'addiction à une activité destinée à soulager une souffrance intrinsèque, nous avons complètement épuré le concept, le transformant en un principe extrême de fonctionnement de l'être humain. Le problème de l'addiction se pose à trois niveaux : 1) dans son rapport avec les concepts de structure, d'organisation ou de maladie ; 2) dans sa compréhension à partir de ce qui est psychanalytiquement inféré comme tenant de l'Inconscient ; et 3) dans sa situation en tant que modèle général par rapport aux modèles multiples explicatifs de chaque addiction (Pedinielli, 1990).

L'addiction n'est ni une structure, ni une organisation, ni même une maladie. Elle relève d'un principe fondamental de fonctionnement psychique : la lutte contre la dysphorie antécédente à l'aide des activités corporelles et mentales capables de distraire le sujet de cette dysphorie. Ce n'est pas une structure (ou une organisation, terme que l'on emploie en psychopathologie pour désigner une « structure » présentant la souplesse d'une possibilité de remaniements) car elle doit être située en-deçà de toute structure, comme un socle fondateur sur lequel sont posées les structures et les organisations. En ce sens, l'addiction, en tant que principe, traverse de part en part les trois lignées classiques névrose, état-limite, psychose. Pour chacune des trois lignées, la souffrance psychique intrinsèque et les modalités de lutte sont présentes, mais prennent une coloration particulière selon chaque lignée. La même souffrance psychique intrinsèque sera vécue différemment selon que l'on est névrosé, état-limite ou psychotique et les procédés de lutte prendront des formes et une ampleur particulière selon toujours notre place dans l'une ou l'autre lignée. De plus, la notion d'aménagement amène à compliquer encore le tableau en disant que le continuum entre AVQ et addiction pathologique doit être appliqué à chaque lignée et que ce qui paraît une addiction pathologique pour telle lignée peut n'être qu'un aménagement en Addiction de la Vie Quotidienne pour une autre lignée. Prenons deux cas extrêmes, face à une héroïnomanie. Pour le névrosé, une héroïnomanie peut être considérée comme une addiction pathologique, la saillance, la dysphorie conséquente et les conséquences négatives en attesteront. Par contre, phénoménologiquement la même héroïnomanie, mais cette fois chez un psychotique, ne peut plus être qualifiée d'addiction pathologique, il s'agit bien d'une AVQ ! Le « pathologique » chez notre psychotique n'est pas son addiction, mais sa psychose. Son addiction est un aménagement de celle-ci, qui vient se substituer au délire (une autre forme d'addiction), qui vient lui-même lutter contre les angoisses profondes et invivables d'éclatement du moi. Et nous le savons bien, le psychotique a le choix entre un délire, un traitement de cheval en institution psychiatrique, ou bien une héroïnomanie dans la rue. Dans tous les cas, il est aménagé et il vit le mieux qu'il peut avec la coloration particulière, psychotique, de sa souffrance psychique intrinsèque.

L'addiction n'est pas une maladie, car elle nous concerne tous : **on ne peut pas ne pas être addicté à quelque chose**. Les formes particulièrement intégrées d'addiction, les Addictions de la Vie Quotidienne, peuvent ne pas avoir une grande visibilité, mais elles n'en restent pas moins des addictions dans leur principe. Deux moyens sont à notre disposition pour rendre visible l'addictivité de nos activités quotidiennes : considérer l'usage extrême de telle activité ou supprimer complètement cette activité. Des expériences imaginaires peuvent suffir, si l'éthique nous interdit d'en réaliser de véritables (ou le manque de courage, symptomatique, d'en réaliser sur soi). Prenons la lecture. Son addictivité est invisible, tant que cette activité est étroitement mêlée à l'ensemble des activités de la vie de chaque jour. Si nous la poussons à l'extrême, nous allons voir une personne qui, s'adonnant à la lecture plus de dix heures par jour, va négliger son insertion sociale, sa famille, qui sera amenée à prendre des risques financiers pour sa passion. On peut aisément imaginer les phénomènes de tolérance ou de manque que peut susciter une activité d'une telle ampleur. A l'inverse, prenant le lecteur normal, par exemple, celui qui ne lit pratiquement jamais, sauf quand il est dans la salle d'attente de son médecin. Entrons dans la salle d'attente et enlevons-lui toute possibilité de lecture, qu'adviendra-t-il ? La personne ressentira avec acuité ce qui l'a poussée à lire (elle qui ne lit pratiquement jamais, et qui s'était précipitée sur un magasine périmé depuis deux ans) : l'ennui, qui est la forme mineure de la souffrance psychique intrinsèque. L'addiction n'est toujours pas une maladie même lorsqu'elle prend des formes dites « pathologiques », car cette pathologie n'est que la résultante d'une forme extrême de souffrance psychique et de conditions particulières de l'existence. **L'addiction pathologique n'est donc pas un mal que l'on aurait en soi, mais l'expression excessive d'un principe de fonctionnement qui est implanté chez tout être humain**.

Depuis longtemps, addiction et psychanalyse ne font pas bon ménage. Déjà, le père fondateur, cocaïnomane amendé, tabagique invétéré, cachait certainement d'autres addictions moins avouables. Comment le Freud de la « psychopathologie de la vie quotidienne » a-t-il pu rester aveugle à toutes ces récurrences comportementales auxquelles nous nous adonnons chaque jour ? Est-ce parce que les AVQ sont trop présentes dans nos vies, comme ces grosses capitales sur une carte qui écrivent le nom d'un continent, mais qui restent invisibles parce que nous ne nous intéressons qu'aux petits détails ? Est-ce parce que Freud touchait là à sa tache aveugle, ce que de soi on ne saurait voir ? Toujours est-il que, hormis quelques intuitions fulgurantes, comme la masturbation en tant qu'addiction prototypique (primaire), l'idée de l'implication de substances chimiques cérébrales (Freud, 1930 – qui préfigurait de plus de quarante ans la découverte des endorphines par Goldstein – 1976), rien dans l'œuvre freudienne n'est vraiment élaboré en ce qui concerne les addictions. Pourtant, ses continuateurs n'ont pas manqué de réparer ce manque en théorisant les addictions selon les points de vue topique, dynamique et économique (Jeammet, 1990 ; Darcourt, 1994), en élaborant un modèle du narcissisme explicatif du recours à l'agir addictif (Grünberger, 1971 ; Kohut, 1974 ; Kernberg, 1979, 1980 ; Bergeret, 1982 ; McDougall, 1996) ; cependant, il est vrai qu'on se heurte avec les addictions aux limites d'une méthode (la psychanalyse) qui, faisant appel à la pensée élaborée et parlée, a peine à saisir la pensée mal, ou peu élaborée, la pensée-acte et la pauvreté du discours[1]. La psychanalyse a connu d'autres difficultés méthodologiques (comme, par exemple, l'approche des groupes, ou familiale) et elle a su s'adapter, s'aménager et nous ne doutons pas qu'elle pourra relever le défi que lui jettent les addictés. La cure type doit évidemment être aménagée (Bergeret, 1981) et ce que l'on ne saurait entendre dans la parole anémiée, doit être entendu dans l'acte, les passages à l'acte et leur signification transférentielle, ces ruptures comportementales qui nous parlent d'une perte narcissique et d'une réparation identitaire. L'Inconscient de l'addicté se lit donc dans l'acte et l'activité et ce qui est étincelles d'*acting* chez l'addicté de la vie quotidienne, devient fleuve d'action permanente, qui prend la place du discours,

[1] Cette idée du défaut de mentalisation et de parole chez les sujets addictés (toxicomances et autres) est rejetée par C. Olievenstein (et nous sommes d'accord avec lui) qui considère que tout toxicomane fantasme du côté de l'interdit, mais que la plupart des cliniciens ne sont pas prêts à entendre cet imaginaire. Le défaut de mentalisation ne serait donc qu'un artéfact clinique.

devient, chez le grand addicté, véritablement discours de l'Inconscient.

Enfin, un modèle général peut (et doit, c'est la justification de son existence) prendre en compte les multiples modèles spécifiques de chaque addiction qui ont cours actuellement. Renvoyant le lecteur aux pages introductives de ce chapitre, nous réaffirmons ici que nous sommes à l'aube d'un changement de paradigme qui verra l'intégration des modèles antérieurs et partiels. La spécificité de ces modèles ne sera pas attaquée ou annulée, simplement ils deviendront des pans du modèle général, comme des regards différents, mais d'un même objet. Jusqu'à présent l'objet avait paru lui aussi différent et l'on croyait que les lunettes roses donnaient à voir véritablement un objet rose, les vertes un objet vert, et ainsi de suite. Ce que nous proposons, c'est l'objet fondamental de toute addiction, qui ne fait que se colorer selon les lunettes utilisées pour l'étudier, mais qui ne possède lui-même aucune couleur particulière (sinon blanche, mélange de toutes les teintes, suivant notre métaphore). Cet objet d'une théorie générale de l'addiction commence maintenant à prendre forme : la souffrance psychique intrinsèque et les modalités de lutte contre elle, c'est cet objet qu'il conviendra de retrouver dans chaque modèle partiel d'une addiction spécifique, afin de comprendre les fondements plus profonds de telle ou telle addiction.

Nous en arrivons au point de jonction où les paradigmes ancien et nouveau se séparent et nous devrons faire un choix à partir de l'alternative entre l'addiction comme métaphore, ou l'addiction comme catégorie surorganisatrice. Ce que nous avons cherché à montrer jusque-là, est que la clinique des addictions et la neurobiologie offrent deux ensembles de données qui viennent soutenir l'idée d'un concept d'addiction comme catégorie surorganisatrice. Dans la clinique, au-delà des différences de surface (par exemple, le fait que le manque ou la tolérance n'apparaissent pas partout, le fait qu'il puisse y avoir un manque physiologique et/ou psychique, le fait que la répétition soit pluri-quotidienne ou inscrite sur des délais de plusieurs mois, ...) émerge ce noyau constant d'une souffrance psychique intrinsèque et d'une lutte contre cette souffrance. Tandis que du côté de la neurobiologie, c'est le noyau dur de l'implication des mêmes systèmes et des mêmes transmetteurs dans toutes les addictions, directement ou indirectement psychotropes. C'est le noyau constant et dur que forment ces deux ensembles de données qui nous conduit à voir dans l'addiction, telle que nous l'avons redéfinie, non plus une métaphore des apparences, ni non plus une conduite spécifique, ou une structure, ou une pathologie, mais un principe de fonctionnement au fondement de l'existence humaine, qui peut s'appliquer sur toutes nos activités, sur toutes les structures psychiques et apparaître d'une extrémité à l'autre du continuum entre le normal et le pathologique.

Avec ce que nous pouvons proposer d'appeler un « principe d'addictivité générale », nous pouvons répondre à la plupart des questions que posait Stanton Peele et considérer que s'amorce là un modèle général faisant la synthèse entre pharmacologie, expérientiel, culturel, situationnel et composantes de la personnalité. Ce principe peut être formulé ainsi : *toutes les activités humaines, en plus de leur fonction pragmatique, remplissent une fonction addictive générale destinée à occulter une souffrance psychique intrinsèque d'origine cérébrale.*

La règle du moindre coût adaptatif explique pourquoi l'addictivité d'une source de stimulation peut varier dans des proportions considérables selon la société, l'époque, l'individu et le parcours existentiel d'un même individu. Le principe de l'occultation de la souffrance psychique intrinsèque à l'aide de stimulations, productrices d'activation cérébrale, directement ou indirectement psychotropes, rend compte de la grande diversité des addictions ; tandis que le jeu d'équilibre entre soulagement et dysphorie conséquente d'un côté et conséquences négatives de l'autre, explique la déclinaisons des addictions sur le continuum entre AVQ et addictions pathologiques. Enfin, en tant que principe fondamental du fonctionnement de l'homme, l'addiction rend bien compte de l'expérience humaine qui est entièrement marquée d'une dépendance à des sources variées et plurielles de stimulation. Nous avons vu au passage que les animaux supérieurs ne sont pas exempts d'un tel principe de fonctionnement, bien que l'on ne puisse sans doute pas parler pour eux d'une clinique du narcissisme et de l'identité. Quant au nourrisson, les carences affectives, de stimulation, ou au contraire les sur-stimulations, chacune avec leurs conséquences parfois dramatiques sur le développement affectif, moteur, intellectuel, nous montrent que le principe d'une addictivité fondamentale s'applique dès la première heure de la vie ; mais nous verrons plus loin comment la nature des étayages des activités précoces d'occultation de la dysphorie antécédente du nourrisson peut impliquer un défaut ultérieur dans la gestion de l'addictivité.

Nous voici à l'orée de nouvelles questions passionnantes, car si le principe est posé, il nous reste à comprendre plus précisément comment il s'applique : comment se sert-on d'une source de stimulation pour qu'elle produise un effet occultant de la dysphorie ? Que se passe-t-il dans un individu pour qu'une Addiction de la Vie Quotidienne apparaisse ? Que se passe-t-il dans un individu pour que cette AVQ devienne une addiction pathologique ? Nous avons vu dans les travaux de Marvin Zuckerman et de Stanton Peele comment se posait une différence interindividuelle par rapport aux addictions, il nous faut à présent examiner aussi une différence intra-individuelle, qui évolue sur le gradient temporel, entre les différents états psychologiques que peut expérimenter un individu, afin de rendre compte des fluctuations de sa souffrance psychique intrinsèque.

– II –

SYSTEME D'ACTIONS

Toute personne normale semble avoir besoin d'excitation à certains moments de sa vie – certaines personnes plus que d'autres – et nous devons reconnaître cela si nous voulons comprendre pleinement et précisément la nature humaine.

Michael J. Apter

Le motif de toute conduite addictive est de rechercher, se procurer et « consommer » des sensations, des stimulations afin de recouvrir d'une expérience excitante un vécu dysphorique intrinsèque et comme au fondement de notre existence. Si cette dysphorie antécédente à toute addiction est cruciale pour comprendre le moteur des activités qui cherchent à l'occulter, nous ne pouvons guère en dire davantage que les nombreux philosophes, de Bouddha à Schopenhauer, en passant par Pascal, Kant, Nietzsche, La Rochefoucauld, Alain et bien d'autres, ... (Loonis, 1997) qui ont tous reconnu cette souffrance inhérente à la condition humaine. Par contre, c'est aux moyens mis en œuvre pour la contrôler, que nous allons nous intéresser maintenant, car c'est là tout l'enjeu des addictions. Avec Marvin Zuckerman nous avions vu que l'être humain est marqué par des besoins pour des expériences extrêmes : la recherche de sensation. Dans un premier temps on a cru qu'il s'agissait pour l'organisme de maintenir un niveau optimum d'activation, mais Zuckerman lui-même est revenu d'une telle conception, car trop de faits plaident en faveur d'une recherche, parfois, d'un niveau « maximum », sinon très élevé, de stimulation. Après avoir exploré plus en détail en quoi consiste cette recherche de stimulation, nous nous demanderons ce qu'il en est de la nature addictive de cette quête des sensations (Carton, 1995). Au cours de notre vie quotidienne la recherche de stimulation ne prend généralement pas un tour très visible. Tout au plus a-t-on une activité sexuelle que l'on peut souhaiter « à sensation », ou bien on va au cinéma, en boîte de nuit, on se fait parfois peur en roulant trop vite, mais déjà nous sortons du train-train quotidien pour approcher de l'excès (de vitesse, en l'occurrence). Pour comprendre que toute notre vie est vouée à cette recherche de stimulation, nous l'avons déjà dit, il n'est que deux moyens : supprimer ou maximiser. La lecture est banale, il en est de même pour la télévision, les discussions avec les amis, le conjoint, et ainsi de suite. Ces activités quotidiennes ne nous paraissent pas avoir une quelconque valeur d'emprise, de nécessité. On ne voit pas vraiment comment elles pourraient fonder un besoin de stimulation, après tout, elles ont suffisamment de valeur pragmatique comme cela, pourquoi auraient-elles de plus une valeur d'activation cérébrale ? Alors, juste pour voir, pour expérimenter, supprimons de nos vies et la lecture, et la télévision, et les discussions entre amis, ou avec le conjoint. Que va-t-il se passer pour nous ? Il ne s'agit pas de faire autre chose, mais de voir en nous ce qui se passe vraiment : ennui ? irritation ? malaise ? dépression ? angoisse ? perte de l'estime de soi ? perte du sens de notre vie ? Présentons les choses autrement : que se passerait-il si l'on vous demandait de passer quinze jours... Bon, un jour... Alors, disons une heure, enfermé dans la cellule d'un monastère ? L'expérience a toutes les chances d'être épouvantable pour la plupart d'entre nous. Elle a d'ailleurs été tentée (pas dans des monastères, mais des lieux spécialement adaptés) dans le cadre des recherches scientifiques sur la désafférentation, qui consiste à réduire au maximum les afférences sensorielles parvenant au cerveau, on dit aussi « privation sensorielle » (Bexton, Héron, Scott, 1954 ; Scott, Bexton, Héron, Doan, 1959). Les résultats en sont éloquents (Azima et al., 1962 ; Ajuriaguerra, 1964) (voir tableau 7) et à leur vu on comprend que nos activités de la vie quotidienne ne servent pas seulement notre adaptation pragmatique.

Que se passe-t-il pour une personne normale, l'homme de la rue, qui se prête volontairement à une expérience d'isolation sensorielle ? « Activité idéatoire compulsive, obsessionnelle, vide idéatoire, confusion, obnubilation mentale, image du corps et sentiment d'identité personnelle altérés, dépersonnalisation, hallucinose, ennui, anxiété, malaise inquiet, irritabilité, terreur panique, phobie », tous ces symptômes représentent ce que nous avons reconnu comme une souffrance psychique intrinsèque. Les légers malaises que nous ressentons au moindre désœuvrement, à la moindre rupture dans nos stimulations quotidiennes, comme l'ennui dans une salle d'attente, sont les signes avant-coureurs d'une souffrance bien plus importante si nous ne trouvions rapidement des moyens de diversion. Et lorsqu'on ne ressent vraiment aucun de ces signes, ce n'est pas que nous soyons exempts de souffrance psychique, mais que nous nous sommes fort bien arrangé pour avoir un emploi du temps sans faille, pour être constamment stimulé.

Tableau 7 : Résultats des expériences de désafférentation

Le dispositif expérimental : « Dans une pièce cubique insonorisée, éclairée, percée d'une fenêtre d'observation et pourvue d'air conditionné, un sujet est étendu sur un lit, la tête sur un oreiller de caoutchouc mousse confortable ; il porte de vastes lunettes translucides admettant une certaine luminosité mais aucune perception de forme. Il porte de longs gants de coton et ses mains et avant-bras sont enveloppés dans une épaisse gangue qu'il n'enlève que pour les repas et la toilette. Il peut parler et entendre par micro et haut-parleur ». **Les effets :** « La diminution de l'attention et du pouvoir de concentration et de centrage de la pensée sont les premiers effets ressentis, passée la première période d'activité idéatoire compulsive et contrôlée (souvent d'ailleurs sur un mode obsessionnel). Bientôt les sujets renoncent à toute pensée dirigée, et à la fin d'une expérience assez prolongée (2 à 3 jours), ils atteignent souvent une sorte de vide idéatoire. Le sentiment du temps est altéré. Certains auteurs vont jusqu'à parler d'états de confusion (...), ou d'obnubilation mentale. Par ailleurs, l'image du corps et parfois même le sens d'identité personnelle sont altérés et l'on peut observer des états passagers de dépersonnalisation. « En fait, il ne semble pas apparaître d'hallucinations vraies, mais une hallucinose pratiquement toujours critiquée, bien que parfois ressentie comme pénible et oppressante. Il s'agit le plus souvent de phénomènes d'ordre visuel, souvent aussi auditifs, d'abord élémentaires, puis de plus en plus complexes et figurés. « Quant aux effets affectifs, ils comprennent généralement de l'ennui et souvent des phénomènes anxieux (...). Les réactions vont du malaise inquiet ou de l'irritabilité jusqu'à la panique en passant par des phénomènes à type de terreur ou de phobie nocturne. Elles peuvent faire interrompre l'expérience, ce dont le sujet garde la liberté » (Racamier, 1963).

Si déjà, nos activités pragmatiques, en plus d'être telles, remplissent une fonction de nourrissage en stimulation pour l'étayage de notre pensée et de notre moi, combien davantage d'autres activités, dont les intentions pragmatiques sont beaucoup plus discutables, sont essentiellement vouées à la stimulation pure et simple. Aller voir un film d'horreur, rouler à vitesse excessive en ville, voilà deux activités qui ne trouvent guère d'autres motifs que le frisson qu'elles procurent, c'est-à-dire l'activation physiologique et cérébrale qu'elles provoquent. Nous quittons désormais le champ pragmatique, pour aller vers des besoins et des satisfactions qui n'ont pas de motif adaptatif par rapport à l'environnement, mais qui répondent d'une adaptabilité de l'organisme à lui-même, par rapport à son propre déséquilibre intérieur. Avec le *sensation seeking* de Zuckerman nous avions effleuré ce type d'activités ; nous allons à présent les examiner avec beaucoup plus de précision et essayer de comprendre quels processus psychologiques sont mis en jeu pour que les activités en question soient efficaces sur le plan de l'activation. Ces activités n'ont rien d'extraordinaire pour la plupart, certaines sont même socialement codifiées, elles appartiennent à notre vie de tous les jours, elles font partie de nos Addictions de la Vie Quotidienne, et les processus qui les accompagnent vont nous permettre d'avancer dans la compréhension des addictions dans leur ensemble.

1. La limite dangereuse

Regardant par la fenêtre la baie d'une station balnéaire, le professeur Michael J. Apter remarque les différents personnages d'un théâtre mystérieux, dans lequel ils jouent d'étranges rôles : sous un temps gris et bruineux, l'un fait du ski nautique, tiré par trois autres dans un bateau de course ; près de la côte, un autre personnage en ciré titube sur son voilier et tombe à l'eau ; deux équipes de rameurs émergent de la brume et font la course en traversant la baie. Pourquoi, se demande Apter, tant de gens s'engagent-ils librement dans des activités aussi étranges, aussi inconfortables, sans nécessité et même risquées ? Cette interrogation est le point de départ de l'ouvrage sur lequel nous nous appuierons pour explorer et comprendre de telles activités (Apter, 1992).

Michael Apter a présenté toutes ces activités humaines qui frisent avec la limite dangereuse (*The Dangerous Edge*, titre de son ouvrage) dans le cadre du développement d'une théorie phénoméno-structurale de la motivation humaine, la théorie du renversement psychologique (*Reversal Theory* – Apter, 1982), qui viendra étayer notre propre théorie générale de l'addiction. Entre nos deux modèles, de nombreux concepts se rejoignent et c'est la raison pour laquelle nous avons largement pris appui sur l'œuvre d'Apter, que nous en avons tiré les orientations nécessaires pour soutenir notre théorie générale de l'addiction, qui en retour est venue comme renforcer la *Reversal Theory*.

A. La création d'un cadre psychologique protecteur

Le point de départ de la réflexion de Apter est bien cette interrogation à propos de toutes ces activités, non pragmatiques[1], que font les gens dans leur vie. Pourquoi les gens ont-ils du plaisir à subir des stress, comme les manèges, les films d'horreur ? Pourquoi les gens ont-ils du plaisir avec les sensations qui accompagnent l'impression de prendre un risque physique ? Pourquoi les cris de peur peuvent-ils représenter la joie ? Bien entendu tout le monde n'est pas attiré de la même façon par ces situations de suractivation, mais qui ne ralentit pas à l'approche d'un accident routier pour regarder, ou n'est pas émoustillé par les gros titres des journaux à sensation ou à scandale ? D'autres personnes, sous la forme de loisirs systématiques, s'adonnent à des activités risquées comme le saut en parachute, l'escalade (varappe, descente en rappel), le vol libre (deltaplane, planeur), le saut à l'élastique. Ces activités sont particulièrement dangereuses et si certaines peuvent éviter les accidents grâce à des règles de sécurité sévères, d'autres sont davantage soumises aux caprices de la nature et, par exemple, c'est par dizaines que l'on compte les morts chaque année dans nos montagnes (Apter, 1992).

Les gens ne font pas ces activités en dépit du risque, mais **à cause du risque**. Il s'agit du plaisir de toucher la dangereuse limite des choses. Cette attirance pour le danger se retrouve à tout âge. Il suffit d'interdire un endroit dangereux (comme une falaise sur le point de s'écrouler) pour voir y débarquer des familles entières. Les prises de risque peuvent être non seulement tolérées, mais encore encouragées et organisées par les institutions, il en est ainsi des courses de taureaux traversant certaines villes d'Espagne. Les activités de prise de risque peuvent aussi utiliser le ressort de la transgression pour donner le frisson de l'excitation à leurs auteurs. Dans le *wilding* (littéralement « faire le sauvage »), un petit groupe de jeunes commet une série de crimes sur une période très courte (vols à l'étalage, dans la rue, agressions, viols, ...). Dans le cas de cette jeune femme qui faisait du jogging dans un parc new-yorkais et

[1] On appelle donc pragmatiques les activités qui servent l'adaptation au monde (comme travailler, faire le ménage, payer ses factures, etc.), en opposition (apparente) aux activités hédoniques, qui ne servent que la régulation de nos états psychologiques (aller au cinéma, faire un sport, discuter entre amis, faire l'amour, etc.).

qui fut sauvagement agressée par un groupe de jeunes garçons entre 14 et 17 ans, battue jusqu'à l'inconscience et violée, on ne trouve aucune des motivations classiques, comme le racisme ou le besoin d'argent, ni même les effets d'une prise d'alcool ou de drogue, il n'y avait que le désir de la violence en elle-même et pour le plaisir qu'elle procure à l'agresseur : ne plus s'ennuyer, se donner des sensations fortes (Apter, 1992).

Que représente l'expérience d'être excité ? Se mettre dans tous ces états pour quelque chose, se sentir émotionnellement impliqué, vivre une expérience intense de quelque nature, ressentir une forte activation physiologique. L'un des pionniers de l'étude de l'excitation fut Walter Cannon, un physiologiste qui, dans les années 20, étudia la réaction combat-fuite (*fight or flight*). Il releva tous les nombreux changements qui apparaissent dans le système nerveux autonome (systèmes sympathique et parasympathique, rythmes cardiaque et respiratoire, excrétion salivaire, ...) et qui représentent les concomitants physiologiques de l'expérience mentale d'émotion (Cannon, 1929). Ce qu'il faut retenir, est que tous ces changements d'activation peuvent être déclenchés aussi bien en cas d'excitation agréable, qu'en cas d'anxiété, mais quel que soit l'état, **c'est la même activation corporelle qui est mise en jeu**.

Dans la fameuse expérience de Schachter et Singer (1962), on injecte à des sujets volontaires de l'adrénaline, un transmetteur qui produit une élévation de l'activation chez les témoins auxquels on dit bien qu'il s'agit d'adrénaline. Par contre, chez les sujets expérimentaux on dit qu'il s'agit de vitamine, puis ces sujets sont soumis à différentes situations et au résultat on observe que les sujets interprètent leur réaction physiologique d'élévation de l'activation en fonction de la situation (par exemple, le sujet placé dans une situation d'échec dans la réalisation d'une tâche, interprétera son activation physiologique comme une irritation due à cet échec ; un autre placé dans la situation d'une conversation avec une jeune femme, interprétera son activation comme l'effet de la rencontre). Ainsi, toute émotion implique deux éléments : l'activation physiologique (qui est toujours identique) et son interprétation qui va dépendre de la situation, mais encore de facteurs psychologiques et subjectifs et qui peut orienter l'expérience totale vers l'anxiété, ou vers l'excitation plaisante. Comme la différence entre anxiété et euphorie n'est pas une question d'intensité, puisque l'une et l'autre peuvent être fortes ou faibles, sur les deux axes orthogonaux qui servent à décrire l'émotion, nous avons deux droites divergentes, celle d'une excitation croissante et celle d'une anxiété croissante (voir figure 7). Par exemple, l'émotion peut être interprétée comme excitation dans le cas d'enfants qui sont à la veille de Noël, des supporters en route pour un événement sportif, un adolescent qui se prépare pour sa première partie. A l'inverse, l'activation donnera lieu à interprétation anxieuse dans le cas de l'élève qui attend de passer dans le bureau du directeur, un employé appelé au bureau de son patron, une femme qui doit rencontrer le petit ami dont elle a décidé de rompre (Apter, 1992).

Il y a bien deux façons opposées d'expérimenter une élévation d'activation. Cependant, la figure 7 ne concerne que la moitié supérieure du champ d'activation, car il est toujours possible de prolonger les droites vers de plus bas niveaux d'activation.

Figure 7 : Excitation et anxiété croissantes (d'après Apter, 1992)

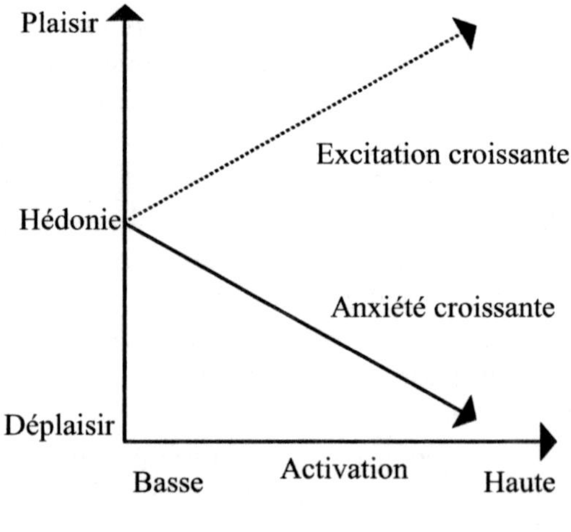

Figure 8 : Relaxation et ennui croissants (d'après Apter, 1992)

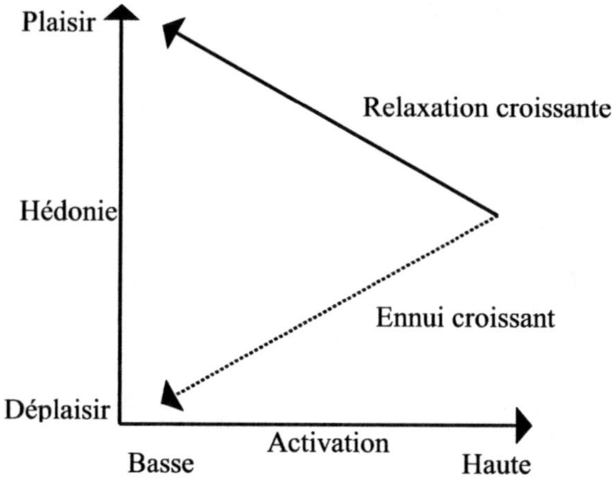

Dans ce cas, le déplaisir glisse peu à peu vers l'ennui et le plaisir devient relaxation (voir figure 8). Encore ici, plaisir et déplaisir ne dépendent pas du niveau d'activation, mais d'un état psychologique qui interprète la relaxation comme agréable ou mortellement ennuyante.

On remarquera (figures 7 et 8) que la moitié basse du champ d'activation est l'image en miroir de sa partie haute, aussi, il est possible de faire la synthèse des deux schémas (voir figure 9) et de montrer qu'il y a continuité tout au long du gradient d'activation physiologique et donc, que l'expérience émotionnelle prend place sur deux droites, l'une allant de l'ennui à l'excitation et l'autre de la relaxation à l'anxiété.

Figure 9 : Les deux états psychologiques de base des émotions (d'après Apter, 1992)

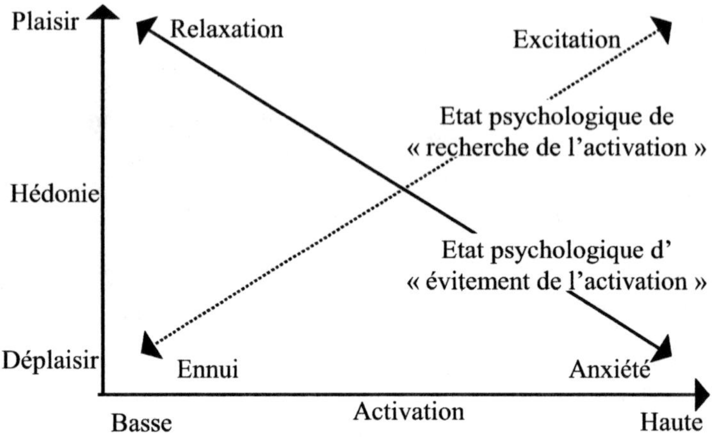

Ce diagramme signifie que l'expérience du gradient d'activation peut être vécue selon deux états d'esprit, deux façons d'être, deux états psychologiques : 1) un état d'évitement de l'activation qui partant d'un état agréable de basse activation (la relaxation) va vers des états croissants de déplaisir, sous forme d'anxiété, au fur et à mesure de la montée de l'activation ; et 2) un état de recherche d'activation qui part de l'état désagréable d'ennui en basse activation, pour aller vers le plaisir de l'excitation en fonction de la montée de l'activation. Tout au long de notre vie quotidienne nous sautons d'un état à l'autre et retour (c'est le renversement d'état psychologique). Ainsi, selon le moment (et l'état d'esprit) nous pouvons être des personnes tout à fait différentes, par exemple, les individus sont totalement différents de ce qu'ils sont habituellement lorsqu'ils sont sous le coup d'une excitation sexuelle. Ou encore, des individus en groupe vont se transformer complètement et paraître complètement différents de ce qu'ils sont, pris un à un. C'est l'une des découvertes majeures de Michael Apter que d'avoir montré qu'il y avait là une inconsistance inhérente à l'être humain, qui peut aller jusqu'à la contradiction. Lorsque le changement d'état d'esprit se produit, cela correspond à un saut d'une ligne à l'autre du diagramme, saut dont le résultat est que l'activation physiologique est immédiatement expérimentée d'une façon totalement opposée. Les sauts peuvent aussi bien se produire d'une ligne à l'autre, ou d'une extrémité à l'autre d'une même ligne, c'est-à-dire du même état. Par exemple, un individu peut être particulièrement excité en se rendant à un match de football et se retrouver soudain dans l'anxiété la plus complète en apprenant que son billet d'entrée au stade est un faux. Michael Apter relate une expérience personnelle qui éclaire avec beaucoup d'élégance ce phénomène de saut d'un état psychologique à l'autre :

> *« Il y a quelques années, j'étais allongé sur une plage déserte en train de prendre un bain de soleil. C'était la fin de la saison des vacances d'été, mais l'air automnal était encore délicieusement chaud. J'écoutais paisiblement le murmure des vagues quand j'entendis au loin un vrombissement qui allait en croissant et en se rapprochant. Je m'assis et je pus juste distinguer un avion léger qui semblait vouloir descendre en piqué sur la plage. Comme il se rapprochait, je réalisai soudain, paniqué, qu'il allait droit sur moi et avait l'intention de se poser exactement là où je me tenais. Je me levai et partis en courant. Mais bien avant que je puisse atteindre une bonne distance, l'avion rugit au-dessus de moi, peut-être à dix mètres au-dessus de la plage. Comme il virait, j'ai pu distinctement entrevoir le pilote me faire un signe de la main. Ensuite, comme il grimpait en flèche, luisant au soleil, le pilote battit des ailes plusieurs fois. C'est à ce moment-là que je me rendis compte avec stupéfaction que mes émotions avaient basculé de la panique à l'euphorie – et je sautais sur place en faisant des signes des bras comme un idiot. Plus tard, repensant à toute cette expérience, je me rendis compte combien la panique et l'euphorie qui a suivi si rapidement, étaient intimement liées de quelque façon. »*
>
> (Apter, 1992).

Dans cet exemple vécu, l'auteur réalise deux changements d'états consécutifs à quelques secondes d'intervalle : il passe de l'état d'évitement de l'activation en position relaxation (basse activation) au même état, mais en position d'anxiété, anxiété provoquée par la montée soudaine de l'activation induite par la perception du danger. Puis, le danger tout aussi soudainement écarté qu'il est apparu, Apter reste dans son état d'activation élevée, mais réalise un saut dans l'état d'esprit de recherche de l'activation qui transforme l'anxiété en euphorie. Dans nos vies quotidiennes on trouvera facilement d'autres exemples du même type : le chèque qui arrive soudain et nous fait passer de l'anxiété de ne pouvoir payer nos dettes à la détente ; le plaisir excitant de jouer au tennis, qui se transforme en ennui face au très mauvais jeu du partenaire, et ainsi de suite.

Les observations ci-avant présentées concernaient des phénomènes spontanés de saut[1] d'un état psychologique vers un autre. Elles ont eu l'intérêt de nous faire prendre conscience de l'existence de ces états psychologiques opposés, cependant, dans le cadre de la recherche de stimulation, nous devons examiner comment ces sauts sont produits de façon volontaire et délibérée. Pour ce faire Apter utilise une métaphore topologique découpant la réalité psychologique des individus en trois zones (voir figure 10) : la zone de sécurité, la zone de danger et la zone de trauma. Ces zones représentent la façon dont le sujet voit sa propre situation, c'est une interprétation personnelle et subjective. Par exemple, en roulant en voiture on se sent habituellement en zone de sécurité, alors que le danger est constamment présent. Ce maintien dans la zone de sécurité est appris, le conducteur débutant se sent dans la zone de danger, il est très anxieux. On sait qu'un accident de la route grave, ou une anxiété particulière, peuvent compromettre cet apprentissage et nous rendre ultérieurement difficile notre

---

[1] Plus précisément, les changements de niveau d'activation dans un même état se font de façon graduelle, même si le changement est très rapide ; par contre, les changements d'états psychologiques correspondent bien à un « saut », une transformation du contexte interne.

maintien en zone psychologique de sécurité. La zone de trauma, quant à elle, correspond au lieu et au moment où nous sommes effectivement et physiquement atteints.

Figure 10 : Représentation topologique de l'interprétation psychologique des émotions (d'après Apter, 1992)

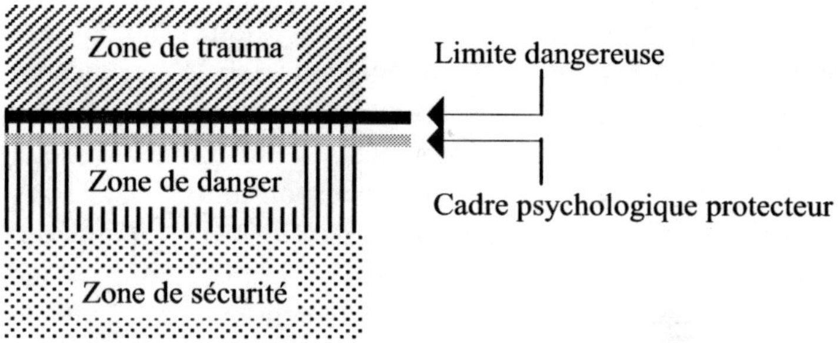

Dans la zone de sécurité l'individu a confiance dans la situation globale, tandis que dans la zone de danger, c'est la mise en place d'un cadre psychologique protecteur (que l'on appellera cadre de confiance) qui fera que l'individu a confiance dans les systèmes de protection, de sécurité qui l'entourent, le séparent de la zone de danger. Apter emploie une autre métaphore, celle du tigre et de la cage. Face à une cage vide, il n'y a aucun danger, aucune excitation non plus, on peut s'ennuyer. Face à un tigre en liberté, l'activation s'élève évidemment, devant le danger mortel qu'il représente, c'est l'anxiété et même la peur. Maintenant, si l'on met le tigre dans la cage (situation classique du zoo ou du cirque), la cage devient un cadre protecteur, non seulement physique, mais aussi psychologique, qui va permettre la montée de l'excitation (voir un tigre de près), d'affronter une zone de danger, mais derrière ce cadre protecteur psychologique que représente la cage et qui permet le basculement, le renversement, de l'anxiété à l'euphorie, de la peur au plaisir de l'excitation.

Ainsi, pour pouvoir expérimenter l'excitation comme plaisir, nous avons besoin à la fois du danger (le tigre) et de quelque chose dont nous pensons que cela nous protège du danger (la cage). Il y a donc un lien entre le cadre psychologique protecteur (dont nous allons voir les différentes versions) et le renversement psychologique, le premier autorise le second, il en est même la condition. Beaucoup de situations qui provoquent de l'excitation, peuvent aussi provoquer de l'anxiété : être conduit dans une voiture rapide ; se tenir sur le balcon d'un haut building ; nager dans de hautes vagues. Mais le danger peut ne pas être que physique : parler en public ; être interviewé à la télévision ; négocier une affaire. Toutes ces situations seront excitantes ou anxiogènes, selon la présence ou non du cadre protecteur. Vous serez envahis par la peur si vous pensez que le conducteur « fou » de la voiture dans laquelle vous avez pris place est un jeune irresponsable ; mais vous hurlerez de plaisir à chaque dérapage contrôlé s'il vous apprend qu'il est un cascadeur professionnel. L'attribution d'une habileté à la conduite sportive au conducteur va représenter le cadre psychologique protecteur qui autorisera le saut de l'angoisse à l'excitation.

Il convient de bien distinguer les états de recherche ou d'évitement de l'excitation, qui correspondent aux deux lignes en X de la figure 9, et l'état d'excitation ou d'anxiété qui sont les pôles d'activation élevée de ces deux lignes. Cela signifie que ce que l'on veut expérimenter n'est pas nécessairement ce que l'on expérimente effectivement, d'où les deux pôles désagréables d'ennui et d'anxiété selon l'état de recherche, ou non, d'activation. Se maintenir dans la zone de sécurité (regarder une cage vide) peut ne pas conduire à l'ennui, si l'on a décidé de se relaxer dans cette situation. En ce qui concerne la mise en place d'un cadre psychologique protecteur, on comprendra que celui-ci permet et provoque le renversement psychologique vers l'état de recherche d'activation, les deux phénomènes étant liés. Enfin, l'alternance entre les deux états (recherche ou évitement d'activation) se réalise au cours du temps, tout au long de nos journées et parfois de façon très rapide. L'ambiguïté d'une situation peut provoquer de telles fluctuations rapides des états. Dans les activités à risque, comme l'escalade en haute montagne, ou le parachutisme, ou encore le surf sur de très hautes vagues, le plaisir tiré de telles activités est le produit de telles alternances. Le jeu consiste à « se faire peur », c'est-à-dire se mettre dans des situations de très grand danger vital, mais avec un arrière-plan de sécurité (entrouvrir la cage du tigre, alors qu'il est à l'intérieur), ce qui provoque une élévation d'activation anxieuse. Cette anxiété signifie que nous sommes dans l'état d'évitement de l'activation et c'est parce que nous y sommes que cela nous donne les moyens d'élever notre activation. Cependant, grâce aux systèmes de sécurité et à notre savoir-faire nous pouvons à tout moment sortir de cette situation difficile (refermer la cage du tigre juste à temps), c'est-à-dire placer un cadre psychologique protecteur, ce qui nous fait faire le saut vers l'état de recherche d'activation et nous fait passer de l'angoisse à l'excitation euphorique. Plus grande est l'angoisse, plus grande sera l'euphorie. Pour le parachutiste débutant, se retrouver dans l'encadrement du sas de sortie de l'avion, attendant le « go » et la tape sur l'épaule du moniteur, regardant sous lui le sol à six cent ou mille mètres plus bas, tout cela représente une situation effrayante au plus haut point. On a beau savoir qu'il y a un parachute dans notre dos (et un autre devant, au cas où...), que c'est une situation que l'on a voulu (on a même payé pour cela !), la peur est inévitable, car elle est irrationnelle. Et puis le « go-tape-sur-l'épaule » arrive et l'on saute... A ce moment-là, la peur atteint en une demi-seconde son maximum, avec un grand choc de stress physiologique (comme lorsqu'on manque de peu un accident en voiture et que l'on se sent l'estomac noué et les jambes en coton), puis le parachute s'ouvre, on est tiré vers le haut, on jette un coup d'œil rapide au-dessus de soi pour vérifier que le « pépin » est bien ouvert et là... le saut psychologique se produit, lui aussi en une demi-seconde. Le parachute ouvert au-dessus de nous représente le cadre de protection psychologique qui nous fait basculer dans l'état de recherche d'activation, ce qui provoque le passage de la peur à l'euphorie. Le cadre protecteur est produit par l'ensemble des dispositifs de sécurité qui nous donnent la confiance suffisante alors que nous sommes immergés dans la zone de danger.

Apter définit trois types de cadres protecteurs. Nous venons de voir le premier, le cadre de confiance, qui est associé à la zone de danger et dérive de la confiance que l'individu place dans ses capacités, la protection de son équipement, les autres, ... Le second cadre protecteur est celui rattaché à la zone de sécurité elle-même, lorsque l'individu se sent bien installé dans cette zone. Enfin, le troisième type de cadre protecteur est le cadre de détachement, quand l'individu est détaché totalement et physiquement de la zone de danger. Examinons rapidement ces deux derniers cadres psychologiques protecteurs.

Dans le cadre de la zone de sécurité (voir figure 11) la personne ne se sent pas seulement protégée du trauma (comme avec le cadre de confiance), mais elle est aussi protégée de tout sentiment de danger, il n'y a même aucun danger de danger, le trauma est totalement exclu. Cependant, si l'on parle de cadre protecteur de la zone de sécurité, si ce cadre est en place, c'est que nous sommes bien dans l'état de recherche d'activation.

Figure 11 : Les cadres de confiance et de la zone de sécurité (d'après Apter, 1992)

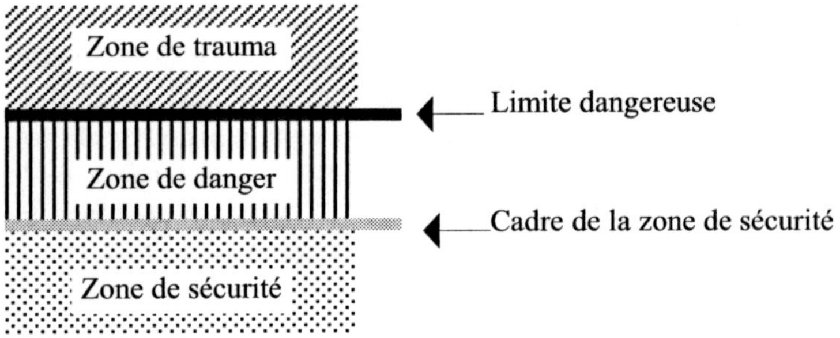

Concrètement, le foyer (ou une pièce de l'appartement) représente la première des zones de sécurité pour la plupart des gens, mais ce foyer comporte en outre un cadre protecteur qui permet le passage dans l'état de recherche d'activation (par exemple, s'adonner à une activité sexuelle, ou à une scène de ménage). La zone de sécurité peut ne pas être que physique, mais représenter un temps rituel dans la journée, où il n'y a aucune menace, comme le moment de relaxation devant un verre, en fin de journée, lorsque les enfants sont couchés.

Les jeux et les sports offrent de nombreuses enclaves de sécurité socialement instituées et organisées, comme les jardins publics, les terrains de jeu, les champs de foire, les piscines, les terrains de sport. Ce sont des espaces à la fois topologiques et symboliques délimités par des règles particulières qui placent des limites sur ce qui peut ou ne peut pas arriver à l'intérieur. Par exemple, le sport reprend certains aspects du monde extérieur, comme la coopération et la compétition, mais d'une façon simplifiée et codifiée. Le seul danger est celui de perdre (ce qui touche l'estime de soi) et de quelques blessures physiques, mais ces risques sont peu de choses à côté de l'excitation du jeu (Apter, 1992).

Les autres moyens permettant de mettre en place un cadre protecteur dans la zone de sécurité sont par exemple : partir en voyage, loin et sans adresse fixe ; aller à la pêche ou à la chasse ; la pratique du nudisme ; la vie sexuelle. Certaines personnes sont capables de transporter avec elles leur propre cadre psychologique protecteur : l'homme d'affaire qui prend des risques financiers comme s'il s'agissait d'un jeu ; le cascadeur. Le cadre protecteur de la zone de sécurité (tout comme le cadre de confiance dans la zone de danger) est un état d'esprit, une façon de voir les choses et n'a pas de rapport avec ce qui est perçu par d'autres gens de l'extérieur. Par exemple, de l'extérieur on peut voir un jeu, mais les participants, sans cadre protecteur, peuvent le vivre comme mortellement sérieux ; ou encore, un travail qui paraît sérieux de l'extérieur, peut être vécu comme un jeu (grâce au cadre psychologique protecteur) par celui qui l'accomplit.

Dans le cadre de détachement (voir figure 12), l'individu n'agit plus du tout sur le monde réel (ou seulement au plan psychologique), il est observateur. En partant du cadre de confiance (zone de danger), en passant par le cadre de la zone de sécurité, jusqu'au cadre de détachement, on assiste à un degré croissant de détachement des dangers et des menaces du monde réel. Si dans les deux premiers cadres l'individu peut encore agir sur le monde (dans la zone de danger ou dans la zone de sécurité), dans la zone de détachement on devient indépendant du monde, mais on peut l'observer. Ici, c'est la zone de détachement elle-même qui devient cadre psychologique protecteur, la zone de détachement **est** le cadre de détachement, alors que dans les deux autres zones on pouvait être avec ou sans cadre protecteur.

Figure 12 : Les trois types de cadres psychologiques protecteurs (d'après Apter, 1992)

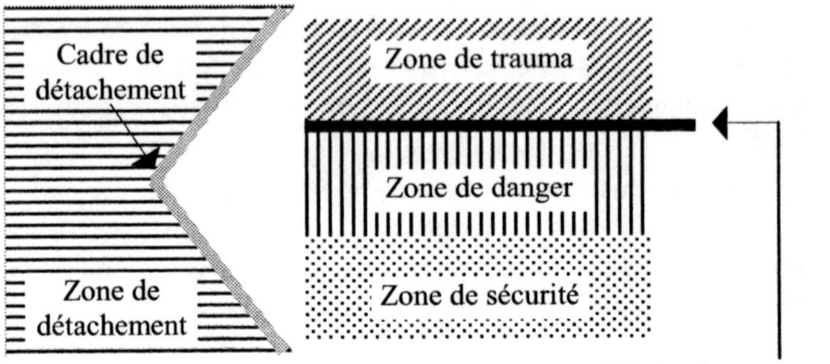

Ce détachement n'est pas un détachement émotionnel, bien au contraire, l'implication émotionnelle peut être très grande. Le détachement signifie le fait d'être hors de la partie du monde où les choses surviennent. Apter définit trois types de processus psychologiques qui mettent en jeu le cadre de détachement : l'auto-substitution, le faire-semblant et la rétrospection. Dans le cadre de l'auto-substitution, on considère quelqu'un qui agit comme un substitut de soi-même (il y a là un processus d'identification) et l'on perd au passage ses propres sentiments pour ceux d'autrui. Le supporter d'une équipe de football, le spectateur au théâtre ou au cinéma, le lecteur d'un roman. Le spectateur est d'abord placé dans une zone de sécurité (stade, théâtre, salle de cinéma, le creux de son lit pour lire), à partir de là, l'action dont il sera le spectateur va le placer dans un état d'activation (par procuration), qui sera amplifiée par son identification empathique aux joueurs, aux personnages, aux héros.

Dans le cas du faire-semblant, l'individu produit son propre matériel imaginaire, comme les fantaisies diurnes (fantasmes, rêveries), les jeux de faire-semblant mis directement en scène. On trouve les fantasmes agressifs des jeunes enfants, ceux de pouvoir, de toute-puissance des adolescents, les fantasmes sexuels des adultes. Dans l'imaginaire, le cadre de détachement est inhérent à la nature même du processus imaginaire et beaucoup de fantaisies seraient horribles si elles survenaient dans la réalité[1], comme les fantasmes de viol chez la femme (Hariton, Singer, 1974 ; Sue, 1979), les fantaisies meurtrières chez l'enfant.

Enfin, la rétrospection fait, elle aussi, appel à l'imaginaire et consiste à imaginer à nouveau un événement, une situation, une action, qui a eu lieu plus ou moins loin dans le passé, pour la revivre en pensée d'une façon plus positive ou excitante. Par exemple, imaginer ce qu'on aurait pu faire pour éviter un accident ou une agression ; imaginer la réplique parfaite que l'on aurait pu dire à notre interlocuteur lors d'une dispute ; revivre en pensée une scène frappante de notre enfance. La rétrospection ne s'arrête pas à une simple reconstruction du passé, il y apparaît un effort élaboratif, par exemple, cette histoire qui nous est arrivée et que l'on raconte en exagérant ; souvent un malheur qui nous est advenu (on nous a volé nos papiers en voyage touristique à l'étranger) et que l'on raconte plusieurs années plus tard de façon excitante.

La rétrospection peut ainsi donner un cadre explicatif aux mesures d'aide psychologique immédiates destinées aux rescapés d'une catastrophe, ou aux victimes d'un stress violent (tremblement de terre, attentat terroriste, prise d'otages, victimes de viol ou d'agression, ...). Le fait de raconter le plus rapidement possible ce qui s'est passé et ce que l'on a ressenti (il s'agit donc d'une rétrospection induite immédiate) doit permettre la facilitation de rétrospections ultérieures qui autoriseront à leur tour l'intégration psychologique du stress.

Les trois mécanismes de détachement que nous venons de voir sont parfois difficiles à distinguer et se retrouvent souvent ensemble, associés dans les mêmes activités. Il existe en fait une dynamique complexe entre les différents cadres de détachement, mais aussi par rapport aux autres cadres protecteurs. Par exemple, le faire-semblant comme forme de

---

[1] Les guerres ethniques en sont un triste exemple.

détachement, peut conduire à l'action réelle dans le cadre de la zone de sécurité (le fantasme sexuel qui conduit à l'activité sexuelle). Dans le cadre de l'état d'esprit de détachement, toutes les émotions négatives (dans un autre état d'esprit) peuvent être vécues de façon positive, avec plaisir (comme la peur, la colère, l'horreur, la peine, le dégoût). Par exemple, dans une fiction on partage avec plaisir toutes les émotions du personnage, qu'elles soient positives ou négatives. Michael Apter propose d'appeler de telles émotions « parapathiques » et de les placer entre guillemets pour les distinguer de la version directe de l'émotion. Il s'agit de véritables émotions, identiques aux émotions réelles, ni plus ni moins atténuées, mais vécues dans l'état d'esprit du cadre de détachement. Ces émotions parapathiques peuvent provenir aussi bien de fictions, que d'événements de la vie réelle (des actualités, des faits divers, des catastrophes). Il existe donc, par exemple, une colère directe, que l'on vit soi-même de façon particulièrement désagréable, et puis une « colère » (entre les guillemets de la parapathie), que l'on vit par procuration (voir des gens se battre dans la rue, une scène de ménage au cinéma), mais que l'on peut aussi vivre soi-même. Par exemple, la « colère » du mari ou de la femme qui cherche à lancer la scène de ménage quotidienne qui, comme on le sait, sert à la fois de défoulement et garantie la pérennité du couple.

Pour terminer cette belle étude des cadres de protection psychologique, le tableau 8 en fait le synoptique. Ce que nous devons retenir est qu'**il existe un parallèle entre émotion et addiction**. Dans les deux cas, il y a bien activation physiologique et cérébrale ; dans les deux cas, il y a bien interprétation, de l'expérience émotionnelle, comme de l'expérience addictive (que l'on se souvienne de tous les facteurs non-biologiques qui influencent l'expérience addictive). Cette interprétation de l'expérience met en jeu le contexte même de l'expérience, mais aussi la psychologie du sujet qui la vit, notamment au travers des cadres de protection psychologique qui peuvent être mis en place. Nous pensons que les addictions ont beaucoup à voir avec de tels cadres protecteurs.

Tableau 8 : Synoptique des zones psychologiques et leurs cadres protecteurs (d'après Apter, 1992)

Zone	Cadre	Description
de danger	de confiance	L'individu est confiant de ce qu'il évitera le trauma, en dépit de la conscience d'un danger immédiat.
de sécurité	de la zone de sécurité	L'individu sent qu'il n'y a pas de danger immédiat, ni de possibilité de glisser dans le danger.
Zone et cadre de détachement	auto-substitution	L'individu perçoit quelqu'un d'autre dans la zone de danger et il s'identifie activement à cet autre.
	Faire-semblant	L'individu perçoit le danger de façon imaginaire.
	Rétrospection	L'individu perçoit le danger comme appartenant au passé.

B. Des différences entre les personnes

Si nous avons clairement considéré, avec Apter, l'inconsistance de l'être humain, avec ses possibilités de sauts d'un état d'esprit à un autre, d'une émotion vers une autre, en se munissant ou non d'un cadre psychologique protecteur, apparaît au-dessus de cette inconsistance, une consistance statistique, c'est-à-dire une dominance de tel ou tel état psychologique. Ce retour à la différence interindividuelle rejoint les travaux d'Eysenck ou de Zuckerman dont nous avons déjà rendu compte dans le cadre des polarités de la personnalité extraverti/introverti, ou HSS/LSS. Tout au long de la vie quotidienne les individus basculent constamment d'un état d'esprit à un autre, de la recherche d'activation à son évitement et l'inverse. Pour répondre à la question : y a-t-il des individus qui sont davantage du côté de la recherche d'activation et d'autres davantage du côté de l'évitement, il faut pouvoir détecter l'état psychologique plusieurs fois par jour.

Cependant, il est fort difficile de pouvoir étudier ce genre de changement d'état psychologique (que l'on reconnaît pourtant facilement rétrospectivement) dans la vie quotidienne. Ici, plus qu'ailleurs, l'observateur – ou l'outil d'évaluation qui le représente – est une variable perturbatrice et la moindre évaluation (court entretien, questionnaire) vont aussitôt modifier l'état d'esprit que l'on cherche à évaluer. Aussi, il faut rendre hommage à la très belle expérience de Walters, Apter et Svebak (1982) pour avoir permis de détecter avec beaucoup d'élégance l'état d'esprit des sujets étudiés. Cette expérience part de données culturelles qui nous disent trois choses : 1) les couleurs chaudes (dans les rouges) sont symboliquement reliées à l'élévation d'activation ; 2) les couleurs froides (dans les bleus) sont symboliquement reliées aux bas niveaux d'activation ; et 3) si l'on présente à des personnes une palette de la totalité du spectre des couleurs, leur choix sera un bon indicateur du niveau d'activation.

En fait, puisque dans l'expérience on demandera de choisir la « couleur préférée en ce moment », cela correspondra non à l'état d'esprit actuel, mais à l'état d'esprit désiré, soit une recherche d'activation pour les rouges, ou un évitement désiré de l'activation pour les bleus. De plus, cette évaluation (choisir une couleur), très simple et très rapide, ne demandant qu'un minimum de réflexion, ne peut guère rompre l'état d'esprit des sujets.

A partir de là, la procédure a consisté à évaluer plus d'une centaine de sujets sur une période de 1 à 8 jours (sur leur lieu de travail). Chaque jour, tous les quart d'heure, à une demi-heure, les sujets devaient évaluer sur une palette de couleurs, celle qui leur paraissait la plus attractive à ce moment-là. A la fin de l'expérience, on a demandé à tous les sujets testés de classer les couleurs de la palette selon le plus ou moins d'activation symbolisé selon eux (de la relaxation à l'excitation). Puis, les données des sujets ont été analysées en fonction de ce critère de classement personnel des couleurs.

Figure 13 : Résultats de l'expérience du choix des couleurs, représentatif de l'orientation psychologique de préférence ou d'évitement de l'activation, (adapté de Walters, Apter, Svebak, 1982)

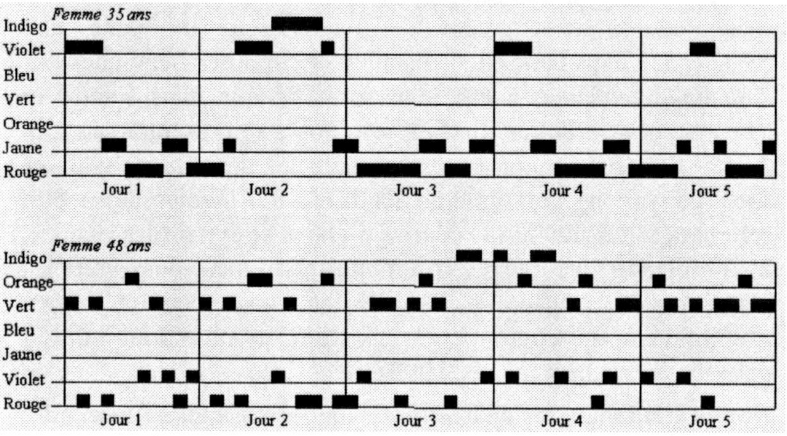

On remarquera les choix portés aux deux extrémités de la palette, ainsi que la différence de fréquence et d'orientation préférentielle (dominance) chez les deux femmes.

Les résultats (voir deux exemples, figure 13) montrent que les sujets choisissent très rarement les couleurs intermédiaires, mais plutôt qu'ils sautent constamment d'une extrémité à l'autre de la palette des couleurs (c'est-à-dire de la relaxation à l'excitation et retour). Les changements intra-sujets sont très importants et fréquents tout au long de la journée. Mais dans la comparaison inter-sujets, on observe que les modes de changements varient énormément d'un sujet à l'autre : dans la fréquence (certaines personnes changent très souvent, tandis que d'autres sont très stables sur le même niveau d'activation ; cette différence est largement corrélée avec l'âge : plus on vieillit et plus les changements sont fréquents, jusqu'à un pic vers 40-49 ans, puis il y a une diminution) ; dans l'équilibre entre l'une ou l'autre extrême (certains sujets sont davantage du côté de la recherche d'activation, tandis que d'autres sont davantage du côté de l'évitement).

Ce dernier résultat amène Apter et ses collaborateurs à formuler un concept de **dominance** : bien que les individus soient inconsistants et qu'ils alternent constamment entre les états de recherche ou d'évitement de l'activation, il existe une consistance dans cette inconsistance et certaines personnes ont davantage tendance à être dans un état que dans l'autre et l'inverse pour d'autres. En fait, les choses se présentent sous la forme d'un continuum avec d'un côté les personnes évitantes (de l'activation) qui ont une tendance à l'inquiétude, à être sérieuses, elles jouent la sécurité d'abord et évitent les risques, les problèmes, les menaces. A l'autre extrême, nous avons les personnes en recherche d'activation, casse-cou, enjouées, aventureuses, qui courent après les stimulations et sont prêtes à prendre des risques (Apter, 1992).

Durant l'enfance, les cadres protecteurs sont appris (apprendre ce qui n'est pas dangereux et ce qui l'est, apprendre à augmenter son activation pour le plaisir, avec les moyens et dans la situation appropriés). Plus tard, c'est l'expérience des situations, tout au long de la vie, qui vaudra pour apprentissage des cadres psychologiques protecteurs. Cependant, si nous réagissons différemment selon les situations et en fonction de ce que nous sommes (la différence interindividuelle), nous pouvons aussi nous comporter différemment selon les moments, **dans une même situation** (la différence intra-individuelle). D'autres expériences (Apter, Svebak, 1992) ont montré que le processus de renversement d'un état psychologique à l'autre possède sa propre dynamique (à l'instar des rythmes veille/sommeil). D'autre part, la tendance à rester longtemps sur un état plutôt qu'un autre n'est pas apprise, mais représente un facteur de personnalité sous-jacent, lui-même en lien avec des facteurs plus constitutionnels. Cependant, il apparaît que des expériences cruciales peuvent modifier cette dominance, comme une conversion religieuse, une rencontre amoureuse, ... De telles expériences cruciales peuvent permettre l'installation d'un cadre protecteur (être aimé, avoir un coup de chance, surpasser un handicap personnel), ou au contraire retirer un tel cadre (la perte de confiance, être trompé, se blesser, avoir un accident grave, subir un événement traumatique grave).

C. Les sources de l'activation

Dans le cadre de notre problématique, d'une souffrance psychique intrinsèque contre laquelle sont opposées des activités de lutte permanente à l'aide de stimulations diverses, il est important de connaître et de formaliser toutes ces sources de stimulation auxquelles les êtres humains font appel. L'ouvrage de Michael Apter (1992) consacre plusieurs chapitres à cette étude, démontant avec précision les différentes formes de stimulation et les mécanismes qu'elles mettent en jeu afin de renforcer leur pouvoir activateur, aussi, il est nécessaire de présenter un tel travail qui vient soutenir notre concept d'addiction et appuyer l'idée d'un continuum entre AVQ et addictions pathologiques.

Apter remarque tout d'abord que les sources de stimulation auxquelles les humains recourent sont extrêmement variées : de fumer une cigarette à prendre de l'héroïne, de collectionner les boites d'allumettes à élever des piranhas, de pratiquer l'art des bouquets de fleurs à l'orgasme. L'époque et la culture (les modes) peuvent aussi influencer la nature des stimulations recherchées. De façon didactique on peut définir deux catégories de base : 1) l'ouverture passive aux stimulations de l'environnement ; et 2) la mise en place de stratégies actives de stimulation par l'action. Bien entendu, ces catégories ne sont pas exclusives et elles peuvent se combiner.

L'ouverture passive aux stimulations de l'environnement concerne toutes les propriétés sensorielles et perceptuelles du monde autour de nous : les qualités sensorielles de base (odeurs, saveurs, sons, lumières, couleurs, formes...) dont la force, la prégnance, l'intensité, élèvent l'activation du sujet ; les qualités signifiantes des phénomènes (les signes, les symboles, porteurs de plaisir, de peine ou de menace) ; enfin, la « structure » des situations auxquelles on est confronté (les situations ambiguës, qui inquiètent ; les situations nouvelles, surprenantes ; les situations créées spécialement pour produire ces effets, comme les films, les spectacles, les compétitions ; les stimulations complexes (musique polyphonique, film d'art, œuvre d'art du détail et de la finesse) ; les synergies cognitives, lorsqu'on fait l'expérience de deux qualités opposées d'une chose, soit simultanément, soit en successions rapides (un homme déguisé en femme, ou l'inverse ; un enfant jouant à l'adulte, ou avec des attributs d'adulte ; un animal imitant l'humain, ou avec des attributs humains ; une personne réputée intelligente qui paraît stupide ; les transformations d'objets des illusionnistes). C'est la perte du sens logique et l'effet de surprise qui élève l'activation du spectateur. Les enfants utilisent couramment de telles synergies cognitives dans leurs jeux de faire-semblant (le carton d'emballage est aussi une voiture, la meule de foin un château, la cabane une maison), parmi leurs jouets, ceux qui imitent de vrais objets (arme, téléphone, poupée). Les synergies se retrouvent encore dans l'art réaliste (la peinture en trompe-l'œil, les maquettes). L'humour est aussi basé sur les synergies (le joueur de rugby qui adopte une démarche féminine, les imitateurs, les jeux de mots – un mot avec deux sens incompatibles).

La mise en place de stratégies actives de stimulation par l'action concerne tous les défis que les êtres humains se jettent à eux-mêmes. D'abord par l'exploration de l'inconnu source d'excitation (l'anticipation, le sentiment de sortir des sentiers battus, d'être confronté à l'inconnu, poser de nouvelles questions, essayer de nouvelles techniques). C'est ce genre de quêtes qui motive les explorateurs, les scientifiques, les artistes. Plus intimement, l'exploration mutuelle dans la relation de couple. Un autre moyen actif d'activation est notre confrontation à la frustration, qui provoque une activation à partir de la barrière au désir qu'elle représente. La frustration entre dans de très nombreuses activités humaines, comme les épreuves, les défis, les scores à atteindre, les énigmes à résoudre, la compétition qui est une frustration mutuelle entre adversaires. Dans la vie du quotidien : la fébrilité pour déballer un cadeau, le levé de rideau d'un spectacle, le suspens dans un feuilleton, les étapes du strip-tease. La stratégie de frustration ne peut bien entendu fonctionner qu'à la condition d'être perçue comme temporaire, surmontable, avec une récompense pointant à l'horizon.

C'est alors l'expérience du succès elle-même qui peut être source d'activation, comme réussir un exploit, dépasser ses limites (physiques, psychologiques), ou des limites techniques (de vitesse, de hauteur, de profondeur sous-marine, ...), dépasser le temps et le destin (horoscope, voyance).

Les activités opposantes et transgressives sont elles aussi sources d'activation. Ces activités vont des déviances les plus bénignes (fumer où c'est interdit, dire des choses provoquantes en réunion, marcher sur le gazon, brûler un feu rouge...), jusqu'aux déviances extrêmes et criminelles (agressions, vandalisme...). Parfois, ces actes d'opposition ne sont pas toujours négatifs, comme tenter de nouvelles expériences sociales, créer de nouvelles formes artistiques, d'avant-garde, créer une nouvelle théorie scientifique qui renverse d'anciennes, fonder un nouveau parti politique, progressiste, dans l'opposition, être un dissident.

La recherche d'activation donne souvent lieu à abus, ou du moins elle paraît comme jamais devoir finir, même lorsque des buts considérables ont été atteints. En ce sens, cette recherche paraît souvent paradoxale : pourquoi l'homme qui a atteint la fortune continue-t-il à prendre des risques financiers ? Pourquoi le jeune homme de bonne famille « qui a tout pour être heureux » devient-il un révolutionnaire ? A ces questions Apter répond que la prise de risque délibérée et l'exposition au danger, représentent des stratégies actives d'activation, ce qui justifie leur usage. Nous pourrions aller plus loin en ajoutant que ces persistances dans la prise de risque correspondent bien à la qualité « addictive » de ces stratégies. Cela ne peut pas s'arrêter et cela doit généralement augmenter au fil du temps, à cause du manque et de la compensation de la tolérance, car les stratégies de prise de risque sont leur propre but, celui de l'activation, tout le reste n'est que les conséquences positives (devenir milliardaire, gagner un pouvoir politique), ou négatives (être ruiné, mourir en prison) et ne représente qu'un effet secondaire. En d'autres termes, être riche, ou avoir le pouvoir, ne peuvent éviter à beaucoup d'être humains de se sentir mal, de vivre ce malaise intérieur, cette souffrance psychique intrinsèque. Il leur faut alors prendre à nouveau le risque de tout perdre, pour trouver suffisamment d'activation occultante de cette dysphorie existentielle (cette problématique du « tout remettre en jeu » pour satisfaire les besoins d'activation est portée à son extrême dans le jeu pathologique). Un autre problème est qu'il faut sans doute se méfier de la qualité vraiment « positive » de certaines conséquences d'une stratégie d'activation. Ce qui est vraiment positif, c'est une situation dans laquelle on peut aussi bien trouver à s'activer, comme à se relaxer et basculer de temps en temps sur l'état d'évitement d'activation. Cependant, la vie de milliardaire, de révolutionnaire, d'homme politique, de grand artiste célèbre, offre souvent bien peu d'opportunités de relaxation. Ce sont des styles de vie où ce que l'on a atteint est sans cesse remis en question, entraîne une multitude de contraintes qui maintiennent la pression d'activation de sorte que si l'on passe sur l'état d'évitement de l'activation on retombe aussitôt dans l'anxiété. Aussi la course en avant dans la recherche d'activation s'explique autant par cette impossibilité à se détendre dans la situation que l'on a créée, que par la persistance de la souffrance psychique intrinsèque.

Une dernière stratégie d'activation, présentée par Apter, et qui combine à la fois la passivité et l'activité, à la fois le physiologique et le psychologique, est la consommation de substances psychotropes. Beaucoup de personnes consomment des médicaments psychotropes, à un moment ou à un autre de leur vie, pour les aider à résoudre certaines difficultés psychologiques ; mais une minorité de personnes utilisent des substances dans le but exclusif d'élever leur niveau d'activation. Cependant, comme pour toutes les autres stratégies d'activation, un cadre protecteur doit être mis en place, sous peine que l'expérience devienne très anxiogène. Ce cadre est généralement relié à la maîtrise du rituel de consommation, ainsi qu'aux possibilités d'approvisionnement afin de pouvoir parer à tout manque.

Les êtres humains peuvent aller encore plus loin dans la recherche d'activation en combinant, associant les sources de cette activation. De nombreuses expériences ont montré que la succession de deux stimulations, même très différentes, tendait à amplifier la seconde. Par exemple, si l'on visionne aux sujets une vidéo montrant un accident de la route, puis une autre à caractère pornographique, l'élévation de l'activation sexuelle est plus importante que dans le cas où la vidéo pornographique est montrée seule. Dans la même veine, le marché de location des cassettes pornographiques n'a pas d'autres buts pour les couples : se donner une première stimulation en regardant des activités sexuelles (peu ordinaires) sur l'écran, afin de stimuler leur propre activation sexuelle qui suivra. Zillmann (1984) a appelé ce phénomène une excitation de transfert. Une belle expérience en a fait la démonstration, celle de « la passerelle suspendue Capilano » (Dutton, Aron, 1974). La variable manipulée est le contexte anxiogène qui, nous le savons désormais, provoque une élévation de l'activation. La même scène se déroule soit sur un pont ordinaire, parfaitement rigide, soit sur une passerelle suspendue, qui a la propriété (et la réputation) de se balancer de façon très impressionnante dans le vent, en surplombant de plus un canyon avec des rapides. Lorsqu'un homme seul passe sur l'un de ces ponts, une jolie jeune femme l'accoste sous prétexte d'enquêter sur la réaction des visiteurs à la beauté du paysage, tout en glissant une planche projective à la fin de l'interview (dire ce que l'on voit sur une image ambiguë). Le résultat est que sur la passerelle suspendue, la réponse projective est davantage chargée en imagerie sexuelle que sur le pont rigide. L'activation produite par la très anxiogène passerelle Capilano a été transférée à l'excitation sexuelle induite par la jolie femme. Bien entendu, la contre-expérience a été aussi réalisée avec un interviewer homme, ce qui n'a pas du tout donné le même résultat. Pour certains sujets la jeune femme a donné son numéro de téléphone (sous prétexte de « parler davantage du paysage ») et là encore, beaucoup plus d'hommes de la passerelle, que du pont rigide, ont appelé (c'est un effet semblable de l'activation quand des personnes inconnues les unes des autres, se mettent spontanément à se parler lorsqu'elles partagent la même expérience activante – par exemple, être témoins d'un accident, d'une catastrophe, être victimes d'un incident imprévu –, alors qu'elles ne s'adresseraient pas la parole en d'autres circonstances).

Finalement, de telles stratégies de synergie entre sources d'activation sont inconsciemment connues et employées par tous les hommes (et les femmes s'y laissent prendre avec beaucoup de complaisance) comme « technique » de séduction : amener une femme dans une voiture de sport, de préférence rapide et décapotable, l'amener sur les montagnes russes, lui faire visiter des lieux insolites, impressionnants, l'inviter dans un restaurant exotique, ou pour les moins fortunés, l'inviter à voir un film d'horreur. Les couples bien engagés savent aussi retrouver de l'ardeur en partageant de nouvelles expériences stimulantes (partir à la découverte de nouveaux paysages, tenter un nouveau sport, faire de l'échangisme, ...).

Michael Apter tire les implications générales de cette utilisation des sources d'activation et de leurs associations en synergie. A partir du moment où un cadre protecteur est en place, tout ce qui peut accroître l'activation sera perçu comme agréable, excitant et attirant (sauf si cela devait détruire le cadre lui-même). D'autre part, même si une source d'activation est au centre de l'expérience, d'autres sources peuvent y être ajoutées pour renforcer l'expérience totale. Les sources d'activation ne semblent pas s'inscrire dans un hiérarchie particulière, avec des sources qui seraient plus « primaires » que d'autres. Ce qui est « primaire » est le besoin d'activation, physiologique et psychique, et tout le reste ne représente que les moyens pour produire cette activation. Ce point de vue s'oppose, bien entendu, aux vues freudiennes d'une activation sexuelle fondamentale à laquelle toutes les autres sources d'activation pourraient être réduites. Et, bien que de nombreuses sources d'activation non sexuelles puissent être décrites en termes sexuels (par exemple, une corrida peut représenter les différentes phases du rapport sexuel), ce n'est là que métaphores, qui n'impliquent pas que les sources non sexuelles soient **réellement** sexuelles. Et Apter emprunte l'analogie de la brillance, une qualité qui peut s'appliquer à toutes les couleurs, mais qui n'est pas elle-même une couleur. Il en est de même de l'activation et vouloir considérer la brillance (à l'instar de

Freud) comme représentant une seule couleur, est une façon inadéquate de comprendre le large éventail de la diversité des comportements humains.

Si on les replace au même niveau, comme des choix qui peuvent être fait successivement ou simultanément, les comportements d'activation se montrent tous équivalents. Ce qui varie selon les personnes, et pour une même personne dans la durée, c'est la sensibilité aux différents aspects de l'environnement comme sources d'activation, la facilité générale d'activation de la personne et les stratégies d'activation qui tendent à être utilisées. Tous ces facteurs impliquent la possibilité que des personnes choisissent des stratégies extrêmes d'activation et Apter de conclure : *« human perversity is an exaggeration of human diversity »*.

Les stratégies d'activation sont nombreuses, variées et tendent à être reliées les unes aux autres de façon inextricable, ce qui produit un tableau complexe d'activations multiples et combinées. Par exemple, les joies de la piscine sont particulièrement nombreuses : les sensations de l'eau, éventuellement celles du soleil, celles du plongeon, de la nage, du sous-l'eau, celles du contraste des températures, du bruit, de la lumière. L'impression de danger que représente l'eau pour certaines personnes, le fait d'être dans un endroit inhabituel, dans un rapport différent à la gravité. Faire de la compétition à la nage, à tenir le plus longtemps sous l'eau, jouer à se pousser, à s'asperger, se faire boire la tasse. Jouer à l'homme grenouille, à faire le poisson. La stimulation sexuelle de voir des femmes en maillot (pour les hommes), celle de faire une rencontre intéressante (pour les femme), celle de montrer son corps (hommes et femmes) (Apter, 1992).

Par ailleurs, on sait que le comportement sexuel peut conduire à de hauts niveaux d'activation, pourtant les êtres humains s'ingénient à utiliser une très grande variété de sources d'activation associées à leur sexualité pour élever davantage ce niveau d'activation. Ils peuvent utiliser des substances réputées aphrodisiaques, ou plus sûrement des psychotropes (alcool, amphétamines, cannabis, champignons psilocybes...). Utiliser la nouveauté (lieux inhabituels, positions inhabituelles, avec de nouveaux partenaires). Utiliser des manœuvres de frustration pour accroître le désir (exciter, fuir, revenir, ...), ou encore des sentiments négatifs comme la colère, l'agressivité, le sadomasochisme. Ce qui nous amène à l'utilisation des fantasmes érotiques (soit dans l'intimité psychologique du sujet, soit de façon manifeste, partagée ou non). Des stratégies non conformistes, transgressives peuvent encore être employées (défier les interdits, les tabous, les attentes, ...).

Apter remarque que certains tabous sont renversés de façon si commune et générale que l'on peut les considérer comme des « tabous artificiels », ce qui rejoint notre « horrible soupçon » : le fait que l'humanité aurait créé les interdits, non seulement pour l'ordre social, mais encore pour se donner l'occasion de les enfreindre afin de s'exciter davantage, soit une sorte de duplicité sociale inconsciente (Loonis, 2001). C'est un des grands paradoxes sociaux relevés par l'ethnologie que toutes les sociétés humaines édictent des règles qui stipulent les partenaires sexuels autorisés (et donc qui peuvent être unis dans le mariage) et ceux qui ne le sont pas. Ces règles sont généralement bien mises en avant lorsque l'ethnologue s'arrête au simple discours. Par contre, lorsqu'il étudie les véritables liens de parentés entre époux, il se rend compte qu'un grand nombre de couples se forment avec des partenaires qui ont enfreint, d'une façon ou d'une autre, les règles d'union.

L'activation sexuelle est encore accrue en s'exposant à divers risques : celui d'être découvert dans un lieu public, celui d'une grossesse, d'attraper une maladie, d'avoir un accident (masturbations mutuelles en conduisant). Le besoin d'activation amène à transgresser davantage les interdits dans les multiples déviations sexuelles (voyeurisme, exhibitionnisme, sodomie, viol, bestialité, sado-masochisme, pédophilie, nécrophilie, ...). L'association de la sexualité à la violence, jusqu'aux tortures, nous fait entrer dans la psychopathologie d'une recherche extrême d'activation.

Apter en vient ainsi à aborder le phénomène des recherches extrêmes d'activation, qui s'expliquent en partie par le fait que certaines personnes ont besoin de très hauts niveaux d'activation, avant de se sentir excitées et satisfaites et que pour cela elles sont prêtes à prendre de grands risques. Cette recherche extrême d'activation se retrouve chez les grands sportifs, qui réalisent de façon contrôlée et avec de nombreuses sécurité, des « exploits ». Dans ces cas, la capacité à se tenir sur la limite dangereuse est liée à une confiance réaliste ; par contre, chez d'autres individus apparaît une confiance irréaliste dans un cadre protecteur totalement illusoire. Un ensemble de croyances sont mises à contribution : croire que l'on est dans la zone de sécurité alors que l'on est dans la zone de danger ; croire que l'on est spectateur en zone de détachement, alors qu'on est en plein dans l'action dangereuse ; croire que l'on est protégé par un charme magique, une chance particulière. Dans de nombreux exemples de prise de risque mortel apparaît une préméditation avec la volonté de s'offrir en spectacle aux autres, comme si la présence des spectateurs semblait accroître de façon hautement irréaliste la force du cadre de confiance.

Des formes particulières d'environnement peuvent être créées pour inciter à la prise de risque en générant une fausse zone de sécurité, par exemple, l'architecture et l'aménagement intérieur des casinos ou des centres commerciaux, tentent de faire oublier la réalité extérieure en montrant une réalité excitante, fascinante, colorée, plaisante, qui incite à dépenser son argent sans trop réfléchir. Comme quand on se sent « en vacances » et que l'on est prêt à prendre des risques financiers pour des extras. Parfois, une conduite à risque n'est même pas recherchée pour elle-même, mais parce que son évitement interfère avec une stratégie d'activation plus commune. Par exemple, les campagnes de prévention du sida qui encouragent l'utilisation du préservatif se sont révélées avoir peu d'effets sur les comportements sexuels. La sexualité nécessite la mise en place d'un cadre de protection de la zone de sécurité (elle doit être perçue comme un jeu coupé du monde réel, de ses problèmes et de ses menaces) afin de provoquer l'excitation et le plaisir au moment de l'élévation du niveau d'activation. Sans ce cadre protecteur l'activation serait vécue comme anxiété, conduisant à l'impuissance et à la frigidité. Mais ce cadre de protection représente aussi un état d'esprit dans lequel il n'est pas possible d'utiliser un préservatif et toutes les tentatives pour rendre agréable, voire érotique, le préservatif ont beaucoup de peine à vaincre sa force de briseur de cadre protecteur.

Une autre illusion provient de la croyance que l'on est protégé dans le cadre de détachement alors que l'on est en fait tout proche de la zone de danger, voire de trauma. On trouve de nombreux exemples dans ces cas où des personnes observent, fascinées, une catastrophe (un incendie, une inondation, un ouragan) qui finit par les atteindre. Le faire-semblant lui-même, dans le cas des jeux de rôles, peut tourner au cauchemar en débordant sur la réalité. Les limites entre l'imaginaire et la réalité disparaissent et des participants ont fini par s'entre-tuer ou se suicider.

A l'inverse, on peut observer des défaillances du cadre psychologique protecteur dans le cas des anxiétés chroniques. Ces personnes luttent contre l'anxiété en adoptant des cadres psychologiques particulièrement étroits et rigides qui limitent toutes leurs possibilités d'action, en adoptant un style de vie contra-phobique qui leur évite la possibilité de toute source de stimulation quelle qu'elle soit. Ces personnes ne sont pas pour autant protégées de leur souffrance psychique intrinsèque contre laquelle elles continuent à lutter avec des moyens psychiques de type pensée-acte (les rituels conjuratoires, les obsessions, tenter de « faire le vide »). Enfin, un traumatisme (voir mourir un ami, être violé, être pris en otage, passer tout près de la mort) peut rendre défaillant le cadre psychologique protecteur, comme en attestent les nombreuses études sur le *Post-Traumatic Stress Disorder* (PTSD).

Plus loin, Apter aborde les aspects antisociaux de la recherche d'activation. Les actes comme le vandalisme, les nuisances de toutes sortes, les négligences et les irresponsabilités, la délinquance. La plupart de ces actions servent à étouffer des sentiments d'ennui profond, une absence de perspective personnelle et sont vécues comme un jeu. A un autre niveau, ce sont certains actes criminels (agressions, viols, tortures, meurtres) qui peuvent avoir pour motivation la recherche d'activation. Cette motivation particulière se reconnaît au caractère apragmatique du crime, qui ne sert pas en premier des besoins d'argent, de pouvoir, mais se présente comme un acte répétitif destiné à satisfaire une obscure pulsion interne. Des forfaits comme le vol à l'étalage, le viol, le meurtre, peuvent ainsi se répéter et prendre un tour obsessionnel. Ils ne correspondent pas à des actes impulsifs qui échapperaient à leur auteur, mais au contraire, ils occupent toute sa vie et entretiennent l'activation bien avant et bien après l'acte lui-même : penser au crime, le préparer, le réaliser, en réchapper et célébrer le triomphe et si l'on est pris, l'excitation du contact avec la police, d'échapper à la prison, d'avoir une notoriété. La violence comme recherche d'activation paraît tout à fait gratuite, excessive, comme une activité « sportive ». Le viol collectif ne s'arrête que rarement au viol lui-même et alors que la victime est totalement impuissante, elle sera encore humiliée et torturée. L'agression peut porter sur des animaux et même sur les services de secours (pompiers, ambulanciers, infirmiers) (Apter, 1992).

Pour Apter, la violence n'est pas une donnée isolée et confinée à certaines personnalités, elle concerne tous les êtres humains. Si beaucoup d'entre nous ne passons pas à l'acte, nous le faisons souvent en pensée et nous sommes fascinés par les passages à l'acte criminels des autres (les faits divers, les articles des journaux à sensation, la violence au cinéma, à la télévision, dans les romans). Notre besoin de violence engendre et encourage une bonne part de la violence mise en acte (le terroriste ne serait rien sans la publicité de ses actions dans les journaux télévisés et la présence d'une caméra encourage la violence de rue). La guerre elle-même, toute horrible qu'elle puisse être, semble bien elle aussi nous fasciner (surtout lorsqu'elle se passe chez les autres) : les récits, les fictions, qui en parlent et la mettent en scène ; la télévision et les magasines qui en rendent compte tous les jours ; le spectacle que la guerre donne pour des millions de personnes, à l'instar d'un sport (que l'on se souvienne de la « Guerre du Golfe ») ; sans compter tous les héros qu'elle génère, auxquels on rend hommage et qui sont l'objet d'une multitude de films. La guerre est aussi excitante dans l'imaginaire et elle est un des ingrédients essentiel du jeu chez les jeunes garçons. Chez l'adulte, elle persiste dans les jeux de stratégie en vidéo, ou sur le terrain où les petits soldats se tirent dessus à coup de balles de peinture.

Le nombre de magasines traitant de la guerre, des armes et des uniformes est particulièrement important et même les cultures primitives ont des jeux de guerre, des combats ritualisés. Bien que les gouvernements ne fassent pas la guerre pour satisfaire les besoins de sensation de leurs citoyens, il est tout de même fait appel à ce besoin de sensations fortes pour encourager l'engagement, lorsque la guerre est nécessaire. Elle est alors présentée comme un jeu, au travers d'une métaphore sportive dont tous les aspects horribles et sanguinaires sont occultés, comme si tout se déroulait sur un terrain de football. On parle bien du « théâtre de la guerre », des « scènes de bataille », c'est comme un spectacle avec le décor, les costumes, les figurants et les grands rôles (les généraux et les « Rambos »).

Finalement, Michael Apter souligne les dimensions biologiques, culturelles et personnelles de la recherche d'activation. Celle-ci est présente déjà chez les animaux supérieurs, notamment les primates. Dans une expérience de Bernstein (1976), des poteaux de bois sont plantés sur le territoire de singes. L'un de ces poteaux est muni à son extrémité d'une grille électrifiée délivrant un choc non mortel, ni dangereux. Au résultat, pour tous les groupes de singes testés on observe une tendance croissante à grimper sur le poteau électrifié. Cette tendance s'éteint si l'on coupe le courant, elle revient si on le rétablit. Comme les singes ont aussi accès à d'autres sources naturelles de distraction, les chercheurs présument que le poteau électrifié est pour eux « excitant à explorer ». Ainsi, il y aurait une dimension évolutive dans la recherche d'activation et l'homme n'est pas la seule espèce à avoir une propension innée à la prise de risque, une fascination pour le danger. Si l'avantage pour la survie n'est guère évident pour l'individu, il paraît évident pour le groupe ou l'espèce. Car il est avantageux pour un groupe que certains individus se sacrifient et prennent des risques pour explorer différents aspects de l'environnement, ce qui permet la mise en place d'apprentissages vicariants pour les autres. Cette exploration, nécessairement autour de la limite dangereuse, permet à toute la communauté d'utiliser les ressources de l'environnement de façon maximale. De nos jours, le même processus se retrouve avec certains individus, comme les explorateurs, les cosmonautes, tous ces « fous » qui ont essayé de voler avec des ailes accrochés aux bras, jusqu'aux pilotes d'essais de nos avions modernes.

Au plan culturel, la recherche d'activation permet de dépasser la simple survie et d'entraîner le progrès et la prospérité. Et au-delà de la simple découverte des ressources de l'environnement, il s'agira de le transformer (aménagements, travail des matériaux, domestication des plantes et des animaux, fabrication d'outils, ...). De nos jours, le même processus prend place avec certains individus, comme les inventeurs, les scientifiques, les artistes, les entrepreneurs, qui inventent et explorent de nouvelles techniques, de nouvelles idées, de nouvelles théories, de nouvelles philosophies. La remise en question des valeurs, des idéaux, des tabous, dans une société est source de progrès et de maturation sociale et en ce sens les anticonformistes, les révolutionnaires, les opposants de tous poils, concourent à ce progrès social.

Enfin, au plan individuel, la recherche d'activation est essentielle pour permettre à l'enfant qui grandit d'explorer son environnement et ses propres capacités à gérer cet environnement. Les parents, les enseignants et éducateurs poussent l'enfant vers de nouvelles expériences, de nouveaux apprentissages, mais jusqu'à un certain point. Il est ensuite important que l'enfant aille de lui-même au-delà de ce qui lui est proposé, quitte à transgresser quelques interdits. Une fois entré dans la vie adulte, l'individu se retrouve face à deux types de stratégies de recherche d'activation : 1) les stratégies « ouvertes », exploratrices, intelligentes, pour lesquelles chaque excitation est une expérience qui ouvrira sur de nouvelles expériences, avec un apprentissage croissant ; et 2) les stratégies « fermées », de l'impasse, non intelligentes, pour lesquelles l'excitation, une fois atteinte, ne conduit pas plus loin qu'elle-même et demande à être recommencée sans cesse pour retrouver l'excitation, c'est l'addiction sous son aspect le plus contraignant. L'alpinisme, ou la recherche historique, appartiennent à ces stratégies ouvertes qui induisent un accroissement constant des apprentissages et des compétences. Tandis que traîner au coin de la rue fait partie des stratégies fermées : on voit passer une jolie fille et on la siffle, un homme passe chargé de paquets et on se moque de lui, on tape du pied dans des boites de bière vides, on commence à se battre, ou on met le feu à une poubelle. Toutes ces activités sont décousues, sans imagination, des activités marche/arrêt qui ne conduisent nul part, ne comportant aucun apprentissage, ni développement personnel. On remarquera que les exemples de stratégies ouvertes que donne Apter (l'alpinisme, la recherche historique, mais encore les collections, la culture de bonsaïs, l'élevage de petits animaux, ...) nécessitent, non seulement des moyens psychiques, mais encore des moyens financiers, culturels et d'environnement. A l'instar des addictions graves, le problème n'est pas seulement dans la drogue, ou dans une qualité néfaste de la personne, mais dans un ensemble qui englobe aussi bien l'histoire que l'environnement de la personne. Par exemple, quelles stratégies alternatives plus ouvertes sont-elles offertes à ceux qui vivent de stratégies fermées ? Quand bien même de telles stratégies leur seraient accessibles, ont-ils les moyens psychiques, intellectuels, culturels de s'y adonner ?

La distinction entre stratégie ouverte ou fermée est parfois difficile à poser, certaines stratégies de recherche d'activation tenant à la fois de l'une et de l'autre. Par exemple, regarder des sitcoms peut procurer à l'adolescent une série d'expériences imaginaires, d'apprentissages ; mais tout cela trouvera rapidement ses limites si l'adolescent n'éteint pas sa télévision pour aller se frotter aux expériences sociales et amoureuses réelles. Regarder un feuilleton finit par devenir une expérience répétitive, idiote et stérile, une sorte de drogue.

A la fin de son ouvrage, Apter soulève le problème plus général de la fuite de l'ennui dans une société moderne, presque totalement sécurisée, un monde où bien peu de chose reste à explorer (sauf à posséder des moyens intellectuels et techniques élevés), un monde (pour ce qui concerne sa partie occidentale) où l'état providence protège au mieux l'économie et la santé des citoyens et leur épargne la guerre par la dissuasion nucléaire et les communautés d'états. Cette politique de sécurité totale, qui part d'une volonté humaniste, crée aussi (et paradoxalement) un besoin croissant d'excitation qui se confronte à une diminution croissante des possibilités d'accès à des sources d'activation par la prise de risque, d'où l'apparition d'un problème social majeur : l'ennui et l'anxiété, les deux grands fléaux d'une société sécuritaire. Les comportements sauvages de la jeunesse, comme la drogue, la violence, le vandalisme, les prises de risque, les transgressions, peuvent être regardés comme des moyens de lutte contre cet ennui et cette anxiété (par exemple, les courses sauvages de voitures). Apter suggère que des solutions pourraient être apportées en développant les moyens de prendre des risques, de participer à des activités dangereuses et à sensations fortes (assorties bien entendu des cadres protecteurs adéquats). Plusieurs de ces moyens sont actuellement disponibles (le saut à l'élastique, le parachutisme, la descente de torrents, tous les sports de glisse, le dressage de chevaux, ...), mais a-t-on vraiment les moyens de les mettre en œuvre sur une grande échelle ? Peuvent-ils de façon réaliste occuper le quotidien des « jeunes des banlieues » ? L'extension de ces activités, même si elle est coûteuse, serait sans doute moins coûteuse que les conséquences sociales et économiques de la délinquance et de la criminalité ; mais ces activités ne sauraient à elles seules apporter une solution à l'ennui et à l'anxiété quand on sait leur possible addictivité. Finalement, la lutte contre l'ennui et l'anxiété, contre la souffrance psychique intrinsèque, demande un certain nombre d'apprentissages et de connaissances sur soi qui restent à inventer (ou à retrouver).

2. Michael J. Apter : la théorie du renversement psychologique

Cette ample étude de Michael Apter représente une sorte de « psychopathologie de la recherche d'activation » (à l'instar de la « psychopathologie de la vie quotidienne » de Sigmund Freud), c'est-à-dire la mise en lumière d'un continuum entre les moyens de recherche d'activation du commun dans sa vie de tous les jours et la recherche d'activation extrême, parfois pathologique, de certains individus. Cette recherche d'activation met en jeu un certain nombre de mécanismes psychiques (le cadre psychologique protecteur et ses différentes déclinaisons) qui tous servent à gérer les alternances entre deux états psychologiques fondamentaux : l'état de recherche d'activation et l'état d'évitement de l'activation. Après nous avoir permis d'explorer en détail les multiples moyens d'activation que l'espèce humaine se donne, Apter nous apporte une première réponse à sa question initiale : pourquoi tant de gens s'engagent-ils librement dans des activités aussi étranges, aussi inconfortables, sans nécessité et même risquées ? C'est que cette nécessité existe, mais elle n'est pas pragmatique, pas au sens d'une adaptation au monde. Il s'agit d'un « pragmatisme » personnel d'adaptation à certains de nos états internes. Il s'agit de fuir l'anxiété, l'ennui, ce que nous avons reconnu par ailleurs comme une souffrance psychique intrinsèque, c'est-à-dire appartenant à notre nature humaine. La théorie du renversement psychologique formalise les faits de recherche d'activation et les mécanismes psychologiques qui les accompagnent en un modèle de la motivation et de la personnalité humaines que nous allons maintenant présenter plus en détail.

A. Théorie du renversement : présentation

« Le but premier de la théorie du renversement est de montrer que les divers aspects d'un large éventail de types d'expérience et de comportement peuvent être expliqués en référence à certaines paires d'états et de renversements qui surviennent entre eux » (Apter, 1982). La théorie du renversement (on conviendra de nommer ainsi la « théorie des renversements psychologiques ») a commencé à être développée au milieu des années 70 par Smith et Apter (1975), puis approfondie de façon plus systématique par Apter et de nombreux chercheurs de par le monde au travers de très nombreuses études (plus de trois cent références ont été recensées), dont les deux principales publications qui ont rendu compte des bases de la théorie (Apter, 1982, 1989). La théorie du renversement s'intéresse à la dynamique de la motivation, à sa propension à fluctuer et changer et aux effets de tels changements sur notre façon de voir notre environnement et de nous y engager. Il s'agit d'une théorie à la fois phénoménologique et structurale. Phénoménologique car la théorie est centrée sur l'expérience du sujet en terme d'état d'esprit, d'orientation des émotions et des cognitions ; et structurale car cette expérience possède une structure qui dérive des motivations. Cette structure est dynamique et change de façon systématique au fil du temps (ce qui nous ouvre déjà à l'idée de système). Les différents aspects de la structure de l'expérience rendent compte des états de cette expérience, états qui présentent des caractéristiques universelles.

La théorie du renversement prend appui au départ sur la convergence de multiples observations et d'expériences qui permettent, par induction, de dégager un certain nombre de lois générales (Apter, 1992 ; Apter, Larsen, 1993 ; Murgatroyd, 1985). Ces observations, comme nous l'avons montré à la précédente section, concerne des faits spontanés de renversements psychologiques qui sont expérimentés par tout un chacun. A cela s'ajoute des états psychologiques qui marquent l'expérience humaine de deux aspects universels : la recherche, et l'évitement, de l'activation. Ces états sont qualifiés de « métamotivationnels » au sens où ils se situent dans un ordre logique supérieur aux motivations elles-mêmes et qu'ils influencent les motivations comme déterminants généraux. Ces états métamotivationnels sont mutuellement exclusifs et alternent chez l'être humain tout au long de ses journées, parfois de façon très rapide. Les changements d'état ne sont pas progressifs, mais se réalisent sous forme de brusques renversements (ce qui a donné son nom à la théorie), selon une bistabilité (à l'instar des positions ouvert/fermé d'un interrupteur électrique), ce qui implique que les états psychologiques vont par paires opposées. Nous avons parlé de la paire recherche/évitement de l'activation qui représente une paire d'états métamotivationnels fondamentaux ; mais les travaux ont dégagé quatre autres paires que nous examinerons plus loin.

Figure 14 : Espace bidimensionnel formé par les facteurs de l'expérience émotionnelle d'après Russel et Mehrabian (adapté de Eysenck, 1982)

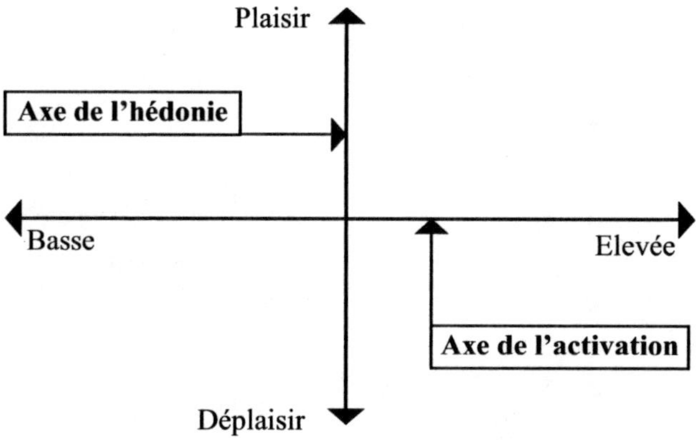

En tant que théorie de la motivation, la théorie du renversement s'intéresse aux émotions comme variables constitutives de la motivation : c'est l'émotion qui rend compte de l'expérience motivationnelle qui resterait sans cela totalement abstraite.

Depuis les travaux d'Eysenck et ses collaborateurs dans les années 50, deux axes orthogonaux ont été définis pour pouvoir rendre compte de l'émotion (voir figure 14) : l'axe de l'hédonic entre plaisir et déplaisir et l'axe de l'activation entre bas et haut niveaux d'activation (Russel, Mehrabian, 1975, 1977 ; Russel, 1980 ; Eysenck, 1982 ; Watson, Tellegen, 1985 ; Thayer, 1989).

Sur ces deux axes, trois générations de modèles se sont succédées. La première génération est basée sur le paradigme thermodynamique et homéostatique du XIXième siècle. Il s'agit des théories dites de la réduction de tension (Freud, 1920 ; Dollard, 1939 ; Hull, 1943, 1952 ; Lorenz, 1950 ; Lewin, 1959), pour lesquelles l'organisme est considéré comme perpétuellement engagé dans un combat pour réduire un accroissement de tension générateur d'anxiété (voir figure 15-a).

Figure 15 : Les trois générations de modèles de la motivation (courbes théoriques) (d'après Apter, 1984)

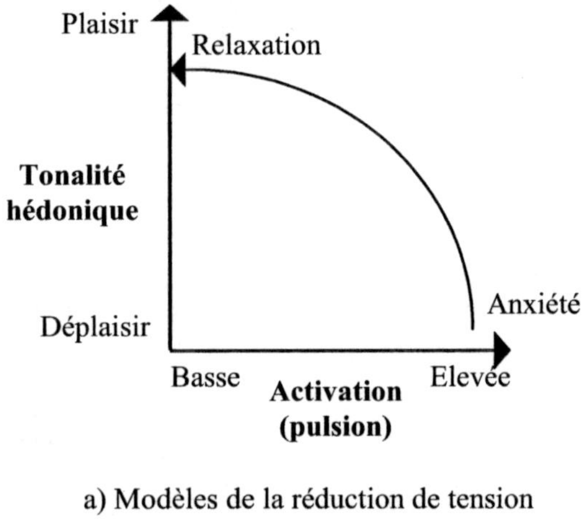

a) Modèles de la réduction de tension

L'élévation de la tension produite par le besoin, ou la pulsion, provoque le déplaisir, ce dernier exige la satisfaction du besoin, afin de réduire la tension et atteindre ainsi à une relaxation dans le plaisir. Ces théories se sont rapidement heurtées au problème de ce que les organismes ne font pas que « réduire la tension », ils peuvent aussi la rechercher. Les expériences portant sur les environnements appauvris (la privation sensorielle), et dont nous avons rendu compte dans la section à propos de Marvin Zuckerman, montrent que, même chez l'animal, la baisse de tension ne correspond pas toujours à un état agréable (au lieu de la relaxation, apparaît l'ennui), de sorte que l'organisme en viendra à **rechercher** les stimulations.

Ces anomalies ont conduit à la formulation de théories qui ont formé la seconde génération de modèles (Hebb, 1955, 1958 ; Hebb, Thompson, 1954 ; Zuckerman, 1969) pour lesquels, l'organisme cherche à atteindre un niveau optimal d'activation (voir figure 15-b).

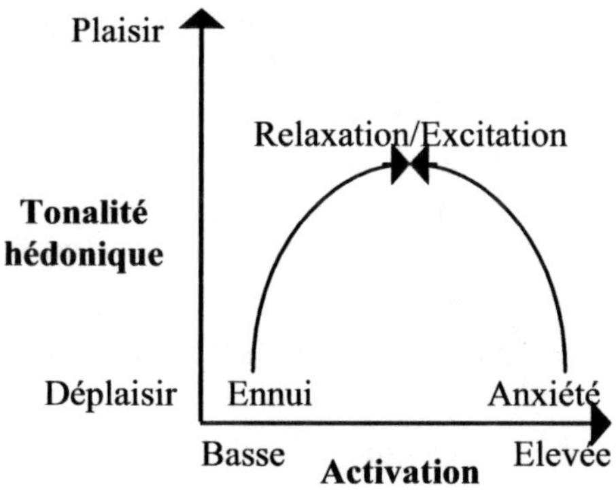

Fig. 15-b) Modèles du niveau optimal d'activation

Trois cas de figure peuvent se présenter : certains besoins (les classiques besoins primaires) génèrent une tension anxieuse et doivent être satisfaits afin de réduire cette tension, donc parvenir à une relaxation agréable (partie anxiété-relaxation de la courbe) ; d'autres besoins, comme les pulsions de curiosité, d'exploration, lorsqu'ils sont insatisfaits, génèrent au contraire une désexcitation désagréable, l'ennui, et doivent être satisfaits par une augmentation de la tension, jusqu'à un état d'excitation agréable (partie ennui-excitation de la courbe) ; enfin, d'autres besoins, comme par exemple, la régulation de la température corporelle, obéissent à une homéostasie entre « le trop et le trop peu » et demandent un réglage optimal entre le manque et l'excès, une position intermédiaire, que l'on pourrait dire à la fois juste assez détendue et juste assez tendue.

Ces modèles du niveau optimal posent deux problèmes : d'une part, ils ne prennent pas en compte le fait que les organismes peuvent parfois aller au-delà de l'optimale, que ce soit du côté de la relaxation, ou de l'excitation, et d'autre part, que le point dit « optimal » représente, de façon paradoxale, à la fois un état de relaxation et d'excitation (voir le sommet de la courbe en 15-b). Les modèles du niveau optimal ont ainsi été remis en question, entre autres par Zuckerman lui-même (1979a et b). L'auteur et ses collaborateurs abandonnèrent ce modèle lorsque leurs prédictions que les sujets HSS utiliseraient davantage les drogues « excitantes » et les LSS davantage les drogues « dépressantes » ne furent pas confirmées (Carroll, Zuckerman, 1977 ; Carroll, Zuckerman, Vogel, 1982). Autres exemples, les théories de la simple réduction de tension par la consommation d'alcool échouèrent à rendre compte des effets biphasiques de la substance (Marlatt, 1979), ou du plus grand usage de l'alcool chez les sujets HSS que LSS (Zuckerman, 1979a). Des difficultés similaires ont été rencontrées dans l'usage du tabac, les mêmes individus l'utilisant tantôt pour baisser l'activation, tantôt pour l'élever (Frith, 1971 ; O'Connell, 1988).

La théorie des renversements psychologiques de Apter correspond à la troisième génération de modèles (Apter, 1982 ; Brown, 1997), pour lesquels les recherches extrêmes d'excitation ou de relaxation sont prises en compte. Par exemple, la recherche du sommeil, ou de l'hibernation, ou encore de la relaxation chez l'homme, ne correspondent pas à une simple réduction de tension. En général, ces états sont possibles lorsque déjà la tension de l'organisme est réduite, aussi on assiste à une réduction supplémentaire de la tension (la courbe en 15-b, de l'anxiété à la relaxation, est prolongée vers davantage de baisse d'activation, ce qui donne la courbe relaxation-anxiété de la figure 15-c). D'un autre côté, comme les observations de Apter et Zuckerman nous l'ont montré, les êtres humains ne se contentent pas de satisfaire des besoins d'exploration (ce que font déjà nombre d'animaux supérieurs), mais recherchent aussi de hauts niveaux d'activation dans des comportements de prise de risque et de recherche de sensations fortes. Il y a là une augmentation supplémentaire de la tension qui dépasse le point optimal (la courbe en 15-b, de l'ennui à l'excitation, est prolongée vers davantage d'élévation de l'activation, ce qui donne la courbe ennui-excitation de la figure 15-c).

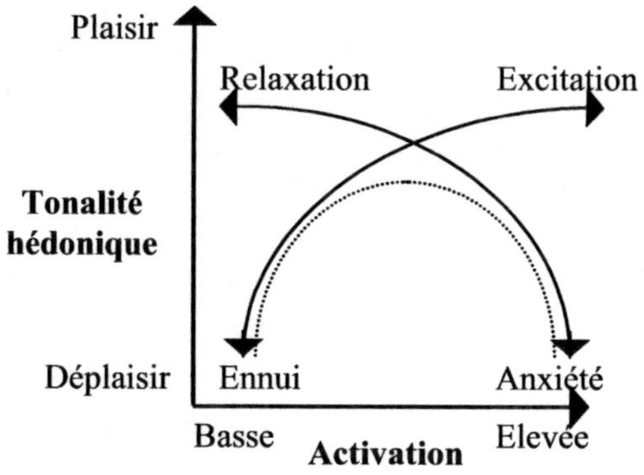

Fig. 15-c) Théorie du renversement

Ainsi, en prolongeant les courbes au-delà du point optimal, on résout le paradoxe de ce point optimal, qui était à la fois relaxation et excitation (la courbe du « niveau optimal » est rappelée en pointillés sur la figure 15-c). Nous retrouvons ainsi la représentation des deux états psychologiques fondamentaux de la figure 9 : la courbe relaxation-anxiété correspond à l'état d'évitement de l'activation, tandis que la courbe ennui-excitation correspond à l'état de recherche d'activation. La *Reversal Theory* prend donc en compte l'état de l'organisme, les différents états du système.

Ces états du système homme sont métamotivationnels au sens où ils sont reliés à nos motivations, mais ils ne sont pas nos motivations, ils n'en sont que l'interprétation phénoméno-logique. Selon cette interprétation, les bas ou hauts niveaux d'activation peuvent être plaisants ou déplaisants selon l'état psychologique du sujet, selon son état métamotivationnel. D'autre part, l'expérience peut changer complètement dès qu'il y a changement d'état et passer d'un coup du plaisir au déplaisir, ou l'inverse. Ces renversements d'état se font à partir de plusieurs facteurs : certains éléments de l'environnement et des situations peuvent provoquer un renversement selon comment ils sont vécus par le sujet ; la frustration dans le désir d'atteindre des niveaux préférés de plaisir ou d'activation dans tel ou tel état ; les processus de satiété, saturation ou d'assouvissement, qui correspondent à un changement interne de l'organisme, qui rend de façon croissante l'individu susceptible d'un renversement d'état et qui peut induire un renversement, en lui-même, en l'absence de tout autre facteur. Il faut aussi noter, que ces facteurs de renversements, peuvent aussi servir à maintenir un état métamotivationnel actuel en bloquant le renversement. D'autre part, il existe de plus une marge d'inconsistance naturelle, à caractère chaotique, d'origine cérébrale, qui peut provoquer des renversements spontanés et pratiquement imprévisibles (Apter, Larsen, 1993).

Nous l'avons vu, cette inconsistance intra-individuelle, se double d'une consistance personnelle qui définit des différences interindividuelles entre les individus : c'est la dominance d'un des deux états d'une paire sur l'autre. Cette dominance va dépendre elle aussi de plusieurs facteurs : des facteurs physiologiques (Svebak, Murgatroyd, 1985), de la personnalité et les stratégies apprises. Des recherches très intéressantes ont été entreprises par Svebak et ses collaborateurs afin de valider les concomitants physiologiques de l'état ou de la dominance d'état métamotivationnel (Apter, Svebak, 1992). Quatre paires d'états métamotivationnels ont été définies, en lien avec les quatre modalités (et problématiques) de base de l'expérience humaine (voir le synoptique, tableau 9) :

1) La paire **télique/paratélique** [1] est confrontée à *l'expérience moyens-buts* (la problématique du *désir*). L'état télique considère le but à atteindre comme d'une importance primordiale, avec un choix de moyens destinés à tenter

[1] Télique est formé de la racine grecque *télos* qui veut dire « au loin », « but », pour signifier l'orientation psychologique de cet état vers des buts à atteindre, au-delà de l'expérience présente. Paratélique signifiant bien sûr l'inverse.

d'atteindre le but. L'état paratélique considère le comportement en cours comme le plus important et les buts à atteindre ne sont perçus que comme des moyens pour renforcer le comportement. A cet égard, l'état télique peut être vu comme sérieux et l'état paratélique comme enjoué.

2) La paire **conformisme/opposition** est confrontée à l'expérience des *règles, lois et contraintes* (la problématique de la *loi*). L'état conformiste considère les règles comme une façon de structurer le comportement, tandis que l'état d'opposition les voit comme essentiellement restrictive.

3) La paire **maîtrise/sympathie** est confrontée aux *transactions* avec les autres personnes, les choses et les situations (la problématique du *pouvoir*). L'état de maîtrise considère les transactions dans la perspective de prendre ou laisser, tandis que l'état de sympathie les considère dans la perspective de donner ou recevoir.

4) La paire **autique/alloïque** est confrontée à l'expérience des *relations* avec les autres personnes, choses ou situations (la problématique du *lien*). Les états autiques considèrent l'autre comme séparé et distinct de soi, tandis que l'état alloïque s'identifie à autrui. Dans l'état alloïque, l'autre est expérimenté, soit comme une extension de soi (par exemple, l'individu se sent comme faisant partie d'une équipe), soit comme un soi de substitution (par exemple, l'individu ressent l'autre comme un héros auquel s'identifier).

Chaque paire correspond à une variable de sentiment particulière qui prend une valeur basse ou élevée selon l'état considéré dans la paire :

1) La paire **télique/paratélique** est confrontée aux *sentiments de signifiance* (l'état télique préfère les sentiments de haute signifiance, l'état paratélique ceux de basse signifiance). Les sentiments de haute signifiance concernent la mesure dans laquelle le sujet se considère comme poursuivant un but au-delà de la situation en cours, tandis qu'un bas niveau de signifiance concerne les choses que le sujet réalise pour son propre bien au moment présent.

2) La paire **conformisme/opposition** est confrontée aux *sentiments d'opposition* (l'état conformiste préfère de bas sentiments d'opposition, tandis que l'état d'opposition préférera plutôt des sentiments élevés d'opposition). Les sentiments d'opposition concernent le degré selon lequel l'individu se ressent en conformité ou en opposition avec les règles perçues, les coutumes et les attentes.

Tableau 9 : Synoptique des liaisons théoriques entre les états métamotivationnels, les modalités d'expérience et les sentiments

	États métamotivationnels	**Modalités d'expérience**	**Sentiments**
Paires somatiques	**Paire télique/paratélique**	*Expérience moyens-buts*	*De signification*
	Télique	Importance du but à atteindre	Haute signifiance
	Paratélique	Importance de l'action présente	Basse signifiance
	Paire conformisme/ opposition	*Règles, lois et contraintes*	*D'opposition*
	Conformisme	La loi comme structuration	Faible opposition
	Opposition	La loi comme contrainte	Forte opposition
Paires Transactionnelles	**Paire maîtrise/ sympathie**	*Transactions avec autrui*	*D'opiniâtreté*
	Maîtrise	Prendre ou laisser	Forte opiniâtreté
	Sympathie	Donner ou recevoir	Faible opiniâtreté
	Paire autique/alloïque	*Relation avec autrui*	*De fusion*
	Autique	Séparation soi/autrui	Bas niveaux de fusion
	Alloïque	Indifférenciation soi/autrui	Hauts niveaux de fusion

3) La paire **maîtrise/sympathie** est confrontée aux *sentiments d'opiniâtreté* (l'état de maîtrise préfère les hauts niveaux d'opiniâtreté, celui de sympathie les bas niveaux). Les

sentiments d'opiniâtreté concernent la mesure dans laquelle l'individu se voit agir d'une façon tenace et forte, ou au contraire de façon sensible et douce.

4) La paire **autique/alloïque** est confrontée aux *sentiments de fusion* (l'état autique préfère les bas niveaux de fusion, tandis que dans l'état alloïque ce sont les hauts niveaux qui sont préférés). Les sentiments de fusion concernent l'expérience de comment le sujet se vit indépendant des autres (bas niveaux), ou au contraire associé aux autres ou identifié à une autre personne.

Les quatre paires d'états métamotivationnels se regroupent en deux grandes orientations qui rendent compte du niveau de l'expérience vécue : les paires télique/paratélique et conformiste/opposant sont des paires d'orientation *somatique*, mettant en jeu les rapports de l'individu à ses propres ressentis d'activation et d'hédonie ; tandis que les paires sympathie/maîtrise et autique/alloïque sont d'orientation *transactionnelle*, concernant l'individu dans ses rapports aux autres, aux niveaux de l'emprise, du pouvoir et des liens. Ces regroupements vont permettre de définir les variables d'état qui pourront entrer en jeu dans l'évaluation et la recherche (voir tableaux 10 et 11).

Tableau 10 : Variables d'état des deux paires d'orientation somatique

PAIRES	Conformiste	Opposant
Télique	**1)** De la relaxation à l'anxiété	**3)** De la placidité à la colère
Paratélique	**2)** De l'ennui à l'excitation	**4)** De la maussaderie à la joie

Pour comprendre le sens de ces variables d'état et leur utilité pour la recherche, il faut les re-situer sur le diagramme en X tel que nous l'avons vu aux figures 9 ou 15-c. Ainsi, si l'on considère la paire d'états télique/paratélique, elle peut se présenter superposée à l'un ou l'autre des états de la paire conformiste/opposant. Avec l'état conformiste on placera aux deux extrémités de chaque branche de l'X les variables (voir figure 16) : relaxation-anxiété et ennui-excitation ; tandis qu'avec l'état opposant ce sera : placidité-colère et maussaderie-« colère » (parapathique). Ces variables dépendent de l'élévation du niveau d'activation.

Figure 16 : Diagrammes de la paire d'états télique/paratélique croisée avec la paire conformiste/opposant

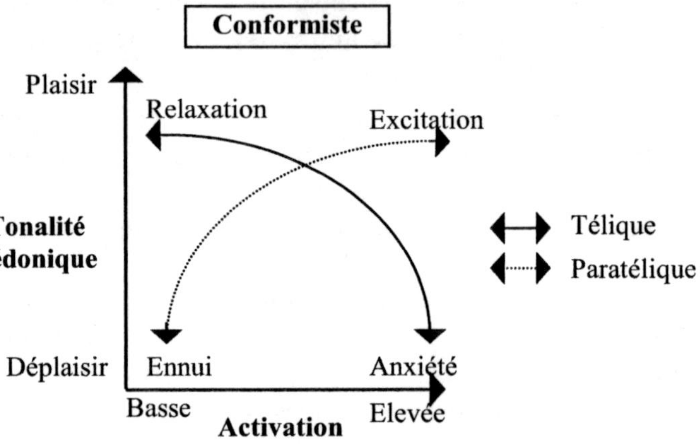

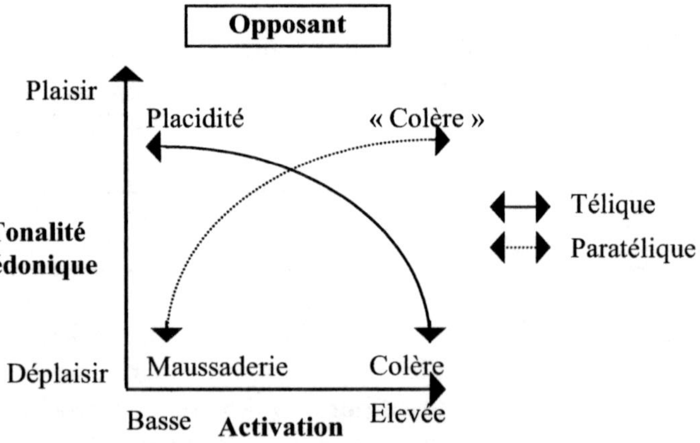

Description des variables de télique/paratélique-conformiste :

Relaxation : l'individu se sent détendu et en accord avec les règles.

Anxiété : l'individu se sent anxieux d'enfreindre les règles.

Ennui : l'individu ressent un ennui et comme pris au piège de devoir respecter des règles.

Excitation : l'individu ressent une euphorie et une excitation en brisant les règles.

Description des variables de télique/paratélique-opposant :

Placidité : l'individu dont la tendance opposante n'est pas stimulée, se sent détendu et reste placide.

Colère : l'individu dont la tendance opposante est stimulée, se sent excité et est en colère.

Maussaderie : l'individu dont la tendance opposante n'est pas stimulée, ressent un ennui et devient maussade.

« Colère » : l'individu dont la tendance opposante est stimulée, se sent excité par sa « colère » parapathique qui lui est agréable.

Tableau 11 : Variables d'état des deux paires d'orientation transactionnelle

PAIRES	Maîtrise	Sympathie
Autique	**1)** De l'humiliation à la fierté	**3)** Du ressentiment à la gratitude
Alloïque	**2)** De la modestie à la honte	**4)** De la vertu à la culpabilité

De même, si l'on considère la paire d'états autique/alloïque, elle peut se présenter superposée à l'un ou l'autre états de la paire maîtrise/sympathie, déterminant les variables (voir figure 17) humiliation-fierté et modestie-honte pour la maîtrise ; ressentiment-gratitude et vertu-culpabilité pour la sympathie. Ces variables dépendent du niveau de résultat transactionnel entre perte et gain.

Figure 17 : Diagrammes de la paire d'états autique/alloïque croisée avec la paire maîtrise/sympathie

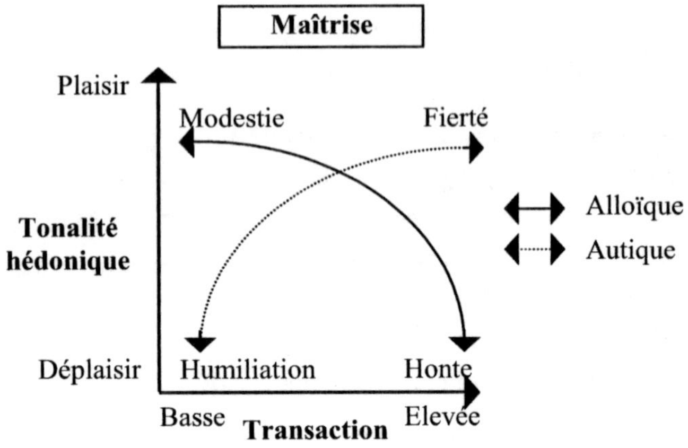

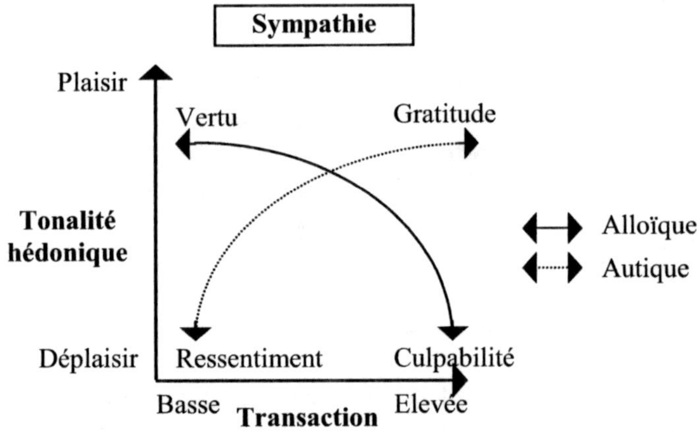

Description des variables de autique/alloïque-maîtrise :

Humiliation : l'individu se sent humilié de perdre la lutte avec autrui.

Fierté : l'individu est fier de gagner la lutte contre autrui.

Modestie : l'individu fait preuve de modestie dans la perte au profit d'autrui.

Honte : l'individu a honte de gagner au détriment d'autrui.

Description des variables de autique/alloïque-sympathie :

Ressentiment : l'individu ressent une frustration devant la perte, au profit d'autrui.

Gratitude : l'individu ressent le plaisir de recevoir d'autrui.

Vertu : l'individu ressent le plaisir vertueux d'avoir donné à autrui.

Culpabilité : l'individu ressent la culpabilité d'avoir pris à autrui.

Le modèle du renversement psychologique s'étoffe encore davantage avec l'attribution d'une valeur à chaque état métamotivationnel (voir tableau 12), qui correspond à un besoin psychologique (et non biologique) et qui donne un sens à l'action et des sentiments de valorisation personnelle lorsque ces valeurs se trouvent réalisées.

Tableau 12 : Valeurs centrales des états métamotivationnels

État métamotivationnel	**Valeur centrale**
Télique	l'accomplissement
Paratélique	l'amusement
Conformiste	la tranquillité
Opposant	la liberté
Maîtrise	le pouvoir
Sympathie	l'amour
Autique	l'individualisme
Alloïque	le dépassement de soi

Si l'on a jusque-là parlé de bistabilité entre deux états d'une même paire (l'individu peut seulement basculer d'un état à l'autre, le renversement), les combinaisons entre états que nous venons de décrire suggèrent la possibilité que les états des différentes paires puissent se superposer, être présents en même temps, d'où l'idée d'une multistabilité : l'individu peut être stabilisé sur une série de combinaisons d'états. La théorie prévoit en effet que quatre états métamotivationnels (un de chaque paire) sont actifs à tout moment (c'est le principe de la permanence des états). Cependant, les quatre états métamotivationnels actifs ne sont pas tous, à un moment donné, expérientiellement repérés et typiquement, seulement un ou deux d'entre eux sont saillants à la conscience (c'est le principe de la prégnance des états). En théorie, la totalité des combinaisons entre états est au nombre de 16 (voir tableau 13). Cependant, du fait du principe de prégnance et du caractère complexe des évaluations qu'il faudrait réaliser, seules quelques associations d'états, deux à deux, sont généralement considérées dans la recherche (elles sont représentées en fond grisé sur le tableau).

Tableau 13 : Combinaisons théoriques de tous les états métamotivationnels

1	Télique	Conformiste	Maîtrise	Autique
2	Télique	Conformiste	Maîtrise	Alloïque
3	Télique	Conformiste	Sympathie	Autique
4	Télique	Conformiste	Sympathie	Alloïque
5	Télique	Opposant	Maîtrise	Autique
6	Télique	Opposant	Maîtrise	Alloïque
7	Télique	Opposant	Sympathie	Autique
8	Télique	Opposant	Sympathie	Alloïque
9	Paratélique	Conformiste	Maîtrise	Autique
10	Paratélique	Conformiste	Maîtrise	Alloïque
11	Paratélique	Conformiste	Sympathie	Autique
12	Paratélique	Conformiste	Sympathie	Alloïque
13	Paratélique	Opposant	Maîtrise	Autique
14	Paratélique	Opposant	Maîtrise	Alloïque
15	Paratélique	Opposant	Sympathie	Autique
16	Paratélique	Opposant	Sympathie	Alloïque

En ce qui concerne les relations entre les états métamotivationnels et les variables comportementales (et biologiques) plus classiques, la relation n'est pas simple et univoque, de sorte que l'on ne peut pas toujours inférer les états métamotivationnels à partir des comportements (par exemple, on peut jouer au tennis pour le plaisir, en amateur, dans un état paratélique, ou bien de façon sérieuse, comme un professionnel en compétition, ce qui correspondra à un état télique). Enfin, chacune des motivations biologiques peut être expérimentée en combinaison avec chacun des états métamotivationnels (notez que les motivations biologiques ne vont pas par paires opposées comme les motivations/valeurs associées aux états métamotivationnels). Rappelons que chaque individu possède une tendance interne vers l'un ou l'autre état métamotivationnel de chacune des paires, ce que l'on a appelé la dominance. Pour conclure avec la théorie du renversement, nous présentons un synoptique du modèle (voir tableau 14), qui rappelle les grandes étapes du raisonnement constitutif du modèle.

Avec la théorie du renversement nous sommes face à un modèle complexe, mais il s'agit bien d'un modèle (d'une construction selon Bachelard) et non d'une réplique de la réalité humaine. Cela signifie que sa complexité est à la hauteur de ses possibilités de formuler un grand nombre d'hypothèses et donc de s'éloigner d'une vision trop réductrice de l'être humain. La *Reversal Theory* est donc une théorie qui fonctionne « à la carte » et dont chaque chercheur tire les éléments, les orientations, les « saillances » dont il a besoin en fonction de son objet de recherche, tout en se garantissant une référence à un modèle unique et général, modèle qui, comme il se doit en science, ne présente aucun caractère définitif et peut (et doit) être remis constamment en question.

Nous avons vu que sur les 16 combinaisons d'états métamotivationnels seules quatre avaient été étudiées, ce qui laisse le champ ouvert à bien d'autres études. Par exemple, le tabagisme a été étudié dans le cadre de la combinaison des états paratélique-opposant, ou encore de la paire maîtrise/sympathie

(Potocky, Gerkovich, O'Connell, Cook, 1991 ; O'Connell, Gerkovich, Cook, 1995).

Tableau 14 : Synoptique raisonné de la théorie du renversement de M.J. Apter

1. Un ensemble d'observations naturelles et de résultats expérimentaux démontre la réalité de renversements entre des paires d'états métamotivationnels chez l'être humain.

2. Ces états métamotivationnels peuvent être divisés en deux grandes orientations : somatique (en référence à l'activation corporelle et cérébrale) et transactionnelle (en référence aux interactions avec les autres et le monde).

3. Chaque orientation (somatique et transactionnelle) correspond à deux problématiques jointes et modalités d'expérience : somatique (problématiques du désir (moyens-buts) et de la loi (règles et contraintes) ; transactionnel (problématiques du pouvoir (transactions) et du lien (relations).

4. Chaque problématique (modalité d'expérience) est reliée à une paire d'états métamotivationnels opposés : télique/paratélique (désir/moyens-buts) ; conformiste/opposant (loi/règles et contraintes) ; maîtrise/sympathie (pouvoir/transactions) ; autique/alloïque (lien/relations).

5. Chaque paire d'états métamotivationnels est reliée à un sentiment décliné en bas et haut niveaux : de signification (télique/paratélique) ; d'opposition (conformiste/opposant) ; d'opiniâtreté (maîtrise/sympathie) ; de fusion (autique/alloïque).

6. Les 4 paires d'états métamotivationnels peuvent théoriquement former 16 combinaisons (mais seules 4 d'entre elles sont actuellement étudiées, pour des raisons de prégnance et de faisabilité).

7. Chaque état métamotivationnel est relié à une valeur centrale qui donne un sens à l'action (revoir tableau 12).

R.I.F. Brown a beaucoup étudié le jeu pathologique dans le cadre de la théorie du renversement en faisant appel à la paire d'états télique/paratélique, dont nous verrons la valeur heuristique pour les addictions en général (Brown, 1988a), ou les personnalités multiples (Brown, 1993a). Des instruments d'évaluation ont aussi été développés, prenant en compte une paire d'états particulière, comme la *Telic Dominance Scale* (TDS) pour la paire télique/paratélique (Murgatroyd, Rushton, Apter, Ray, 1978), ou la *Negativism Dominance Scale* (NDS) pour la paire conformisme/opposant (McDermott, 1988a, b), ou encore le *Apter Motivational Style Profile* (AMSP) qui prend en compte l'ensemble des paires d'états métamotivationnels (Apter, Mallows, Williams, 1998). La théorie du renversement a aussi donné lieu à de nombreuses études montrant les liens entre les caractéristiques physiologiques et biologiques et les dominances télique ou paratélique (voir tableau 15) et Apter, Svebak (1992) pour une revue.

Ainsi, la théorie des renversements psychologiques de Michael Apter nous propose un certain nombre d'avancées intéressantes dans la connaissance du fonctionnement de l'être humain. Celui-ci est intrinsèquement inconsistant et, au-delà des facteurs de personnalité, ou situationnels, d'autres facteurs sont actifs et concernent les états internes du sujet, états qui sont susceptibles de variations spontanées, processuelles ou volontaires (avec ou sans intentions conscientes). En conséquence, on ne peut pas utiliser la personnalité comme variable indépendante sans un contrôle des renversements d'états métamotivationnels. Pour la même raison, ces changements d'états posent des problèmes dans l'appariement des groupes et peuvent fausser les conditions expérimentales, si ces dernières provoquent elles-mêmes des renversements (par exemple, pour les mêmes sujets, les protocoles test-retest seront difficiles si l'on considère ces changements d'états psychologiques). Enfin, il est important de retenir que les renversements d'états peuvent se réaliser en partie volontairement, à partir de stratégies apprises : le choix de l'environnement inducteur d'état, la manipulation du niveau d'activation, faire appel à des comportements délibérés qui vont changer l'environnement social, les changements cognitifs (espoir, pensée positive... ou négative), la planification, ... (Apter, 1982). Ces manipulations ne signifient pas la disparition de l'inconsistance et les changements opérés n'en restent pas moins soumis à des fluctuations spontanées, ou provoquées.

Tableau 15 : Relations entre la dominance métamotivationnelle et les paramètres physiologiques (d'après Apter, Svebak, 1992)

	États métamotivationnels	
	Télique	**Paratélique**
1. Muscles squelettiques :		
a) Changements toniques (passifs)	Élevé	Bas
b) Changements phasiques (actifs)	Bas	Élevé
2. Rythme cardiaque :		
a) Changements toniques	Élevé	Bas
b) Changements phasiques	Bas	Élevé
c) Temps de transit de la pulsation	Court	Long
3. Rythme respiratoire	Élevé	Bas
4. Amplitude respiratoire :		
a) Changements toniques	Élevé	Bas
b) Changements phasiques	Bas	Élevé
5. Activité corticale :		
a) Aire en synchronie	Petite	Grande
b) Amplitude de la P300	Grande	Petite

Revenant à présent à l'objet actuel de notre travail, l'addiction, nous allons voir en quoi la *Reversal Theory* éclaire la problématique des activités addictives.

B. Théorie du renversement et addiction

L'étude « naturaliste » qu'a réalisé Apter (1992) à propos de la recherche d'activation nous fournit un premier indice quant à la nature des activités addictives. En effet, la plupart des activités de recherche d'activation répertoriées par Apter peuvent faire l'objet d'un comportement compulsif. Nous avions souligné à ce propos le parallèle intéressant qui apparaît entre les déterminants de l'émotion, tels qu'ils se présentent dans les activités de recherche d'activation et les déterminants non-biologiques des addictions selon Peele : émotion et addiction sont toutes deux déterminées, à la fois par l'activation physiologique et l'interprétation de cette activation selon le contexte et la psychologie du sujet.

Les activités (de recherche) d'activation correspondent pour la plupart à des passions dont la saillance permet de les ranger dans les Addictions de la Vie Quotidienne. Les activités sportives à risque, à sensations fortes, comme le saut en parachute, l'escalade, le vol libre ou motorisé (que l'on se souvienne de notre accro d'U.L.M.), le saut à l'élastique, font souvent l'objet d'un important intérêt qui entraîne une adaptation du mode de vie autour de cette activité centrale (les heures d'entraînement en semaine, les week-ends pris pour les rencontres, les compétitions, les vacances occupées en stages d'entraînement, d'apprentissage, de qualification, les investissements financiers parfois très lourds avec des emprunts bancaires, la pénalisation du budget familial, pour couvrir les frais du matériel, de l'activité et de ses à-côtés). Il arrive souvent, que de telles contraintes de temps, d'argent et de choix dans le mode de vie entraînent des conflits familiaux, comme pour toute bonne addiction.

Les activités d'activation de type festif (corridas, matches, courses de taureaux, festivals, carnavals, ...), que l'on pourrait donc considérer comme limitées dans le temps (et donc dans leur investissement) par leur caractère rituel, peuvent tout de même faire l'objet d'une saillance de type addictif dans la mesure où elles donnent lieu à des préparatifs, un entraînement, des activités de support, de diffusion de l'information, de préparation des locaux, des animaux, du matériel destiné à la fête, et ainsi de suite. Le vrai supporter d'une équipe de football ne se contente pas d'assister aux matches, il est là presque tous les jours pour participer aux activités bénévoles du club, soutenir l'entraînement de l'équipe, préparer les déplacements et souvent investir de sa poche dans les frais.

Lorsque l'activité d'activation correspond à une action transgressive, là encore elle tourne très souvent à la compulsion. La belle étude de Rosemary Kilpatrick (1997) sur le *Joy-Riding* (le vol de voiture pour aller faire une simple virée) nous montre la mise en place d'un véritable rituel, qui commence par le repérage de la proie (une grosse voiture rapide de préférence), jusqu'à sa mise à feu, après avoir accompli avec le véhicule tout un ensemble d'actions dangereuses (dont la course avec la voiture de la police, ou le jeu de la voiture-bélier pour défoncer une vitrine). Ces agissements n'ont généralement pas, pour leurs auteurs, un caractère exceptionnel, mais entrent dans le cours de leur vie de façon répétitive, par exemple, pour animer les samedis soirs. On a pu aussi observer un tel caractère répétitif et parfois compulsif, dans de nombreuses activités criminelles, comme le vol à l'étalage, jusqu'aux viols ou aux meurtres en série. Enfin, Apter place de façon explicite l'abus des substances psychotropes parmi les stratégies destinées à élever le niveau d'activation.

Il devient ainsi possible de dire que ce qui vaut pour les activités d'activation, vaut aussi pour les addictions. En d'autres termes, les addictions doivent être concernées par les alternances entre états télique et paratélique, d'évitement et de recherche d'activation ; par la mise en place d'un cadre psychologique protecteur et par les alternances entre ennui et relaxation, anxiété et excitation. Dans une première approche, les addictions font partie de ces stratégies « fermées », qui ne conduisent à aucun apprentissage, aucun développement, orientées uniquement sur la satisfaction d'un besoin d'instant en instant, sans imagination et sans perspective à long terme, sinon les conséquences négatives d'une intoxication chronique, ou d'une prise de risque physique, financière ou légale. Et cette satisfaction d'un besoin immédiat concerne la poursuite d'un immuable niveau élevé d'activation.

Les études de Brown sur le jeu pathologique nous en donnent un excellent exemple. Les joueurs réguliers finissent par poursuivre le jeu, non plus pour l'argent gagné (ou perdu !), mais pour l'excitation qu'il procure (Anderson, Brown, 1984 ;

Brown, 1986). De façon plus détaillée (Brown, 1988a ; Anderson, Brown, 1987), si l'on analyse le comportement de jeu selon la théorie du renversement, on se rend compte que les joueurs sont dans un état paratélique quand ils jouent et que dans cet état, ils ne sont plus tout à fait conscients de la signification de ce qu'ils font, ni des conséquences à long terme d'une perte d'argent importante. L'argent n'est plus qu'un moyen de poursuivre le jeu et d'obtenir le plaisir de l'euphorie immédiate dans une excitation à court terme. Et même lorsque le joueur retombe dans l'état télique, après une grosse perte, il ne va pas tant poursuivre le jeu pour se renflouer financièrement, que pour retrouver l'expérience initiale d'activation agréable, c'est-à-dire retrouver l'état paratélique. Ainsi, les deux états télique ou paratélique qu'ils peuvent vivre sont-ils orientés sur la poursuite du jeu, ce qui explique que le joueur confirmé finit par ne plus trouver de raisons pour arrêter de jouer, tant qu'il n'a pas épuisé toutes ses ressources. C'est à ce moment-là que la détresse arrive, mais il est trop tard... (Apter, 1989).

Plus précisément encore, des études sur la rechute tabagique, alcoolique, ou pour d'autres addictions (O'Connell, 1988), montrent que les tentatives d'abstinence échouent toujours à l'occasion d'un renversement dans l'état paratélique. Cette vulnérabilité n'est pas seulement la conséquence de l'attraction pour la substance qui est renforcée dans cet état psychologique, mais de plus, parce que dans l'état paratélique il est plus facile de mettre de côté les conséquences à long terme de l'addiction. Si l'état paratélique est combiné avec l'état opposant, le risque de rechute est encore accru, car l'addicté va alors éprouver du plaisir à résister à la pression qui lui est faite pour rester abstinent (Potocky, Gerkovich, O'Connell, Cook, 1991). Une dernière étude portant sur la rechute tabagique a pu montrer le lien entre le risque de rechute et l'état de sympathie. En effet, ce dernier facilite l'apparition de sentiments négatifs de brimade, de privation, de négligence envers soi, dès que des éléments tabagiques apparaissent dans l'environnement (par exemple, voir quelqu'un en train de fumer). A ce moment-là, reprendre **une** cigarette est perçu comme une sorte de compensation (voire une récompense) à la brimade de l'abstinence. Puis, cette cigarette une fois fumée, le même état d'esprit génère des sentiments de culpabilité et d'auto-dérision, qui conduisent à reprendre le tabagisme comme une cause perdue (O'Connell, Gerkovich, Cook, 1995). En conséquence, certains états psychologiques (paratélique-opposant-sympathie, et on pourrait certainement ajouter autique, ce qui nous donne la combinaison 15 au tableau 13) lorsqu'ils sont dominants, entraînent une vulnérabilité à la rechute addictive, sur la base d'une facilitation de processus cognitifs qui orientent la pensée vers l'innocuité de l'addiction et sa justification.

Nous voyons ainsi que les addictions semblent impliquer quelques défauts dans les possibilités de renversements entre états métamotivationnels. Au plan des implications clinique, la théorie du renversement définit trois types de problèmes (Apter, 1989). Deux problèmes inter-états, avec 1) l'inhibition anormale du renversement, l'individu passant la plupart de son temps dans un seul état d'une paire donnée, l'autre état n'étant pas actif (une sorte d'hyper-dominance), et 2) la labilité du renversement qui survient de façon (ou dans des situations) qui ne sont pas appropriées ; un problème intra-état, 3) qui concerne des stratégies inadaptées à l'intérieur d'un état donné, ces stratégies pouvant être fonctionnellement inadaptées (elles ne conduisent pas à satisfaire la valeur fondamentale rattachée à l'état en question), ou temporellement inadaptées (elles poseront un problème ultérieurement), ou encore socialement inadaptées (elles poseront un problème avec d'autres personnes). Ces désordres peuvent être combinés, à l'exception de l'inhibition et de la labilité de renversement qui sont mutuellement exclusives. Par exemple, dans l'anxiété chronique, l'individu est fixé sur le mode télique et pour certaines raisons (environnementales, cognitives ou métaboliques) il tend à expérimenter souvent de hauts niveaux d'activation qu'il ne parvient à pas dépasser. Alors que dans l'anxiété aiguë, comme la phobie, l'individu paraît plutôt suivre la stratégie inadaptée qui consiste à produire un renversement télique au mauvais moment, lorsqu'un stimulus activateur apparaît (par exemple, une araignée, un espace ouvert, ... selon le type de phobie). Ce qui est plus intéressant pour nous est la possibilité inverse d'un blocage sur l'état paratélique, ou de renversements inadaptés sur cet état. Apter décrit ainsi les jeunes délinquants qui ne peuvent pas passer dans l'état télique de sorte qu'ils ne parviennent pas à considérer des situations sérieuses (comme le risque de danger physique, ou légal), autrement que comme des jeux. Dans cet état paratélique chronique (au contraire de l'anxieux chronique) le délinquant ne voit jamais aucune menace nulle part, quel que soit le niveau d'activation, d'où sa capacité à vivre une excitation élevée, rattachée à des sensations fortes et des satisfactions immédiates comme certaines musiques utilisées de façon psychotropes, la consommation de drogues ou l'accomplissement d'actes d'agression gratuits. Dans ces cas, l'inhibition de l'accès à l'état télique va se retrouver dans le défaut de planification (Brown, 1993b), l'incapacité à prévoir l'avenir à long terme et même le désintérêt pour cet avenir (le fameux *no future* des *Skin-Heads* – voir plus loin les caractéristiques télique-paratélique, tableau 16). Une étude de Bowers (1985, 1988) a trouvé à la *Telic Dominance Scale* les délinquants plus paratéliques que les élèves « perturbateurs », eux-mêmes plus paratéliques que les élèves normaux. A ce blocage sur l'état paratélique chez le délinquant, il faut ajouter sa forte dominance de l'état opposant, que révèlent ses comportements transgressifs.

Miller (1985) tentent de définir les addictions en termes de renversements dysfonctionnels, incluant : le déséquilibre en faveur de l'état métamotivationnel paratélique et la dépendance envers l'activité addictive afin d'opérer le passage vers l'état paratélique, ou encore pour le bloquer. L'auteur retrouve dans les travaux de Marlatt et Gordon (1985) les effets de bistabilité (entre abstinence et rechute), la nécessité d'un équilibre entre les éléments téliques et paratéliques dans le cours de la vie quotidienne, tels que les formule la *Reversal Theory.* Finalement, la théorie d'Apter nous montre ce que toutes les addictions ont en commun : un dysfonctionnement des renversements d'états psychologiques.

Le modèle de la « gestion hédonique » de Brown (1988b, 1993b, 1997) représente la formalisation sans doute la plus aboutie en ce qui concerne l'application de la théorie du renversement aux addictions.

Tableau 16 : Les caractéristiques des états métamotivationnels télique et paratélique

Dimensions	**Télique**	**Paratélique**
Moyens-buts	Buts essentiels Buts imposés Buts inévitables Réactif Orienté vers un but Propension à achever l'activité	Pas de buts essentiels Buts librement choisis Buts évitables Proactif Orienté vers l'activité Propension à prolonger l'activité
Temporelle	Orienté vers le futur Aller au-delà de soi Planifier Plaisir dans l'anticipation du but Préférence pour une signifiance élevée	Orienté sur le présent Suffisant en soi-même Spontanéité Plaisir dans la sensation immédiate Préférence pour une faible signifiance
D'intensité	Préférence pour une basse intensité Synergies évitées Réalisme prévalent Préférence pour une basse activation	Préférence pour une haute intensité Synergies recherchées Faire-semblant prévalent Préférence pour une haute activation

Analysant la situation des joueurs pathologiques, Brown indique que l'environnement de jeu (le casino) peut être considéré comme pouvant satisfaire la plupart des exigences pour une situation d'activation paratélique : la nouveauté et l'incertitude, mais encore un ensemble de règles strictes, la familiarité et la sécurité du lieu, permettent la mise en place d'un cadre protecteur, lui-même favorisant la montée de l'activation, tout en protégeant de l'anxiété. Ainsi, l'entrée dans un casino de jeu peut permettre la transformation d'une anxiété (dans l'état télique), liée par exemple à des éléments de la vie courante, comme les conflits et les problèmes dans la vie professionnelle ou sentimentale, en une expérience de plaisir et d'excitation, du fait du renversement dans l'état paratélique. Ou bien, si quelqu'un entre dans un casino déjà dans l'état paratélique, mais à un bas niveau d'activation qui lui donne des sentiments d'ennui, l'élévation de l'activation induite par l'atmosphère et le jeu, transformera cet ennui en excitation agréable. Les observations montrent toutefois, que pour la plupart des joueurs pathologiques, c'est la première solution qui est concernée : ils abordent le jeu dans un état télique d'inquiétude quant à leurs précédentes pertes et attendent du jeu, non pas de gagner et couvrir leurs pertes (c'est un objectif télique qui disparaît au moment du renversement), mais de retrouver l'excitation paratélique qui leur fera oublier leur tourment. Au cours du jeu, les gains ne conduisent pas à des stratégies de précaution (comme mettre une partie des gains de côté et ne jouer qu'avec le reste, ou encore quitter le jeu sur un gain), mais entraînent un besoin de plus en plus d'excitation afin de maintenir coûte que coûte l'état paratélique bienheureux. 75% des joueurs qui sont en train de gagner, jouent des sommes significativement plus élevées (Anderson, Brown, 1984). Et lorsqu'il y a des pertes au jeu, l'état paratélique est maintenu afin de ne surtout pas ressentir l'anxiété liée à ses pertes. Au bilan, chez le joueur pathologique, l'état métamotivationnel dominant est paratélique. La persistance pathologique au jeu correspond donc à une sorte d'apprentissage d'une illusoire stratégie de fuite de l'anxiété : perdre ou gagner n'ont plus de signification en soi, il s'agit de se stimuler. Pour le joueur pathologique il ne s'agit pas de faire fortune, mais de maintenir un état subjectif d'excitation et d'évasion.

Brown souligne qu'il est possible d'étendre ces processus à toutes les addictions en général, pour lesquelles on retrouve les recherches biphasiques d'états d'excitation ou d'oubli (alcoolisme), de vigilance ou de calme (tabac), d'euphorie ou d'invulnérabilité (opiacés), et ainsi de suite. Ce qui est recherché dans une activité addictive est le sous-produit, l'épiphénomène de l'activité elle-même, c'est-à-dire les états altérés de conscience, les changements d'humeur, ou l'évasion hors de son soi habituel. Ce qui amène Brown à formuler une première mouture de sa théorie des addictions comme une « recherche d'états altérés de conscience suivant des buts hédonistes existentiels ». Nous avons vu avec Apter que, du fait des renversements spontanés d'états psychologiques, *« il est difficile de maintenir durant des périodes étendues des niveaux élevés de tonalité hédonique positive, en d'autres termes, il n'est pas surprenant que les gens aient des difficultés à rester heureux sur de longues périodes »* (Apter, 1982). Aussi, les êtres humains apprennent-ils à manipuler leur tonalité hédonique, soit en se plaçant dans des situations qui offrent un arrière-plan de tonalité hédonique agréable (comme une carrière professionnelle, un mariage, ...), tout en acceptant le saupoudrage quotidien, plus ou moins important, de périodes au cours desquelles la tonalité hédonique pourra être moins agréable ; soit, en adoptant des stratégies actives de manipulations de l'activation et des renversements, destinées à maintenir une hédonie positive à court terme. Ces dernières stratégies sont le propos des addictions, qui représentent des méthodes efficaces pour manipuler la tonalité hédonique.

Devant l'imprévisibilité de sa vie psychologique, l'addicté potentiel ressent une insécurité chronique, qu'il va chercher à annuler en s'investissant plus qu'il ne le faudrait dans l'activité addictive. La stratégie initiale consiste à compter sur l'excès pour assurer une haute hédonie positive. C'est l'initiation, la première fois que le future addicté découvre avec émerveillement, comme une révélation, qu'il peut se libérer de sa dysphorie par un *rush* soudain et intense. Par la suite, toute son énergie servira à maintenir cette euphorie, ou du moins à la retrouver, car on sait que son cerveau réagira par des contre-effets et des phénomènes de rebond extrêmes. Au début, c'est la lune de miel, l'âge d'or de l'addiction, au cours duquel l'addicté peut se dire que « ça marche ! », il contrôle (à peu près) son hédonie. Mais cela ne peut durer. L'individu est amené de plus en plus à manipuler de façon extrême ses niveaux d'activation et ses renversements d'états de façon à assurer à la fois les nécessités physiologiques, psychologiques, mais maintenant familiales, sociales, professionnelles, voire légales, de son addiction. Finalement, la capacité de contrôle de l'hédonie finit par disparaître du fait du nombre grandissant de conséquences négatives de l'addiction, le piège s'est refermé.

Ce processus de l'addiction peut utilement être mieux compris avec la métaphore du pilote de navire (la métaphore est d'ailleurs identique pour un avion, ou tout appareil à forte inertie). La maîtrise de notre tonalité hédonique peut être comparée à celle de la conduite d'un gros navire. Le cap qu'il poursuit (une ligne droite idéale) est en permanence dévié par diverses forces, changeantes, imprévisibles (vagues, houle, courants, vent, rafales). Contre ces forces, le pilote chevronné oppose la force propulsive orientée du navire de façon très mesurée et toujours en anticipant le moment où son navire ira un peu trop d'un côté, ou de l'autre. Le cap est maintenu, non pas comme une ligne droite, mais comme une ligne légèrement ondulée qui rend compte des forces contre lesquelles lutte le navire. Le mauvais pilote ne sait pas anticiper et il oppose trop de puissance motrice aux forces qui assaillent le navire, qui dévie alors de façon considérable de sa direction. Le pilote veut compenser la déviation en donnant trop de force dans l'autre sens, ce qui amène son navire à virer complètement sur l'autre bord. Au bilan, on n'a plus une ligne légèrement ondulée orientée vers un cap choisi, mais un navire fou qui tourne en rond, fait des écarts, ou des huits.

Les stratégies de base que l'on peut utiliser pour manipuler notre hédonie nous sont données par le diagramme en X (voir figure 18). Elles sont au nombre de quatre : les deux renversements de télique vers paratélique, ou l'inverse ; et l'élévation ou la baisse de l'activation.

Ces quatre stratégies sont à la base des nombreuses méthodes que les êtres humains utilisent pour poursuivre le bonheur. Ces stratégies sont normalement utilisées de façon équilibrée, c'est-à-dire sans que l'une ou l'autre soit dominante. En général, les renversements d'états sont plus difficiles à mettre en œuvre que la manipulation des niveaux d'activation, mais tout reste possible en choisissant les bons environnements. Nous avons vu que les problèmes cliniques correspondent à divers dysfonctionnements dans ces stratégies de base. Dans le cas des addictions, nous avons noté le blocage sur l'état paratélique et les niveaux élevés d'activation, ce qui signifie (voir figure 19), qu'un addicté ne possède plus (ou plus suffisamment) dans son répertoire de stratégies, celles de la baisse d'activation (savoir se détendre) et celle du retour vers l'état télique (quitter le « tout, tout de suite » pour se tourner vers la pensée élaborée, la planification, les buts lointains).

Figure 18 : Stratégies de base de la manipulation hédonique (d'après Apter, 1982)

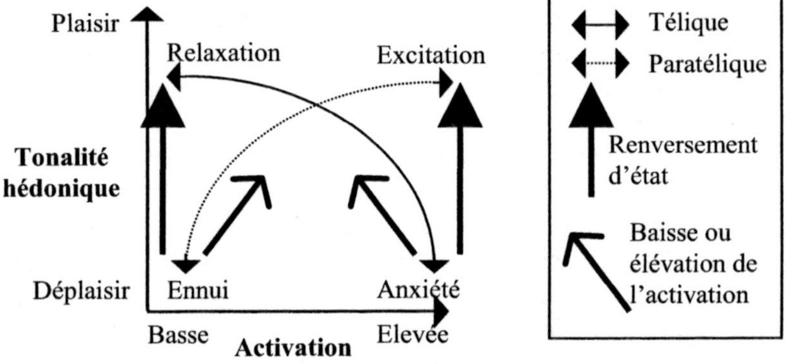

Figure 19 : La réduction du nombre de stratégies de base dans l'addiction

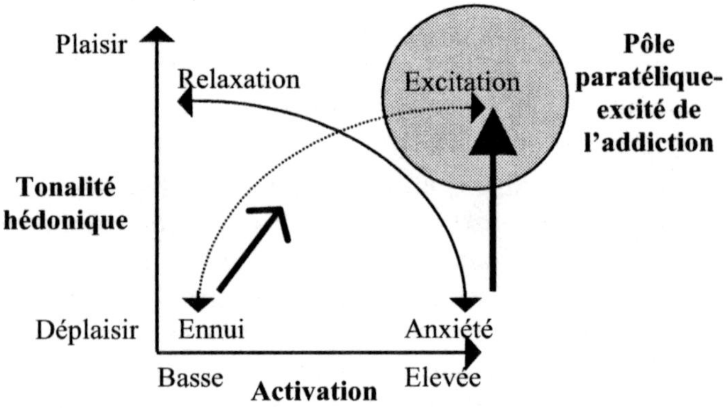

Dans une addiction, l'individu en est réduit à lutter constamment entre l'ennui et l'anxiété, en visant un seul et unique but : se maintenir le plus longtemps et le plus souvent possible sur le pôle paratélique-excité de l'addiction. Pour ce faire, il doit surinvestir une activité capable d'élever son niveau d'activation (prendre des substances psychotropes, ou s'adonner à des activités compulsives excitantes) et participer à des environnements et des styles de vie capables de le maintenir (ou de le refaire basculer) dans l'état paratélique (vivre dans le présent, sans projet, sans imagination, sans les exigences de la responsabilité, ou d'une planification). Bien entendu cette formalisation de l'addiction doit prendre en compte sa gravité sur le continuum entre AVQ et addictions pathologiques. Le confinement sur le pôle paratélique-excité est plus ou moins sévère selon la situation de l'addicté sur ce continuum (ce qui peut dépendre de l'étape actuelle sur son parcours addictif).

Un modèle ne saurait trouver une validité sans un test exemplaire. Ici, le test paraît évident : que l'on prenne des sujets non-addictés et voyons ce qui va se passer si nous bloquons leur capacité à atteindre l'état de relaxation télique, en d'autres termes, si nous les confinons sur le pôle paratélique-excité. En toute hypothèse, nos sujets devront se comporter comme des addictés. Or de telles addictions expérimentales (ou provoquées) se retrouvent tout simplement au cœur des recherches sur la désafférentation. Qu'il s'agisse des désafférentations expérimentales sur sujets sains et volontaires (Bexton et al., 1954 ; Scott et al., 1959), mais encore des observations sur les effets des carences précoces, l'hospitalisme (Soulé, 1958 ; Spitz, 1968), les observations sur les carences séniles (Léger et al., 1989 ; Maisondieu, 1996) et celles concernant les débiles (Carraz, Ehrhardt, 1973 ; Chiland, 1976), nous obtenons à chaque fois des sujets carencés en stimulations (sensorielles, cognitives, affectives, sociales) qui finissent par adopter une activité de type addictif (des stéréotypies, des compulsions) afin de lutter contre une souffrance interne insurmontable, une douleur morale qui s'exprime dans la dépression et la prostration lorsque l'activité addictive n'est pas encore, ou plus, utilisée. Si l'on veut bien examiner ces situations selon la théorie du renversement, on se rend compte qu'elles réalisent toutes un blocage sur le pôle paratélique-excité en imposant aux sujets, d'une part, un bas niveau d'activation prolongé qui les conduit à rechercher activement une élévation de ce niveau d'activation pour fuir la douleur de l'ennui, et d'autre part, ces sujets sont aussi confinés dans l'état paratélique du fait, soit de la durée excessive de la désafférentation (cas des sujets expérimentaux normaux), soit de plus, des caractéristiques propres au sujets : l'immaturité, la sénilité ou la débilité, qui excluent les moyens psychiques d'un renversement sur le pôle télique-relaxé (pensée élaborée, orientation vers le futur et des buts à atteindre). Ces expériences extrêmes sont à rapprocher des carences environnementales comme facteurs contribuant à la genèse des addictions.

C. Iain Brown : le modèle de gestion hédonique

Brown (1997) développe davantage son modèle de gestion hédonique en s'intéressant cette fois aux meurtres en série considérés comme une addiction. Un modèle de gestion hédonique des addictions considère comme central le rôle de l'expérience subjective et des interprétations de cette expérience par l'addicté, dans le développement, l'emprise et le déclin d'une addiction. Ce modèle psychologique range les addictions comme des phénomènes motivationnels, liés à des attentes, des valeurs, elles-mêmes déterminées par un apprentissage social de nature cognitive. Ce sont ces facteurs psychologiques qui sont prépondérants dans le parcours addictifs, les facteurs physiologiques, sans être niés, restant secondaires. Dans le cadre de ce modèle, les addictions sont considérées comme une forme extrême de phénomènes d'auto-gestion motivationnelle ordinaire dans la vie de tous les jours. Comme nous l'avons expliqué jusque-là, le modèle de Brown prend en compte la variable tonalité hédonique, qui est manipulée par l'individu dans le réglage de ses niveaux d'activation et de ses états psychologiques. Afin de résumer le modèle de Brown, déjà largement exposé, nous allons simplement présenter les onze propositions qui le formalisent selon l'auteur (voir tableau 17, nous avons omis une douzième proposition portant sur la distinction que fait Brown entre addiction et habitudes, obsessions, compulsions ou attachements. Cette distinction nous paraissant aller à l'encontre de la volonté actuelle de construire un concept d'addiction sur-organisateur).

Tableau 17 : Les onze propositions de base d'un modèle de gestion hédonique des addictions (d'après Brown, 1997)

1. La gestion de la tonalité hédonique
Tous les individus apprennent à manipuler leur niveau d'activation, leur humeur et leur vécu de bien-être subjectif afin de soutenir une tonalité hédonique positive (des états de plaisir ou d'euphorie), aussi longtemps qu'ils le peuvent, dans le cadre d'une poursuite normale du bonheur. Certains de ces états émotionnels, lorsqu'ils sont régulièrement reproduits, deviennent des besoins secondaires.
2. Les vulnérabilités
Des vulnérabilités personnelles prédisposantes, accroissent le « décalage hédonique » de l'individu, défini comme la différence entre les niveaux de dysphorie qu'il peut tolérer et ceux qu'il vit habituellement, ce qui entraîne la réduction de l'éventail des activités hédoniques facilement accessibles.
3. Le début de l'addiction
Une addiction commence, soit par le développement graduel, soit par la découverte soudaine, d'une activité qui procure des moyens puissants et effectifs de manipuler la tonalité hédonique, afin de soutenir de longues périodes d'euphorie, ou de soulager une dysphorie, de sorte que la hiérarchie préférentielle du répertoire des activités facilement accessibles se trouve changée.

4. Le choix de l'activité addictive
Le choix de l'activité addictive dépend de quatre facteurs : 1) l'éventail des activités accessibles dans l'environnement ; 2) le support social pour cette activité ; 3) les propriétés inhérentes à cette activité d'affecter la tonalité hédonique de l'individu (par ex., par les changements d'activation) ; et 4) les compétences acquises pour utiliser cette activité dans la manipulation de la tonalité hédonique.
5. Le développement d'un besoin acquis et d'une saillance croissante
Une addiction se développe à partir d'une boucle de feed-back positif impliquant une série d'erreurs cognitives qui conduisent à un besoin acquis pour des états émotionnels particuliers en tant que buts et au surinvestissement d'une unique activité comme source hédonique. La déficience de la conscience de soi (de la vigilance), la planification à court terme et la gestion de crise, ainsi que les mauvaises prises de décision, contribuent toutes au développement d'une saillance et en conséquence d'un conflit, qui conduisent eux-mêmes à la réduction des activités hédoniques alternatives facilement accessibles. La saillance croissante conduit à une intensification des effets de la tolérance, du manque et du soulagement, qui contribuent à leur tour à la saillance.
6. Les cycles de l'addiction
Aux étapes suivantes de son développement, l'engagement dans l'activité addictive se présente comme des cycles répétitifs ou des épisodes qui forment une série, durant lesquels s'échafaudent quatre mécanismes : 1) de puissants effets de conditionnement classique et des procédures de renforcement ; 2) des rituels qui induisent des états émotionnels recherchés ; 3) des distorsions cognitives dysfonctionnelles et des systèmes de croyances ; et éventuellement 4) des routines facilitant l'entrée dans des états partiellement ou totalement dissociés.
7. L'addiction installée
Au point de plein développement d'une addiction, une unique activité addictive domine tant la pensée, les sentiments et le comportement (c'est la saillance) qu'elle devient pratiquement la seule source hédonique. Elle est utilisée pour maintenir, presque en continu, une affectivité subjective positive, ce qui produit un conflit interne et externe croissants et conduit à des actions de soulagement pour éviter le manque. Les décisions sont maintenant prises seulement sur la base d'une satisfaction à l'extrême court terme ou d'un soulagement comme pure gestion de crise.

8. La sortie de l'addiction par la redistribution et la dispersion des activités
Le rétablissement est provoqué par un changement radical dans les stratégies et le style de gestion de la tonalité hédonique. Cela implique : 1) l'amélioration de la conscience de soi et de la vigilance ainsi qu'une meilleure qualité dans la prise de décisions ; 2) la réduction ou l'extinction de l'activité addictive au fur et à mesure du développement d'une croissante tolérance à une dysphorie de court terme (réduction du décalage hédonique) ; 3) la reprise et la reconstitution d'un large répertoire d'activités hédoniques facilement accessibles, permettant une meilleure planification pour une manipulation de la tonalité hédonique à moyen et long termes. Ceci produit une plus large dispersion des sources hédoniques et une amélioration du niveau général d'hédonie et de la qualité de la vie.
9. La rechute décroissante
Au travers du processus de dispersion des activités et de sa progression, le risque de retour à un complet monopole motivationnel (la rechute), ainsi que la vulnérabilité à des addictions croisées, diminuent, à mesure que les sources hédoniques se dispersent et que le niveau général d'hédonie s'élève.
10. Le risque de rétablissement de l'addiction
Après toute addiction, même avec l'accès à un équilibre hédonique, une dispersion des sources hédoniques et le maintien sur le long terme d'une telle amélioration, il reste toujours une vulnérabilité résiduelle. Des indices inhabituels peuvent réduire la vigilance cognitive, ou encore une période de moindre succès dans la gestion hédonique, peuvent déclencher un flash-back avec pour conséquence un retour à l'activité addictive, qui peut alors se rétablir rapidement et complètement dans ses caractéristiques et ses niveaux antérieurs.
11. La valeur de l'addiction
Les addictions n'ont pas de valeur morale en soi. Même les plus destructives possèdent quelques effets secondaires bénéfiques. La plupart sont partagées entre les effets intéressants et indésirables qu'elles produisent, à la fois aux plans social et individuel. Il existe quelques addictions positives qui peuvent être constructives pour l'individu et la société.

Le problème de gestion hédonique de Brown est intéressant à plus d'un titre. Tout d'abord, sa dénomination doit nous rappeler le modèle d'un dérèglement d'un système hédonique homéostatique de Koob et Le Moal (1997), qui reprend le modèle de la « spirale de détresse » de Baumeister et al. (1994) afin de l'adapter aux dernières découvertes neurobiologiques. Bien que les théories de Brown, ou de Apter, soient psychologiques et cognitivistes pour l'essentiel, un minimum de connaissances biologiques suffisent à faire pressentir les substrats cérébraux à l'œuvre sous ces processus psychologiques et comportementaux. Déjà, les trois variables considérées par nos auteurs dans leurs modèles psychologiques : l'activation, l'hédonie et la motivation, renvoient aux trois grands systèmes cérébraux mis en jeu dans toutes les addictions : les systèmes d'activation, de récompense et de motivation. Un phénomène particulièrement important devrait aussi nous ouvrir à la dimension neuronale des addictions et de la gestion hédonique en général, c'est celui d'inertie. Dans un précédent ouvrage (Loonis, 1997), nous avions rendu compte des différents phénomènes d'inertie cérébrale qui expliquent les délais qu'un cerveau met pour s'adapter, ou se désadapter, à une drogue ou à une sur-stimulation. Ces délais s'expliquent par la modification plus ou moins lente de certains paramètres cérébraux (comme la taille des populations de récepteurs synaptiques) et ont des répercussions sur le vécu du sujet, sur son expérience émotionnelle et sensorielle liée à la drogue ou à la sur-stimulation. C'est cette inertie que l'on retrouvera transposée au plan comportemental et qui amène l'addicté à piloter son navire addictif de façon de plus en plus chaotique, suivant des écarts extrêmes, tant au plan de l'humeur qu'à celui des consommations de ses sources hédoniques. Cependant, avec les états métamotivationnels nous changeons de niveau logique, nous transcendons le niveau des motivations, avec les gestions hédonique et de l'activation, pour toucher à des états psychologiques plus généraux, mais dont les déterminants cérébraux et physiologiques se laissent bien deviner (Apter, Svebak, 1992).

Le modèle combiné, que l'on pourrait baptiser « Apter-Brown », vient largement confirmer, mais encore enrichir, ce que nous avons déjà découvert à propos des addictions. Notre première définition de l'addiction a été voulue « dure » et comme désubjectivée afin de rendre tout d'abord compte des principes de la fonctionnalité présidant à toute addiction. Il s'agit d'une *activité corporelle ou psychique, produisant une activation cérébrale, destinée à occulter une dysphorie antécédente, consistant en une souffrance psychique intrinsèque et une menace existentielle* ; et nous complétions en disant que *la saillance dans l'activité d'occultation de la dysphorie antécédente est une fonction du degré de cette dysphorie et entraîne une dysphorie conséquente et des conséquences négatives ; mais pour une dysphorie antécédente donnée, la dysphorie conséquente et les conséquences négatives seront elles-mêmes une fonction des facteurs non-biologiques de l'environnement et de la personne, selon un moindre coût adaptatif.* Ce que le modèle Apter-Brown nous apporte de plus est que cette activité corporelle ou psychique représente un ensemble de stratégies cognitives et comportementales qui consistent à manipuler les niveaux d'activation, l'humeur et finalement toute notre expérience subjective (tableau 17, proposition 1). De plus, la dysphorie antécédente est implicitement reconnue comme une tonalité hédonique négative contre laquelle les stratégies en question servent à lutter.

La dimension de la dysphorie antécédente, cette souffrance psychique intrinsèque, prend appui sur le fait des vulnérabilités personnelles prédisposantes, qui se ramènent toutes au concept de « décalage hédonique » (*hedonic gap*) de Brown (1997), qui signifie que l'individu est comme sensibilisé à la souffrance psychique et que son seuil de tolérance est très bas (proposition 2). Ce sont bien des conditions historiques qui déterminent la taille du décalage, cette *différence entre les niveaux de dysphorie que l'individu peut tolérer et ceux qu'il vit habituellement*. Pour Brown, c'est la surexposition, ou la sous-exposition (qui correspond à une surprotection) prolongées à la souffrance psychique durant l'enfance, qui entraîne cette réduction de la tolérance, dans un cas à cause de la sensibilisation à la souffrance, dans l'autre cas parce que les stratégies pour y faire face n'ont pas été apprises (surprotection).

La solution addictive à cette intolérance à la souffrance psychique passe toujours par une activité qui est mise en saillance. C'est cette saillance qui protège de la souffrance, et en conséquence, la force de ce surinvestissement est à la hauteur de cette souffrance. Cependant, si l'on suit Brown, cette saillance d'une activité comme source hédonique, implique des changements dans la hiérarchie préférentielle du répertoire des activités facilement accessibles (proposition 3). Cela signifie que commence à apparaître pour nous l'idée d'une organisation des activités d'un individu et que cette organisation présentant un dynamisme, elle serait un système et non une structure statique.

Lorsque Brown dit « choix et saillance de l'activité addictive », nous pouvons désormais traduire en disant réaménagement, reconfiguration du système des activités sous une forme *monopoliste*, le *motivational monopoly*. Au lieu d'un système présentant plusieurs pôles d'activités relativement bien équilibrés les uns par rapport aux autres, nous avons un système centralisateur, voué à une seule et envahissante activité. Aussi, la stratégie ne prend pas seulement place au niveau des effets hédoniques de l'activité elle-même, mais déjà au niveau des effets hédoniques du monopole motivationnel de cette activité, le fait qu'elle soit saillante dans la vie et le vécu de l'individu. On peut comprendre ainsi avec plus de précision, que la nature de l'activité, au sens de sa force hédonique psychotrope (comme l'effet d'une substance, ou d'une sensation forte), ne saurait être le seul facteur dans le choix de cette activité. La saillance met aussi en jeu des déterminants environnementaux, au niveau de l'accessibilité, du renforcement et des apprentissages (proposition 4). Ce qui explique que dans toute addiction le social et le culturel aient leur mot à dire.

Si cette saillance d'une activité tient en bonne partie de la place de cette activité dans le système qu'elle forme avec les autres activités, cela implique que ce choix exclusif, ce choix addictif, ne se fait pas sans un ensemble de processus mentaux, cognitifs, destinés à opérer, centrer et maintenir ce choix (proposition 5). Ce choix devient « besoin secondaire acquis » parce que l'individu y met du sien ! Une addiction ne tombe pas du ciel comme la foudre et ne se réduit pas aux mythes que l'on sert aux collégiens pour leur donner la peur de la drogue, faute de savoir leur parler de la souffrance à être. Même l'adolescent dépressif, ou prépsychotique, qui découvre la défonce comme une révélation miraculeuse, n'en fera pas son pain quotidien du jour au lendemain, sans apprendre comment appréhender psychiquement cette solution à son mal. Tout addicté débutant, s'il veut s'engager, doit faire l'effort de se tromper lui-même, de ne pas se regarder en face, de fermer les yeux aux conséquences à long terme ; mais encore, faire l'effort de s'engager à prendre les décisions qu'il ne fallait pas prendre et supporter le conflit entre ses choix et la réalité (il y est malheureusement souvent aidé par son entourage familial qui y trouve, lui aussi et à bon compte, un apaisement à sa souffrance psychique). Aussi, longtemps (parfois toute la vie), une addiction garde-t-elle un caractère presque invisible, secret, comme un péché inavouable et que l'on se gardera bien de vous faire avouer. Il faut que la saillance atteigne des niveaux suffisants pour que tolérance, manque et soulagement animent leurs effets, ce que nous avons reconnu comme souffrance psychique conséquente.

Si l'on reprend le second schéma qui vient soutenir notre définition de l'addiction (voir figure 6, le modèle de type II), nous y désignions le processus même de l'addiction comme addictivité, c'est-à-dire valeur addictive égale au plus faible coût adaptatif. Cette addictivité dépendait, en plus de la dysphorie antécédente, jugée d'ailleurs comme facteur prépondérant, de deux autres grands groupes de facteurs : les facilités addictives de l'environnement et les compétences addictives personnelles. Or, le modèle Apter-Brown rend compte de façon plus précise de ces deux groupes et en quoi ils contribuent à l'addictivité : ce sont les facilités addictives de l'environnement qui autorisent la saillance et ce sont les compétences addictives personnelles qui vont permettre la mise en place des stratégies (addictives) de gestion hédonique. Environnement addictivogène et compétences addictives stratégiques vont décider du destin d'une addiction sur le continuum entre AVQ et addictions pathologiques. Or ce destin n'est pas une donnée statique et il donne lieu à des déplacements sur le continuum de l'addictivité suivant les étapes d'une trajectoire qui se déroule dans le temps, celui d'une vie. Des cycles répétitifs et des épisodes en série apparaissent qui donnent lieu à la mise en place de plusieurs mécanismes de conditionnements, d'apprentissages et des procédures cognitives qui vont favoriser l'effet addictif (proposition 6). Au sommet de son parcours (plusieurs « sommets » sont franchissables en une vie), une addiction devient le pôle central et vital de la vie de l'individu addicté. La saillance (proposition 7) transforme momentanément toute la vie de l'addicté en une omniprésente (et omnipotente) stratégie de gestion hédonique. Il se produit comme une hyper-spécialisation des activités qui semblent former un grumeau pratiquement unique, d'une activité massive désignée comme l'activité salvatrice d'une souffrance devenue intolérable.

Cependant, c'est bien parce que nous sommes dans un système, soumis à des fluctuations et des forces transformatrices, que l'addiction, même si elle passe par des phases dramatiquement extrêmes d'hyper-spécialisation de l'activité, est amenée à s'amender, à s'améliorer, sous l'action des mêmes forces qui lui avaient donné son tour extrême et qui, à présent, inversent leurs vecteurs (proposition 8). Les facilités addictives de l'environnement qui avaient suscité la saillance, peuvent aussi favoriser une variété des activités qui, en contrepartie, induira le désinvestissement (voire l'extinction) du monopole motivationnel. Les compétences addictives personnelles qui avaient favorisé les stratégies extrêmes de gestion hédonique addictive, peuvent aussi être mises à contribution pour d'autres stratégies plus ouvertes et des prises de décision plus judicieuses. Ce qu'il faut retenir de cette transformation de la trajectoire addictive, c'est qu'il n'y a jamais un moment avec et un moment sans l'addiction. L'addiction est toujours là, même chez l'individu qui n'en montrera jamais aucun signe. L'addictivité est inhérente à l'être humain, elle nous concerne tous et ce que nous appelons des « addictés », des « drogués », des « compulsifs », voire des « pervers », ne sont pas différents de tous les autres humains sur la planète, sinon que leur addictivité, pour un certain nombre de raisons que nous commençons à bien reconnaître, a pu prendre une configuration extrême. D'où ce paradoxe de l'addiction, de ce qu'elle permet toutes les belles sorties que l'on désire, mais encore toutes ces rechutes désespérantes que l'on redoute.

Tant que le système des activités présente une configuration qui l'éloigne du monopole motivationnel (proposition 9), c'est-à-dire tant qu'il se présente sous la forme d'une dispersion des activités de gestion hédonique sur un large éventail d'options, alors le risque addictif (sous-entendu d'excès addictif) sera faible. Mais toujours persistera une vulnérabilité résiduelle (proposition 10), de ce que le système peut à tout moment, à l'occasion du retour en conjonction des conditions qui avaient permis son déséquilibre antérieur, même éloigné, retrouver sa configuration *monopoliste*. Notre idée, cependant, est qu'il ne faut plus réduire cette vulnérabilité résiduelle à l'effet de la séquelle d'une addiction extrême antérieure, mais que cette vulnérabilité représente pour l'ancien addicté un retour à une vulnérabilité générale concernant tous les êtres humains. C'est pour cette raison que les addictions n'ont pas de valeur bonne ou mauvaise en soi (proposition 11), qu'elles se répartissent sur un continuum de gravité qui doit être, de plus, relativisé aux besoins de l'individu en soulagement de sa souffrance psychique intrinsèque. En tant que « solution » à cette souffrance une addiction est toujours « bonne », quelles que soient ses conséquences négatives et la souffrance conséquente induite. Il est sans doute souhaitable de contrôler ces conséquences négatives et cette dysphorie conséquente, mais cela ne saurait être une exigence irréaliste et autoritaire, comme une volonté d'un monde parfait. Les « addictions positives » (Glasser, 1976) sont là pour nous rappeler à l'humilité face à des systèmes d'activités extrêmes qui peuvent parfois servir le bien de l'individu et de la société.

D. Le modèle d'économie comportementale

S'il apparaît des liens, des conjonctions et comme une continuité entre l'approche de la recherche de sensation de M. Zuckerman, celle psychosociale de S. Peele, la théorie du renversement de M.J. Apter et le modèle de gestion hédonique de R.I.F. Brown, nous allons voir que le modèle d'économie comportementale des addictions, déjà évoqué dans le cadre de la remise en question des recherches sur l'homme (Bickel, DeGrandpre, Higgins, 1993 ; Carroll, 1993 ; Hursch, 1993), propose une nouvelle avancée.

Un tel modèle part d'une remise en question de l'approche classique des addictions souligant la nécessité de passer des micro-théories aux macro-théories en matière de toxicomanie (Anderson, 1995). Les premières fonctionnent à partir de quatre arguments : 1) une idéologie de discrimination socio-économique (les valeurs culturelles du groupe social le plus économiquement dominant sont supérieures aux valeurs des groupes économiquement plus faibles) ; 2) une hégémonie idéologique du contrôle individuel et social (la classe dominante – on dit aussi « favorisée » – met en avant et cherche à imposer ses valeurs individualistes de l'auto-contrôle et un modèle moral) ; 3) un cautionnement scientifique des idéologies (les addictions sont expliquées, par exemple, comme un apprentissage social, une perte du contrôle social, un manque de conformité ou de maturité sociales, les valeurs dépravées d'une sous-culture, ou encore comme une « maladie ») ; 4) l'ensemble du système sous-tendu par les micro-théories est confirmé et entretenu par une législation répressive et une stigmatisation des consommateurs visés dans les classes défavorisées.

Pour Anderson, dans le cadre de ce qu'il propose d'appeler les macro-théories, il faut considérer le développement des sous-cultures de la drogue comme des « solutions » à la marginalisation générée par la culture dominante et ses prescriptions normatives étroites. Il s'agit, pour un certain nombre de catégories de population, de résoudre les problèmes posés par une position de classe sociale et économique. Ces problèmes vont dépendre de l'environnement socio-culturel qui va dicter des choix économiques en fonction des limites imposées par cet environnement. Le déclin économique, le chômage, la précarité, l'exclusion, les crises de vie liées à la jeunesse ou à d'autres étapes difficiles du parcours de vie, peuvent ainsi conduire à des aménagements hédoniques et de régulation psychique et émotionnelle, où les substances psychotropes et d'autres activités compulsives à caractère addictif, pourront prendre une place stratégique majeure.

Si l'opposition entre classes socio-économiques présente bien quelques pertinences en ce qui l'usage extrême de drogues illicites, selon le point de vue de la MILDT (Mission Interministérielle de Lutte contre la Drogue et la Toxicomanie), nous sommes aussi confrontés aux « usages sociaux des substances psychoactives » (Maestracci, 1999). Les drogues remplissent de multiples fonctions (automédication, dopage, « sociabilité », etc.) qui vont bien au-delà de la résolution de problèmes de classe « défavorisée ». Bien que les connaissances scientifiques soient encore très partielles dans ces secteurs (en France), de nombreux indicateurs montrent que les consommations concernent aussi les groupes sociaux aisés, la clientèle courante des médecins généralistes, les usagers occasionnels de drogues « dures ». Alcool, tabac, anxiolytiques, anti-dépresseurs, hypnotiques représentent des consommations addictives qui ne s'expliquent pas simplement par l'appartenance de classe. Si les classes défavorisées ont leurs propres difficultés à régler à coup de consommations addictives, les classes plus favorisées ont aussi leurs propres malaises à gérer (comme le stress, l'insécurité professionnelle, les conflits familiaux, les exigences de la compétition socio-professionnelle...), sans compter que les unes et les autres classes ne sont pas exemptes de recherches récréatives de sensations plus ou moins fortes, d'états de conscience modifiés. Mais ici comme ailleurs, les facteurs internes sont insuffisants à expliquer l'ampleur et la généralisation de ces comportements et nous devons nous tourner vers les conditions environnementales.

Le modèle d'économie comportementale des addictions se

distingue nettement des modèles médicaux, neurobiologiques ou centrées sur la structure de la personnalité, par le fait qu'il considère que les forces motivationnelles ultimes résident dans le contexte environnemental du comportement (Rachlin, 1997). Autant les modèles médicaux et physiologiques prennent appui sur la cause efficiente (un stimulus entraîne une réponse), autant le modèle économique est basé sur la cause finale (le comportement est rattaché à un programme qui poursuit un but), il est en cela téléologique, dans le cadre d'une fonction d'utilité économique, ou d'un processus d'ajustement comportemental.

Les théories du choix sont à la base du modèle d'économie comportementale, entendu comme un ensemble de jeux stratégiques qui prennent place dans la personne (Frank, 1996 ; Winston, 1980). Il s'agit d'appliquer aux addictions ce que les économistes formalisent et interprètent, au niveau des comportements de consommation en général, comme des jeux de conflits qui se jouent entre différentes parties psychiques d'une personne. Ce « conflit psychique » ne possède qu'une lointaine parenté avec la dynamique des instances psychiques freudiennes (ça, moi, surmoi). Aux yeux des économistes, nous avons plutôt affaire à des « jeux internes » joués par des aspects rationnels et conscients de la personne. Pour Winston (1980), un individu est confronté à tout moment à deux fonctions utilitaires alternatives, des polarités motivationnelles opposées entre lesquelles il doit choisir. Cette idée rejoint aussi bien notre concept de dialectique comportementale (Loonis, 1997), que les paires d'états psychologiques de la théorie du renversement de Apter (1989). Lee (1988) en vient à parler d'un équilibre écologique entre un « bon soi » et un « mauvais soi », à l'instar de l'équilibre proie/prédateur ; tout comme Lœwenstein (1995) parle du conflit entre les « facteurs viscéraux » et les « facteurs d'intérêt personnel perçus ». Ainsi, en matière d'économie comportementale, l'objet d'étude central est la dialectique consommer/ne pas consommer, car cette dialectique est au cœur d'un système économique quel qu'il soit. A partir de là, les différents modèles économiques qui se sont penchés sur le phénomène de l'addiction, ont cherché à analyser les facteurs pouvant donner lieu au choix quasi-exclusif de l'addicté : *consommer* (consommer une substance psychotrope, ou « consommer » une activité compulsive).

Les tentatives de modélisation économique des addictions ont longtemps souffert de nombreux défauts, au rang desquels leur caractère particulièrement simpliste et spéculatif. Par exemple, dans la théorie de l'addiction relative (Premack, 1965 ; Rachlin et al., 1981 ; Rachlin, Burkhard, 1978), le découpage entre activités de consommation dites « habituation au coût » (le coût est une fonction directe de la consommation) et « sensibilisation au coût » (le coût est une fonction inverse de la consommation) et la réduction du système à un simple jeu de substitution entre ces deux types d'activités, ne prenait pas en compte toute la complexité des phénomènes de consommation (une activité de consommation n'est jamais exclusivement et définitivement de type « habituation » ou « sensibilisation » et des activités des deux types peuvent être simultanées, annulant les possibilités de substitution). De même, dans leur concept de « demande non-élastique » (une demande de consommation qui devient insensible au coût), qui prend appui sur le phénomène de tolérance physiologique à une substance consommée, Stigler et Becker (1977) ignorent encore le caractère souvent « élastique » de la demande de drogue et sa sensibilité au coût (Peele, 1985 ; Rachlin, 1997).

Les modèles économiques de l'addiction ont commencé à devenir plus précis et réalistes lorsque les chercheurs ne sont plus restés centrés sur la cause efficiente du « coût » en terme d'habituation, sensibilisation ou insensibilisation, mais ont pris en compte l'aspect téléologique des comportements de consommation. Dans leur théorie dite « de l'addiction rationnelle », Becker et Murphy (1988) décrivent deux types de comportements de consommation, correspondant à deux visées téléologiques différentes : 1) le consommateur qui prend en compte les conséquences futures de l'addiction et qui les met en balance avec l'utilité actuelle de cette consommation ; 2) le consommateur dit « myope » qui ne voit pas au-delà de l'utilité présente, qui va donc suivre la voie de la facilité, celle de l'addiction sans frein. C'est à partir de ce retour aux théories du choix que les modèles économiques des addictions ont pu pleinement se développer.

Herrnstein et Vaughan (1980) ont tout d'abord approfondi le concept « d'allocation comportementale » en montrant que les addictions sont marquées par la maximisation de l'utilité locale (à court terme), au détriment de l'utilité globale (à long terme) de la consommation, ce phénomène étant appelé « mélioration » (ou « voie de la facilité » – *primerose path* – Herrnstein, Prelec, 1992). Par exemple, l'utilité « locale » peut conduire à boire pour obtenir divers effets positifs résultants de l'intoxication alcoolique, tandis que l'utilité « globale » peut conduire à modérer la consommation d'alcool afin de préserver la santé à long terme. C'est la tendance à privilégier l'utilité « locale » qui est appelée mélioration, elle entraîne les comportements de consommation addictive ; la tendance inverse, appelée « maximisation » (Herrnstein, Lœwenstein, Prelec, Vaughan, 1993), privilégiant l'utilité « globale » de la consommation (ses conséquences à long terme).

Les auteurs expliquent le phénomène de mélioration qui entraîne les addictions en faisant appel à des processus de restructuration cognitive. Par exemple, dans le cas des soldats américains toxicomanes au Viet Nam, qui sont redevenus abstinents pour 88% d'entre eux dès leur retour aux Etats-Unis (Robins et al., 1974, 1980), c'est la contrainte à percevoir leur vie de combattants sur le court terme qui a pu favoriser les tendances méliorantes addictivogènes, alors que le retour au pays a permis d'accéder à nouveau à une vision de la vie à long terme, générant une orientation comportementale maximisante anti-addictive. Pour les auteurs, il y aurait un besoin (qu'ils n'expliquent pas) à consommer des drogues et c'est simplement la perception de nature cognitive des perspectives existentielles à long terme qui pourrait freiner cette consommation. Un tel modèle pourrait expliquer les tendances à consommer des drogues dans les banlieues difficiles où le chômage, l'exclusion et l'absence de perspective temporelle (Nuttin, 1980) entraînent des attitudes méliorantes ; mais il ne peut répondre au problème des consommations addictives, plus ou moins contrôlées, dans des couches sociales favorisées où les perspectives d'avenir ne sont pas absentes.

Heyman (1996) va développer davantage le modèle économique des addictions par l'analyse de leur caractère paradoxal : d'un côté, et suivant le modèle médical, les addictions sont définies comme une perte de contrôle comportemental (APA, 1996 ; OMS, 1994), elles sont involontaires ; d'un autre côté, des données expérimentales et d'enquêtes montrent que des facteurs de risque liés aux conséquences négatives des addictions peuvent entraîner une consommation contrôlée ou une abstinence (Peele, 1985), les addictions étant alors considérées comme volontaires. Ainsi, la question des attitudes méliorantes ou maximisantes, s'inscrit-elle au cœur d'une controverse dont la résolution est essentielle pour comprendre les addictions. Pour Heyman, ce n'est pas le produit qui fait l'addiction, mais ce sont les conditions dans lesquelles se trouve un individu et qui font qu'il aura tendance à privilégier les valeurs locales (mélioration) ou les valeurs générales (maximisation). En d'autres termes, la perte de contrôle, le passage de l'addiction dans le registre de l'involontaire, ne sont pas tant l'effet aversif de l'addiction elle-même (perturbations cérébrales, réponse au manque, effets de conditionnement, de sensibilisation incitative), que l'effet de conditions environnementales (sociales, économiques, existentielles) qui accroissent l'intérêt de l'individu pour des satisfactions à court terme, diminuent en même temps l'intérêt pour des activités et des satisfactions alternatives à l'addiction et conduisent à négliger ses conséquences négatives à long terme.

Le modèle d'économie comportementale des addictions présentent un certain intérêt pour avoir souligné cette dialectique assez fondamentale qui marque les comportements humains, entre mélioration et maximisation, dialectique que l'on retrouve de façon plus ou moins équivalente dans de nombreux modèles (voir tableau 18), qu'il s'agisse des deux principes du fonctionnement mental (Freud, 1911), des jeux internes que Frank (1996) a finalement repris de Platon, de l'addiction rationnelle (Becker, Murphy, 1990), de la dialectique comportementale (Loonis, 1997), de la recherche de sensations fortes (Zuckerman, 1994) ou des états métamotivationnels dans la théorie du renversement (Apter, 1982).

Tableau 18 : Synoptique de la dialectique fondamentale du comportement humain (mélioration/maximisation) selon différents modèles.

Modèles	**Mélioration**	**Maximisation**
Les deux principes du fonctionnement mental de S. Freud	Principe de plaisir	Principe de réalité
Les jeux internes de B. Frank (et Platon)	Agent « Appétit »	Agent « Raison »
La théorie de l'addiction rationnelle de G. Becker et G. Murphy	Consommateur « myope »	Consommateur prévoyant
La dialectique comportementale de E. Loonis	Motivation	Anti-motivation
Le *Sensation Seeking* de M. Zuckerman	Grand chercheur de sensation (HSS)	Petit chercheur de sensation (LSS)
La théorie du renversement de M.J. Apter	Etat paratélique	Etat télique

Cependant, le modèle économique présente aussi de nombreuses limitations. Le choix théorique, qui consiste à prétendre créer un modèle uniquement basé sur la cause finale et qui conduit à ne tenir compte que des buts et des conséquences de l'action et des seuls facteurs environnementaux, nous paraît bien arbitraire et réducteur et amener à négliger des facteurs internes importants dans le champ des addictions (la souffrance psychique, les conditionnements et apprentissages, les adaptations neurobiologiques). Dans tout système il y a circularité et continuité entre cause efficiente et cause finale : la cause efficiente modifie les conditions d'état du système, tandis que la cause finale représente l'état que doit atteindre le système par son comportement programmé, le programme étant mis en route (cause finale), parce que l'état a changé (cause efficiente).

Ainsi, Herrnstein et Prelec (1992) sont bien en peine d'expliquer ce besoin initial de prendre des drogues qui reste pour eux une donnée irréductible. Il est correct de dire que les soldats américains au Viet Nam, du fait d'une perspective temporelle réduite, avaient tendance à adopter une attitude méliorante ; mais cela reste insuffisant puisque seuls 20% d'entre eux se sont addictés (contre 1% avant le départ à la guerre). La souffrance psychique liée au stress du combat et du danger de mort, l'éloignement du milieu familial, les conditions de vie difficiles et éprouvantes, ont pu représenter les causes efficientes de la solution addictive (renforcées par les facilités d'approvisionnement et la tolérance de la hiérarchie militaire). A l'inverse, en plus de l'ouverture de la perspective temporelle, la baisse de la souffrance psychique doit aussi être prise en compte pour expliquer les rémissions addictives consolidées après le retour à la vie civile (diminution du stress, soutien social et familial).

La question du caractère volontaire ou involontaire des addictions est au centre de la problématique traitée par le modèle d'économie comportementale et c'est ce qui fait tout son intérêt, face aux modèles médicaux qui réduisent les addictions au seul pôle involontaire, éludant complètement la question de la volonté, des motivations et des états métamotivationnels. Le modèle d'économie comportementale reprend, en le modernisant, le découpage platonicien entre « Appétit » et « Raison ». Ce faisant, ce modèle a mis à l'écart le troisième terme que proposait ce même Platon : la « Passion ». La faiblesse des modèles économiques est qu'ils ne prennent pas en compte les aspects passionnels des choix humains, la force des émotions, de la souffrance psychique et la recherche d'états psychologiques particuliers. Les consommations addictives ne peuvent être réduites à l'opposition « en prendre/ne pas en prendre », mais doivent être envisagées aussi au regard de recherches volontaires d'états altérés de conscience. La passion représente ainsi une voie de synthèse dans une dialectique qui resterait sans cela indécidable.

Alors, les drogues : involontaires ou volontaires ? Si la consommation de drogue est involontaire (une « maladie » ?), alors pourquoi observe-t-on une capacité de contrôle de la consommation en fonction de facteurs économiques de coût ? Si la consommation de drogue est volontaire, alors pourquoi observe-t-on les pertes de contrôle dramatiques et les rechutes à long terme en l'absence de tout symptôme de manque ? Pour Heyman (1996), l'addiction se définit à cet instant où le consommateur veut arrêter – essaie d'arrêter – mais n'y parvient pas. McCauley (1996), souligne cependant que la difficulté d'une telle définition provient du fait que beaucoup de comportements, et plus particulièrement les comportements du quotidien, correspondent à cette définition, sans être pour autant considérés comme des addictions. Non sans humour, McCauley site sa propension à tambouriner des doigts sur la table, celle à regarder la télévision tous les soirs, à jouer au loto ou à boire de l'alcool à certaines heures. Bien que ces comportements habituels aient un coût, doit-on les considérer comme des addictions ?

Si l'on suit la réponse d'Heyman (1996) à ce problème, prenant appui sur les modèles économiques, il renvoie l'ambiguïté de la réponse à ce que l'on peut considérer comme deux « états » du système humain : 1) dans l'état de mélioration, la consommation donne l'impression d'un comportement (maladif) involontaire, avec perte de contrôle et tendance à la rechute ; 2) dans l'état de maximisation, la consommation donne au contraire l'impression d'un comportement volontaire, avec contrôle d'une recherche du plaisir ou du soulagement à court terme. Cette réponse en terme d'états, états psychologiques, est corroborée par la théorie du renversement de Michael J. Apter (1982, 1989) : les êtres humains vivent en permanence des alternances entre les deux pôles de paires d'états psychologiques opposés, qui présentent une force « métamotivationnelle », au sens où ces états psychologiques se superposent aux motivations « classiques » pour déterminer leur interprétation à ce niveau dit métamotivationnel. Nous sommes face à ce que l'on pourrait appeler une « psychologie des états », qui explique, par exemple, que la motivation « classique » à absorber des nutriments pour la sustentation physiologique, puisse être interprétée au niveau métamotivationnel comme recherche d'aliments, confection de plats et de repas (la cuisine, les recettes), le partage du repas, et donner lieu sur ce même niveau métamotivationnel, à des troubles psychiques comme la boulimie ou l'anorexie, qui renvoient bien aux problèmes du volontaire/involontaire, du contrôle ou de la perte de contrôle.

Pour Heyman (1996), les comportements involontaires (même si on les considère comme des comportements appris, conditionnés), ne représentent pas une absence de choix, mais plutôt une incapacité à établir des moyens pratiques pour restreindre des intérêts à court terme. Cette idée sous-entendrait qu'aucun comportement appris, conditionné, donc de l'ordre de la « maladie », n'est jamais absolument irrésistible. Il y a toujours moyen de contrôler de tels comportements et les addictions représentent davantage l'échec de ces moyens, plutôt qu'un effet unilatéral du conditionnement, de la « maladie ». Bien entendu, il ne s'agit pas ici de renouer avec une vision moraliste des addictions comme mauvaise volonté (ou faiblesse de la volonté), comme péché ! Car c'est à ce niveau qu'entrent en jeu les états métamotivationnels. C'est dans l'état méliorant (paratélique de Apter, orienté sur le présent et la recherche d'activation) que l'individu perd ses moyens de contrôle, mais il peut à tout moment les retrouver en passant dans l'état maximisant (télique d'Apter, orienté sur le futur et les buts à atteindre).

Shizgal (1996) nous propose l'expérience imaginaire suivante : on est pris dans la dernière ligne droite d'un projet important que l'on veut absolument réaliser, on saute un repas et la nourriture continue à être éclipsée quelques temps au profit de ce projet qui pourrait avoir une influence décisive sur notre carrière. Puis, soudain, on se retrouve confronté à l'odeur d'un plat familier, ou même simplement à l'idée de nourriture. Aussitôt notre attention se fixe sur la volonté de trouver quelque chose à manger, la pensée quitte inexorablement le projet et se fixe sur l'ici-maintenant. Le stimulus incitateur a renversé complètement notre cadre de référence. De telles expériences sont le lot quotidien de nos vies : incitations à manger, à avoir une activité sexuelle, à se détendre, à bouger, à penser à des choses plaisantes... mais aussi : à prendre une cigarette, à se servir un petit verre, à allumer la télévision... Tous ces phénomènes sont semblables à ceux qui sont observés concernant l'effet des stimuli associés à la drogue comme déclencheurs du manque (Stewart, de Wit, Eikelboom, 1984).

Si d'un côté on observe les effets addictifs des drogues, on note par ailleurs que les mêmes drogues délivrés dans certains contextes ne donnent pas lieu à addiction, par exemple, la morphine délivrée, même à fortes doses, dans un contexte de soin médical (Zinberg, 1974). De nombreuses études ont pu montrer que, quel que soit le mode d'administration, la cocaïne ou d'autres psychostimulants, ne sont pas spécialement, ni inévitablement addictifs pour l'être humain (Erickson, 1993). Aussi, qu'il s'agisse de substances psychoactives réputées « à risque addictif », ou de n'importe quelle autre source de stimulation de la vie quotidienne, nous constatons que les phénomènes de contrôle/perte de contrôle dépendent davantage des états psychologiques des individus (en lien avec les contextes et environnements de consommation) que de la nature des sources de consommation elles-mêmes.

Bien qu'il ne faille pas perdre de vue la nature toxique (tant au niveau cérébral que physiologique en général) de la plupart des substances psychotropes, lorsqu'elles sont consommées de façon fréquente et sur le long terme, on ne peut pas feindre d'ignorer l'ensemble de nos besoins de stimulations, de soulagement, nos recherches d'états psychologiques particuliers, d'états de conscience modifiés. L'histoire de l'humanité est traversée de part en part, en tous lieux et en tous temps, par les consommations psychotropes et/ou les pratiques à effets psychotropes (jeûnes, ascèses, mortifications, danses, rituels...). Un comportement n'est jamais entièrement volontaire ou involontaire, il n'est jamais non plus déterminé de façon univoque et à un seul niveau logique (ce serait oublier tout l'apport de la psychanalyse et la surdétermination de l'Inconscient).

On assiste aux Etats-Unis (et on en voit les prémices en France) à un étrange mouvement paradoxal : ces fumeurs qui s'adonnent librement et volontairement au tabagisme durant des années (sur la base des multiples renforcements positifs liés à cette consommation), mais qui plus tard, parce qu'ils ont un cancer, vont faire un procès aux fabriquants de cigarettes, voyant tout-à-coup le tabac comme un renforcement négatif (effet du manque) qui les aurait rétrospectivement contraint. Etrangement, dans cette affaire, lorsque le renforcement est perçu comme positif, l'individu se prétend libre et volontaire ; mais s'il perçoit à un autre moment l'aspect de renforcement négatif de sa pratique addictive, alors il prétendra ne plus être libre et agir en dépit de sa volonté. Attendant réparation des conséquences de cette emprise, nos fumeurs veulent tout simplement le beurre et l'argent du beurre ! Cet exemple vaut pour toutes les addictions. Les individus commencent à boire et faire des excès alcooliques pour le bien que cela leur procure sur le coup (état méliorant) et à ce niveau, dans cet état, personne ne se dira pris dans une compulsion irrépressible, chacun se sentira libre de consommer et typiquement réduire autoritairement les consommations d'alcool dans certaines circonstances festives serait très mal reçu. Par contre, dix ou quinze années plus tard, au moment d'une brutale prise de conscience (dans l'état maximisant) des méfaits de l'alcoolisation excessive sur la santé, les mêmes individus vont-ils attaquer en justice les viticulteurs ? N'assiste-t-on pas là au petit jeu classique de l'auto-tromperie déresponsabilisante qui peut servir à justifier beaucoup de nos dérapages comportementaux ? A-t-on oublié si vite les leçons du *locus of control* (Rotter, 1966), de la dissonance cognitive (Festinger, 1957), des restructurations cognitives en tous genres (Bandura, 1980) qui servent si bien nos illusions ? Ou encore, peut-on réduire l'être humain au dysfonctionnement de ses systèmes dopaminergiques ?

La leçon que l'on peut sans doute tirer de cet examen du modèle d'économie comportementale des addictions, suggère que nous arrêtions de voir les addictions comme des « maladies » et que nous commençions à les envisager comme des comportements naturels de consommation qui peuvent parfois déraper. Ainsi, le discours de prévention trouverait plus d'efficacité (car il aurait plus de cohérence) à laisser tomber les affirmations péremptoires à propos de la dangerosité des drogues et à davantage montrer comment les drogues peuvent être dangereuses dans certaines conditions d'usage ; quand et sous quelles circonstances le contrôle que la plupart des gens exercent sur leurs comportements potentiellement addictifs, peut échouer ; et comment, sous certaines circonstances, ceux qui sont devenus des addictés sont capables de reprendre le contrôle d'eux-mêmes (Orford, 1985, 1996).

3. Système d'actions et théorie générale de l'addiction

Une addiction est le résultat d'un ensemble de stratégies qu'un individu utilise pour gérer sa tonalité hédonique, c'est-à-dire contrôler ses possibilités de plaisir et d'excitation, au mieux, sa souffrance psychique intrinsèque en excès, au pire. Afin d'assurer cette gestion hédonique, l'individu manipule ses niveaux d'activation et ses états psychologiques métamotivationnels, tendant à aller vers un pôle paratélique surexcité dans le cas de la gestion serrée de la souffrance psychique. Enfin, pour ce faire, il réorganise ses activités sous la forme d'un monopole motivationnel, qui consiste à la mise en saillance d'une activité particulière. Si l'effet addictif tient en partie à la nature des stimulations psychotropes produites par l'activité, la saillance possède elle-même son propre effet addictif. Par exemple, la consommation occasionnelle, rituelle, d'une drogue, n'est pas une addiction grave, c'est la saillance dans cette consommation qui donne la gravité ; il en est de même pour une activité sportive, dont les effets psychotropes sont beaucoup moins évidents que ceux d'une drogue, mais qui pourra devenir sans conteste une addiction gênante simplement du fait de sa saillance. Au point où nous en sommes, nous avons complètement dépassé les anciens concepts d'addiction rattachée à une substance psychotrope et nous avons mis en lumière l'importance de l'activité, qui devient « activité addictive » dans le cas de l'addiction. Cela signifie que l'accent n'est plus porté sur la nature des stimulations, mais sur les comportements qui les produisent, que ces comportements mettent en jeu le corps ou le psychisme (la pensée-acte), que ces comportements consistent à se livrer à un rituel d'ingestion de drogue, ou à se stimuler autrement, par la compulsion même du comportement qui génère un afflux sensoriel et d'excitation qui possède ses propres effets psychotropes secondaires. Le concept d'activité est donc unificateur et permet de ramener à une même source toutes les addictions. Ce concept d'activité possède de plus l'avantage d'un lien simple et direct avec son but et ses effets : il s'agit d'élever le niveau d'activation et de produire des modifications dans les états métamotivationnels psychologiques. Or, nous sommes bien face à un continuum des addictions, des Addictions de la Vie Quotidienne aux addictions pathologiques, nous sommes donc face à un continuum des activités qui vont des plus communes, triviales, jusqu'aux plus « folles », caractérisées par la compulsivité et l'envahissement. Pratiquement toutes ces activités possèdent une fonction pragmatique d'adaptation au monde et souvent, même les plus extrêmes, continuent à garder un fond d'adaptation pragmatique (le toxicomane est adapté au milieu très étroit de la drogue, le workaholique fait merveille dans le monde des affaires, de nombreuses passions envahissantes, artistiques, sportives, scientifiques, font le bonheur de la société, et ainsi de suite). Notre question est la suivante : comment se fait-il que nos activités pragmatiques soient mises à contribution pour gérer notre hédonie et puissent ainsi donner lieu à addiction ?

A. De l'activité à l'action

Il y aurait donc deux grandes catégories dans notre répertoire d'activités, les activités pragmatiques d'adaptation au monde, et les autres, qualifions-les pour l'instant de non-pragmatiques, qui servent à notre gestion hédonique. Examinons en quoi consistent ces activités. Les activités pragmatiques comprennent toutes nos activités de la vie quotidienne comme s'habiller, manger, se toiletter, travailler, gérer ses affaires, sa famille, entretenir une communication et des relations utilitaires avec les autres et ainsi de suite. Les activités non-pragmatiques comprennent toutes ces activités qui n'ont pas un but immédiat d'adaptation, mais qui sont utilisées pour ajuster des variables internes autres que les besoins primaires. Élever son activation, changer son humeur, son état d'esprit, se détendre ou s'exciter, sont quelques-uns des buts remplis par de telles activités. Aller dans certains endroits propices, parler avec des gens, fumer, prendre des drogues, se donner des sensations fortes, se distraire, avoir une passion, avoir une vie sexuelle au-delà du simple souci de procréation, tout cela relève bien d'activités qui n'ont pas pour objectif premier une adaptation au monde, ou notre survie physiologique, mais une adaptation à soi et sans doute notre survie psychologique. Pourtant, nous allons tout de suite voir que ce découpage manichéen entre activités pragmatiques et celles qui ne le sont pas, est très artificiel et finalement peu pertinent. La frontière entre nos deux catégories n'est pas bien claire, pratiquement toutes les activités peuvent être considérées à la fois comme de l'une et de l'autre catégorie, parfois en même temps, d'autre fois selon la façon d'utiliser l'activité. Par exemple, la prise de nourriture est au départ pragmatique : on mange pour se sustenter et contribuer à notre survie physiologique. Cependant, si la prise de nourriture n'était que cela, nous n'aurions ni les recettes de cuisine, ni les repas en famille, ou de fête, ni l'anorexie, ni la boulimie. Nous mangerions les aliments de façon relativement brute, sans apprêtage particulier, comme on met de l'essence dans sa voiture pour qu'elle puisse continuer à avancer (tout au plus apprêterions-nous certains aliments qui ont besoin d'un traitement particulier pour être ingestibles et digestibles, comme une cuisson, un hachage, mais sans un intérêt culinaire particulier). Les recettes de cuisine, qui consistent à nous faire passer de l'aliment au « plat », comportent un élément culturel qui nous montre que la consommation d'aliments apprêtés dépasse le simple besoin physiologique[1]. Et d'ailleurs, notre physiologie elle-même est assujettie à ces aspects culturels et psychologiques. Comment manger avec appétit face à des aliments insipides, mal préparés, de mauvais goût (même s'ils remplissent par ailleurs toutes les qualités nutritionnelles) ? Comment manger avec plaisir dans la solitude, ou avec des gens avec lesquels on est dans des relations conflictuelles ? Pourquoi de tels conflits nous

---

[1] Ce qui suggère déjà que la culture représente une construction sociale destinée à la gestion hédonique de nos états psychologiques.

coupent-ils l'appétit ? Pourquoi une dépression et d'autres problèmes psychologiques amènent-ils une personne à manger plus (ou moins) qu'il ne lui est physiologiquement nécessaire ? La réponse à toutes ces questions tient dans le fait que l'activité de consommation d'aliments est **à la fois** pragmatique et non-pragmatique : elle sert à la fois notre survie physiologique et notre « survie » psychique. Nous n'avons pas seulement besoin de consommer la nourriture en tant que molécules de nutriments, mais encore en tant que tableau de sensations, d'activités qui occupent le temps et l'esprit, qui symbolisent une rencontre, une relation, un partage.

Chaque activité que l'on examinera attentivement nous montrera ce double aspect. Prenons le travail, activité hautement pragmatique s'il en est. Si le travail n'était que cela, pourquoi le chômeur, ou le retraité, auxquels on donne pourtant de quoi vivre, souffrent-ils tant du manque de travail ? Pourquoi certains utilisent-ils le travail comme une sorte de drogue et le surinvestissent-ils au détriment de leur vie affective et familiale ? C'est bien que le travail, en plus d'être un outil social de production, est aussi un outil psychologique, pour chaque individu, destiné à remplir un vide intérieur, ce vide qui prend forme d'ennui dans l'attente transitoire au guichet d'une administration, mais qui peut devenir souffrance psychique de tristesse et d'angoisse s'il occupe toutes les journées d'une vie désœuvrée. Prenons à présent le problème par l'autre bout et examinons les activités désignées comme non-pragmatiques. Par exemple, la consommation de drogues psychotropes. Une consommation épisodique, rituelle, festive, récréative, est à l'évidence non-pragmatique, on n'a pas besoin de cela pour survivre (même pas au plan psychologique), ni pour notre adaptation au monde. Pourtant, nous savons que même parmi nos consommateurs occasionnels, la consommation rituelle de psychotropes remplit une fonction pragmatique d'adaptation sociale, elle permet le partage d'une expérience festive, la rencontre avec les autres (une certaine forme de « rencontre » tout de même). Quant à ceux qui consomment abusivement des psychotropes, le mode de la survie pragmatique prend encore plus d'importance. Un toxicomane ne fait pas que réduire sa souffrance psychique, il participe activement à toute une économie locale, il est plongé avec la drogue dans une forme quotidienne de socialité, d'échanges, son activité de drogué est comme un vrai travail, avec ses contraintes, sa pression quotidienne d'assurer une série de tâches hautement adaptées (au monde du toxicomane) et le fait que l'on dise la « carrière » du toxicomane, qu'on parle de lui comme d'une « profession », révèle tout le poids pragmatique d'une toxicomanie.

Pour la plupart de nos passions, c'est la taille de l'investissement dans l'activité qui va colorer plus ou moins celle-ci de pragmatisme ou de non-pragmatisme. Une collection, la pratique du saut à l'élastique, du vol en U.L.M., ne sont pas pragmatiques, ce sont des activités juste destinées à nous faire plaisir, à passer le temps, ce sont donc des « passe-temps », des alternatives à l'ennui. Mais que cette passion prenne un tour plus conséquent, dans le cadre d'une saillance et nous allons voir que l'aspect non-pragmatique se double d'un aspect pragmatique. Une passion peut générer une adaptation sociale, économique et se transformer en un travail hautement pragmatique. Le passionné d'U.L.M. peut devenir moniteur et en vivre. Le sauteur à l'élastique peut aussi organiser des initiations et participer à toute une vie sociale autour de cette passion. Les aspects rituels, festifs de certaines passions cachent en fait toute une vie sociale, adaptative, une façon d'être au monde, en plus d'être à soi. L'organisation d'un concert, d'une *rave-party*, d'un festival, d'une compétition, d'un carnaval, tout cela comporte une haute valeur pragmatique d'adaptation au monde, même si à la base l'activité ne sert qu'un bien-être tout à fait psychologique.

Ces observations nous amènent à l'idée que le découpage entre les catégories pragmatique et non-pragmatique ne présente guère de pertinence. Nous sommes plutôt face à un continuum entre les deux pôles pragmatique et non-pragmatique et une activité ne se situe jamais concrètement sur l'un ou l'autre pôle, mais quelque part sur le continuum. Cela signifie que toutes nos activités comportent à la fois, plus ou moins ce double aspect à la fois pragmatique et non-pragmatique. Toutes nos activités de la vie quotidienne servent à la fois, mais dans des proportions variables selon l'activité (et qui peuvent varier au cours du temps pour une même activité), à la fois des buts pragmatiques et des buts non-pragmatiques, mais dont on sait qu'ils obéissent au pragmatisme personnel de la gestion hédonique. Ce continuum entre pragmatique et non-pragmatique rejoint finalement celui entre AVQ et addictions pathologiques, car du côté des Addictions de la Vie Quotidienne c'est le côté pragmatique qui ressort, alors que c'est le poids non-pragmatique qui est prévalent du côté des addictions pathologiques. Mais toujours, la fonction invisible est présente tapie dans l'ombre. Il suffit d'empêcher une AVQ pour que l'on s'aperçoive des fonctions non-pragmatiques qu'elle remplit aussi ; il suffit de la pousser à l'excès dans la saillance pour que ses fonctions non-pragmatiques apparaissent au grand jour. A l'autre bout, la vulnérabilité à la rechute alcoolique, toxicomane, ne dépend pas seulement de la valeur psychotrope de la substance, mais encore de tout l'environnement de l'addicté pathologique, son économie familiale, sa socialité, la disponibilité d'activités alternatives à l'addiction, et ainsi de suite, de sorte que même une addiction pathologique comporte un substrat pragmatique d'adaptation au monde bien particulier de l'addicté. Un autre point concerne l'aspect systémique de nos activités. Dans une addiction pathologique cet aspect est évident, l'individu est bien enfermé dans la contrainte d'un système qui est marqué d'une activité massive, répétitive, compulsive. Par contre, on ne ressent pas du tout cet aspect contrainte, que nos petites activités de la vie quotidienne sont comme un système duquel nous serions dépendants. En fait, cette impression de libre arbitre s'impose à nous parce que nous sommes bien dans un système d'activités, parce que nous pouvons à tous moments remplacer une activité défaillante par une autre, sans même nous en rendre compte. C'est tout le système lui-même qui génère ce qui n'est qu'un sentiment illusoire de liberté. A la moindre perturbation de ce train-train quotidien, de nos routines de tous les jours, aussitôt le désordre intérieur et la souffrance psychique qui s'ensuivent nous rappellerons que notre liberté ne tient qu'à la dorure de notre prison. Au plan pragmatique nous semblons exercer notre libre arbitre, choisissant assez librement nos activités, quand et comment les faire ; mais considérées toutes ensemble, nous ne sommes plus aussi maîtres de nos activités lorsque nous considérons ces besoins psychologiques qu'elles comblent en nous. Dans leurs fonctions non-pragmatiques, de sustentation psychique, nos activités offrent en plein le tableau d'un système inexorable auquel nous sommes bel et bien soumis. Chômeurs et retraités en mal d'ouvrage en font foi !

Nous sommes ainsi amenés à formuler une première loi générale, celle de la double fonction de nos activités : *toutes nos activités de la vie quotidienne possèdent deux fonctions : une fonction pragmatique d'adaptation au monde et une fonction pragmalogique de gestion hédonique*.

Alors que dans l'épithète « pragmatique » c'est l'activité (*pragma* en grec) qui est mise en avant, en tant que conduite, ensemble d'activités destinées à l'interaction avec le monde, dans l'épithète « pragmalogique », c'est la logique systémique des actions les unes par rapport aux autres qui est mise en lumière. Toutes nos conduites, activités, possèdent donc ces deux faces pragmatique/pragmalogique, qui peuvent se montrer ou s'exprimer de façon différentielle selon comment on regarde, ou conçoit, ou utilise l'activité en question. Mais toujours toute conduite possède plus ou moins l'une et l'autre qualité pragmatique et pragmalogique. Dans le cadre de leur fonction dite pragmalogique, nos activités seront appelées « actions » afin de distinguer l'aspect « activité » comme adaptation au monde et l'aspect « action » comme fonctionnement d'un système destiné à la gestion hédonique.

> Définition : les actions représentent la fonction de gestion hédonique dévolue à nos activités.

En tant qu'actions nos activités forment donc un système, un **système d'actions** dont la fonction de gestion hédonique se préoccupe de régler nos niveaux d'activation, de stimulation, d'excitation, nos humeurs, nos états d'esprit entre les différentes paires métamotivationnelles, les renversements d'états entre les deux pôles de ces paires. C'est par notre système d'actions que nous luttons contre et occultons notre dysphorie antécédente, cette souffrance psychique intrinsèque à la condition humaine.

> Définition : le système d'actions est l'ensemble organisé des actions d'un individu destinées à sa gestion hédonique.

Notre découverte de la double fonction des activités (activités/actions) et d'un système d'actions rejoint de nombreux travaux qui ont pressenti ce que nous formalisons aujourd'hui avec beaucoup plus de précision. Il existe en psychologie sociale un concept de « système des activités » qui part de l'idée que les conduites d'un individu ne peuvent être analysées indépendamment les unes des autres et ce pour au moins trois raisons (Roques, Cascino, Curie, 1990) : 1) les ressources mises en œuvres pour les activités étant limitées (un être humain n'a qu'un seul cerveau, qu'un seul corps, une énergie physiologique limitée, une capacité à traiter les informations et à y répondre simultanément limitée, sans compter des cycles physiologiques qui sélectionnent certaines activités), chaque activité constitue une contrainte pour toutes les autres qui doivent attendre leur tour ; 2) chaque activité, au moment de sa mise en œuvre exploite des ressources limitées, mais en même temps, elle peut créer et fournir des ressources pour d'autres activités (par exemple gagner de l'argent par son travail pour pouvoir s'adonner à un loisir), ressources matérielles et informatives dans un cadre physique et social, qui tissent des liens entre les activités ; enfin 3) les activités d'un individu sont porteuses de sens et de significations qui organisent d'elles-mêmes les activités les unes par rapport aux autres et dans les différents cadres dans lesquelles elles sont mises en œuvre, mais de plus, les activités se signifient les unes par rapport aux autres, selon les différents domaines de la vie.

Un système des activités répond à deux déterminismes : 1) le déterminisme externe, qui correspond à l'ensemble des forces de changement extérieures à l'individu (ressources, contraintes, cadres, ...) forces qui tendent à former un système de contraintes ou de facilitations pour l'individu ; et 2) le déterminisme interne, qui va dépendre des systèmes de valeurs, des représentations, des attributions de signification, le tout réparti selon une historicité de l'individu. Entre ces deux déterminismes, le système de ses activités va être régulé par l'individu de façon active, au travers de choix et de stratégies (Curie, Hajjar, Marquié, Roques, 1990). En résumé, selon cette approche, le système des activités consiste en la totalité des activités d'un individu selon comme elles sont organisées par lui les unes par rapport aux autres, suivant les contraintes externes et internes. Ces activités sont considérées comme des stratégies actives de l'individu pour s'adapter à ses conditions de vie, elles sont donc perçues et considérées par la théorie comme essentiellement pragmatiques.

Cette approche psychosociale d'un système des activités est intéressante car si déjà il est possible de repérer une organisation entre les activités au plan pragmatique, nous sommes encouragés à considérer que pour ce qui concerne leur face non-pragmatique, les activités, alors « actions », sont aussi organisées en un système. Cependant, notre « système d'actions » n'est pas identique à un système d'activités, même si les deux systèmes peuvent être considérés comme superposés et qu'ils peuvent interférer entre eux. Dans le concept de système d'actions nous faisons référence uniquement à la fonction de gestion hédonique des activités, c'est-à-dire leur face « action » et pragmalogique.

Michael Apter (1989) souligne que la théorie du renversement peut être considérée comme un type de théorie de l'action dans la mesure où, à l'instar de telles théories, elle prend en compte les « actions » plutôt que les comportements, en considérant que les actions sont les comportements plus leur signification subjective. Dans les années 50 une « théorie générale de l'action » a été développée (Parsons, Shils, 1951) dans le champ de la sociologie. Ici, il s'agit d'un concept d'action sociale destiné à répondre à la question de : comment les actions humaines contribuent-elles au fonctionnement social ? Les actions en question sont entièrement pragmatiques et servent un système social composé de divers sous-systèmes, dans le cadre de la poursuite d'un équilibre, d'une homéostasie. Bien que le concept d'action de Parsons soit très éloigné de notre propre conception, on pourrait s'attendre peut-être à une certaine conjonction de sens si l'on considère, parmi les actions sociales, les actions « gratuites », par exemple, tout ce qui concerne la recherche de sensations fortes, les prises de risque, les déviances. Malheureusement, les critiques de Parsons (Buckley, 1967 ; Bertalanffy, 1968) ont souligné combien sa théorie fonctionnaliste et homéostatique s'avère incapable de prendre vraiment en compte de telles déviances, qui sont ramenées à une marge de comportements négligeables. Pour Parsons, l'action sociale est bien entièrement pragmatique, seulement vouée à l'équilibre social, et sa théorie de l'action laisse de côté toutes ces actions qui dépassent l'équilibre social, qui sont au contraire, et souvent, génératrices d'un déséquilibre social. Ou encore, des actions qui tentent de réparer un déséquilibre social généré par les « bonnes » actions pragmatiques elles-mêmes, en renversant un certain ordre social. Si la théorie de Parsons n'a pas su intégrer le changement social, à l'inverse, notre concept d'action comme face des activités concernée par la gestion hédonique, offre une racine au changement social car, comme l'a bien montré Apter (1992), la recherche d'activation (telle qu'on la rencontre dans nombre d'activités d'exploration, de découverte, d'invention, de remise en question de l'ordre établi) est à la source du changement et du progrès sociaux. C'est parce que l'être humain est amené à fuir sans cesse son intériorité douloureuse qu'il a cette propension à rechercher la nouveauté et s'il le faut, à la créer.

Beaucoup plus intéressants sont les travaux de Maurice Merleau-Ponty sur la structure du comportement (1942), à partir d'une complète remise à plat dans l'analyse des rapports de l'organisme avec son environnement. Merleau-Ponty propose de distinguer entre environnement et milieu. Le premier est ce monde pratiquement « en soi » des métaphysiciens, tandis que le second, le milieu, est un découpage dans l'environnement « *selon l'être de l'organisme* ». En d'autres termes, la forme de l'excitant est créée par l'organisme lui-même, par sa manière propre de s'offrir aux actions du dehors. Ainsi, l'organisme « choisit » dans le monde physique les stimuli auxquels il sera sensible. À tous les niveaux de comportements, même les réflexes les plus simples, on ne peut considérer l'activité nerveuse comme une somme de phénomènes linéaires qui se dérouleraient des récepteurs jusqu'aux effecteurs. Il se produit dans le système nerveux des phénomènes circulaires, « transversaux ». Ainsi, entre l'organisme et son milieu les rapports ne sont pas de causalité linéaire, mais de causalité circulaire. Toujours selon Merleau-Ponty, l'organisme obéirait à une « *loi du comportement* » mettant en jeu la dépendance des parties au tout : les actions d'un organisme dépendent en effet de l'état global de cet organisme, ainsi que de ses actions passées et en cours. L'excitation ne serait jamais l'enregistrement passif d'une action extérieure, mais l'élaboration de ces influences qui les soumet en fait aux normes descriptives de l'organisme. Les stimuli n'ont donc pas une valeur en soi, mais pour l'organisme qui les recueille. Nous avons affaire ainsi à une série « d'ambiances » et de « milieux » où les stimuli interviennent selon ce qu'ils signifient et ce qu'ils valent pour l'activité typique de l'organisme considéré. Plus loin, Merleau-Ponty précise que les comportements d'un organisme ne sont pas des édifices de mouvements élémentaires, mais des gestes doués d'une unité intérieure... « *comme une mélodie cinétique douée d'un sens* », « *l'organisme n'est pas un clavier sur lequel joueraient les stimuli du monde extérieur, mais choisissant dans le monde physique les stimuli auxquels il sera sensible, l'organisme serait un clavier qui se meut lui-même de manière à offrir – et selon des rythmes variables – telles ou telles de ses notes à l'action en elle-même monotone d'un marteau extérieur* » (ibidem).

Ainsi, pour Merleau-Ponty, situation et réaction se relient intérieurement par leur participation commune à une *structure* où s'exprime le mode d'activité propre à l'organisme. Aussi ne peut-on les mettre bout à bout comme la cause et l'effet : ce sont deux moments d'un processus circulaire. Au-dessus du champ physique – système de forces orientées, – dans lequel le comportement prend place, il faudra reconnaître le caractère original d'un champ physiologique, d'un second « *système de tensions et de courants* » qui seul détermine d'une manière décisive le comportement effectif. « *Il existe, pour chaque individu, une* ***structure générale du comportement*** *qui s'exprime par certaines constantes des conduites, des seuils sensibles et moteurs, de l'affectivité (...) de telle manière qu'il est impossible de trouver dans cet ensemble des causes et des effets, (...) mais plutôt une « essence » de l'individu. (...) Chaque organisme a donc, en présence d'un milieu donné, ses conditions optima d'activité, sa manière propre de réaliser l'équilibre, et les déterminants intérieurs de cet équilibre ne sont pas donnés par une pluralité de vecteurs, mais par une* ***attitude générale envers le monde*** » (souligné par nous).

Cette « structure générale du comportement », cette « attitude générale envers le monde », mettent en relation le milieu et l'organisme au travers d'une signification, d'une interprétation de la situation, qui structurent l'action (Clarke, Crossland, 1985). Pour Harré (1976), l'action est structurée comme un langage avec ses deux axes saussuriens syntagmatique et paradigmatique. Les relations syntagmatiques spécifient la combinaison d'unités en structures qui se développent au fil du temps, tandis que les relations paradigmatiques précisent les unités (ou ensemble d'unités) équivalentes sur lesquelles les règles syntagmatiques opèrent. Cette logique appliquée à la structure de l'action permet de définir, en plus d'ensembles organisés d'actions (axe syntagmatique), des règles de substitution entre actions (axe paradigmatique).

Les travaux de Merleau-Ponty, ainsi que ceux, plus modernes, des théoriciens des systèmes d'action (Harré, 1976 ; Harré, Clarke, Carlo, 1985 ; Bateson, 1977, 1980 ; Goffman, 1971), nous offrent un cadre préliminaire à notre modèle du système d'actions et même la théorie des systèmes d'activités nous présente une première piste, celle du rôle actif de l'individu dans l'organisation (et pas seulement dans le choix) de ses activités et donc, leurs concomitants actions de gestion hédonique. Cet individu actif répond à l'interaction circulaire et structurée entre lui-même et son milieu, milieu dans lequel il recherche à la fois des stimulations, mais encore des significations, des interprétations, qui vont déterminer ses états métamotivationnels, qui organiseront à leur tour ses actions en un système.

B. Le concept de système d'actions

Nous sommes dans une démarche inductive convergente qui consiste à dégager des lois générales à partir d'observables. La première loi, celle de la double fonction de nos activités de la vie quotidienne, pragmatique (activités) et pragmalogique (actions), représente un cadre général à l'intérieur duquel trois autres lois prendront place. Cette loi-cadre définit le but du système d'actions, qui est l'occultation de la dysphorie antécédente, la souffrance psychique intrinsèque. Il ne s'agit donc pas de faire disparaître cette souffrance (on ne le peut puisqu'elle est, par principe, inhérente à l'homme vivant), mais de nous en distraire grâce aux stimulations produites par nos activités. Ce qui va opérer ici est la signifiance des activités, c'est cette signifiance qui leur donne leur valeur comme « actions » de gestion hédonique. La signifiance doit être distinguée de la qualité propre des stimulations. Ce n'est ni l'intensité, ni la force, ni la quantité, ..., des stimulations qui leur donne leur signifiance, tout au plus les qualités des stimulations peuvent contribuer à cette signifiance. Celle-ci dépend à la fois de la qualité de la stimulation **et** du contexte extérieur (la situation, l'environnement) et intérieur (la psychologie et la dimension de la personnalité et historique de l'individu). La signifiance correspond donc à ce couplage systémique entre l'organisme et les stimulations qu'il sélectionne dans son milieu, ce que Varela (1980, 1993) a appelé « enaction », comme « action incarnée » : « *L'organisme donne forme à son environnement en même temps qu'il est façonné par lui* ». Par exemple, tel individu trouvera à « s'éclater » (donc changer son état métamotivationnel et occulter sa dysphorie) en écoutant à forte intensité de la musique Rock ; mais un autre individu (ou le même à un autre moment) pourra réaliser la même opération pragmalogique, cette fois en écoutant à faible intensité une musique « planante » de type *New-Age* (l'état métamotivationnel sera bien entendu différent). On voit ainsi que deux types de stimulation très différents peuvent avoir la même signifiance d'un état agréable. A l'inverse, le même type de stimulation pourra prendre une signifiance différente selon l'individu, ou le moment pour le même individu. La musique Rock sur laquelle « s'éclate » un jeune, pourra énerver, ou rendre anxieux une personne plus âgée, ou ce jeune s'il ressent à ce moment-là plutôt le besoin de se détendre.

Si l'observation de l'inséparabilité entre activités et actions dans nos activités de la vie quotidienne nous a conduit à formuler la première loi du système d'actions, ce sont les observations à propos des désafférentations qui nous amènent à formuler la seconde loi, celle dite de la contrainte de l'action : *au point de vue des actions, on ne peut pas ne rien faire*. Les expériences et observations naturelles nous montrent que lorsqu'un individu est soumis à une désafférentation (privation sensorielle, mais encore sociale), il perd ainsi ses capacités à accomplir des « actions » et donc à gérer son hédonie. Comme les actions sont l'autre face des activités, si l'on supprime ces dernières, même les activités élémentaires comme la sensibilité, la perception, on supprime en même temps leur face « action ». Cette seconde loi implique les deux suivantes.

En trois vient en effet la loi de la conséquence hédonique du manque d'action : *tout manque d'action induit une réapparition (ou une intensification) de la dysphorie antécédente*. Cette loi est induite, non seulement des effets extrêmes des désafférentations, mais des données de la vie quotidienne qui montrent la montée de cette souffrance intrinsèque, sous forme d'ennui, d'anxiété, lorsque les activités viennent à manquer. On trouve encore les données concernant les addictions pathologiques qui montrent toutes que s'y adonnent des individus marqués par une intensité particulière de la souffrance psychique et de la faiblesse narcissique qui l'accompagne. Cette dysphorie antécédente doit être soigneusement distinguée de toute autre souffrance contingente. Par exemple, on comprendra que le fait de la souffrance physique (douleur) et psychologique (l'humiliation) du masochiste pour occulter sa souffrance intrinsèque n'est pas contradictoire. La souffrance intrinsèque ne peut être confondue avec la souffrance masochiste ; cette dernière, même toute chargée d'une apparente négativité, possède une très positive signifiance (rattachée généralement à tout un scénario érotique) qui justifie son pouvoir occultant de la souffrance intrinsèque. Il faut croire que cette souffrance psychique, que nous fuyons tous de multiples manières, représente une menace existentielle suffisamment importante pour que certaines personnes cherchent à la cacher au moyen d'autres souffrances qui ont l'avantage d'être maîtrisables, attribuables, d'avoir un sens. On comprend ainsi que toute l'angoisse profonde de la dysphorie antécédente provient de son caractère immotivé, fondamental, d'une souffrance psychique qui est là, toujours là, sans raison et sans qu'on puisse rien faire pour la réparer, ni la détruire.

Seconde conséquence du manque d'action, notre quatrième loi du système d'actions, dite loi de persévération de l'action (ou encore de vicariance des actions) : *toute action manquante induit les conditions de l'émergence d'une action de substitution*. Ici, nous avons la mise en application du « on ne peut pas ne rien faire », observable dès le tout début et généralement tout au long des désafférentations. L'individu isolé sensoriellement et socialement cherche spontanément à compenser cette chute des stimulations, qui signifie une perte d'action pragmalogique, par des actions résiduelles, qui deviennent parfois intenses. En général, il s'agit d'actions psychiques, comme des rêveries consistantes, fantasmatiques, proches de l'hallucination. Ce peut être aussi des réflexions, des raisonnements, ou encore une auto-stimulation répétitive comme le chant d'une ritournelle, d'un mantra. Au plan corporel, d'autres actions de type compulsif peuvent apparaître, même au cours des petites désafférentations de nos vies quotidiennes (telle l'attente chez le médecin, ou au guichet de la poste), il s'agit des multiples formes de décharges motrices (Loonis, 1997) comme les manipulations, grattages de diverses parties du corps, les bâillements, étirements, battements du pied, ... Chez les débiles, les jeunes enfants, ou encore les vieillards isolés, de telles décharges peuvent être auto-offensives (morsures, griffures, cognements de la tête). Mais à titre plus général, la loi de persévération de l'action s'applique à chaque instant de nos vies au sens où nous nous arrangeons pour avoir toujours quelque chose à faire, en terme d'actions, ce qui veut souvent dire en terme d'activité. S'il n'y a rien d'intéressant à la télévision, on prendra un livre, sinon on ira voir des amis, ou l'on décrochera son téléphone pour passer le temps à bavarder. Le retraité qui ne veut pas tomber dans la dépression ne tarde pas à se trouver une « activité ». Le malade hospitalisé avale magasine sur magasine, allume la télévision ou va déambuler dans le service dès que son état le lui permet, pour nouer des contacts avec d'autres malades ou le personnel infirmier. En bref, cette quatrième loi est celle d'une contrainte imposée par notre condition humaine (bien que les animaux supérieurs semblent vivre, d'une certaine façon, sous la même contrainte) : nous sommes soumis à une agitation perpétuelle, à un agir, qu'il soit physique, ou psychique. Il nous faut constamment bouger, nous distraire, poursuivre des buts, ou vivre des sensations au présent, rêver, fantasmer ou réfléchir.

Si nos quatre lois générales du système d'actions (voir tableau 18) nous révèlent cette contrainte à l'action que nous impose notre souffrance psychique intrinsèque, il est intéressant et indispensable en science de « falsifier » une loi générale quitte à se faire l'avocat du diable et pousser les choses dans l'absurde. Certes, on a visité quelques endroits de la planète pour en tirer, après de multiples observations, que « tous les cygnes sont blancs », mais s'endormir ainsi sur les lauriers de l'induction nous met à la merci du premier cygne noir que l'on rencontrera.

Les questions auxquelles nous voulons répondre sont les suivantes : existe-t-il des conditions pour lesquelles les lois du système d'actions ne s'appliquent pas ? Est-il possible de « ne rien faire » ? Et si l'on ne fait rien, est-il possible de ne pas faire l'expérience de la dysphorie antécédente ? Et si la souffrance psychique intrinsèque n'est plus expérimentée, est-ce parce qu'un processus particulier s'est mis en place pour l'occulter malgré le manque d'action, ou bien cette souffrance n'est-elle pas si intrinsèque et constitutionnelle que cela et peut-elle disparaître ?

Tableau 19 : Les quatre lois générales du système d'actions

Lois	**Applications systémiques**
1. Loi (-cadre) de la double fonction des activités « Toutes nos activités de la vie quotidienne possèdent deux fonctions : une fonction pragmatique d'adaptation au monde et une fonction pragmalogique de gestion hédonique. »	Le but du système
2. Loi de la contrainte de l'action « Au point de vue des actions, on ne peut pas ne rien faire. »	La contrainte du système
3. Loi de la conséquence hédonique du manque d'action « Tout manque d'action induit une réapparition (ou une intensification) de la dysphorie antécédente. »	L'état hédonique du système
4. Loi de persévération de l'action (ou de vicariance des actions) « Toute action manquante induit les conditions de l'émergence d'une action de substitution. »	L'équilibre pragmalogique du système

Il est des situations spécifiques où les gens sont sensés ne rien faire, il s'agit des pratiques de la relaxation ou de la méditation. Il existe à ce sujet une littérature scientifique abondante, qui a culminé en quantité au milieu des années soixante-dix, mais qui est très hétérogène quant à sa qualité scientifique (Barte, Bastien, 1980). On peut distinguer deux grands courants : 1) nord américain, avec des études portant surtout sur la méditation (zen, indienne) ; 2) européen, orienté sur la relaxation (méthodes Schultz, Ajuriaguerra, Jacobson, Alexander) parfois située dans un contexte psychanalytique, ou associée à l'hypnose. Au plan strictement physiologique, toutes les techniques proposées conduisent à une baisse de l'activation, qui est largement objectivable par un certain nombre de paramètres physiologiques, allant des effets parasympathiques, jusqu'à la modification du tracé électroencéphalographique (Øie et al., 1991 ; Gallois, 1984 ; Shapiro, 1982 ; Stigsby et al., 1981 ; Barwood et al., 1978 ; Corby et al., 1978 ; Woolfolk, 1975 ; Banquet, 1973 ; Wallace et al., 1971 ; Allison, 1970). Cependant, une lecture attentive des protocoles et de leurs effets montre que les sujets sont loin du « ne rien faire ». S'il y a bien une base de désafférentation (calme, silence, lumière tamisée, immobilité assise ou couchée), les sujets doivent être « actifs » selon la « technique » utilisée : chant ou geste répétitif, prise de conscience des sensations proprioceptives, kinesthésiques, répétitions mentales, concentration de la pensée sur tel stimulus sensoriel ou psychique. Il peut s'agir de prendre conscience des différentes parties du corps propre et des sensations parasympathiques qui y apparaissent (chaleur, lourdeur), de concentrer le regard sur un point, un objet, un mouvement, ou au contraire de le laisser reposer sur un mur vide ou un horizon lointain. Écouter des chants, des musiques douces et lentes, ou les paroles suggestives du relaxateur. Imaginer un paysage, ou laisser couler les pensées, et ainsi de suite. Si l'on se réfère maintenant à l'expérience de la relaxation et de la méditation que peuvent vivre certains rares individus, qui en font un mode de vie, une démarche spirituelle et mystique, on se rend compte qu'eux-mêmes, malgré une pratique assidue et sérieuse, doivent lutter contre des tourments physiologiques, émotionnels et psychiques, qui forment autant de barrières pour l'accès à un véritable arrêt de l'activité (et encore ne considère-t-on que l'activité volontaire, l'arrêt de l'activité autonome signifiant bien entendu la mort). Enfin, lorsqu'un ascète parvient, au prix d'une discipline presque inhumaine, à vivre l'expérience du « vide », c'est pour éprouver encore l'euphorie de l'extase. L'expérience est malheureusement transitoire, une sorte de déconnexion cérébrale qui ne saurait durer. Les sages eux-mêmes reconnaissent que cette expérience (nirvâna, samâdhi, satori), hormis sa signification spirituelle et ses effets secondaires sur le caractère et la personnalité, est illusoire et néfaste si l'on cherche à la prolonger, ou à la renouveler trop souvent. On sent là pointer quelques éléments addictifs qui nous replacent en terrain connu et, comme disait le Zarathoustra de Nietzsche : le sage solitaire doit un jour redescendre de ses montagnes pour retourner sur la place du village.

Pour la plupart des individus, l'état télique-relaxé correspond à une désafférentation très partielle, vécue comme agréable, mais qui ne saurait durer trop longtemps sans que le moindre renversement dans l'état paratélique ne provoque une élévation soudaine de la souffrance psychique qui s'exprimera sous forme d'ennui, ou qu'une élévation involontaire du niveau d'activation n'induise des tensions physiologiques et de l'anxiété. En d'autres termes, il paraît confirmé que **la souffrance psychique intrinsèque est toujours présente, mais sa prégnance peut fluctuer en fonction de l'état métamotivationnel et du niveau d'activation**. Élevée dans l'état paratélique-excité, basse dans l'état télique-relaxé, la souffrance psychique signe là son origine cérébrale et neuronale. Ainsi, il ne semble pas possible que puisse exister des conditions humainement tenables où le système d'actions n'existerait pas. Il reste toujours un fond, même résiduel, de souffrance psychique qui doit être occulté par des types d'activités/actions elles-mêmes résiduelles, mais inexorables, aussi, l'impossibilité de ne rien faire se trouve-t-elle confirmée.

Un certain nombre de recherches ont permis de reconnaître dans la pratique régulière de la relaxation ou de la méditation, des possibilités curatives pour certains troubles comme l'anxiété et le stress (Kabat-Zinn et al., 1992 ; Raskin et al., 1980 ; Snaith, 1974 ; Brady, 1973), comme adjuvant soit à la psychothérapie individuelle, mais le plus souvent en groupe (Fayat-Picard, 1985 ; Sapir et al., 1979 ; Snaith, 1974), pour le soin et la prévention des troubles nerveux chez l'enfant (Bergès, Bounes, 1974), et même pour l'amélioration et la prévention des addictions aux substances psychotropes (Anderson, 1977 ; Shafii et al., 1975, 1974 ; Cordeiro, 1972). Si l'on reprend les figures 18 et 19, on remarquera que la relaxation, volontairement induite, peut résoudre une anxiété par la chute d'activation, ou aider un addicté à sortir de son confinement sur le pôle paratélique-excité. Procurant une baisse de la dysphorie intrinsèque, elle aide un système d'actions à abaisser son niveau global de fonctionnement ce qui pourrait se traduire par l'adoption d'actions moins gourmandes en niveau de stimulation et plus variées, puisque la saillance peut être évitée, d'où un style vie plus détendu. Au bilan, relaxation et méditation n'infirment pas l'existence d'un système d'actions et de ses lois générales, mais nous montrent qu'un tel système peut adopter des niveaux de fonctionnement plus ou moins élevés (en fonction du niveau d'activation), ce qui nous amène à envisager une série d'implications intéressantes (voir tableau 19). A la baisse de la souffrance psychique, va alors correspondre une moindre nécessité pragmalogique à la gestion hédonique, d'où une moindre contrainte des actions.

Un autre état doit être intégré à notre modèle, c'est le sommeil. Cet état met en jeu trois phases : l'endormissement, le sommeil proprement dit et le sommeil dit paradoxal, soit les phases de rêves. L'endormissement nécessite un début de désafférentation et donc la création d'un état relaxé, dont le bas niveau d'activation garantit la baisse de la souffrance psychique intrinsèque. Dans les cas pathologiques où cette relaxation ne peut se produire, on assiste aux troubles de l'endormissement, à l'insomnie, qui accompagnent les états d'anxiété. Lorsque le sommeil est installé, la souffrance psychique intrinsèque est non seulement résiduelle, mais encore rendue inaccessible à la conscience. Puisqu'elle est liée au niveau d'activation cérébrale, la souffrance psychique intrinsèque, avons-nous montré, est fonction de ce niveau d'activation. Dans le cas du sommeil, les tracés électroencéphalographiques et les données du fonctionnement autonome le prouvent, l'activation est au plus bas, ce qui doit correspondre à un très bas niveau de souffrance. De plus, le sommeil entraîne une perte de conscience vigile, ce qui contribue à occulter complètement ce résidu de souffrance psychique intrinsèque.

Tableau 20 : Caractéristiques d'un système d'actions selon son niveau de fonctionnement (lié au niveau d'activation), suivant les quatre lois générales d'un système d'actions

Lois	Bas niveau	Haut niveau
1	Fonction pragmalogique au second plan (gestion hédonique du quotidien, dans la souplesse, la variété et la recherche de l'agréable)	Fonction pragmalogique impérieuse et prépondérante (gestion hédonique de la crise et du soulagement, de type addictif)
2	Moindre contrainte des actions (possibilité de se relaxer dans des actions peu saillantes)	Forte contrainte des actions (saillance addictive d'une action contraignante)
3	Moindre contrainte de la souffrance psychique intrinsèque (tolérance à la souffrance psychique dont le niveau reste peu élevé)	Forte contrainte de la souffrance psychique intrinsèque (souffrance psychique intolérable au manque d'action)
4	Plus grande vicariance des actions (possibilités de substitutions souples, dans le cadre d'une variété potentielle)	Peu ou pas de vicariance des actions (substitution difficile ou impossible dans le cadre d'une saillance)

Par contre, dans le cas du sommeil paradoxal, caractérisé par des phases de rêves, l'état d'activation est élevé, bien que le dormeur soit particulièrement difficile à éveiller, d'où l'épithète de « paradoxal » à cet état. Il peut être interprété comme une phase au cours de laquelle se produit un renversement paratélique spontané (vraisemblablement lié à certains rythmes biologiques), avec la montée de l'activation cérébrale, tandis que des mécanismes interprétatifs automatiques se mettent en place pour préserver le sommeil, ce sont les rêves. A l'instar des fantasmes et rêveries diurnes, plus ou moins volontaires, les rêves nocturnes sont des moyens de lutte contre la souffrance psychique intrinsèque. Par contre, dans le cas du cauchemar, on peut faire l'hypothèse que le trouble psychique par ailleurs (produit par un stress, par exemple), interdit le renversement paratélique ; d'où le vécu anxieux de l'élévation d'activation durant le sommeil, interprété alors comme un « mauvais » rêve, qui s'avère incapable de préserver le sommeil. Un dernier point pour indiquer que l'on peut considérer qu'un état de grande souffrance psychique, comme la dépression majeure, peut entraîner une insuffisance de la fonction occultante du rêve, qui se trouve dépassée, ce qui provoque l'éveil et l'insomnie tardive (du matin) propre à ce type de dépression. Tous ces aspects normaux et pathologiques du sommeil restent donc parfaitement intégrables dans un modèle de système d'actions.

Lorsque nous parlons de saillance d'une action particulièrement massive et envahissante du quotidien, ou au contraire d'une variété potentielle et actuelle du système d'actions, nous faisons référence à une loi de la variété qui permet de décrire deux états extrêmes de ce système. Dans son exploration de l'organisation du vivant, Atlan (1979) souligne à juste titre, toute l'importance d'une loi de la variété (Ashby, 1958) pour comprendre les conditions minimales de structure nécessaires à la survie de tout système exposé à un environnement, source d'agressions et de perturbations aléatoires. Une loi de la variété nécessaire qui se formule ainsi : « *une grande variété dans les réponses disponibles est indispensable pour assurer la régulation d'un système visant à le maintenir dans un nombre limité d'états, alors qu'il est soumis à une grande variété d'agressions* ». Dans le cadre de notre système d'actions, nous avons affaire à un nombre d'états limité. En théorie nous avons vu que les diverses combinaisons possibles entre les quatre paires d'états métamotivationnels (télique/paratélique, conformiste/opposant, maîtrise/sympathie et autique/alloïque) sont au nombre de 16 (tableau 13). Cependant, en pratique on peut considérer quatre états de base mettant en jeu les paires métamotivationnelles fondamentales de la recherche et de l'évitement de l'activation, que l'on identifiera à la paire métamotivationnelle télique/paratélique, et sur lesquels peuvent venir se placer, par combinaison, les autres paires d'états. Ce qui nous donne les quatre stratégies de base repérées à la figure 18 et que nous allons réexpliciter (voir le schéma ci-dessous). Le système d'actions possède deux états acceptables : télique-relaxé ou paratélique-excité ; et deux états indésirables : télique-excité ou paratélique-relaxé (voir tableau 20). Ces deux états indésirables peuvent donner lieu chacun à deux types réponses : la relaxation ou le renversement dans l'état paratélique, dans un cas, l'excitation ou le renversement dans l'état télique, dans l'autre cas.

Tableau 21 : Rapports entre états acceptables, états indésirables et réponses dans un système d'actions

États acceptables	télique-relaxé	paratélique-excité
États indésirables	télique-excité	paratélique-relaxé
Réponses	relaxation ou renversement paratélique	excitation ou renversement télique

Cependant, si le nombre d'états du système est limité, les perturbations qui provoquent les deux états indésirables sont particulièrement nombreuses puisqu'elles concernent tout ce qui peut venir de notre environnement pour produire une souffrance contingente, mais encore toutes les situations qui laissent émerger en nous notre souffrance psychique intrinsèque. D'autre part, nos réponses sont normalement aussi fort nombreuses afin de produire le retour aux deux états acceptables de base. Nous avons normalement tout un éventail de stratégies destinées à produire relaxation ou excitation, ou encore des renversements téliques ou paratéliques, et cette variété des réponses vient faire équilibre à la variété des perturbations, afin de produire à chaque instant l'état le plus acceptable possible. La douleur, la souffrance, qu'elle soit contingente ou intrinsèque, proviennent du décalage entre l'afflux des perturbations (qui induisent un stress) et les réponses disponibles mises en jeu.

Comme l'explique fort bien Atlan (ibidem) : « *Soit un système exposé à un certain nombre de perturbations différentes possibles. Il a à sa disposition un certain nombre de réponses.*

Chaque succession perturbation-réponse met le système dans un certain état. Parmi tous les états possibles, seuls certains sont « acceptables » du point de vue de la finalité (au moins apparente) du système, qui peut être sa simple survie ou l'accomplissement d'une fonction. La régulation consiste à choisir parmi les réponses possibles celles qui mettront le système dans un état acceptable. La loi d'Ashby établit une relation entre la variété (le nombre d'éléments différents d'un ensemble) des perturbations, celles des réponses et celle des états acceptables. ***La variété des réponses disponibles doit être d'autant plus grande que celle des perturbations est grande et que celle des états acceptables petite****. (...) Ou encore, dans un environnement source d'agressions diverses imprévisibles, une variété dans la structure et les fonctions du système est un facteur indispensable d'autonomie* » (souligné par nous).

Figure 20 : Positions d'équilibre ou de déséquilibre d'un système d'actions en fonction de la variété de ses réponses

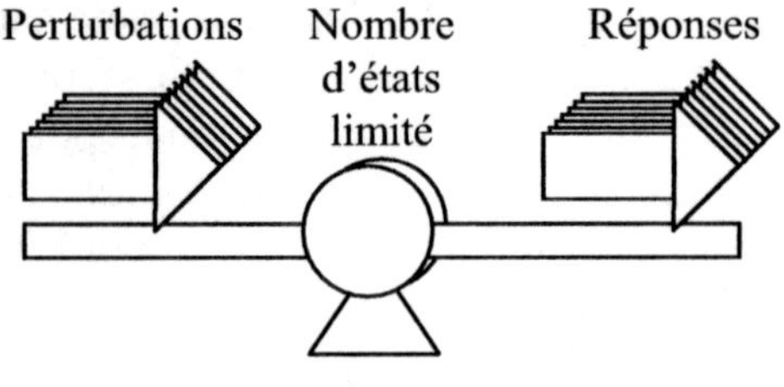

Système équilibré par la variété des réponses

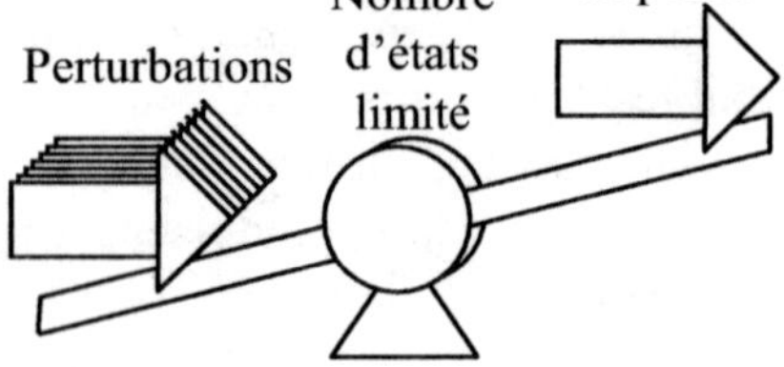

Système déséquilibré par le manque de variété des réponses

Le système d'actions poursuit une finalité hédonique (voir figure 20), ses états acceptables sont en très petit nombre, les perturbations auxquelles il peut être soumis sont très nombreuses, en conséquence, et selon la loi d'Ashby : le système doit avoir à sa disposition un très grand nombre de réponses. Dans le cadre des Addictions de la Vie Quotidienne, les réponses de l'individu (et donc de son système d'actions) sont très nombreuses et variées, ce qui permet l'équilibre hédonique du système. Par contre, dans le cadre des addictions pathologiques, nous avons affaire à la saillance d'une réponse monopoliste, qui entraîne le confinement sur le pôle paratélique-excité. Le résultat est une réduction dramatique des réponses de type paratélique-excité et la quasi-impossibilité des réponses de type télique-relaxé (figure 19). Cette baisse dans la variété des réponses, alors que le système ne supporte, ne trouve acceptables, qu'un nombre très réduit d'états, entraîne le déséquilibre hédonique propre aux addictions pathologiques.

Un individu peut normalement accéder à un grand nombre de réponses de type télique-relaxé, afin de lutter contre l'ennui ou l'anxiété, comme les activités de détente, de relaxation, écouter de la musique, faire une promenade, regarder un film léger et divertissant, lire un roman, jouer à un jeu de société avec sa famille ou des amis, faire des mots croisés, bricoler, s'occuper d'une collection de timbres ou d'un élevage de poissons. De même, cet individu peut encore accéder à un grand nombre de réponses de type paratélique-excité, pour les mêmes raisons de lutte contre la souffrance psychique de l'ennui ou de l'anxiété. Des loisirs sportifs, comportant des risques et procurant des sensations fortes, comme faire du parachutisme, de la moto, de l'escalade. Il peut aller voir un film d'horreur, lire de la science fiction, pratiquer le jogging ou le karaté, soutenir une équipe de football. A ce large éventail d'activités à forte connotation « action » (donc essentiellement orientées vers la gestion hédonique), s'ajoutent toutes les activités plus pragmatiques d'intégration dans le monde du travail, de la vie familiale et sociale, qui contribuent secondairement à la gestion hédonique. A présent, dans le cadre d'une addiction pathologique, l'individu ne possède pratiquement pas de réponses de type télique-relaxé, hormis les états transitoires et peu productifs de « défonce » au cours desquels il se remet des effets de son addiction. Quant à ses réponses de type paratélique-excité, nous savons qu'elles sont très réduites par la saillance d'une réponse monopoliste compulsive, massive, envahissante, comme prendre de la drogue, s'alcooliser, s'adonner aux fantasmes érotiques, aux actes transgressifs, ... En résumé (et c'est ce que veut montrer simplement la figure 20), nous avons deux groupes de données pratiquement constantes et intouchables : les perturbations produites par le monde dans lequel nous sommes immergés, ainsi que les perturbations propres au système lui-même (son bruit de fond), et les états forcément limités en nombre de ce système. Ainsi, la seule chose qui puisse varier efficacement est la variété des réponses du système afin de maintenir son équilibre. Cependant, il faut remarquer que parmi ces réponses du système, un grand nombre d'entre-elles peuvent être consacrées à la mise en place de zones de protection, dans ou hors du système, destinées à limiter le nombre des perturbations. Donc, l'aspect « intouchable » des perturbations doit être relativisé aux nombre et à l'efficacité des réponses « touchant » à ces perturbations. Et si nous parlons de « zones de protection », c'est pour rappeler que les cadres psychologiques protecteurs, tels qu'ils ont été définis par Apter (1992), appartiennent à ce type de stratégies qui mettent en jeu aussi bien des aménagements de l'environnement (par exemple, zones de jeu, terrain de sport, activités sécurisées, ...) que de la pensée (confiance, croyances, ...). Quoiqu'il en soit, cette diminution des perturbations est de toute façon liée à une augmentation des réponses et de leur variété et reste limitée par le caractère instable et imprévisible de notre monde. La réponse massive et totalitaire d'une addiction pathologique, montre de plus les limites d'une volonté trop exclusive et rigide d'un aménagement de l'univers : la souffrance finit toujours par rattraper l'addicté.

C. Système de coping, styles de vie et mécanismes de défense

Le fait que nous parlions de stratégies en ce qui concerne les diverses modalités de gestion hédonique du système d'actions, nous amène naturellement à rapprocher ces stratégies de celles que l'on décrit habituellement dans les modèles du coping. Le coping est une variable cognitivo-comportementale modérant la relation stress-détresse (Paulhan, Bourgeois, 1995), il a été défini par Lazarus et Folkman (1984) comme : « *l'ensemble des efforts cognitifs et comportementaux destinés à maîtriser, réduire ou tolérer les exigences internes ou externes qui menacent ou dépassent les ressources d'un individu* ». Ces stratégies peuvent consister aussi bien en des activités qu'en des processus de pensée, c'est-à-dire faire appel directement au comportemental (par exemple, affronter le problème, adopter une conduite d'évitement, rechercher un support social, ...), ou bien utiliser une réponse cognitivo-affective (par exemple, sous-estimer l'importance d'une maladie grave, transformer par l'imaginaire une situation dangereuse en une occasion de profit personnel, ...) (Steptoe, 1991). Selon cette perspective, on considère que l'individu est actif et qu'il met en place des mécanismes de gestion du stress qui peuvent, d'une certaine façon, être rapprochés de nos mécanismes de gestion hédonique. En tant que processus cognitif, le coping correspond à une « interprétation » de la situation, ce qui nous renvoie à ce que nous avons pu dire de la relation de l'individu à ses émotions et à ses états métamotivationnels. D'autre part, en tant que réponse comportementale, le coping rejoint les activités de régulation hédonique telles que nous les avons définies : les actions. Le concept de stress lui-même, dans sa version psychologique et émotionnelle (Dantzer, 1989) peut être rapproché de celui de souffrance psychique, il en possède la même dimension personnelle.

Les stratégies de coping peuvent être classées en deux grandes catégories (Lazarus, Folkman, 1984) : 1) la régulation de la détresse émotionnelle (coping centré sur l'émotion) ; et 2) la gestion du problème qui cause la détresse (coping centré sur le problème). A partir de là, on pourrait suggérer que le coping centré sur l'émotion correspond aux stratégies agissant sur le niveau d'activation (en l'élevant, ou en l'abaissant), puisque l'émotion est la composante psychique de l'activation physiologique ; tandis que le coping centré sur le problème concernerait davantage les renversements d'état (de télique vers paratélique, ou l'inverse), dans la mesure où ces renversements sont provoqués par une manipulation de l'environnement et/ou de son interprétation (voir tableau 22).

Tableau 22 : Essai de correspondances entre les stratégies du système d'actions (Apter, 1989) et les stratégies de coping (Lazarus, Folkman, 1984)

Gestion de l'activation	**Élévation de l'activation**	**Baisse de l'activation**
Coping centré émotion	- Réévaluation positive - Fuite-évitement - Recherche d'un soutien social	- Prise de distance, minimisation - Auto-accusation - Maîtrise de soi
Gestion des renversements	**De télique à paratélique**	**De paratélique à télique**
Coping centré problème	- Esprit combatif, acceptation de la confrontation	- Résolution du problème, recherche d'informations

Toutefois, au-delà de ces rapprochements entre types de mécanismes, deux remarques importantes doivent être faites : d'une part, même si les modèles de coping distinguent entre les « exigences » internes ou externes, la souffrance envisagée reste essentiellement contingente aux différents stresseurs auxquels l'individu doit faire face et l'ignorance de la souffrance psychique intrinsèque donne leurs limites à ces modèles ; d'autre part, le coping concerne la gestion du stress, c'est-à-dire l'anxiété et la tension engendrées par une situation stressante, ce qui réduit le modèle à une lutte contre le négatif, alors que dans le cadre d'un système d'actions, sont prises en compte à la fois la lutte contre la souffrance psychique, mais aussi la poussée positive vers les sources de stimulation et de plaisir qui, elles aussi, donnent lieu à stratégies.

Ce rapprochement entre coping et système d'actions, qu'il resterait bien entendu à préciser davantage par des études spécifiques, nous encourage à proposer l'idée d'un « système de coping » au sens où des lois pourraient régler les relations entre différentes stratégies de coping chez le même individu. Les diverses études qui ont tenté de faire du coping un trait de personnalité (Byrne, 1961 ; Wheaton, 1983 ; Kobasa et al., 1982) se sont heurtées au fait que les mesures de trait sont de faibles prédicteurs des stratégies de coping (Cohen, Lazarus, 1973 ; Folkman et al., 1986). La raison tient à la fois à la nature multidimensionnelle du processus de coping (en général une situation nécessite le déploiement de plusieurs stratégies associées qui ne peuvent être prédites par l'unidimensionnalité d'un trait) (Moos, Tsu, 1977), de plus, les stratégies de coping sont fortement influencées par le contexte situationnel et sont à ce titre très changeantes (Bruchon-Schweitzer, Dantzer, 1994). Cette caractéristique non-personnaliste du coping rejoint l'un des principes fondamentaux de la théorie du renversement psychologique de Apter, à savoir l'inconsistance foncière de l'être humain : le même individu, dans la même situation, peut se comporter très différemment d'un moment à l'autre. Si du côté du coping cette question semble être restée en suspend, la *Reversal Theory* ajoute aux caractéristiques individuelles et à celles de la situation un troisième terme : l'état méta-motivationnel qui n'est que partiellement influencé par la volonté de l'individu ou la situation, mais fait l'objet de cycles propres, basés sur des phénomènes de satiété (Apter, 1989). Aussi, cette consistance **dans** l'inconsistance, que l'on appelle « dominance » (dominance télique ou paratélique, par exemple), peut-elle nous dire quelque chose à propos de la fréquence statistique des renversements au cours du temps, mais elle ne peut rien préjuger de la situation de l'individu sur le cycle des renversements à un moment donné. De là, il peut être suggéré que la formalisation d'un système de coping, en permettant de dégager une consistance individuelle au travers des relations systémiques entre stratégies, apporterait sans doute une solution de compromis dans le divorce entre coping et personnalité.

La théorie des systèmes (Bertalanffy, 1968) prévoit que le système n'est jamais isolé, mais qu'il côtoie, intègre et est intégré dans une multitude de systèmes hiérarchiquement structurés, qui ont une influence les uns sur les autres. Aussi, les relations systémiques entre stratégies, qu'il s'agissent de celles d'un système d'actions, ou d'un système de coping, ne représentent-elles qu'une part de l'ensemble des systèmes intégrés auxquels participe l'individu. Il nous faut à présent revenir un instant au système, non plus des actions, mais bien des activités, des conduites, c'est-à-dire tout ce qui se répercute du système d'actions sur l'ensemble du mode, ou style de vie. Les liens entre style de vie et stratégies du système d'actions peuvent alors fournir en retour des preuves de l'existence de ce système.

De nombreuses études ont mis en évidence la modification profonde des styles de vie liée à de forts stress et à l'entrée, ou la sortie, d'une addiction sévère. Par exemple, un divorce peut entraîner une augmentation du risque addictif (Fine, McKenry, Chung, 1992), l'usage de drogue, l'alcoolisme ou le tabagisme, peuvent transformer complètement les activités de jeunes lycéens (Lewandowski, Westman, 1991). D'autre part, on a aussi trouvé que l'intensité du travail (mesurée en nombre d'heures travaillées par semaine) avait une influence sur les comportements en général et l'intensification des comportements addictifs en particulier (Bachman, Schulenberg, 1993). Une grande enquête japonaise (Wada, Fukui, 1993) portant sur 5 240 lycéens addictés aux solvants (prévalence de 1,5% dans la population générale des lycéens au Japon) a pu montrer de façon significative, que le style de vie des addictés était moins régulier et moins détendu que chez les non-addictés. L'usage de drogue durant l'adolescence peut désorganiser complètement un système d'activités et avoir des répercussions à long terme, chez l'adulte, au plan de l'activité professionnelle et de la satisfaction au travail (Stein, Smith, Guy, Bentler, 1993). Enfin, une évaluation avec le *Drug Lifestyle Screening Interview* (DLSI) chez 120 toxicomanes en postcure a pu montrer que la sévérité de l'abus de drogue est significativement corrélée avec de hauts scores sur les quatre facteurs de l'échelle : l'irresponsabilité et la pseudo-responsabilité, le déséquilibre du coping face au stress, les relations superficielles et la transgression-contournement des règles sociales (Walters, 1994a). Dans une autre étude (Reno, Aiken, 1993), il a été montré que pour des toxicomanes, le passage de l'héroïne à la méthadone permet, non seulement une baisse de la consommation de drogue, mais encore une transformation significative du système des activités : les activités domestiques, de loisir, sociales, mais encore de soin et de santé, sont en augmentation ; les activités criminelles sont à la baisse et les individus retrouvent plus facilement un travail.

Ces études suggèrent que même s'il faut bien distinguer entre activité et action (action au sens d'une fonction de gestion hédonique), entre système d'activités et système d'actions, le premier peut tout de même refléter les modifications du second. Dans l'étude qui vient d'être citée (Reno, Aiken, 1993), la transformation du système d'actions, qui accompagne celle du système des activités, est révélée indirectement par l'amélioration d'une variable essentielle : la qualité de vie (en réponse à des items portant sur la satisfaction). Dans une étude québécoise portant sur les relations entre toxicomanie et délinquance (Brochu, Brunelle, 1997), les auteurs en viennent à récuser les liens de causalité linéaire entre les deux phénomènes, une causalité qu'aucune étude scientifique sérieuse ne vient soutenir. Tous ceux qui présentent une dépendance aux drogues ne s'adonnent pas à la criminalité pour boucler leur budget (Walters, 1994b), pas plus que la délinquance ne mène systématiquement à la consommation de drogues (Kaplan, 1995). En fait, l'adolescence est une période si riche en comportements excessifs et déviants, que l'on peut facilement faire produire à la statistique tous les liens que l'on imagine, sans que cela ait une quelconque pertinence dans la réalité (McCord, 1995). Finalement, il s'avère qu'il n'existe pas une cause commune permettant d'expliquer à la fois la délinquance et la toxicomanie, mais plutôt un certain nombre de facteurs psychologiques et sociaux, personnels et de l'environnement (comme le sexe, les croyances, l'influence des pairs, ...), qui entrent en jeu et interagissent les uns avec les autres, pour former des facteurs de risque (Elliot et al., 1989).

C'est à partir de cette notion de facteurs de risque que fut développée la conception d'un « style de vie » qui serait adopté par les adolescents et qui prendrait en compte un ensemble complexe d'éléments comme les expériences d'échec et de rejet, l'estime de soi, les croyances et significations attribuées aux expériences, mais encore le contexte situationnel de l'agir (Kaplan, 1995 ; Osgood et al., 1996). Le style de vie n'est pas une donnée statique, mais présente une évolution temporelle selon une trajectoire personnelle d'adaptation à la réalité perçue, qui organise en même temps l'identité de la personne (Becker, 1963 ; Dembo, Williams, Schmeidler, 1994). Ce style de vie peut devenir déviant afin d'atteindre certains buts, de donner un sens à son existence et de se définir une identité personnelle (Brochu, 1995).

Brochu et Brunelle (ibidem) conçoivent l'individu comme actif et participant à des activités qui sont porteuses de sens. Il crée une réalité au travers d'une trajectoire temporelle qu'il parcourt et les facteurs de risque rencontrés ne sont plus des éléments déterministes, mais des éléments de compréhension de la signification globale que l'individu donne à sa situation. Il y a donc une relation phénoménologique drogue-crime, dans une **organisation intime** des expériences que fait l'individu, son style de vie (souligné par nous).

Ce concept de style de vie comme une « organisation intime » des activités de l'individu, qui fonctionne et évolue au fil du temps, selon des significations et des interprétations de la réalité et qui est adopté activement par l'individu, sur la base de stratégies adaptatives, qui prennent en compte ces significations et interprétations de la réalité, nous ramène à un système d'activités comme le reflet phénoménologique du système d'actions de gestion hédonique sous-jacent. Le style de vie à la fois délinquant et toxicomane, s'explique alors comme une réponse complexe en terme de gestion hédonique, qui va utiliser les ressources de l'environnement (modelage par les pairs, accessibilité de la drogue, culture de la déviance et de la criminalité) et personnelles (apprentissage de la déviance et de la gestion psychotrope), dans la lutte contre les souffrances psychiques intrinsèque (expériences de victimisation ou de négligence parentale, ...) et contingente (situation familiale, économique, d'exclusion, ...).

Une récente étude épidémiologique britanique a montré un lien statistique entre la baisse du tabagisme et la possession d'un téléphone portable chez les adolescents (Charlton, Bates, 2000). Bien entendu, comme corrélation statistique n'est pas causalité, ce résultat ne doit entraîner que la formulation d'hypothèses. Ainsi, pour ces chercheurs le téléphone mobile viendrait concurrencer la cigarette comme symbole pour se sentir adulte. Une autre hypothèse serait que dans le contexte adolescent d'un budget limité, le jeune doit faire un choix de coût : ou la cigarette ou le téléphone. Comme souvent en science humaine, des hypothèses ne sont pas forcément exclusives les unes des autres et il peut être heuristique de les associer. Dans le cadre d'un concept de style de vie, on peut suggérer que, aussi bien l'évolution de la valeur symbolique du signifiant adulte, que le facteur de coût d'une satisfaction hédonique, entrent en jeu pour déterminer ce nouveau style de vie qui consiste à fumer moins pour téléphoner plus. En tout cas, cette étude montre déjà un effet de la quatrième loi du système d'actions de gestion hédonique : la vicariance ; mais d'autres études seront nécessaires pour déterminer plus précisément tout ce qu'implique la possession d'un téléphone mobile.

Le concept d'actions de gestion hédonique et ses liens avec le style de vie nous montrent que les problématiques de l'addiction ne peuvent être réduites à elles-mêmes, mais qu'elles doivent être inscrites aussi bien dans l'environnement que dans l'ambiance interne dans laquelle baigne l'individu. Dans un autre registre de la dépendance, c'est bien ce que montre une étude sur le phénomène de « dépendance culturelle » (Mesmin, 1997). L'immigration part tout d'abord d'un désir de changement, dans la recherche d'un mieux-être, le plus souvent économique, d'une espérance, un désir d'aventure, ou parfois il s'agit d'une tradition. L'installation dans un nouveau pays, une nouvelle culture, place l'individu face à une pression de changement qu'il peut négocier de différentes façons. Certains s'enferment dans les schémas de leur propre culture et résistent au changement, d'autres parviennent à trouver des compromis entre leur ancienne culture et la culture d'adoption, d'autres encore, très peu dans la première génération, finissent par « s'intégrer ». Comme l'explique Mesmin : « *on ne change pas de pays, de façon de vivre, d'ambiance, de climat,* ***sans devoir se modifier*** » (souligné par nous). Cette modification de la personne ne se fait pas naturellement, mais passe par le conflit entre deux groupes de contraintes : les contraintes dites « positives » en lien avec la famille élargie restée au pays et qui correspondent à la mission de l'immigré (faire des études, travailler pour envoyer de l'argent, continuer à respecter le style de vie du pays en participant à la communauté des immigrants) ; et les contraintes dites « négatives » qui correspondent aux pressions du pays et de la culture d'accueil (les séductions d'un nouveau mode de vie, l'adoption de la langue, du style de vie, des modes de pensée du nouveau pays, se marier et y fonder une famille). La clinique des immigrants montre que ce conflit entre contraintes positives et négatives provoque de nombreux désordres et une crise. Succomber au nouveau style de vie de la culture accueillante, abandonner les obligations de sa propre culture d'origine, entraînent de nombreuses difficultés psychologiques (qui se répercutent généralement sur la génération suivante).

L'immigration comporte une part considérable de réorganisation de sa vie quotidienne. Les symptômes psychiques et la souffrance qu'entraîne l'échec de cette réorganisation peuvent alors être interprétés en terme de système d'actions. Parler de « dépendance culturelle » signifie que l'ensemble des stratégies de gestion hédonique qui forment un système d'actions possèdent une force de contrainte, une sorte d'inertie, qui viennent s'opposer au changement. C'est que posséder un système d'actions efficace et opérationnel est une force et un atout essentiels pour vivre. Le système d'actions permet de gérer à tous moments la dépression, l'anxiété, l'ennui, les peurs, la détente comme la capacité à s'exciter tout en gardant le contrôle. Ces compétences intimes, psychologiques, à la gestion hédonique, procurées par le système d'actions, sont rattachées à notre culture, à notre histoire, à tout ce que nous avons appris de nos parents (et nous verrons bientôt toute l'importance de cette genèse du système d'actions). De ce bouclier qui nous protège de la souffrance psychique, ou nous permet au moins de la gérer, de la contenir dans certaines limites, nous sommes naturellement dépendants, car il n'y a pas d'alternative possible, ou c'est lui, ou c'est… rien. Aussi, lorsqu'à l'occasion d'un changement de milieu, de culture, ce système d'actions est remis en question, l'individu commence par résister, par créer pour lui une bulle de protection où il pense pouvoir maintenir intact son système d'actions originel. Cependant, tout ce qui l'entoure désormais dans sa nouvelle vie, va faire contrainte, soit par l'obligation, soit par la séduction, pour le faire sortir de sa bulle. Et c'est finalement en sortant de sa bulle que son système d'actions va se trouver mis en défaut, qu'il perdra de son efficacité, laissant passer la souffrance psychique, comme un filtre inefficace.

Un système d'actions n'est pas seulement une disposition personnelle, mais c'est une disposition personnelle plus un milieu. C'est un ensemble de compétences dans la gestion hédonique nécessairement rattachées à un environnement particulier. Que change l'environnement et le système d'actions se trouve pris en défaut, il doit être transformé et cette transformation, cette nouvelle organisation des actions et des activités, va entraîner la nécessité de nouveaux apprentissages, donc la nécessité de prendre le risque du changement et de la nouveauté. C'est un risque, car tout changement implique des périodes de creux, où les anciennes compétences n'ont plus cours, mais où les nouvelles ne sont pas encore en place, ou suffisamment efficaces. C'est au cours de ces transitions que la souffrance psychique augmente et génère des troubles psychologiques et du comportement, reflets de la crise intérieure qui secoue l'individu.

Si l'on a pu rapprocher les stratégies de gestion hédonique du système d'actions, et des stratégies de coping et du style de vie, nous ne pouvons pas manquer un semblable rapprochement avec les mécanismes de défense. Si l'on reprend ici les excellentes analyse et synthèse de Ionescu, Jacquet et Lhote (1997), la définition qu'ils donnent des mécanismes de défense est la suivante : « *des processus psychiques inconscients visant à réduire ou à annuler les effets désagréables des* ***dangers*** *réels ou imaginaires, en* ***remaniant*** *les réalités interne et/ou externe et dont les manifestations – comportements, idées ou affects – peuvent être inconscients ou conscients* » (soulignés par nous). Dans cette définition apparaissent les deux éléments dialectiques de l'addiction : la souffrance psychique comme « danger » et le moyen de lutte contre cette souffrance, le « remaniement ». En effet, l'analyse des auteurs permet de regrouper sous le mot « danger » des éléments donnés par la littérature scientifique comme : le déséquilibre psychique, le conflit intrapsychique, l'angoisse reliée à ces conflits, l'anxiété, le stress, la frustration. Nous avons là des formes typiques de souffrance psychique qui, quelle que soit leur origine, interne ou externe, se ramènent à une expérience dysphorique du sujet, dans son vécu et son ressenti. Face à cette dysphorie, le mécanisme de défense exerce son « remaniement » selon des moyens qui ne sont pas sans rappeller notre concept d'« occultation » : « rendre inaccessible à la conscience », « un obscurcissement temporaire de la réalité », « en exerçant une fonction de dissimulation ». En un mot, l'objectif de ce « remaniement des réalités internes et externes » n'est pas tant la disparition de la souffrance que son enfouissement dans l'inconscience. A cette définition dialectique nous devons ajouter, toujours à la suite de Ionescu, Jacquet et Lhote (1997), que les mécanismes de défense sont souvent décrits comme des activités « compulsives », « automatiques » et « relativement involontaires », ce qui nous renvoie à la perte de contrôle et à la compulsivité qui marquent les addictions. Par exemple, dans la liste des mécanismes de défense de Valenstein (Bibring, Dwyer, Huntington, Valenstein, 1961), on trouvera « manger et boire » comme : « *tendance irrésistible à ingérer des aliments, des boissons, des médicaments, etc., afin de maintenir ou de restaurer l'intégralité de soi, surtout de l'image corporelle et de contrôler l'environnement. Les mécanismes d'incorporation et d'introjection sont impliqués* ». Pour les auteurs du DSM-IV, défense et coping paraissent synonymes et ils écrivent à plusieurs reprises « mécanismes de défense ou style de coping », ce qui tend à montrer la possibilité d'une continuité entre les mécanismes de défense davantage dans l'automatisme inconscient et les stratégies de coping davantage dans la réaction et le comportement conscients.

Si l'on examine à présent les 29 mécanismes de défense retenus par Ionescu, Jacquet et Lhote (1997), une analyse des rapports de ces mécanismes avec le style de vie permet de dégager deux grandes catégories de mécanismes de défense : 1) les mécanismes intégrés et les mécanismes autonomes. « Intégré » signifie que les mécanismes de défense en question ne font pas l'objet de comportements ou d'activités spécifiques, qui découpent une durée dans le vécu. Ils sont mêlés à la vie courante, aux activités du quotidien et ne font que colorer ces activités de leur modalité défensive. Par exemple, le clivage, le déni, la projection, sont liés aux activités habituelles et ne font pas l'objet de comportements spécifiques. A l'inverse, un mécanisme de défense « autonome » peut se présenter comme activité en propre, qui découpe un temps, parfois considérable, dans le quotidien de l'individu. Certains mécanismes de défense peuvent posséder la double qualité de façon biphasique, par exemple, l'annulation rétroactive : à un niveau d'expression normal elle reste intégrée aux modes de fonctionnement habituels du sujet ; mais lorsqu'elle prend un tour excessif, elle peut donner lieu à des activités autonomes de type obsessionnel-compulsif (au passage, ce découpage en « intégré » et « autonome » peut aussi bien s'appliquer aux addictions, par exemple, le tabagisme est une addiction « intégrée », l'héroïnomanie dans ses modalités extrêmes d'aliénation est « autonome »). Des 29 mécanismes de défense de la liste Ionescu, Jacquet et Lhote (1997), 14 peuvent répondre au critère d'autonomie et cette capacité d'autonomie est remarquable en ce qu'elle confère à ces mécanismes une possibilité d'acquérir une modalité addictive, lorsque leur expression prend un tour pathologique. Examinons tour à tour ces 14 mécanismes et leurs modalités addictives : 1) l'**activisme** est clairement renvoyé aux « pathologies de l'agir » et à l'ensemble des conduites addictives, comme moyen d'éviter la souffrance psychique ; 2) l'**affiliation** dans ces formes extrêmes renvoie aux relations anaclitiques de type addictif ; 3) l'**altruisme** qui peut se systématiser à la fois comme activisme envahissant la vie de l'individu et moyen d'étayage anaclitique, comme addiction à autrui ; 4) l'**annulation rétroactive** qui devient addictive lorsqu'elle s'exprime de façon massive sous forme de troubles obsessionnels-compulsifs ; 5) l'**ascétisme de l'adolescent** qui peut prendre parfois des tours extrêmes lorsqu'il aliène le style de vie dans des addictions toxiques, anorexiques, suicidaires, ... (Arnoux, 1990) ; 6) le **clivage** du moi qui est un mécanisme essentiel à la base des addictions et autres troubles graves du comportement (Jeammet, 1985) ; 7) le **contre-investissement** qui, lorsqu'il confine au sur-investissement activiste, obsessionnel, contra-phobique, devient une contre-attitude addictive (par exemple, les « Alcooliques Anonymes ») ; 8) le **déni**, qui est présent dans les « mises en acte » et les « pathologies de l'agir », notamment dans les conduites ordaliques (Charles-Nicolas, 1981), les conduites à risque et la recherche de sensation et qui peut être rapproché de l'installation d'un cadre psychologique protecteur (Apter, 1992), ici sous sa forme illusoire qui caractérise les addictions ; 9) la **formation réactionnelle** dans ses aspects massifs et compulsifs, dans l'activisme, comme l'addiction au travail (Charlot, 1994) ; 10) l'**identification à l'agresseur** qui peut donner lieu, dans ses expressions massives, à des activités et comportements compulsifs, comme la maltraitance, la délinquance, l'agressivité chronique, dans les mécanismes contraphobiques d'exposition constante au danger ; 11) l'**intellectualisation** dans ses formes défensives extrêmes, comme un type d'addiction à la pensée destinée à mettre à l'écart les affects douloureux, tout en procurant de fortes satisfactions narcissiques ; 12) l'**introjection**, qui dans ses défaillances cède la place au mécanisme d'incorporation et toutes les problématiques du corps et du comportement afférentes comme l'anorexie, la boulimie, les addictions, tandis qu'à l'inverse, un excès d'introjection de nature surmoïque (sur-étayage du système d'actions) peut entraîner une lutte perverse anti-surmoïque par une addiction aux fantasmes érotiques trangressifs pouvant entraîner des passages à l'acte sexuels et criminels (Loonis, 2001) ; 13) le **refuge dans la rêverie**, soit dans son excès comme un type d'addiction à la pensée imaginaire conduisant à des styles de vie schizoïdes et apragmatiques, soit par sa carence dans les pathologies de l'agir, les addictions.

Le dernier mécanisme de défense pouvant prendre des formes d'expression autonomes est la **sublimation** que l'on discutera avec le mécanisme de dégagement, dans la perspective d'un modèle intégratif. Le débat autour du concept de sublimation (est-elle une défense ? si oui, est-elle une défense de premier choix ? sur quoi s'exerce-t-elle ? implique-t-elle le renoncement sexuel et agressif ?) laisse deviner d'autres enjeux qu'une simple réflexion théorique et clinique. Discours de chercheurs et d'intellectuels, donc gens réputés placés aux premières loges de la sublimation, en en parlant, ici plus qu'ailleurs, chacun parle de lui-même et c'est sans doute là une première explication d'un débat qui s'éternise. Un autre enjeu réside dans ses alternatives pratiquement symptomatiques, entre le sexuel et le non-sexuel, l'agressif et le non-agressif, qui renvoient à des idéaux quasi-religieux. Armé de ces simplistes alternatives, la sublimation se heurte alors à la complexité du réel qui nous montre, non pas de simples alternatives dans une logique de la substitution, mais des dynamiques complexes entre les deux pôles de ces alternatives : parfois la substitution est nette, parfois les deux pôles se superposent (ou alternent rapidement), tandis qu'à d'autres moments la sublimation elle-même se transforme en une saillance d'activité inquiétante, proche de l'activisme, de l'intellectualisation, de la formation réactionnelle, dont on connaît les dérives addictives. Alors que certains auteurs veulent voir la sublimation comme un processus, en quelque sorte « supérieur », se déroulant au-delà de la défense, qui aurait fait « voler en éclat le conflit » (Le Guen et al., 1985), qui correspondrait à une « normalité » (A. Freud, 1936), qui serait finalement une défense « réussie » (Fenichel, 1945), d'autres auteurs (ou les mêmes ailleurs) soulignent l'ambiguïté d'une sublimation qui, de toute façon, reste un « marchandage » entre le moi et les pulsions et offre ainsi un amoindrissement du plaisir par rapport à celui qu'aurait apporté l'assouvissement des instincts, elle est une satisfaction modérée, déplacée et réduite (A. Freud, in Sandler, 1985).

Si l'on se penche à présent sur les effets de la sublimation, on y trouve d'étranges surinvestissements, comme le travail psychique et intellectuel, scientifique et artistique (Freud, 1930), l'activité professionnelle (Freud, 1910), la socialisation (Pruschy, Stora, 1975 ; APA, 1996), mais encore les passions du loisir, de l'art, de la connaissance (Laplanche, 1980) et même l'activité religieuse (S. Freud, in Jones, 1955). Et des plaisirs non moins suspects, comme la compensation de la déception amoureuse et sexuelle (Freud, 1908, 1930), un antidote aux embêtements de la vie (Piaget, in Bringuiet, 1972), jusqu'à y voir « une relation comparable à l'amour » (Lagache, 1962b), un « investissement passionnel » (Mijolla-Mellor, 1992), un « orgasme de la pensée » (in Anzieu, 1994).

La sublimation nous place au cœur de la problématique de la substitution dans un système de gestion hédonique, en étant le représentant intellectuel et pratique d'une sorte d'idéal de la vicariance. Le concept de dégagement (Bibring, 1943 ; Lagache, 1957, 1961, 1962a) va encore plus loin en proposant une véritable transformation interne du moi qui n'aurait même plus besoin de s'activer dans un quelconque « valorisé socialement ». Ainsi, avec des mécanismes comme la « familiarisation », le « détachement », la « reconnaissance-acceptation », la « prise de conscience », l'« intelligence », la « prévision (état d'esprit télique ?) », le dégagement propose-t-il de laisser tomber les défenses classiques et de les « remplacer » par la « saillance » d'une sorte de sagesse, faite de « voies de dégagement », dont l'une d'entre elles est la sublimation. En résumé, nous pouvons nous demander si, sublimation et dégagement, ne représentent pas des défenses trop bien « réussies », les défenses ultimes, les plus « intelligentes » des défenses, dans le sens machiavelique du terme intelligence. Sur la base d'un surinvestissement souvent bien proche du workaholisme, renforcés d'une jouissance narcissique à l'altruisme et la socialisation bien opportuns, cadenassés à l'aide de rationalisations et d'intellectualisations idéalisantes, sublimation et dégagement ne seraient-ils pas, du refoulement, tout ce que l'esprit intelligent peut faire ?[1]

Ainsi, sous leur forme autonomisée, les mécanismes de défense représentent, dans ce que l'on appelle leur fonction de « remaniement », un ensemble de solutions addictives destinées à parer aux « dangers » que l'individu et son moi doivent affronter, en deux mots, la souffrance psychique. Selon le degré d'autonomisation de ces mécanismes par rapport aux activités pragmatiques quotidiennes d'adaptation, la force de la saillance et de la compulsivité, qui renvoient à leur valeur et fonction (pragmalogique) de gestion hédonique, déterminent la place de ces mécanismes sur le continuum entre Addictions de la Vie Quotidienne et addictions pathologiques.

Plusieurs tentatives ont été réalisées pour construire un modèle intégratif des mécanismes de défense dans une perspective unificatrice et hiérarchique des processus adaptatifs (Menninger, 1954a, b ; Haan, 1969 ; Mucchielli, 1981 ; Ionescu, 1993 ; Plutchick, 1995). Finalement, c'est comme si l'être humain était pourvu d'un **système général d'interprétation réactive** (« interprétation réactive » qui n'est pas sans rappeller le concept d'enaction de Varela – 1980, 1993) destiné à gérer les impacts sur le moi, des réalités interne et externe. Ce système serait à la fois interprétatif au sens où il consisterait en la formulation d'une signification de la réalité à la suite de traitements cognitifs aux niveaux conscients et inconscients, et réactif dans les mécanismes comportementaux et d'activité qu'il mettrait en œuvre. A partir de ce système général d'interprétation réactive, deux sous-systèmes peuvent ainsi être dégagés, qui se caractérisent par la prépondérance de l'un ou l'autre des modes de traitement de la réalité. Sur le versant cognitif, le premier sous-système concerne tous les mécanismes de défense et de coping de nature psychique (les réaménagements cognitifs, comme le déni, le clivage, l'isolation, la recherche d'information, la réévaluation positive, ...) ; tandis que sur le versant comportemental, le

---

[1] On peut sans doute y voir aussi l'involution sénile de maints vieux intellectuels…

second sous-système concerne tous les mécanismes de défense et de coping de nature comportementale et de l'activité (les mécanismes de défense dits « autonomes » qui forment des activités en propre à caractère massif et parfois compulsif, le coping en acte ainsi que la « pensée-acte » comme les ressassements obsessifs, contra-phobiques, érotiques anti-surmoïques et, *last but not least*, les addictions). Ainsi, et ce sera notre synthèse, le stress et la souffrance psychique, mais encore la poussée positive vers la recherche de sources agréables de stimulation, donnent-ils lieu à des mécanismes psychiques et comportementaux qui correspondent à la fois à des systèmes d'interprétation destinés à la gestion hédonique des émotions et des états métamotivationnels, et à des actions qui représentent la fonction de gestion hédonique de nos activités quotidiennes. Ces mécanismes forment un système général d'interprétation réactive, qui regroupe mécanismes de défense et mécanismes de faire face (coping) en un style de vie adopté par la personne. Les addictions, envisagées sur leurs deux axes, celui de leur nature entre addictions directement et indirectement psychotropes et celui de leur sévérité entre Addictions de la Vie Quotidienne et addictions pathologiques, correspondent en la mise en mouvement effective de ce système interprétatif réactif, comme ce qui du style de vie et des modalités de fonctionnement au quotidien, sert la gestion du plaisir et de la souffrance.

D. La genèse du système d'actions

Nous venons de voir que le système d'actions, dans la mesure où on en capte un reflet dans le système des activités, suit tout au long de la vie de l'individu une trajectoire, qu'il est soumis à évolution. Or, cette trajectoire ne débute pas à l'adolescence, ou chez le jeune adulte, mais bien avant, depuis la naissance, le système d'actions suit une genèse, une croissance dans son efficience, en un mot un développement. La souffrance psychique intrinsèque est une donnée inhérente à la vie même de l'être humain et de fait représente un enjeu vital dès la naissance (sans doute même avant). Qu'il s'agisse des travaux de Mélanie Klein sur les souffrances psychiques précoces et la position dépressive (1932, 1948), ou ceux des analystes du lien précoce (Winnicott, 1968, 1974 ; Bowlby, 1969), il est montré que le jeune humain est confronté dès le début de sa vie à la souffrance psychique et que son entourage familial représente un **étayage** vital dans sa lutte contre cette souffrance. La clinique infantile montre assez clairement que les angoisses forment une sorte de « prédisposition » plus ou moins importante selon les enfants, une « angoisse de base amorphe » (Greenacre, 1953), dont on peut considérer qu'elle ne se manifeste vraiment qu'à partir du troisième mois, au moment de l'ébauche de l'objet et du sourire face au visage humain, comme premier organisateur psychique (Spitz, 1968). Pour Klein, cette période est marquée par l'angoisse schizoparanoïde de morcellement du moi, contre laquelle l'enfant lutte par le clivage et l'identification projective. Ces mécanismes archaïques doivent être considérés comme les précurseurs d'un système d'actions, les premières mesures de gestion hédonique de l'être humain. Cependant, nous devons souligner que ces mécanismes sont à l'œuvre déjà dans le rapport à l'autre, même si cet autre n'est pas encore constitué comme objet entier et séparé. C'est quelques mois plus tard, que face au risque de perte de cet objet alors mieux constitué et reconnu comme séparé, que l'enfant aborde l'angoisse dépressive (Klein), tandis que se forge le second organisateur psychique, l'angoisse devant cet étranger qui ne correspond pas au visage de la mère, désormais reconnue (Spitz). C'est aussi à cette époque que peut apparaître l'angoisse anaclitique, cet effondrement psychique et physiologique à la perte prolongée du lien maternel qui correspond à une perte narcissique. Tout au long de son développement l'enfant sera confronté à diverses angoisses (anale, phallique, œdipienne), qui ne peuvent s'expliquer simplement et seulement comme des réactions à des situations rendues difficiles par l'immaturité. Il entre dans ces souffrances psychiques une part de fondamental, d'inexorable, que le meilleur entourage, la meilleure éducation, ne sauraient épargner. Mais toujours, cette souffrance entre dans le cadre de la relation aux autres, car c'est de ces autres dont va dépendre, pour l'enfant, la capacité à cette gestion de la souffrance psychique.

Ce qui fait toute l'importance d'autrui est que le système d'actions immature de l'enfant trouve un étayage constructeur auprès du système d'actions de ses parents et des autres qui entrent en relation avec lui et *s'occupent de lui*. Le verbe *occuper*, dans sa forme transitive, signifie remplir un espace et ici il s'agit bien de l'espace psychique de l'enfant ; mais en même temps, la forme pronominale du verbe (*s'occuper*) avec l'adjonction du *se* qui signifie la présence du soi, montre que celui qui occupe l'autre, occupe par la même occasion son propre espace psychique (que l'on interprète habituellement comme du temps : occuper son temps). C'est parce qu'il y a réciprocité dans la mise en œuvre des systèmes d'actions que Winnicott (1974) a justement parlé du rôle de « miroir » de la mère et de la famille dans le développement de l'enfant, au travers de ce *holding*, ce soutien, cet étayage psychique de l'enfant.

Observons les comportements banals d'une mère avec son nourrisson : elle lui parle, elle le regarde tout près et accentue les mimiques de son visage, les intonations de sa voie ; elle agite un hochet, le donne au bébé, le lui reprend, le lui redonne, ou lui donne autre chose ; elle joue, elle échange, partage, stimule ; elle touche, elle embrasse, elle caresse, elle berce et chante une chansonnette, et ainsi de suite. Que l'enfant exprime un ennui, une peur, une souffrance, après avoir contrôlé et éliminé toutes les supposées raisons contingentes à cette souffrance (l'enfant a mangé, il a été changé, il n'est pas malade), la mère se range inconsciemment à la raison intrinsèque du mal de vivre, qui est aussi la raison de l'amour, et s'occupe de et occupe son enfant, pour le distraire de ce mal de vivre. La dépression anaclitique, les enfants sauvages (Malson, 1964 ; Singh, Zingg, 1980 ; Burlingham, Freud, 1948 ; Loutre du Pasquier, 1981), illustrent de façon dramatique cette vérité que le jeune être humain ne saurait se développer sainement avec seulement la satisfaction de son intendance physiologique. Non seulement dans son vécu présent le nourrisson a-t-il besoin de cet étayage psychique des « occupations », mais de plus, cet étayage précoce va former les bases de ses propres capacités auto-étayantes qu'il devra mettre en œuvre plus tard. C'est bien à partir de cet étayage de son système d'actions que le nourrisson va apprendre et acquérir les conditionnements qui vont lui permettre de gérer son hédonie, ses niveaux d'activation, ses états psychologiques, et ce de façon de plus en plus autonome au fur et à mesure de sa croissance. Cet étayage du système d'actions représente aussi un étayage narcissique, dans la mesure où c'est la force et la compétence du système d'actions dans l'accomplissement de ses fonctions pragmalogiques hédoniques, qui assure la préservation du moi. La souffrance psychique intrinsèque menace le moi de dissolution et de morcellement, aussi le moi maintient-il son être et sa pérennité au moyen de ces mécanismes, ces « actions » de gestion de la souffrance.

Pour Winnicott, le concept de « mère suffisamment bonne » signifie que l'étayage narcissique réussit de façon optimale à partir d'un équilibre entre le trop et le trop peu d'étayage. Dans le cas du sur-étayage précoce, nous avons affaire à l'enfant « couvé », surprotégé, dont tous les désirs sont immédiatement comblés et dont finalement « on s'occupe trop ». Se trop occuper signifie bien que le sur-étayage répond d'un besoin de la mère (ou de l'entourage) de s'occuper elle-même. C'est une mère généralement dépressive, anxieuse, qui lutte contre cette souffrance psychique par son addiction à l'enfant. L'enfant n'est pas pour elle un être à part, en lui-même, mais une sorte de prolongement narcissique d'elle-même, qui est utilisé comme une chose qui distrait, un sédatif. En fait, pour ces mères ce ne sont pas tant les désirs de l'enfant qu'elles cherchent à combler que leurs propres désirs au travers de ceux de l'enfant. Être à l'écoute attentive de leur enfant et s'occuper de lui en permanence représente tout un système d'actions qui la protège de ses propres souffrances psychiques. Et si certains psychanalystes vont jusqu'à utiliser l'image de l'enfant-pénis de la mère, il faut y voir une façon d'exprimer le fait que l'enfant est utilisé symboliquement comme un organe sexuel dans une masturbation addictive, comme une drogue.

La conséquence de ce sur-étayage de son système d'actions pour l'enfant est qu'il ne lui est pas possible de développer des stratégies propres de gestion hédonique, son système d'actions ne parvient pas à s'autonomiser. L'enfant fait par contre l'apprentissage d'un système d'actions couplé au système d'actions d'autrui, selon un véritable prolongement narcissique, une collusion narcissique. Il fait l'apprentissage de la dépendance à l'autre et non pas de la relation à l'autre. Plus tard, ce manque d'autonomisation du système d'actions se traduira par la faiblesse narcissique, des taux élevés de souffrance psychique et l'utilisation de modes anaclitiques, par étayage, de gestion hédonique, ce qui nous donne le tableau classique du style de vie dépendant et addictif : toxicomanie, addictions sexuelle, aux autres, à une communauté étayante, et ainsi de suite.

Le tableau du sous-étayage n'est pas plus reluisant. Nous avons déjà évoqué les problèmes de l'abandon des jeunes enfants et de ses conséquences délabrantes dramatiques (dépression anaclitique) ; mais nous ne parlons pas seulement, avons-nous précisé, de l'abandon ou de la négligence physiologique (dont on observe actuellement les effets choquants dans certains pays de l'est et ce que l'on n'ose plus appeler un orphelinat, mais un zoo mal entretenu...), mais surtout de l'abandon psychologique qui peut survenir même dans les familles les mieux peuplées. Pour comprendre cet abandon, il suffit de reprendre, plus haut, la longue phrase qui décrivait les « comportements banals d'une mère avec son nourrisson » et d'éliminer un à un tous ces comportements : elle ne parle pas à son enfant, elle ne le regarde pas, elle ne s'adresse pas à lui, elle ne joue pas avec lui, ne le stimule pas, ne le touche que très peu et seulement de façon fonctionnelle, ne l'embrasse pas, ne le caresse pas, et il ne faut pas lui demander de chanter, tout au plus se livrera-t-elle à une hargneuse sismothérapie du berceau pour bloquer les pleurs d'un bébé qui l'indiffère, s'il ne l'horripile. Dans ces cas, la souffrance psychique de la mère (et de l'entourage) est si profonde que les individus se barricadent psychiquement, se figent intérieurement, adoptent la stratégie qui consiste à ne pas faire de vagues. L'enfant est, aux plans affectif et relationnel, négligé et abandonné parce qu'il implique trop l'éveil des affects, de la dépression et des angoisses. La souffrance empêche l'amour, interdit d'apprendre à aimer et l'on se souviendra à ce propos des expériences édifiantes de Harlow (1958, 1972) avec les singes : une jeune femelle élevée dans l'isolement s'avère incapable, plus tard, d'élever son petit. L'équivalent humain de cette expérience se retrouve dans la psychose puerpérale de mères qui, pour la plupart, ont subi une négligence maternelle précoce et qui se trouvent confrontées, au moment de la naissance de leur premier enfant, à une réalité ingérable. L'enfant abandonné vit la dépression anaclitique, contre laquelle il va lutter à l'aide de son système d'actions immature. Les actions de lutte les plus primitives sont ce que dit Bergeret (1990b) des addictions : « *il s'agit de lutter à la fois par le comportement et par le corps* ». Faute d'un étayage suffisant et formateur, constructeur, de son système d'actions par la participation au système d'actions d'autrui, l'enfant en est réduit à développer des stratégies propres et pauvres. Il s'agira de se procurer des sensations distrayantes, euphorisantes, anti-dépressives en tout cas, avec des activités répétitives, compulsives, parfois auto-offensives : tourner, hocher la tête, se balancer, jusqu'à se cogner la tête contre le bois du berceau, se mordre, se griffer le visage, ou encore pousser des cris, agiter un objet, et ainsi de suite. Ces activités stéréotypées n'ont aucune finalité exploratoire ou relationnelle, mais elles servent simplement l'anesthésie de la conscience tout en maintenant, par le flot constant des stimulations, l'existence d'un moi rudimentaire. Elles se poursuivent durant des heures, comme des mécaniques vides, jusqu'à l'épuisement et la perte de conscience dans le sommeil.

Le destin d'une dépression anaclitique laissée à elle-même est la mort, même, répétons-le, si l'intendance physiologique est satisfaite. Aussi, la survie est-elle garantie par un minimum d'étayage narcissique, mais minimum insuffisant pour constituer un système d'actions suffisamment développer, de sorte que la conséquence du sous-étayage est sensiblement identique à celle du sur-étayage. L'enfant devenu adolescent, puis adulte, n'a pas les capacités de gérer seul son hédonie et, soit il utilise des moyens primitifs « par le comportements et par le corps » (toxicomanie, masturbation compulsive, sensations fortes), soit il attend de son entourage un étayage, qu'on lui fasse faire des choses, qu'on l'occupe, afin de palier à sa défaillance d'actions (il peut se retrouver sous les ordres d'un leader délinquant, ou pervers, ou encore dans le programme chargé d'un centre de postcure, dans une secte, ou en prison). Ou encore, il peut s'occuper à occuper les autres ce sera lui, le leader délinquant ou pervers. L'essentiel de l'opération, dans un sens comme dans l'autre, étant d'établir une jonction narcissique entre soi et l'autre, de façon à trouver dans cet étayage les moyens de compenser la défaillance de son système d'actions.

C'est bien au travers de l'action et de la mise en place de son système d'actions que l'enfant construit sa personne, étaye son narcissisme. À partir de l'étayage extérieur produit par ses parents, la richesse et la constance des stimulations qu'il reçoit, des incitations qui lui sont prodiguées, il élabore son propre système d'actions qui devient peu à peu étayage autonome pour sa personne. C'est grâce à ce système qu'il pourra gérer lui-même sa dépression, ses vécus dysphoriques, gérer ses sources de stimulations, les rechercher, en inventer, en découvrir dans son propre psychisme. Et c'est l'ensemble de ces compétences pragmalogiques (autant que pragmatiques), dans un système d'actions fortement organisé, qui sont à la base de son narcissisme, de l'enceinte psychique auto-étayante qui garantit son individualité. Nous avons vu qu'une partie de la lutte contre la souffrance psychique se réalise avec la pensée-acte, c'est-à-dire la pensée utilisée non de façon élaboratrice, mais de façon mécanique, répétitive et compulsive, avec le fait de ressasser des contenus identiques et peu élaborés. Lorsque l'étayage du système d'actions de l'enfant est correct, « suffisamment bon », l'enfant peut construire ses propres ressources de gestion hédonique, notamment, il peut développer sa pensée. L'étayage suffisant lui apporte du contenu, des connaissances, des stimulations, des compétences, un entraînement à l'action, au langage, à la communication, aux échanges. Sa souffrance psychique se trouve momentanément assagie par cette relation étayante aux autres. Mais parfois, l'étayage peut venir à faillir, l'enfant se retrouve seul avec lui-même, et c'est l'occasion pour lui de mettre à profit ses apprentissages, les structures, les stratégies de son système d'actions en formation. A partir de ces premières ébauches de stratégies, l'enfant commence à mettre en place une aire transitionnelle, avec des objets transitionnels (Winnicott, 1971), un imaginaire, des fantasmes, une pensée élaborée et créatrice. Et parce que l'abandon de l'enfant à lui-même est toujours transitoire, il s'établit une confiance de base en la possibilité du retour de l'étayage, et c'est à partir de cette confiance que se renforce le narcissisme, le sentiment que l'on peut jouer seul dans la vie. Le retour ultérieur de l'étayage des autres sortira momentanément l'enfant de sa solitude pour lui permettre de poursuivre la structuration et le développement de son système d'actions. Par contre, dans le cas des sur ou sous-étayages, l'enfant parviendra mal à élaborer sa pensée. Il ne peut acquérir la confiance dans les autres et dans lui-même pour pouvoir assumer seul sa souffrance psychique. Ses élaborations psychiques tournent court vers une pensée-acte, répétitive, compulsive, qui est utilisée comme un simple objet source de stimulations. On trouve aussi dans les familles pathologiques l'enfant dont le système d'actions est trop bien étayé sur des compétences adultes qui surpassent son niveau de maturation biologique et en font une sorte d'adulte en miniature, c'est l'enfant dit « parentifié » (Selvini-Palazzoli et al., 1988).

Le défaut de ces stimulations précoces, ou d'autres difficultés en lien avec une atteinte au narcissisme du sujet, entraînent une faiblesse dans l'organisation du système d'actions. Celui-ci restera une construction fragile présentant les traits typiques de l'addictivité et du manque de variété (investissement massif et pathétique d'un nombre trop réduit d'actions). Un tel système ne fonctionne qu'à partir d'un niveau élevé de stimulations, ce qui entraîne un niveau tout aussi élevé de souffrance psychique. Le tableau de l'enfant angoissé, hyperactif, centré sur la transgression et les stéréotypies correspond bien à un tel système désorganisé. Cette étiologie précoce n'est sans doute pas la seule concevable. Des carences, plus ou moins traumatiques, tardives, peuvent très certainement désorganiser un système d'actions encore immature. Un conflit familial, un divorce des parents, une agression sexuelle, un inceste, peuvent par exemple être l'événement désorganisateur chez un pré-adolescent. La désorganisation du système d'actions apparaît alors comme perte de la variété des investissements (« il (elle) ne s'intéresse plus à rien... »), puis parfois, la sortie du repli se fait dans le cadre d'une centration quasi-exclusive sur quelques actions particulières qui préfigurent le fonctionnement de type addictif (intellectualisations et lectures, masturbation, jeux de collection, ou pervers, sport, passions dévorantes et morbides, ...), tous ces pôles d'activités étant marqués par une exclusivité de type addictif, avec les phénomènes de manque et d'accoutumance et la fameuse « nécessité d'augmenter les doses ».

Finalement, le destin épigénétique du système d'actions suit en parallèle celui de la structuration du narcissisme et de l'élaboration du Surmoi. En ce qui concerne cette dernière instance psychique, on peut proposer à présent d'envisager un lien très étroit entre système d'actions et Surmoi archaïque préœdipien (Klein, Spitz, Glover). Ces mécanismes psychologiques précurseurs du Surmoi doivent pouvoir être considérés comme l'ébauche d'un « Surmoi autonome » (Loonis, 2001) qu'il faut distinguer du « Surmoi hétéronome », ou injecté, de type œdipien sur base d'intériorisations et de modélisations. Le Surmoi autonome participe de cette organisation des actions qu'un être humain doit acquérir par lui-même, surtout en ce qui concerne les actions psychiques dont il est le plus libre, puisqu'elles restent en grande partie cachées à ses parents et aux adultes. Le contrôle des actes psychiques n'est pas anodin, car de la pensée désirante dépend la force de la motivation et donc celle de l'émergence pulsionnelle. Un système d'actions faiblement organisé correspond à un Surmoi autonome peu structuré, le sujet devant prendre appui sur le Surmoi hétéronome pour se donner un contrôle externe, de secours, toujours fragile et incapable de structurer véritablement la personne. Souvent, face à un enfant en recherche de sensations fortes, transgressif, les parents tentent d'imposer un contrôle par l'injection d'un Surmoi massif et toxique. Cette mesure, qui se voudrait réparatrice, produit l'inverse du but escompté : l'enfant à la recherche de son Surmoi autonome entre dans une lutte sournoise contre le

Surmoi hétéronome autoritairement injecté. Il recourt alors à la duplicité, au mensonge, à la manipulation, à la jouissance de la transgression, tous ces comportements étant précurseurs des comportements psychopathiques typiques des addictés pathologiques (toxicomanes, pervers, grands asociaux). Ainsi, le système d'actions doit être vu comme un système de gestion de la pulsion, son organisation représentant l'ordre de la défense[1].

Au fil du développement, le système d'actions de l'individu s'autonomise peu à peu, au fur et à mesure de sa structuration, de l'expérience que l'individu acquière dans la gestion de son hédonie. Le jeune enfant de dix ans réclame encore souvent des « activités », c'est-à-dire des actions pour lutter contre l'ennui et son entourage lui en donne volontiers, on « l'occupe ». Le toxicomane récemment sevré, qui fait son stage dans un centre de postcure, réclame lui aussi des « occupations » pour lutter contre son malaise et éviter la rechute toxicomaniaque. Le centre de postcure, avec son programme d'activités quotidiennes sans faille « occupe » effectivement le toxicomane sevré, il étaye son système d'actions, tout comme la mère ou l'éducateur étayent le système d'actions de l'enfant de dix ans. Dans un cas, nous avons affaire à un système d'actions mal structuré du fait d'une immaturité normale selon l'âge ; dans le cas du toxicomane, cette mauvaise structuration de son système d'actions correspond à une immaturité anormale, qui signe la pathologie de l'addiction. Ainsi, le semblant de distance à la drogue que l'on observe en postcure (quand on l'observe !), ne doit pas nous leurrer, ce n'est là que le résultat de l'étayage prothétique du système d'actions de celui qui est toujours dans le fond un addicté. Que l'on retire la prothèse et la rechute est

---

[1] La délinquance dans les « banlieues » peut ainsi être interprétée comme une conséquence de la désorganisation du système d'actions et de la défaillance du Surmoi autonome. Cette incapacité d'organisation intime génère une sorte d'allergie réactionnelle, protectrice contre toute intrusion surmoïque externe : on ne supporte la loi que parce qu'on est capable de formuler sa propre loi interne, sinon tout devient motif à opposition et lutte (la société, la police, les services publiques, l'administration…).

immédiate. Il faut donc bien distinguer dans le soin aux addictés entre l'urgence au quotidien de sortir l'individu d'un style de vie, c'est-à-dire d'un système d'activités, qui lui cause des préjudices pour sa santé et son adaptation sociale, et le travail plus profond et en longueur d'une restructuration de son système d'actions. Ici le processus thérapeutique va prendre des années, marqué par des périodes de rechute et de dérive. Mais ce travail d'élaboration du système d'actions ne peut vraiment se faire sans que l'individu ne soit confronté à la perte d'étayage. C'est dans le risque de cette liberté, de cette autonomie, qu'il peut comprendre où il en est avec son système d'actions, c'est-à-dire avec ses capacités à gérer sa souffrance psychique avec la variété des sources de stimulation que lui offre le monde et auxquelles il accédera par son effort et ses propres moyens. Maintenir une prothèse addictive à vie, comme on le fait en prison, dans certaines communautés qui se prétendent thérapeutiques, ou encore par la substitution au psychotrope légal (méthadone, buprénorphine), barre la route à toute possibilité de prendre conscience de cette autonomie du système d'actions.

Pour les adultes en général, l'autonomisation du système d'actions n'est jamais une donnée évidente et l'on rencontre, entre autonomie et étayage, maints styles de vie qui naviguent mollement de l'une à l'autre. Les individus se procurent toujours des cadres d'activités étayantes, de véritables « programmes » auxquels ils se soumettent, parfois en criant à la contrainte, mais dont ils ne voudraient pour rien au monde se séparer. Le travail harassant, la vie de couple et familiale plus ou moins agitée, si ce n'est l'immersion dans une secte, un parti politique, un syndicat, ou le groupe de copines, ou celui de copains au café du coin. Si l'on ne se drogue pas à la dure, il reste suffisamment de substances légales ou prescrites pour s'anesthésier et, là encore, se donner un cadre d'étayage chimique. Tout le danger réside dans la rupture de tels cadres d'étayage du système d'actions : perdre son emploi, partir à la retraite, divorcer, ... ; mais c'est là l'occasion unique d'observer, ce que l'étayage maintenait dans l'invisibilité, la cassure intérieure, la fragilité de notre système d'actions.

L'analyse d'un système d'actions peut être entièrement réinterprétée en terme de narcissisme. Les conséquences d'un système d'actions inconsistant et de fait, désorganisé, concernent, nous l'avons vu, le besoin d'étayage, donc à la fois l'addictivité (utiliser des stratégies d'action pour soutenir la lutte contre la dysphorie) et les tendances anaclitiques (utiliser les autres comme étayage du moi). C'est que l'inconsistance de son système d'actions place l'individu dans une position difficile d'insécurité quant à ses capacités à gérer ses états hédoniques et sa dysphorie. Cette insécurité et ces sentiments d'impuissance se retrouvent dans la baisse de l'estime de soi : comment avoir une bonne estime de soi lorsqu'on est confronté à la nécessité de trouver un appui vital chez l'autre, lorsqu'on est confronté chaque jour à la tragique perte de contrôle addictive ? De même, des caractéristiques comme une dysphorie importante, difficile à maîtriser et souvent difficile à appréhender (l'alexithymie) puisqu'elle est intrinsèque et immotivée, correspondent à la fois à ce que l'on observe des fragilités narcissiques et de ce qui découle d'un système d'actions désorganisé.

Ainsi, nous pouvons concevoir que la constitution du système d'actions par l'étayage précoce est concomitante de la construction du narcissisme. On peut utilement rappeler ici que, toutes les expériences et observations autour de la désafférentation et les carences de stimulation, démontrent à la fois l'étayage narcissique et du système d'actions sur les informations de tous ordres (affectives, symboliques, sensorielles, ...) que l'environnement fournit à l'individu et que ce dernier recherche activement. Les liens que la clinique montre classiquement entre problématiques narcissiques, des états-limites, et les addictions, trouvent ici, par ce nouvel éclairage, de nouveaux appuis théoriques et d'observation.

E. Système d'actions et addiction, synthèse : la théorie générale de l'addiction

Lorsqu'il s'agit de créer un nouveau modèle, la problématique à la base du travail à accomplir ne se situe pas précisément sur le terrain du réel (sauf si ce modèle est destiné à formaliser des faits entièrement nouveaux, vierges de toutes théorisations antérieures, ce qui est aujourd'hui une situation assez peu fréquente en sciences humaines), mais sur le terrain de l'épistémologie. Ainsi, notre problématique part de ce que l'on pourrait appeler la *fécondité* du concept d'addiction. Cette fécondité se présente sous deux aspects : 1) la multiplicité des types d'addictions ; et 2) la multiplicité des modèles de l'addiction. Le problème que pose cette double multiplicité, conceptuelle et théorique, est qu'elle correspond à un ensemble d'*anomalies*, de questions encore sans réponse : pourquoi autant d'activités des êtres humains suivent-elles un schème addictif (compulsivité, perte de contrôle, ...) ? Quelle est la valeur respective des activités directement et indirectement psychotropes ? Comment prendre en compte de façon unifiée la multiplicité des facteurs qui entrent en jeu dans les addictions ? Comment concilier les multiples modèles des addictions qui représentent autant de regards partiels (souvent partiaux) des addictions ? Si l'on suit la structure des révolutions scientifiques de Thomas S. Kuhn (1962/70), ces anomalies et ces questions sans réponse satisfaisante génèrent le besoin d'un changement de paradigme, ce qui correspond pour nous à la reconnaissance de la nécessité de la création d'une Théorie Générale de l'Addiction. Pour bâtir cette TGA nous avons suivi une démarche précise et complexe (la méthode) que nous allons tenter de synthétiser dans un grand synoptique raisonné qui devrait aider le lecteur (autant que nous-mêmes) à comprendre et appréhender l'ensemble du processus de formalisation.

Notre point de départ est multiple et représente quatre pans de la connaissance scientifique de notre objet : l'être humain et ses addictions. Ces quatre pans sont : 1) le DSM-IV, en tant que formalisation consensuelle au plan phénoménologique ; 2) la clinique des addictions qui traite des aspects subjectifs ; 3) la neurobiologie des addictions qui se préoccupe des mécanismes cérébraux, moléculaires sous-jacents ; et 4) le modèle économique et les facteurs non-biologiques qui prennent en compte l'environnement.

Le DSM-IV présente les addictions sans les nommer comme telles et éclatées en une constellation de troubles. Cependant, nous avons pu tirer de cet ensemble descriptif quatre éléments articulés : la dysphorie antécédente, la dysphorie conséquente, la perte de contrôle et les conséquences négatives. Leur articulation nous a amené à formuler une définition des troubles à caractère compulsifs comme *la mise en route d'un comportement critique, compulsif, répété et persistant, destiné à lutter contre une dysphorie préalable, mais qui entraîne lui-même un ensemble de troubles dysphoriques et des conséquences négatives, dont la principale est la désadaptation.*

Le second point concerne la clinique des addictions qui est plurielle (directement ou indirectement psychotrope, aux substances ou aux activités, sur des cycles plus ou moins longs ou courts, des AVQ aux addictions pathologiques). Cette clinique révèle les six critères qui fondent une addiction : la saillance, le conflit, la tolérance, le manque, le soulagement, la rechute/rétablissement. Auxquels il convient d'ajouter la souffrance psychique intrinsèque. La clinique nous permet d'approfondir l'approche en surface du DSM-IV, de justifier la synthèse d'une multiplicité d'addictions en un principe d'addictivité générale qui peut être décrit au moyen de critères précis et opérationnels.

Le troisième point est la neurobiologie qui concourt elle aussi à la synthèse sous un principe d'addictivité générale en reconnaissant des processus et des systèmes cérébraux communs à toutes les addictions. De son côté, la recherche de sensation comme tendance différentielle, mais générale chez l'être humain, commence à nous donner une idée de ce qui se passe dans une addiction, quelle fonction elle remplit et dans un premier temps, on peut considérer que l'addiction est un moyen d'élever le niveau d'activation cérébrale. Enfin, le quatrième pan de la recherche scientifique mis à contribution pour les fondations de notre TGA est un modèle économique qui prend en compte les facteurs non-biologiques, notamment d'environnement. L'addiction ne dépend plus d'une vertu addictive d'une stimulation (substance ou activité), mais du résultat d'une transaction entre l'individu, sa souffrance, ses compétences au niveau des stratégies de lutte contre cette souffrance et son environnement qui offre et facilite, ou non, certaines stratégies plus que d'autres. Aussi, l'addiction se plie-t-elle à l'addictivité de sa source, définie comme un moindre coût adaptatif, dans le cadre de cette transaction. Nous allons voir à présent que ces quatre pans de la recherche scientifique sur les addictions nous amènent à formuler trois « logiques » complémentaires et liées de l'addiction en tant que principe (voir figure 21). Ces trois logiques sont : 1) la logique descriptive ; 2) la logique processuelle simple ; et 3) la logique processuelle complexe. Chacune de ces logiques nous présente une face de l'addiction, dont la synthèse nous amène à la définir comme un phénomène complexe, mettant en jeu un très grand nombre de facteurs, mais qu'il est possible de regrouper en faisceaux d'influences formalisables.

La **logique descriptive** (figure 21-1) nous dit que les addictions peuvent être décrites sur deux axes orthogonaux : 1) l'axe des types d'addiction qui établit une répartition entre les addictions aux effets directement psychotropes (les substances) jusqu'aux addictions dont les effets sont indirectement psychotropes (les activités compulsives). La forme de continuum proposée signifie que même dans le cas de la substance la plus psychotrope, entrent toujours en jeu des éléments d'activité, comme le rituel, ou des effets placebo rattachés aux croyances, donc effets directement et indirectement psychotropes sont toujours présents et mélangés en diverses proportions. D'un autre côté, les activités compulsives sont addictivement efficaces parce qu'elles mettent en jeu les substances endogènes fabriquées par le cerveau, sans compter que certaines activités compulsives peuvent être associées à un psychotrope (par exemple, la danse sur la musique Techno est généralement accompagnée de tabac et d'ecstasy, si ce n'est pire...). Le second axe est celui de la sévérité de l'addiction entre Addiction de la Vie Quotidienne (AVQ) et Addiction pathologique (AP). Du fait que les axes sont orthogonaux, chaque type addiction, plus ou moins directement psychotrope, peut avoir plusieurs degrés de gravité.

Figure 21 : Les trois logiques de l'addiction

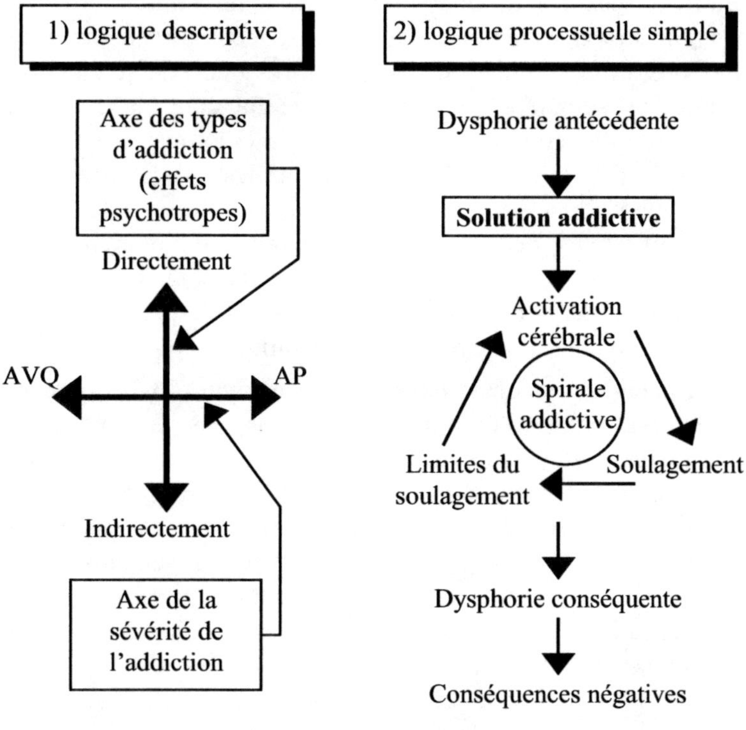

Cette façon de décrire les addictions permet de sortir, par exemple, du schème de pensée en drogue « dure » / drogue « douce », qui pose de nombreux problèmes de définition et de repérage suivant les cultures et les idéologies en cours. Ainsi, selon la sévérité (déterminée d'après la logique complexe que nous allons voir), tabagisme ou alcoolisme sont aussi graves qu'une héroïnomanie. Mais cette dernière peut être considérée comme peu sévère en regard de la situation d'un individu psychotique, et ainsi de suite.

La seconde logique (figure 21-2), dite **logique processuelle simple**, prend en compte l'addictivité de la stimulation en « oubliant » les autres facteurs (non-biologiques). C'est une logique qui est différente de la logique précédente (descriptive), mais qu'il faut présenter parce qu'elle représente pour certains courants de pensée **la** logique dans laquelle il faut croire. Pour nous, il s'agit seulement d'une étape, au cours de laquelle sont précisées les articulations de base de l'addictivité, en faisant abstraction de tout ce qui vient se mêler au rapport entre l'individu et la stimulation : la dysphorie antécédente entraîne la solution addictive comme tentative de contrôle de cette dysphorie ; la solution addictive génère à la longue une spirale addictive du fait des limites naturelles (cérébrales) au soulagement d'une souffrance qui, parce qu'elle est intrinsèque ne saurait jamais, de toute façon, disparaître ni entièrement, ni définitivement ; c'est la spirale addictive qui entraîne la dysphorie conséquente (manque, tolérance et perte de contrôle) et les conséquences négatives (désadaptation).

Enfin, la **logique processuelle complexe** (figure 21-3, ci-après) s'attache à prendre en compte, en plus, les facteurs non-biologiques de l'environnement (les facilités que l'environnement offre pour accéder aux sources addictives, comme la culture, la profession, la famille, ...), et de la personnalité (les apprentissages, conditionnements, les mécanismes cognitifs, le fait d'être un petit ou grand chercheur de sensation, ...). Ces facteurs non-biologiques (ou partiellement biologiques, comme pour la recherche de sensation), associés à la dysphorie antécédente (qui elle possède une base biologique), déterminent une addictivité, c'est-à-dire une valeur d'attractivité et de facilitation par rapport à une source de stimulation addictivogène, qui correspond à un moindre coût adaptatif. C'est ce moindre coût adaptatif que l'on peut faire varier (en sachant que la dysphorie antécédente est une donnée pratiquement invariable pour chaque individu et qui n'évolue, tout au plus, qu'à très long terme dans le cadre de la maturation, de la vieillesse, avec parfois l'aide de processus de soin au long cours, comme une psychothérapie), en jouant sur les conditions de l'environnement, ou sur certaines variables personnelles comme les apprentissages ou les cognitions. C'est à partir de cette addictivité de la source addictive que sera mis en route la solution addictive qui donnera lieu, comme dans la logique précédente (processuelle simple), à spirale addictive et conséquences négatives.

Suite de la figure 21 : les trois logiques de l'addiction

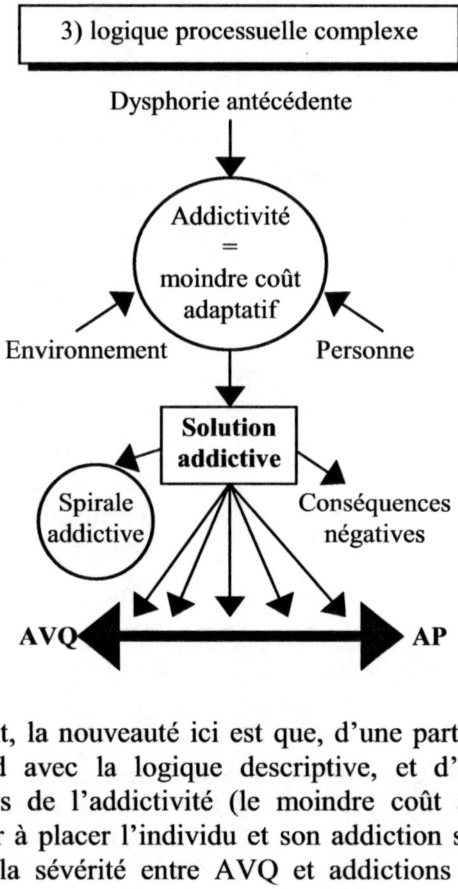

Cependant, la nouveauté ici est que, d'une part, nous sommes en accord avec la logique descriptive, et d'autre part, les paramètres de l'addictivité (le moindre coût adaptatif) vont contribuer à placer l'individu et son addiction sur un point de l'axe de la sévérité entre AVQ et addictions pathologiques. Cela signifie que la spirale addictive et les conséquences négatives pourront varier entre l'anodin et le pire selon la situation sur cet axe.

Figure 22 : La définition générale de l'addiction

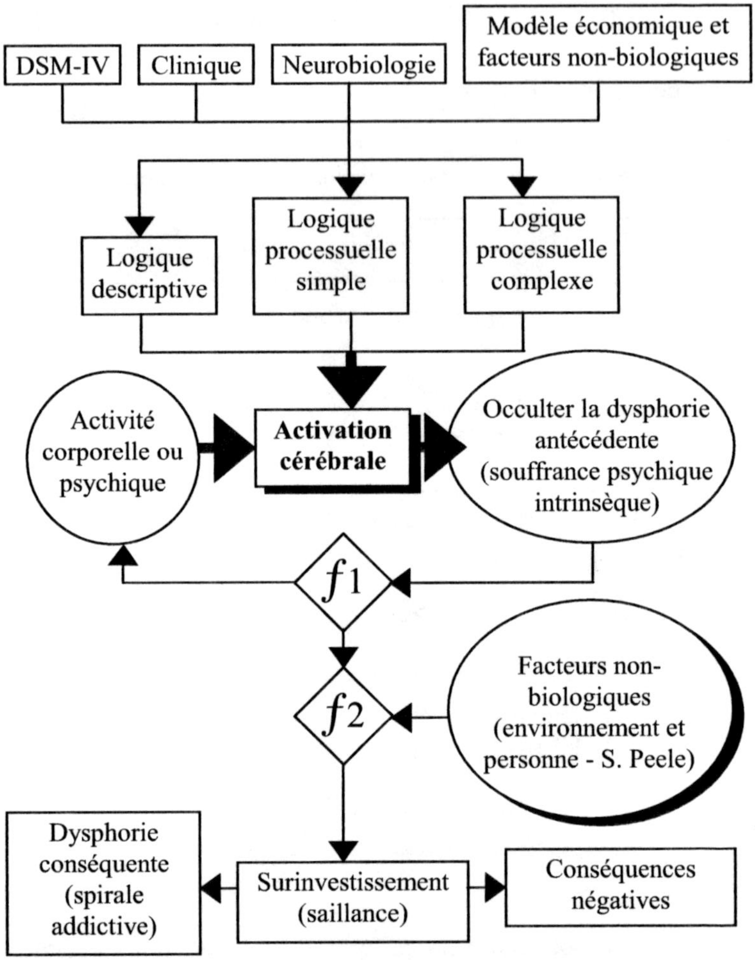

Définition : l'addiction est une activité corporelle ou psychique, produisant une activation cérébrale, destinée à occulter une dysphorie antécédente, consistant en une souffrance psychique intrinsèque et une menace existentielle ; la saillance de l'activité d'occultation de la dysphorie antécédente est une fonction (*f*1) du degré de cette dysphorie et entraîne une dysphorie conséquente et des conséquences négatives ; mais pour une dysphorie antécédente donnée, la dysphorie conséquente et les conséquences négatives seront elles-mêmes une fonction (*f*2) des facteurs non-biologiques de l'environnement et de la personne, selon un moindre coût adaptatif.

L'étape suivante de notre raisonnement va nous permettre de donner une définition très précise de l'addiction (voir figure 22), à partir des deux étages du raisonnement : les quatre bases scientifiques de la TGA et les trois logiques de l'addiction.

Selon cette définition de l'addiction, on constate qu'il n'est pas suffisant de faire une évaluation du risque ou de la gravité simplement en terme de souffrance psychique (c'est-à-dire prendre en compte la structure, ou la personnalité), mais il faut ensuite évaluer les facteurs d'environnement et de la personne, ce qui ajoute au « risque », la variable du « coût adaptatif ».

Ce diagramme, ainsi que la définition de l'addiction qu'il supporte, mettent en jeu un paramètre clé dans la compréhension de l'addiction : l'activation cérébrale. En effet, elle est au cœur du processus addictif et implique l'ensemble des dimensions individuelles : biologique, psychologique et d'environnement. L'activation cérébrale dépend elle-même d'une tendance innée de l'être humain, la recherche de sensations.

Le *sensation seeking* est une tendance qui paraît aller à rebours de l'instinct de protection et de survie personnelles, il fait prendre des risques vitaux à l'individu et c'est dans cette prise de risque même que réside la vertu activatrice de la recherche de sensation. Souvenons-nous de l'image de Michael Apter : il faut à la fois le tigre et la cage, le tigre dans la cage pour produire l'émotion forte et plaisante qui nous donnera le frisson tant recherché. Cette cage symbolise les trois types de cadres psychologiques protecteurs définis dans la théorie du renversement et dont la mise en place, ou non, induit l'un des deux états psychologiques métamotivationnels fondamentaux : la recherche d'activation avec le cadre, son évitement lorsque le cadre n'est plus là.

La *Reversal Theory* nous permet de comprendre les mécanismes fondamentaux qui président à la recherche d'activation, elle-même à la base de l'addiction. Sur les axes orthogonaux de l'activation et de la tonalité hédonique qui définissent l'émotion, l'individu peut se trouver alternativement sur deux courbes inverses (le X canonique de la théorie de Apter), c'est-à-dire sur deux états psychologiques différents et exclusifs par rapport à l'activation : recherche ou évitement. Cette alternance correspond à des « renversements » d'états métamotivationnels qui impliquent une inconsistance de l'individu et que ses motivations seront interprétées différemment selon l'état sélectionné. Cette théorie possède trois dimensions : évolutive, culturelle et individuelle, qui viennent justifier de façon cohérente la place de la recherche d'activation chez l'être humain, et en conséquence, donner un sens à sa propension aux addictions. En d'autres termes, c'est parce que l'être humain possède cette tendance évolutivement, culturellement et développementalement nécessaire à la recherche d'activation cérébrale, qu'il est aussi susceptible de détourner, dans certaines conditions et à partir de certains mécanismes psychologiques et comportementaux, cette tendance naturelle en une motivation artificielle contraignante : l'addiction.

C'est à partir de la compréhension de la dimension individuelle et developpementale de la recherche d'activation que nous prenons appui sur le modèle de gestion hédonique de Iain Brown pour pouvoir approfondir les mécanismes propres à la solution addictive. Modèle qui nous amènera à celui du système d'actions. Le modèle de gestion hédonique (que nous associons, en fait, à la théorie du renversement, le modèle « Apter-Brown ») permet l'étude des solutions addictives en regard de la recherche d'activation et des mécanismes, des stratégies cognitives et comportementales mis en jeu dans ces solutions. Ces stratégies permettent à l'individu de se placer à un endroit d'un continuum entre la variété des activités (motivations) et le monopole motivationnel, la saillance. Cette dernière, nous le rappelons, est aussi sous la dépendance de facteurs non-biologiques (environnement et personne). C'est cette idée de continuum dans la modalité de répartition des investissements motivationnels qui nous ouvre au concept de système d'actions. Qu'il s'agisse du modèle économique repris par Peele, des stratégies dans la mise en place de cadres psychologiques protecteurs de Apter, ou de gestion hédonique de Brown, nous sommes dans un paradigme où l'individu est foncièrement actif, même si cette activité est influencée par de nombreux facteurs qu'il ne maîtrise pas et qu'elle le conduit souvent à des pertes de contrôle addictives. La part de libre arbitre est toujours là et ne demande qu'à s'exprimer si certains facteurs non-biologiques sont changés pour le permettre.

Selon la logique descriptive qui place les addictions sur deux axes (type d'addiction et sévérité de l'addiction), nous avons affaire à une multiplicité des addictions qui implique que pratiquement toutes nos activités de la vie quotidienne, moyennant certaines modalités d'action, peuvent servir d'addiction. De là, nous sommes amenés à distinguer deux fonctions parallèles et simultanées à nos activités : pragmatique d'adaptation au monde et pragmalogique d'adaptation à soi. La première fonction définit un système d'activités, tandis que la seconde définit un système d'actions, des actions entendues comme des stratégies de gestion hédonique (et de coping). Ces deux systèmes obéissent à des logiques bien différentes. La logique pragmatique, nous la connaissons bien, c'est celle de notre adaptation au monde et à ses affaires (travail, études, vie familiale, sociale, politique, économique, ...). La logique des actions, ou pragma-logique, et bien différente, elle concerne notre souffrance psychique intrinsèque et contingente, nos humeurs, nos désirs dans le plein sens psychanalytique du terme, notre étayage narcissique. C'est la logique de l'excitation, du plaisir, de la jouissance. Cette logique concerne une véritable *psychologie des états*, c'est celle de la gestion hédonique. Entre ces deux logiques, des parasitages apparaissent, de la logique hédonique vers la logique pragmatique. Ces parasitages nous les voyons tous les jours à l'œuvre en nous et autour de nous. Ils prennent la forme d'éléments d'addictivité, c'est-à-dire de compulsivité et de perte de contrôle qui interfèrent parfois avec nos activités plus prosaïques. On allume une cigarette, on boit quelques verres d'alcool, on fume un joint, on se masturbe, on appuie un peu trop sur l'accélérateur, on trompe son conjoint, ... L'actualité des faits divers et moins divers, nous donne chaque jour des exemples de tels parasitages : de l'employé de ville, jusque-là au-dessus de tous soupçons, surpris à des attouchements sexuels sur une fillette rencontrée dans la cage d'escalier d'un immeuble, jusqu'au président du pays le plus puissant de la planète accusé de harcèlement sexuel.

Ce système d'actions est bâti sur quatre lois générales qui définissent le but du système, sa contrainte, son état hédonique et son équilibre pragmalogique, c'est-à-dire la présence constante d'une « action », quelle qu'elle soit, afin de maintenir un niveau suffisant d'hédonie. Ce système est paramétrable à l'aide de trois variables opérationnelles : le niveau d'activation que l'on peut mesurer à partir de paramètres physiologiques (rythmes cardiaque, respiratoire, EEG, ...), le niveau d'hédonie évaluable avec les échelles classiques d'humeur (anxiété, dépression, ...) et le niveau de variété du système d'actions, c'est-à-dire le nombre d'actions différentes disponibles pour l'individu dans sa gestion hédonique (nous verrons que cette variété est reliée à deux co-variables : le niveau d'investissement des actions et la facilité de vicariance entre actions). Ici, un outil d'évaluation spécifique devra être construit, dans la mesure où, à nouveau phénomène, nouvel instrument. Cependant, des échelles portant sur l'évaluation des dominances entre certains états métamotivationnels du système (par exemple, l'échelle de dominance télique), peuvent contribuer à préciser les niveaux de variété et d'addictivité du système.

Le système d'actions permet d'expliquer le continuum des addictions (donc sur l'axe descriptif de la sévérité) comme une modalité de ce système. Ce système d'actions, dont la genèse et le développement prennent appui sur les systèmes d'actions de l'entourage, prendra diverses modalités, entre une moindre addictivité (addictions de la vie quotidienne) et une forte addictivité (addictions pathologiques), entre bas et haut niveaux de fonctionnement, c'est-à-dire d'activation moyenne (revoir tableau 20), cela afin de répondre aux stratégies de gestion hédonique de l'individu, qui dépendront elles-mêmes du niveau de sa souffrance psychique et de ses moyens environnementaux et personnels. La connaissance que nous avons actuellement des addictions nous permet de proposer un découpage du continuum des addictions selon leur sévérité en trois niveaux. Le premier concerne les Addictions de la Vie Quotidienne, nos « petites » addictions. Elles servent à réguler nos humeurs, à nous faire plaisir. Elles sont nombreuses ; variées, équilibrées les unes par rapport aux autres et nous n'avons pas l'impression qu'il s'agit d'addictions, car elles ne génèrent pratiquement aucune souffrance psychique conséquente ; mais certaines d'entre-elles, par leur toxicité à long terme peuvent tout de même produire des conséquences négatives (cas du tabagisme ou de l'alcoolisme). Quand l'une de ces AVQ vient à manquer, généralement il nous est possible de lui en substituer une autre de la même ampleur, qui remplira la même fonction de gestion hédonique. Ainsi, nous sommes épargnés de la souffrance du manque et les faibles investissements (du fait de leur répartition sur un grand nombre d'actions), nous évitent aussi les effets de tolérance et de perte de contrôle.

A un second niveau, nous avons les addictions-passions, beaucoup plus investies que les précédentes, mais toujours dans une perspective hédoniste positive : se donner du plaisir. Ces addictions permettent généralement un enrichissement intérieur, d'acquérir des compétences, d'épuiser un intérêt. Elles concernent toutes nos passions, comme les collections, certains sports, les hobbies, le travail, les études, parfois l'amour, ou la sexualité, ... Souvent elles suivent une trajectoire assez typique en U inversé (la découverte, la « lune de miel » ou « âge d'or », le tassement, le désinvestissement, l'abandon). Ainsi, tel individu se lance dans une activité : le judo. Au début il s'entraîne deux à trois fois par semaine, parle de cette activité à tous ses amis, néglige sa famille, investit dans des tenues et des stages avec des grands maîtres. Puis, au fil du temps la passion s'émousse, il ne va plus à l'entraînement qu'une fois par semaine, puis tous les quinze jours et finira par abandonner au bout de trois à six mois. Tous les animateurs de clubs sportifs connaissent le boum des inscriptions à la rentrée de septembre, mais on ne voit plus grand monde après Noël... Des investissements beaucoup plus sérieux, comme une relation amoureuse, peuvent suivre exactement la même courbe ! Cependant, certaines de ces addictions-passions peuvent, chez certains individus, durer et trouver ainsi un équilibre avec les autres petites AVQ.

Enfin, au troisième niveau, nous avons les addictions pathologiques et graves. Ici, le concept de plaisir, qui peut agir au tout début, n'est ensuite plus du tout efficient, il s'agit plutôt de soulagement. La souffrance psychique intrinsèque étant très élevée, l'addiction est pratiquement unique, envahissante, monopoliste, elle remplit tout le quotidien. L'individu en devient l'esclave, c'est un véritable « addicté » au sens originel du terme et il perd le contrôle de cette action. Cependant, cette emprise addictive n'est jamais aussi massive et persistante qu'une faille ne puisse apparaître dans le système. C'est à l'occasion de telles failles que des périodes d'abstinence plus ou moins prolongées peuvent se mettre en place, de façon spontanée ou avec une aide extérieure, généralement sollicitée et acceptée. Cependant, si de telles addictions ont tendance à réapparaître au fil du temps (la fameuse « maladie de la rechute »), ce n'est pas là le signe d'un dérèglement chronique du système d'actions, mais plutôt celui d'une souffrance psychique intrinsèque élevée que rien, hormis une addiction massive, ne peut calmer. Cette souffrance est généralement l'expression d'une pathologie psychique cachée sous l'addiction, comme la dépression sévère, ou la psychose.

Cette classification en trois niveaux, ou degrés, des addictions nous montre que ce n'est pas tant la « taille » apparente d'une addiction qui doit nous informer sur sa gravité, que son but pragmalogique et hédonique. Nous devons dépasser le petit monde manichéen et bien arbitraire entre drogues « dures » ou « douces », car ce n'est pas la drogue, l'addiction, qui fait la gravité, c'est son objectif. Et cet objectif est en rapport direct avec le niveau de souffrance psychique, de sorte que l'on mesurera certainement mieux la gravité d'une addiction à la force de cette souffrance psychique, plutôt qu'à la taille de l'investissement dans l'activité addictive. Les jeunes sont coutumiers d'addictions, parfois massives et toxiques, mais qui trouveront à se résorber plus tard et ce n'est pas les aider à franchir cette étape que de leur faire croire à un risque de perte de contrôle à vie. Certaines passions complètement addictives peuvent occuper de longues périodes d'une vie, voire toute une vie, mais apporter beaucoup de bienfaits à l'individu comme à la communauté.

Au lieu de vouloir à tout prix répartir les addictions en « bonnes » ou « mauvaises », il est sans doute préférable de s'interroger sur toutes ces situations qu'un être humain traverse, au cours desquelles augmente le risque addictif. Ces situations concernent des étapes importantes de notre développement et de notre vie, qui mettent en jeu une transformation nécessaire du système d'actions. Tout au long de notre vie nous passons par des périodes difficiles, de crise, qui voient s'élever de façon significative le niveau de souffrance psychique. Cette souffrance peut être le résultat de troubles apparus dans l'environnement, des défauts d'adaptation de l'individu confronté à de nouveaux enjeux ; mais on peut envisager qu'une bonne partie de la souffrance provient d'une soudaine, ou progressive perte d'efficacité des stratégies de gestion hédonique liées à telle configuration du système d'actions devenue inopérante par rapport à un nouvel environnement, c'est-à-dire par rapport à de nouvelles sources de stimulation pour les activités addictives. Ce serait cette baisse d'efficience du système d'actions qui, entraînant la montée de la souffrance psychique intrinsèque, génère un risque addictif, c'est-à-dire le risque d'une saillance dans une addiction monopoliste qui deviendra, de fait, sévère.

Ces situations à risque sont relativement aisées à repérer puisqu'elles concernent ce que l'on appelle communément les « âges de la vie ». Par exemple, à la pré-adolescence, l'enfant n'est plus un « petit », mais il ne sait pas encore ce que c'est que d'être un « grand ». Ses parents voudraient typiquement qu'il soit les deux à la fois et les « grands » qu'il cherche à rejoindre ne veulent pas encore de lui. Le jeu remplit chez l'enfant une fonction très importante de gestion hédonique. Or, le pré-adolescent commence à refuser de jouer à des jeux de « petits », mais il ne sait pas (ou on ne lui donne pas l'occasion, ou la permission) de jouer à des jeux de grands, de sorte qu'il se trouve à cours de stratégie pour gérer son hédonie.

L'adolescent est devenu un « grand » et il est soumis à tout un ensemble de transformations liées à la puberté, tant dans son corps, que dans son psychisme. Il découvre la sexualité génitale, les relations amoureuses et un grand nombre d'activités qui peuvent être l'occasion de créer de nouvelles stratégies de gestion hédonique. Cependant, la force des pulsions, la nouveauté des sources hédoniques, les incompétences, ainsi que les barrières que les parents érigent, tout cela tend à déstabiliser le système d'actions, ce qui accroît la souffrance psychique, déjà grandement élevée par la tourmente pubertaire selon l'équation haut niveau d'activation égal haut niveau de souffrance psychique.

Le jeune adulte, s'il est parvenu à franchir la tempête de l'adolescence, se retrouve confronté à de profonds changements dans les activités, le style de vie, qui bouleversent aussi son système d'actions. Il s'agit d'être indépendant, de vivre hors du foyer parental, de faire des études, ou de chercher du travail. La dépendance aux parents (au moins économique) reste de nos jours une réalité incontournable pour la plupart des jeunes et elle accroît la déstabilisation du système d'actions par les limites hédoniques qu'elle implique. Le jeune adulte peut aussi se confronter aux premières solitudes, ou aux premières tentatives de vie en couple, dans les deux cas le remaniement du système d'actions est aussi nécessaire et peu facile à réaliser. En tout cas cela prend du temps, génère des conflits et accroît la souffrance psychique.

Plus tard, l'adulte se trouvera confronté aux changements occasionnés par la vie professionnelle, les études tardives, les étapes de la vie familiale et du couple, comme l'installation, l'arrivée des enfants, les périodes de crise dans le couple, les séparations, les divorces... Devoir passer par des périodes d'insécurité professionnelle, les stages de formation, les déplacements, les changements de métier, les nouveaux horaires de vie, le chômage, et ainsi de suite. A chaque fois les sources habituelles de stimulation nécessaires à la gestion hédonique peuvent être remises en question, déstabilisant le système d'actions. Bien plus tard, c'est la crise de mi-vie, avec ses interrogations, ses bilans, ses changements existentiels, la confrontation aux enfants devenus adolescents et qui éveillent des nostalgies, aux premiers signes du vieillissement. Et enfin, la vieillesse, avec ses déficits, ses pertes autour de l'image de soi, cette réduction drastique des sources hédoniques, qui heureusement, s'accompagne d'une baisse naturelle de cette souffrance psychique intrinsèque qui aura marquée toute notre vie. Mais parfois, la vieillesse peut devenir un problème difficile à surmonter, lorsque les pertes hédoniques sont trop importantes et brutales, lorsque les changements sont trop difficiles à réaliser. Le décès du conjoint, le mise à la retraite, le placement en collectivité, un handicap physique soudain et qui remet en question l'image de soi et l'autonomie, tous ces éléments peuvent représenter une telle déstabilisation du système d'actions, que la souffrance contingente à l'événement et la souffrance intrinsèque s'allient en une épreuve insurmontable pour certains.

Toutes ces situations de crise mettent en jeu des éléments importants de nous-mêmes, qui touchent au narcissisme, au corps et aux émotions. Mais ces éléments sont actifs dans la crise parce qu'ils concernent la remise en question de nos Addictions de la Vie Quotidienne. Par exemple, la puberté possède un tel impact parce qu'elle est plus qu'un changement physiologique, mais parce qu'elle ouvre à la fois de nouvelles possibilités narcissiques, corporelles et émotionnelles, tout en en fermant d'autres. Au cours de ce passage les anciennes AVQ sont devenues pratiquement inutilisables, mais les nouvelles sont loin d'être encore opérationnelles, d'où la défaillance transitoire du système d'actions et l'élévation concomitante de la souffrance psychique. Les rites de « passage » justement, que l'on rencontre dans les sociétés traditionnelles (et font sans doute cruellement défaut à nos sociétés modernes, qui s'en inventent pourtant de façon « sauvage », comme fumer sa première cigarette, ou son premier joint...), sont des méthodes particulièrement efficaces de transformation guidée du système d'actions. Le jeune doit d'abord, au cours de plusieurs semaines, ou mois, d'une véritable formation, apprendre les comportements adultes. Durant cette période, son système d'actions est entièrement étayé sur celui des adultes qui l'initient. Puis, au bout de ce temps d'apprentissage au cours duquel les nouvelles stratégies de gestion hédonique seront mises en place, une initiation cérémonielle, souvent traumatisante, en tout cas émotionnellement marquante, provoque le basculement soudain et sans équivoque de l'ancien au nouveau système d'actions. Cependant, même si le procédé est efficace, l'occidentalisation tend à le faire disparaître, car il obéit à des valeurs culturelles qui n'ont plus cours dans nos sociétés modernes. Nos choix sont de laisser l'individu se débattre avec lui-même et ses propres nécessités de changement, quitte à faire appel à certaines aides collectives, ou professionnelles, si la crise ne parvient pas à être surmontée. Nous faisons le choix de la liberté individuelle, au risque de tomber dans des addictions graves, mais n'est-ce pas là le prix de la complexité qu'il nous faut payer ?

La crise elle-même se reconnaît à certains signes caractéristiques qui concernent le système des activités, reflet du système d'actions. Une baisse de la variété des activités, la saillance d'une activité particulière qui va prendre un tour addictif et la baisse de facilité de la vicariance, l'activité saillante supporte difficilement d'être remplacée par une autre. Ces signes montrent la rupture d'équilibre du système d'actions.

Ainsi, a pris forme une théorie générale de l'addiction, à partir d'une démarche inductive et convergente qui a permis de faire émerger les concepts de souffrance psychique intrinsèque, de recherche d'activation cérébrale comme réponse à cette souffrance, de stratégies organisées afin de gérer ces besoins hédoniques. De là, cette organisation de la fonction spécifique de nos activités, c'est-à-dire les actions de gestion hédonique, nous a conduit à poser l'existence d'un système d'actions dont les observations naturelles et les expériences sur la désafférentation nous ont permis de composer un ensemble de lois générales et les variables d'opérationnalisation correspondantes. La théorie générale de l'addiction permet de comprendre comment les addictions sont multiples dans leurs formes, comme dans leur sévérité, comment elles sont plus ou moins directement ou indirectement psychotropes, comment elles se répartissent sur un continuum de sévérité entre Addictions de la Vie Quotidienne et addictions pathologiques. Ainsi, nous accédons à une vision unifiée des addictions, dégageant un principe d'addictivité générale, issu des fondements de notre fonctionnement cérébral.

– III –

ÉCOLOGIE DE L'ACTION

Le comportement n'est pas simplement une affaire de satisfaction des mouvements biologiques et de maintien de l'équilibre psychologique et social ; il y a quelque chose de plus.

Ludwig von Bertalanffy

À l'analyse des buts de l'action et de ses moyens se substitue celle de son sens immanent et de sa structure intérieure.

Maurice Merleau-Ponty

Au commencement est l'action .

Johann Wolfgang von Goethe

Un modèle théorique n'est qu'une construction de l'esprit et il ne survit (provisoirement) dans le corps de la science, que par son test dans le cadre d'une démarche divergente, hypothético-déductive. Nous allons nous y employer dans la troisième et dernière partie de cet ouvrage. Les addictions pathologiques représentent un ensemble de troubles complexes qui mettent en jeu plusieurs aspects et niveaux de l'existence humaine. Elles impliquent à la fois des facteurs biologiques, psychologiques, familiaux, sociaux et souvent économiques et politiques. Elles sont multiples, nombreuses et variées, impliquant des substances directement psychotropes, ou des activités indirectement psychotropes. Elles ne représentent pas une entité nosographique circonscrite, mais se placent à l'extrémité d'un continuum qui part, à l'autre extrémité, d'addictions communes, légères, triviales, peu visibles, les Addictions de la Vie Quotidienne. Entre les deux extrémités de ce continuum il y a un glissement graduel des signes, mais les mêmes principes sont à l'œuvre.

Le DSM-IV, qui sert à savoir de quoi l'on parle lorsqu'on ne comprend pas de quoi l'on parle, nous décrit de grands types d'addictions tout en se gardant de les nommer comme telles, ou de les relier en un ensemble nosographique. Pourtant, une étude attentive du manuel permet de dégager quatre éléments constants qui traversent ces divers troubles à caractère addictif (liés à une substance, des conduites alimentaires, les paraphilies et autres troubles des impulsions) : une dysphorie antécédente, une perte de contrôle, une dysphorie conséquente et des conséquences négatives. Ces quatre composantes de toute addiction pathologique (mais qui existent à de moindres degrés dans les addictions du quotidien), avancent un premier principe, une première articulation processuelle : il y aurait une souffrance psychique à la base des addictions et les addictions apparaissent alors comme les produits de cette souffrance. A partir de là, un processus s'enclenche, qui paraît s'emballer, générant alors lui-même sa propre souffrance psychique et entraînant des conséquences négatives en terme de désadaptation par rapport à l'environnement.

C'est la clinique des addictions qui nous permet de comprendre pourquoi un tel processus s'enclenche. Dans cette souffrance psychique du sujet addicté, la composante contingente n'est pas l'essentiel, car même si l'on parvient à la résoudre en retirant un à un tous ses motifs, il restera toujours un fond de souffrance psychique intrinsèque à celui qui a pourtant « tout pour être heureux ». L'addiction apparaît alors comme une « solution », c'est-à-dire une stratégie du sujet dans sa lutte contre la souffrance psychique intrinsèque. Et parce que cette souffrance psychique intrinsèque est toujours là, à divers degrés et pour tout un chacun, nous trouvons dans ce phénomène l'explication de la multiplicité et de l'universalité des addictions. Les Addictions de la Vie Quotidienne sont les « solutions » à une moindre souffrance psychique intrinsèque et comme plus le degré de la souffrance s'élève, plus la « solution » doit être intense pour être efficace, plus s'élève le degré de sévérité de l'addiction qui devient pathologique. Cette sévérité de l'addiction se reconnaît à un certain nombre de signes cliniques (Brown, 1988a) : la saillance d'une activité ; le conflit que cette activité génère entre le sujet et son environnement, mais encore dans le sujet lui-même, aux plans psychique et physiologique ; des phénomènes de tolérance et de manque ; le soulagement, plus que le plaisir, qu'apporte la solution addictive ; et enfin, la tendance à la rechute et le rétablissement de l'addiction même après des années d'abstinence, comme si elle traçait chez l'homme une ornière psychique dans laquelle il retombera inexorablement.

La clinique de l'addiction-solution à la souffrance psychique intrinsèque a été particulièrement féconde pour débusquer de l'addiction un peu partout parmi les conduites humaines : les toxicomanies (Bergeret, Leblanc, 1983)[1], certes ; mais encore les substances non psychotropes dans la boulimie (Sanchez-Cardenas, 1990) qui nous fait passer de la substance à l'activité ; le travail (Castro, 1997) ; le sport et l'effort physique (Colt, Wardlaw, Frantz, 1981 ; Hawley, Butterfield, 1981) ; la prise de risque et les sensations fortes (Charles-Nicolas, 1985 ;

[1] Les quelques références bibliographiques ici présentées sont données à titre indicatif dans une littérature scientifique plus qu'abondante.

Zuckerman, 1983 ; Apter, 1992) ; le jeu dit pathologique (Bucher, 1993 ; Brown, 1988a) ; les tentatives de suicide (Jeammet, Birot, 1994) ; les transgressions (Kilpatrick, 1997 ; Katz, 1988 ; Walsh, 1978) ; les agressions meurtrières (Hodge, McMurran, Hollin, 1997) ; l'amour et la sexualité (Carnes, 1983a ; McDougall, 1991 ; Peele, Brodsky, 1975) ; les rêveries, les fantasmes érotiques (McDougall, 1996 ; Loonis, 2001) ; les activités de groupe, les sectes (Pedinielli, 1997) ; l'anorexie, le jeûne, les ascèses (Célerier, 1990) ; les distractions, la télévision, les jeux vidéos (Glasser, 1976 ; Fisher, 1994) ; les achats (Adès, Lejoyeux, 1994) ; les obsessions, compulsions et luttes contra-phobiques (Hantouche, 1997) ; ...

Cette profusion est épistémologiquement embarrassante, car elle montre que l'on reste coincé au stade le plus initial de la démarche scientifique : la collection des faits. Certes, chacun dans son coin a pu tenter ses propres convergences, dégager des lois particulières et contruire son modèle et, de la neurobiologie à la psychanalyse, en passant par les théories de l'apprentissage, du conditionnement et des mécanismes cognitifs, les modèles de l'addiction abondent presque autant que les addictions elles-mêmes. Cependant, la pléthore de modèles n'est pas non plus satisfaisante car elle fait paraître l'homme comme un kaléidoscope de processus difficiles à concilier, qui génèrent des incohérences et donnent l'impression désagréable que l'on ne parle pas tous de la même chose. Aussi, se profile le besoin d'une théorie générale de l'addiction, qui saurait tirer des grands pans de la connaissance scientifique sur l'homme de quoi réaliser un modèle unifié.

Si déjà le regard phénoménologique du DSM-IV et celui plus approfondi de la clinique nous apportent de premiers principes directeurs à une théorie générale (la souffrance psychique intrinsèque, sa solution addictive sous la forme d'une saillance, la spirale addictive qui entraîne une souffrance psychique conséquente et des conséquences négatives), les études neurobiologiques nous permettent de donner une sorte de justification « dure » à notre ambition de généralisation. C'est parce que les addictions, directement ou indirectement psychotropes, mettent en jeu les mêmes trois grands systèmes cérébraux d'activation, de motivation et de récompense, dans le cadre du dérèglement d'un système plus global, hédonique et homéostatique (Koob, Le Moal, 1997) que nous sommes confortés à voir, sous la profusion des solutions addictives, un mécanisme cérébral unique et fondamental. Ce mécanisme pourrait se résumer alors en une dialectique de base entre souffrance psychique et recherche de sensations (Zuckerman, 1995) et nous permettre de décrire la solution addictive à la souffrance psychique intrinsèque comme un moyen d'élever le niveau d'activation cérébrale, cette activation permettant de distraire l'individu de sa souffrance.

Cependant, cette première avancée théorique de l'addiction comme processus général reste confinée à l'individu avec lui-même et ignore encore les influences qu'il reçoit de l'extérieur, tant pour la mise en œuvre de son addiction, que pour son maintien. Ici, une série de facteurs non-biologiques (Peele, 1985, 1987, 1990) : culturels, sociaux, situationnels, ritualistiques, développementaux, de la personnalité et cognitifs, entrent en jeu pour faire de l'addiction plus qu'une simple transaction de soi à soi dans la gestion de sa souffrance psychique, mais une synthèse entre l'adaptation à soi et à l'environnement. L'addictivité représente alors un moindre coût adaptatif dans la gestion hédonique de l'individu, selon les facilités offertes par son environnement et ses compétences addictives personnelles (apprentissages, conditionnements, recherche de sensation, niveau de la souffrance psychique).

Avec ce qui s'amorce là comme théorie générale de l'addiction (TGA), les addictions pathologiques (comme celles qui ne le sont pas) se trouvent définies comme des activités, corporelles et/ou psychiques, destinées à produire une élévation de l'activation cérébrale, elle-même destinée à occulter une dysphorie comme souffrance psychique intrinsèque. La force de ces activités, c'est-à-dire la saillance dont elles peuvent faire l'objet, est directement fonction de la force de la souffrance psychique. Cependant, la mise en route de ces activités et leur saillance, sont eux-mêmes fonction de facteurs facilitants de l'environnement et de compétences addictives de l'individu, en termes de moindre coût adaptatif, ce qui va conditionner et la souffrance générée par l'activité addictive elle-même, et ses conséquences négatives en terme de désadaptation. Au cœur de cette définition se trouve l'activation cérébrale comme concept nodale de tout le processus : elle est le moteur de l'addiction, c'est bien elle **la** solution, l'activité addictive n'étant que son moyen.

Les travaux de Zuckerman (1995) sur la recherche de sensation ont montré que cette activation cérébrale (et partant physiologique) faisait l'objet d'un besoin spécifique et différentiel des êtres humains. Plus loin, Apter (1982, 1989, 1992) mettait en lumière les processus psychologiques à l'œuvre pour produire cette activation : la mise en place de cadres psychologiques protecteurs destinés à opérer des renversements d'états psychologiques métamotivationnels. Dans cette perspective, l'addiction pathologique (le singulier est ici générique de la multiplicité des addictions) paraît comme un confinement processuel sur un état de recherche d'activation qui implique deux évitements : 1) celui de l'ennui que provoquerait la baisse du niveau d'activation ; et 2) celui de l'anxiété que provoquerait le passage à un état relaxé d'évitement de l'activation. Ennui et anxiété représentant ici les étendards de troupes plus consistantes, comme la dépression et les angoisses plus profondes. L'addiction est donc bien une « solution », représentant un ensemble de stratégies cognitives et comportementales impliquées dans une gestion hédonique (Brown, 1997). Ce sont des stratégies dont l'ampleur va dépendre du niveau de souffrance psychique contre lequel l'individu doit lutter, mais encore, dont la mise en œuvre nécessitera une négociation entre la personne (en terme de capacités addictives) et son environnement (en terme de facilités addictives). Et c'est la résultante globale, mais encore dynamique, active, de ces trois groupes déterminants, qui placera l'individu sur le continuum de la sévérité de l'addiction, entre une variété motivationnelle et un monopole motivationnel. Parvenus en ce point, deux concepts clés se détachent : les activités et les stratégies.

Les activités addictives ne sont jamais entièrement spécifiques de l'addiction et gardent toujours une fonction adaptative par rapport à l'insertion de l'individu dans le monde ; mais de plus, nombre d'activités adaptatives sont comme détournées, en parallèle, pour remplir une fonction addictive. Aussi, nos activités de tous les jours paraissent-elles comme des Janus à deux faces : celle de la fonction pragmatique d'adaptation au monde et celle d'une fonction pragmalogique (Loonis, 1997) destinée à la gestion hédonique, que l'on appelle « action ». Et c'est dans le cadre de cette seconde fonction de nos activités que, d'une part sont mises en place des stratégies actives de l'individu pour contrôler sa souffrance psychique, mais d'autre part, que s'organisent en un système les actions, système dont les différents états rendent compte de la sévérité de l'addiction.

Nous voici donc face à deux logiques : la logique pragmatique des activités et la pragma-logique de ce qui représente l'autre face de ces activités, c'est-à-dire des « actions » dans un « système d'actions » de gestion hédonique, une structure générale du comportement, une attitude générale envers le monde (Merleau-Ponty, 1942). Suivant notre démarche inductive (Loonis, 1998), ce système d'actions obéit à quatre lois générales : 1) il poursuit un but hédonique qui correspond à la seconde fonction, appelée pragmalogique, de nos activités en général ; 2) ce système d'actions représente une contrainte pour l'individu qui « ne peut pas ne rien faire » en terme d'action, ce qui implique la recherche constante d'un certain niveau d'activation ; 3) le système est tributaire de la mise en œuvre stratégique de ses actions pour lutter contre la dysphorie et maintenir le niveau le plus élevé possible d'hédonie, suivant l'état du système et sa situation dans le milieu ; et 4) le système d'actions doit maintenir un équilibre pragmalogique par la variété de ses actions qui permet la vicariance entre les actions nécessaires à cet équilibre.

La théorie générale de l'addiction se formule donc comme l'existence, chez l'être humain, d'un système d'actions de gestion hédonique, qui double son système d'activités, mais ne se confond pas avec lui, donnant lieu à des stratégies actives, comportementales et cognitives, destinées à la gestion hédonique. Selon les modalités d'état et d'équilibre de ce système d'actions, l'individu se trouvera sous l'emprise d'une addictivité plus ou moins sévère, entre Addictions de la Vie Quotidienne (AVQ) et addictions pathologiques.

La TGA est un modèle, une construction comme aboutissement d'une démarche convergente inductive, il convient donc à présent de tester ce modèle en posant des hypothèses dans le cadre d'un protocole expérimental. Le système d'actions est au cœur de la TGA comme hypothèse de travail centrale qui permet l'articulation des différents niveaux de la théorie : le niveau phénoménologique des activités addictives, le niveau processuel de la gestion hédonique et le niveau interactif de l'économie addictive entre personne et environnement. Cependant, ce système d'actions n'est pas repérable concrètement, puisqu'il s'agit d'un *construct*, aussi, nous devons faire appel à l'examen de son pendant, le système d'activités. Mais il doit rester bien clair que la structure, l'organisation du système d'actions ne peut être simplement réduite à un système d'activités. Nous devons nous efforcer d'abstraire du système d'activités certaines variables opérationnelles capables de rendre compte du système d'actions selon, non plus une logique pragmatique, mais une hédonique. Ces « abstractions » vont représenter les paramètres du système d'actions, issus d'une « interprétation » particulière, en regard de la TGA, des données produites concrètement par l'évaluation du système d'activités.

1. Problématique et plan expérimental

Les addictions mettent en jeu une dialectique entre la souffrance psychique et les activités-solutions, ou actions de gestion hédonique, destinées à lutter contre cette souffrance. Ces actions marquent les activités d'un motif et d'un but non pragmatique d'adaptation au monde, mais d'une dimension intime, d'adaptation à soi et à son ressenti. Cet équilibre personnel de l'expérience ne se fait pas n'importe comment, car son efficace passe par une organisation des actions, des stratégies. Voilà ce que nous a donné la démarche convergente qui a tiré des modèles, des expériences et des observations déjà présents dans le *corpus* scientifique, les lois générales réglant cette dialectique de lutte entre souffrance psychique et actions de gestion hédonique. Notre nouvelle problématique n'est plus, comme au départ de ce travail, épistémologique, mais elle va se situer sur le terrain clinique et de la rencontre avec des hommes et des femmes au prise avec différents degrés d'addiction.

A. Problématique

Notre problématique est l'addiction pathologique en tant qu'organisation particulière d'un système d'actions. L'objet de notre recherche est donc ce système d'actions comme explication de l'addiction. Pour produire cette explication, nous avons fait la synthèse de champs théoriques convergents en une Théorie Générale de l'Addiction. En formulant une théorie unifiée nous avons voulu dépasser la simple démarche associative qui cherche à saisir ce qui se complète dans la jointure des modèles. Notre ambition a été de tourner une page épistémologique en formulant des concepts nouveaux et des lois nouvelles, en transformant le regard sur les addictions.

Comment repérer, formaliser et opérationnaliser ce système d'actions ? Ce système, nous l'avons précisé, n'est pas visible d'emblée, l'observable est le système d'activités. Le système d'actions fait partie des processus latents sous le phénomène du système d'activités. Et ces processus latents, nous sont donnés comme concepts dans la TGA, celui du système d'actions. Ainsi, pour parvenir à mettre en évidence le système d'actions nous devons accomplir deux opérations successives : 1) recueillir des descripteurs du système d'activités qui seront pertinents pour pouvoir accomplir la seconde opération ; 2) extraire des données récurrentes produites par ces descripteurs une représentation du système d'actions. Une fois ce système d'actions représenté selon un certain nombre de variables pertinentes en regard de la TGA, il restera encore à manipuler cet objet afin de le soumettre à un ensemble de prédictions qui vont porter sur ses liaisons avec les données issues d'autres descripteurs. Ces descripteurs vont porter sur l'observation sélective de variables bien formalisées produites par des instruments validés. Ces variables concernent la souffrance psychique, puisque c'est elle qui est liée au système d'actions, selon la TGA, et qui justifie en quelque sorte son existence.

B. Procédure et résultats de la recherche

Le système d'actions peut être mesuré selon trois variables : les degrés de saillance, de variété et de vicariance des actions. La **saillance** peut être définie comme la force du surinvestissement d'une action particulière (celle qui correspond à l'activité addictive) par rapport aux autres actions. Dans le cas d'un système d'actions peu ou non addictif, il n'y a pas d'action qui soit particulièrement plus investie qu'une autre, aussi le degré de saillance est-il faible.

La **variété** correspond à la largeur de l'éventail des actions disponibles dans le système. Lorsqu'une action est saillante, comme dans le cas d'une addiction, on observe une baisse de l'investissement sur les autres actions et beaucoup d'entre-elles sont totalement abandonnées. Il y a donc une baisse du degré de variété des actions dans le système. A l'inverse, dans un système d'actions non ou faiblement addictif, l'investissement est bien réparti sur un grand éventail d'actions, la variété est élevée.

Enfin, la **vicariance** correspond à la possibilité pour l'individu de substituer telles actions importantes par d'autres actions, si les premières sont rendues impossibles. Dans le cas d'un système d'actions de type addictif, la vicariance est faible, car lorsque l'action addictive saillante n'est plus accessible, l'individu ne peut pas, ou a de grandes difficultés pour remplacer cette action surinvestie par une autre. Par contre, lorsqu'un système d'actions est peu ou pas addictif, l'équilibre des investissements entre les actions autorise toujours la possibilité de substituer une autre action (ou une action potentiellement nouvelle) à une action défaillante, la vicariance d'un tel système est élevée. En résumé, un système d'actions addictif c'est : saillance élevée, variété faible et vicariance faible ; et l'inverse pour un système peu ou faiblement addictif.

Le but de notre étude était de mettre en lumière l'existence d'un système d'actions différent entre deux populations de sujets, addictés et non-addictés. Nous voulions aussi montrer que ce système d'actions caractéristique des sujets addictés (saillance élevée, variété et vicariance faibles et dominance paratélique) est lié à une plus grande dysphorie (anxiété, dépression, faible estime de soi et alexithymie).

Notre étude a porté sur la comparaison entre deux groupes très contrastés : 31 sujets addictés (abus multiples de substances : héroïne, cocaïne, cannabis, ...) et 29 sujets non addictés, ni à une substance, ni à une activité sans substance, comme groupe de contrôle. Les 31 addictés (16 hommes, 15 femmes, moyenne d'âge 29,90 ans) ont été recrutés dans deux centres d'accueil citadins pour toxicomanes, tandis que les 29 témoins (15 hommes, 14 femmes, moyenne d'âge 30,48 ans) ont été recrutés auprès de cabinets médicaux généralistes et par effet boule de neige. La discrimination entre sujets addictés et de contrôle a été faite avec la section drogue/alcool de l'*Addiction Severity Index* (McLellan, Luborsky et al., 1980 ; McLellan, Kushner et al., 1992) en version française (Grabot, Auriacombe et al., 1994), suivant le critère d'un score de sévérité égal ou supérieur à 6 sur 9.

Pour tous les sujets (n = 60), nous avons recueilli deux groupes de données : le système d'actions et la dysphorie (souffrance psychique). Pour le système d'actions nous avons créé et validé (Loonis, Apter, Sztulman, 2000 ; Loonis, Apter, 2000) un nouvel instrument : le Dessin du Système d'Activités (DSA). Les sujets étaient invités à dessiner dans un cadre carré de 5 cm de côté, à l'aide d'un gabarit de dessinateur (Rotring® 840 631, 1976) de 30 cercles (diamètres entre 30 et 1 mm), leur système d'activités en respectant la consigne suivante : *Les activités sont tout ce que les gens font avec leur corps et leur esprit. En traçant des cercles avec le gabarit, faites un schéma de vos activités de tous les jours, que vous avez ces derniers temps. Chaque cercle doit représenter une activité, la grosseur des cercles représentera l'importance de l'activité dans la journée. Cette importance dépend de la durée et des répétitions de l'activité et de la force du besoin de faire cette activité. Les cercles ne doivent ni se superposer, ni sortir du cadre.*

Le DSA n'est pas un test projectif, il faut le voir comme un entretien semi-structuré. On demande d'abord au sujet le nombre moyen d'heures de sommeil actuellement et on lui dit que le cadre carré représente son nombre d'heures éveillées. Puis on demande quelle est son activité principale, celle qu'il va représenter avec le plus grand cercle (pour un sujet addicté cette activité doit nécessairement être son addiction, afin d'éviter le déni ou la minimisation). Enfin, on laisse le sujet dessiner ses activités avec le gabarit. Le dessin se fait avec un crayon à mine de charbon et une gomme afin de pouvoir corriger le schéma jusqu'à ce que le sujet soit satisfait de sa représentation. Le DSA nous donne une représentation schématique et quantifiable, par le nombre de cercles dessinés et leur diamètre, du système d'activités. Trois fonctions vont nous permettre de dégager du système d'activités les mesures du système d'actions.

• 1ère fonction, l'investissement dans le système d'actions : nous ne voulons pas mesurer la saillance globale de toutes les activités (la somme de tous les diamètres des cercles), mais l'écart moyen entre les activités les plus saillantes et celles qui le sont moins. Ce qui nous intéresse est plus la force du surinvestissement, plutôt que l'investissement lui-même. Aussi, nous avons considéré que la dispersion de la taille des cercles par rapport à la moyenne (c'est-à-dire l'écart type) pouvait représenter avec pertinence la force de cette saillance. Plus l'écart type est grand et plus une activité est saillante au détriment des autres, ce qui signe la force de l'addiction.

- 2ème fonction, la variété du système d'actions : la variété ne saurait se réduire à celle du système d'activités (le nombre de cercles), car elle doit être relativisée à la saillance. La sorte de variété du système d'actions que nous voulons calculer résulte donc de l'association de deux vecteurs qui donnent sa « force » à la variété, mais tout en se présentant chacun dans une direction opposée : lorsque la variété du système d'activités est faible, l'écart type aura tendance à être élevé et l'inverse. Aussi, la seule façon de pouvoir rendre compte en même temps, c'est-à-dire dans un score unique, des deux mouvements, est de considérer le quotient entre ce qui contribue à la variété du système d'actions en s'élevant (la variété du système d'activités) et ce qui y contribue en diminuant (la saillance comme écart type). Ainsi, par exemple, deux systèmes d'activités avec le même nombre d'activités pourront donner une variété différente de leur système d'actions respectifs, en fonction des valeurs de la saillance, et vice versa.

- 3ème fonction, la vicariance dans le système d'actions : elle est donnée par la simple réponse à la question « si votre activité la plus importante était empêchée, par quelles autres activités pourriez-vous la remplacer, facilement et pour un temps limité ? ». La vicariance est donc fonction du nombre d'activités que le sujet déclare pouvoir substituer à l'activité principale défaillante.

Pour mesurer la dominance télique/paratélique du système d'actions nous avons utilisé la TDS, Echelle de Dominance Télique (Murgatroyd, Rushton, Apter, Ray, 1978), traduite et validée en français (Loonis, Bernoussi, Brandibas, Sztulman, 2000). Cette échelle mesure la dominance télique sur trois facteurs : 1) le sérieux (*seriousmindedness*) ; 2) la planification (*planning orientation*) ; et 3) l'évitement de l'activation (*arousal avoidance*).

En ce qui concerne la dysphorie, nous avons utilisé quatre instruments dans leur version française validée : 1) l'inventaire Bonis Anxiété Trait-Etat, BATE (Bonis, 1973), version « Trait » ; 2) l'Inventaire de Dépression Abrégé de Beck, à 13 items, IDA-13 (Collet, Cottraux, 1986) ; 3) le *Self-Esteem Inventory*, SEI (Coopersmith, 1984) ; et 4) l'Echelle d'Alexithymie de Toronto, TAS-20 (Loas, Fremaux, Marchand, 1995).

Nous avons comparé les deux groupes, sujets addictés et de contrôle, à partir de leurs moyennes concernant les quatre composantes du système d'actions (Investissement, Variété, Vicariance et Dominance télique) et les quatre composantes de la dysphorie (Anxiété, Dépression, Estime de soi et Alexithymie). Les différences ont été analysées avec des analyses de variance (ANOVA) à 1 et 58 degrés de liberté. Ensuite, nous avons analysé les liens statistiques entre toutes les composantes du système d'actions et celles de la dysphorie, avec des coefficients de corrélation de Pearson.

Les résultats de cette étude montrent qu'il y a une différence significative entre les groupes addictés et de contrôle en ce qui concerne le système d'actions (Tableau 23) et la dysphorie (Tableau 24). On trouve aussi des liens statistiques significatifs entre ces deux groupes de variables (Tableau 25).

Les systèmes d'actions des sujets addictés ont un profil nettement plus « addictif » que celui des sujets de contrôle, toutes les différences entre groupes étant particulièrement significatives (Tableau 23). La saillance est plus élevé ($F(1,58) = 30.26, p < .000$), la variété est plus faible ($F(1,58) = 14.08, p < .000$), la vicariance est aussi plus faible ($F(1,58) = 30.105, p < .000$). La dominance de l'état d'esprit est nettement paratélique pour les addictés, sur le score total de la TDS ($F(1,58) = 29.66, p < .000$), ainsi que les sous-échelles Sérieux ($F(1,58) = 16.54, p < .000$), Planification ($F(1,58) = 19.18, p < .000$) et Evitement de l'activation ($F(1,58) = 13.91, p < .000$). Ces résultats montrent que les sujets addictés ont une organisation particulière du système d'actions par rapport aux sujets de contrôle, avec une action de gestion hédonique centrale fortement saillante, au détriment des autres actions et dont le remplacement par une autre action, en cas de défaillance, serait difficile. Cette organisation addictive du système d'actions paraît ici liée à une orientation paratélique qui, selon la théorie du renversement de Apter, signifie un état d'esprit orienté sur la recherche d'activation, l'activité et les sensations au présent.

Tableau 23 : Comparaison des moyennes (erreur standard) entre groupes Addictés et Contrôle pour le système d'actions

	Groupes		ANOVA	
	Addictés	Contrôle		
N	31	29	(dl) *F*	*P* value
DSA Saillance	6.80 (.30)	4.39 (.31)	(1,58) 30.26	.000
DSA Variété	72.65 (6.11)	190.54 (31.82)	(1,58) 14.08	.000
DSA Vicariance	1.19 (.008)	3.96 (.51)	(1,58) 30.105	.000
TDS Total	15.90 (.85)	24.06 (1.24)	(1,58) 29.66	.000
TDS Sérieux	4.32 (.48)	7.03 (.45)	(1,58) 16.54	.000
TDS Planification	5.58 (.48)	8.63 (.50)	(1,58) 19.18	.000
TDS Evitement d'activation	6.00 (.27)	8.39 (.59)	(1,58) 13.91	.000

Les groupes addictés et contrôle présentent des différences très significatives concernant le système d'actions (forte Saillance, faible Variété et faible Vicariance des actions pour le groupe des addictés) et la dominance télique (orientation paratélique, vers la recherche de sensations au présent pour le groupe des addictés).

Les sujets addictés présentent dans l'ensemble des niveaux de dysphorie plus élevés que les sujets de contrôle (Tableau 24). Ils sont très anxieux ($F(1,58) = 34.76, p < .000$), plus dépressifs ($F(1,58) = 50.61, p < .000$), leur estime de soi est nettement plus faible pour le score Total ($F(1,58) = 76.12, p < .000$), ainsi que pour les sous-échelles General ($F(1,58) = 80.24, p < .000$), Social ($F(1,58) = 29.27, p < .000$), Familial ($F(1,58) = 56.17, p < .000$). Au plan Professionnel la différence par rapport aux sujets de contrôle est plus faible ($F(1,58) = 14.21, p < .000$), tout en restant significative, car le chômage tend à rapprocher nos deux groupes. Enfin, pour l'alexithymie, les scores des addictés sont plus élevés que ceux des témoins ($F(1,58) = 49.86, p < .000$). Ces résultats montrent que les sujets addictés sont caractérisés par une dysphorie élevée, faite d'anxiété et de dépression. Ils ont aussi des difficultés pour reconnaître et mettre en mot cette souffrance psychique (alexithymie) et leur estime de soi n'est pas très bonne.

Tableau 24 : Comparaison des moyennes (erreur standard) entre groupes Addictés et Contrôle pour la dysphorie

	Groupes		ANOVA	
	Addictés	Contrôle		
N	31	29	(dl) *F*	*P* value
BATE (anxiété)	54.93 (3.14)	28.13 (3.28)	(1,58) 34.76	.000
IDA-13 (dépression)	13.41 (.93)	4.27 (.86)	(1,58) 50.61	.000
SEI (estime de soi) Total	22.51 (.96)	38.31 (1.56)	(1,58) 76.12	.000
SEI Général	12.06 (.46)	20.37 (.82)	(1,58) 80.24	.000
SEI Social	3.87 (.30)	6.24 (.31)	(1,58) 29.27	.000
SEI Familial	2.51 (.27)	5.86 (.35)	(1,58) 56.17	.000
SEI Professionnel	4.06 (.34)	5.82 (.31)	(1,58) 14.21	.000
TAS-20 (alexithymie)	65.16 (1.76)	44.44 (2.37)	(1,58) 49.86	.000

Les groupes addictés et contrôle présentent des différences très significatives concernant la dysphorie (les variables anxiété, dépression et alexithymie plus élevées pour les addictés) et l'estime de soi, plus faible pour les sujets addictés.

Pour les deux groupes, des corrélations significatives sont observées entre les composantes du système d'actions et celles de la dysphorie (Tableau 25). Notez que les corrélations négatives sont normales et sont le résultat de l'orientation inverse de certains scores par rapport aux autres. Les seules corrélations qui ne sont pas significatives concernent la composante Anxiété de la dysphorie avec les composantes

Saillance et Variété du système d'actions. Ainsi, l'anxiété paraît-elle moins liée à la caractéristique addictive du système d'actions, alors que les autres corrélations montrent qu'un système d'actions de type addictif est lié à une dysphorie plus élevée, avec baisse de l'estime de soi et forte alexithymie.

Tableau 25 : Corrélations de Pearson entre le système d'actions et la dysphorie pour les deux groupes (n = 60)

	Dysphorie			
Système d'actions	BATE	IDA-13	SEI	TAS-20
DSA Saillance	ns	.453*	-.558*	.511*
DSA Variété	ns	-.333*	.480*	-.435*
DSA Vicariance	-.483*	-.456*	.684*	-.589*
TDS	-.544*	-.591*	.717*	-.534*

* < 0,01

Les deux groupes de variables système d'actions et dysphorie semblent particulièrement liées, suggérant le rapport qu'il peut y avoir entre le niveau de souffrance psychique et l'organisation addictive des activités/actions. Seule l'anxiété ne montre pas de liaisons significatives avec la saillance et la variété des actions, ce qui peut correspondre à une caractéristique de l'échantillon, ou aux influences d'état pour cette variable.

Le résultat principal de cette étude est de montrer qu'il y a bien une différence significative entre un groupe de sujets toxicomanes et un groupe de sujets non-addictés de contrôle, en ce qui concerne le système d'actions de gestion hédonique et la dysphorie (souffrance psychique). Les résultats très significatifs que nous avons obtenus sont un effet du choix des échantillons dont les caractéristiques sont très contrastées. Les toxicomanes rencontrés pour cette étude sont en effet marqués par une forte dysphorie qui correspond à leurs conditions de vie particulièrement difficiles, sous la pression des effets aversifs de la drogue, la pression du besoin et de la nécessité économique de se procurer de l'argent pour acheter la drogue. Les résultats qui concernent le système d'actions quantifient ce que nous savions déjà au niveau de l'observation clinique : les sujets addictés voient leur nombre d'activités se réduire (baisse de la variété), pour une centration très exclusive sur l'activité addictive qui tend à remplir toute leur vie quotidienne (saillance). Lorsque cette activité addictive n'est plus accessible momentanément, il est très difficile pour les addictés de lui substituer une autre activité ; en dehors de sa drogue le toxicomane a peu de choses à quoi s'accrocher. En terme de gestion hédonique cela signifie que la défaillance de l'action saillante entraîne une défaillance dans les capacités de gestion hédonique du système d'actions, ce qui entraîne une élévation de la dysphorie conséquente. L'addiction est une « solution » à une souffrance psychique antécédente, mais c'est une fausse solution car elle génère à son tour une souffrance psychique conséquente.

Les liens statistiques entre système d'actions et dysphorie ne doivent pas être interprétés en terme de causalité. Il s'agit là d'une photo des liens entre ces deux ensembles de variables au moment de l'évaluation. Pour tester des liens de causalité il nous faudra réaliser des études longitudinales avec plusieurs évaluations étalées dans le temps afin d'observer les co-variations entre système d'actions et dysphorie que produiront, par exemple, le sevrage, l'entrée dans un centre de postcure, l'évolution en cours de postcure, le retour à la maison et éventuellement la rechute. Nous pourrions confirmer, par exemple, une étude (Reno, Aiken, 1993) longitudinale qui montre que chez 219 héroïnomanes, 8 mois de traitement de substitution à la méthadone induit plus qu'une baisse de la prise de drogue, mais un réaménagement complet du système des activités (avec augmentation des activités domestiques, de loisir, de soin et de santé, sociales et baisse des activités criminelles). Pour nous, ce réaménagement signifie en même temps un changement du système d'actions de gestion hédonique, dans la mesure où les sujets ont aussi montré une élévation de leur qualité de vie.

Le choix des échantillons à comparer doit jouer un rôle important dans le contraste des résultats. Il est probable, par exemple, qu'une comparaison des systèmes d'actions entre fumeurs et non-fumeurs ne donnera pas des résultats aussi significatifs dans la mesure où le tabagisme peut s'intégrer à d'autres activités de la vie quotidienne et ne présente pas l'effet monopolisant de la drogue. Mais on peut supposer que des résultats proches des nôtres pourront être retrouvés avec des addictions plus « autonomes » comme l'addiction au travail, le jeu pathologique, ou l'addiction sexuelle. Notre nouvel instrument, le DSA, n'est pas encore parfait et d'autres études sont nécessaires pour l'améliorer. En particulier, il reste difficile d'évaluer l'importance des activités addictives au-delà du déni sans une intervention intrusive de l'évaluateur, ce qui peut en retour influencer les résultats. Le test qui pourrait permettre de mesurer exactement le système d'activités de sujets (sans parler du système d'actions), avec un haut niveau de fiabilité et aucune intervention de l'évaluateur doit encore être inventé. Le DSA est un premier essai.

A partir de cette première étude, nous pouvons maintenant commencer à explorer le problème des addictions en termes de système d'actions. La gestion hédonique que les addictions accomplissent n'est pas une fonction spécifique aux addictions, mais ce sont toutes nos activités de la vie quotidienne (travail, études, vie familiale, sociale, loisirs, sport, télévision, ...) qui, en plus de leur valeur pragmatique, possèdent une valeur pragmalogique de régulation de notre activation et de notre dysphorie en deux mots de nos états psychologiques. Les addictions semblent donc se répartir sur un continuum entre Addictions de la Vie Quotidienne (AVQ) et addictions pathologiques (Loonis, 1997, 1998), sans qu'il y ait de différence de principe entre les unes et les autres. C'est l'organisation différente du système d'actions (saillance, manque de variété et de vicariance, dominance paratélique) qui va pouvoir expliquer le passage des AVQ à l'addiction pathologique, selon les lois d'une écologie de l'action.

Le principe d'addictivité général que nous tentons de valider ici nous ouvre désormais à une **psychologie des états** *qui se définit, en regard de la psychologie des motivations, comme un ensemble de motivations parallèles et spécifiques à la recherche d'états psychologiques, motivations qui se superposent aux motivations « classiques » et déterminent leur interprétation à un niveau métamotivationnel.* Ce niveau métamotivationnel d'interprétation signifiant que telle ou telle activité prend une signification particulière dans la vie de l'individu, pour servir la gestion hédonique au moyen de sa saillance. Au passage, le principe de cette double fonction, pragmatique et de gestion hédonique, de nos activités, permet de résoudre le problème théorique et épistémologique d'un concept d'addiction extensif, regroupant aussi bien les consommations abusives de substances psychotropes, que d'autres activités qui prennent un caractère compulsif (sexualité, jeu, absorption d'aliments, vie sociale, etc.). Le concept de système d'actions de gestion hédonique pourrait avoir de nombreuses applications dans le soin et la prévention des addictions, en centrant le regard sur l'organisation des activités et leur rôle dans le contrôle de la souffrance psychique.

2. Perspectives

Après l'exercice de la pensée « rigoureuse », qui a vu se succéder démarches inductive convergente et hypothético-déductive divergente, il est indispensable de passer à la pensée « décousue » des spéculations et d'accomplir ainsi un retour aux frontières du savoir[1]. Il ne s'agit pas là d'un vain exercice, mais d'une légitime mise en application de la recherche, de son ouverture vers d'autres pistes qu'il reste à explorer. Trois perspectives vont être ici envisagées : tout d'abord, il s'agira pour nous de jeter un regard nouveau sur « ces choses que l'on répète », c'est-à-dire les multiples modes de fonctionnement redondants, répétitifs, circulaires, que l'on observe naturellement chez les êtres humains. Ces répétitions, qui ne sont pas des addictions dans l'acception classique du terme, nous allons essayer, dans une seconde perspective de les formaliser, suivant la théorie générale de l'addiction, justement comme des Addictions de la Vie Quotidienne particulières qui remplissent certaines fonctions utiles au développement et à l'équilibre psychique et vital de l'être humain et que nous avons baptisées addictions transitoires, ou addictions de processus. Enfin, l'homme vivant en société, au sein de l'humanité, dans une interdépendance avec ses semblables, nous devons aussi envisager son système d'actions de gestion hédonique comme impliqué et intriqué avec les systèmes d'actions de ses semblables, que ce soit aux niveaux d'un collectif local, aussi bien que planétaire, ce qui va nous ouvrir, au-delà du système d'actions de l'individu, à la perspective plus ambitieuse d'une véritable écologie de l'action.

[1] Les termes de pensée « rigoureuse » et « décousue », comme succession dans l'organisation du travail du chercheur au service du progrès en science, sont de Gregory Bateson, *Vers une écologie de l'esprit*, vol. 1.

A. De ces choses que l'on répète

Il n'est de bonne science que celle qui part des faits. Aussi, nous allons nous pencher un instant sur une série d'observations qui mettent toutes en jeu un identique phénomène de répétition comportementale. Pour cela nous allons suivre le sens de la genèse temporelle de l'être humain, de l'enfant à l'adulte, pour présenter des exemples frappants de ces répétitions. Pour ce qui concerne le nourrisson et le jeune enfant, Piaget (1936, 1937) a rendu compte des multiples démarches récursives qu'accomplit l'enfant dans la découverte de son monde. Assimilation et accommodation sont les premières boucles d'activités répétées auxquelles se livre le tout jeune humain. Au départ, avec son unique schème sensori-moteur de succion et par assimilation, l'enfant suce tout ce qui lui tombe sous la main. C'est un acte répétitif, qui l'intéresse, le passionne et lui permet de découvrir bien des choses. Jusqu'au jour où il tombera sur l'objet amer, auquel il devra s'accommoder et ne pouvant le sucer, il le secouera, en tirant peut-être un son intéressant, d'où un nouveau schème répétitif qui sera mis en route : désormais tout devra être secoué afin de voir si on peut en tirer ou non un son. Au fil des mois, ces *réactions circulaires* (qualifiées de *primaires* quand elles concernent le corps propre de l'enfant et *secondaires* quand elles concernent les objets) seront mises à contribution pour explorer de plus en plus le monde, ce qui veut dire l'appréhender, en avoir une connaissance. Et toujours, le même schéma général se rejoue : par assimilation l'enfant répète avec divers objets le même schème d'actions (frapper, secouer, jeter, ...), ou bien, par accommodation, il répète tous ces schèmes sur le même objet.

L'enfant passe par des phases où il va s'intéresser presque exclusivement à une seule chose et il nous donne l'impression d'être inscrit dans des programmes « activités et découvertes » spécifiques qui ne peuvent être mélangés. Durant quelques semaines il peut s'entraîner systématiquement à se tenir debout et à marcher, négligeant presque toutes les autres activités. Puis, ayant franchi certaines étapes, il se tournera vers l'imitation des sons verbaux, quelques temps après il pourra passer à l'exploration contenant/contenu et on le verra chercher à emboîter les uns dans les autres tous les objets qui lui tombent sous la main, et ainsi de suite. A l'école maternelle, les enfants passent, par exemple, plusieurs jours à reproduire, à dessiner certaines figures géométriques : un temps ce sera « tracer des lignes », puis « faire des ronds » et à un autre moment « faire des carrés ». Avec ces répétitions que sont les *réactions circulaires tertiaires*, l'enfant explore et découvre de plus en plus son monde : essai/erreur/correction jusqu'à ce que ça marche, voir comment ça fait quand un objet tombe de différentes hauteurs, quels sons on en tire quand on le frappe de différentes façons, ou quels sons différents va-t-on obtenir en cognant différents objets. Ces expériences sont aussi accomplies avec l'entourage et l'enfant va tester toute sa famille pour découvrir avec quelle personne il obtiendra le plus grand nombre de retours de la poupée en chiffon jetée au loin.

Freud lui-même (1923), on s'en souvient, s'était penché avec curiosité sur l'action répétitive accomplie par l'un de ses petits fils : le jeu de la bobine (ou du *fort-da*). L'enfant, qui n'avait pas deux ans, jouait à lancer au loin une bobine attachée à une ficelle. En lançant la bobine il s'écriait « *fort* » (« partie ») et en la ramenant vers lui avec la ficelle il disait « *da* »[1] (« voilà »), exprimant une très grande joie à chaque retour. Freud expliqua ce jeu comme une tentative de maîtriser symboliquement les départs de la mère ; mais Piaget y aurait vu autrement l'exercice d'un schème sensori-moteur complexe destiné à appréhender les distances, la permanence de l'objet et autres structures cognitives. Les recherches ayant montré les liens entre développements affectif et cognitif, on considère que les deux interprétations ne sont pas exclusives et peuvent être associées. Au travers des jeux répétitifs l'enfant met en place à la fois des schèmes affectifs, relationnels et cognitifs, les choses n'ont pas à être séparées. Par contre, nous voici à nouveau face à ce phénomène de la répétition qui occupe l'essentiel des jeux de l'enfant à tout âge. Les petites scènes que jouent les fillettes avec leurs poupées, les petits garçons avec leurs soldats de plastique et plus tard, d'autres scènes qu'ils joueront comme

[1] En langue allemande.

jeux de rôles spontanés (le « faire semblant »), seront tous basés sur la répétition. Et d'ailleurs, l'acteur adulte, au théâtre, ne fait pas autre chose que rejouer sans cesse la même pièce (sans compter certains spectateurs passionnés qui viennent la voir jouer plusieurs fois). Ce genre de petites obsessions appartiennent au phénomène de « modes » lorsque les marchands les utilisent pour leur profit. Ainsi en est-il du « Tamaguchi », des « Pokémons », de la « Poupée Barbie » et autres figurines de dessins animés, dont les enfants raffolent par périodes de plusieurs mois.

Les enfants sont longtemps très sensibles et passionnés par les rituels répétitifs, car ils semblent leur apporter du plaisir et du réconfort. Ceux où l'adulte participe sont parmi les plus importants car ils entretiennent et développent la relation, l'amour et les compétences sociales. Par exemple, il est classique que l'enfant réclame durant de longues périodes qu'on lui lise la même histoire au moment d'aller au lit. On comprend bien vite que l'histoire en elle-même n'est pas le plus important, l'enfant réclame une constance du tableau « lire une histoire » : il faut qu'il tienne son mouchoir de la main gauche, que son nounours soit couché près de lui à sa droite, que sa mère soit assise sur son lit à sa gauche, qu'elle s'exclame de la même façon et fasse les mêmes mimiques faciales au bon moment de l'histoire, ... Comme disait Stoler, en parlant d'histoires d'une autre sorte, les fantasmes érotiques (autre exemple de répétition dans l'*onanorythmie* – Loonis, 2001), « le moindre détail compte », car ce qui importe est cette répétition du même.

Freud d'ailleurs, a consacré une grande partie de son ouvrage de 1920 à une réflexion tâtonnante autour de ces phénomènes de la compulsion de répétition. Dans certaines névroses (notamment les névroses traumatiques de guerre, ou celles issues des traumatismes sexuels durant l'enfance), le sujet semble comme fixé à l'événement traumatisant et est poussé à répéter compulsivement, sous différentes formes (rêves nocturnes, rêveries diurnes, remises en situation inconscientes), cet événement. Dans ses relations de tous les jours, ou plus spécifiquement dans la relation transférentielle au psychanalyste, le sujet répète le schème d'une relation passée difficile. Cette répétition, qui est ici pathogène, qui conduit le sujet à souffrir à nouveau et à se retrouver toujours face aux mêmes échecs, Freud la situe « au-delà du principe de plaisir », car au lieu de rechercher le plaisir, comme le font tous les êtres humains en général, il semble que par cette compulsion de répétition, ce soit le déplaisir qui est recherché, d'où l'idée freudienne d'une véritable « pulsion de mort » qui serait à la base de cette régression récurrente. Pour nous, cette théorie de la pulsion de mort signe l'échec d'une réflexion, car elle aboutit à l'impasse d'un raisonnement tautologique : l'individu « répète » parce qu'il a en lui une pulsion à répéter (c'est ce qu'implique dans sa définition la pulsion de mort). On sait, au moins depuis Molière, que ce genre d'explication ne saurait en être une en science. Ce qu'il nous faut interroger est justement cet « au-delà du principe de plaisir » : est-il bien certain que le sujet ne trouve pas du plaisir à répéter ? Nous reprendrons ce problème plus loin, mais poursuivons notre collecte des faits de répétition.

Toute l'enfance et l'adolescence sont traversées par de multiples petites « obsessions », des sortes de mini-symptômes qui inquiètent parents et éducateurs et correspondent souvent aux « bêtises » dont les enfants sont les spécialistes. Tel enfant est comme obsédé par le feu et n'arrête pas de voler des allumettes pour les enflammer dans un coin caché ; un autre rejoue chaque jour la grande scène de la crise d'opposition avec sa mère, son père ou son instituteur ; une petite fille est comme fascinée par les petits baigneurs en plastique et, en échangeant tout ce qu'elle possède avec ses copines, elle en remplit sa chambre ; un petit garçon pourra faire de même avec les voitures miniatures qu'il gare par dizaines sur trois étagères. On connaît bien, au moment de la phase dite « œdipienne », cette période ou l'enfant ne cesse de poser des questions, des « pourquoi » et des « comment » à répétition qui ont le don d'horripiler les pauvres parents ainsi harcelés. A l'approche de la puberté, ce sont les rêveries amoureuses et érotiques qui entrent dans la danse de ce qui va se répéter comme scénarios émoustillants, excitants et support d'une masturbation, parfois compulsive. Les stimulations répétitives ne cesseront pas avec l'approche de l'âge adulte : c'est le « tube » que l'on écoute vingt fois par jour, le rituel de la sortie en boîte que l'on reproduit à l'identique tous les week-ends, la rencontre amoureuse que l'on rejoue sans cesse. Les adolescents passent par de brutales et denses passions : l'engouement pour la lecture, la philosophie, le sport, la politique, les sciences, les ordinateurs, les jeux vidéos, les collections. Telle jeune fille, fan d'une chanteuse célèbre, en remplira ses jours et ses nuits de rêveries, de projets, participant activement au club de fans, couvrant les murs de sa chambre de posters à l'effigie de son idole, s'habillant et se coiffant comme elle et ne voulant manquer aucun de ses concerts. Tout comme le jeune enfant inquiéte ses parents « parce qu'il marche mais ne parle pas encore » (ou l'inverse), les adolescents font bien souvent le désespoir de leur parents en désinvestissant trop ce qu'ils considèrent comme important pour son avenir (par exemple, les études au lycée) et en surinvestissant ce qu'ils jugent sans intérêt, comme sortir en boîte, fréquenter le sexe opposé, se passionner avec exagération pour la musique, ou autre chose. Le conflit est imparable tant que les parents ne comprennent pas ce qui est tout aussi important pour l'avenir de leur enfant : construire sa personnalité, affective, sociale et culturelle.

Dans d'autres contextes, lorsque le milieu social, faute de moyens économiques et culturels, ne permet pas aux adolescents de se livrer à ce genre de passions, ils en trouvent d'autres, qui sont illicites, comme consommer de l'alcool, des drogues, commettre des exactions, des vols de voiture, avoir des comportements violents.

Tout au long de sa vie l'être humain passera par des périodes (qui peuvent se répéter) au cours desquelles il « répète » les mêmes conduites. Ces activités sont le plus souvent liées aux loisirs, les hobbies, mais parfois ce peut être une activité professionnelle particulièrement investie. Comme à l'adolescence, nous retrouvons le sport, la politique, certains jeux, les collections. Les humains peuvent passer par des périodes de passion dévorante pour certains aliments comme le chocolat, les pâtisseries, les fruits ou les légumes, pour certaines activités sportives, pour l'amour ou pour le sexe, pour faire la fête, pour se mettre à la peinture sur soie ou à la confection de maquettes, lire des romans. Nous avons cette tendance à entrer dans des cycles comportementaux, au cours desquels nous paraissons menés par une compulsion de répétition à bas bruit.

Ces périodes de répétition suivent toutes, peu ou prou, le même schéma. D'abord cela débute par une phase d'initiation et de découverte qui prend souvent figure de révélation : l'individu est comme émerveillé, subjugué, envoûté, hypnotisé par sa rencontre avec la source de stimulation, avec l'activité en question. Suit aussitôt une phase de « lune de miel », un « âge d'or » de la répétition, au cours desquels l'individu se livre à son activité avec une certaine frénésie, il y consacre beaucoup de temps et de moyens (psychiques, physiques et financiers). L'activité paraît alors comme un feu dévorant, l'individu est très euphorique, excité, il parlera à tous ses amis de sa nouvelle passion, cherchera parfois à faire des émules. Cette excitation parvient, au bout d'un certain temps, sur une phase que l'on pourrait dire « en plateau », au cours de laquelle l'engouement pour l'activité semble se tasser. L'attrait de la nouveauté s'est dissipé, l'excitation est retombée, ce n'est plus « comme au début ». Finalement, une phase descendante, d'épuisement, se met en route, au cours de laquelle l'activité est progressivement désinvestie, puis abandonnée. Selon le type d'activité, plusieurs périodes pour la même activité peuvent apparaître tout au long de la vie, ou bien il s'agira d'un unique engouement qui ne se reproduira plus jamais.

Ces faits de récurrences comportementales transitoires sont si communs qu'ils semblent bien correspondre à un mécanisme général et naturel chez l'être humain. Tantôt ils semblent servir la croissance de l'individu, tantôt ils semblent l'aliéner et l'enfermer dans une mécanique comportementale contraignante, mais dans tous les cas ce sont les mêmes mécanismes qui sont à l'œuvre, ce qui justifie leur regroupement sous le concept d'addiction, selon la TGA, et nous demande de comprendre plus précisément ce que sont ces addictions transitoires.

B. Les addictions transitoires, ou addictions de processus

Notre hypothèse est la suivante : *il existe des addictions transitoires, ou addictions de processus, qui servent plusieurs grandes fonctions pour le développement et la régulation du sujet aux plans psychologiques, affectifs et cognitifs.*

Quelles sont ces grandes fonctions ? Si l'on considère les faits présentés plus haut, la première de ces fonctions concerne les acquisitions, les compétences et les savoir-faire en tous genre. L'observation des jeunes enfants montre que leurs acquisitions ne se font pas de façon uniforme et synchrone dans tous les secteurs de compétence. Les enfants passent par des phases où ils accomplissent des entraînements systématiques sur telle ou telle compétence, puis ils passent à une autre. Durant cette phase, l'activité liée à la compétence en question est mise en saillance et donne lieu à un intérêt nourri et à des actes de répétition des mêmes schèmes d'actions qui forment la compétence en cours de développement. Comme l'ont montré tous les chercheurs de la psychologie du développement épigénétique, les acquisitions ne se font pas chez l'homme comme un enregistrement mécanique de savoirs et de compétences à l'instar d'un ordinateur qui enregistre un nouveau programme exécutable. Les êtres humains ont besoin de s'investir psychologiquement, psychiquement, affectivement, dans le plaisir (l'*épistémophilie* freudienne), la curiosité, l'excitation de la découverte, pour pouvoir apprendre et acquérir des compétences. Aussi, c'est tout un ensemble de stratégies qui sont mises en place pour susciter cet état d'esprit de l'acquisition et la structure addictive. Cette structure addictive est faite de répétitions, avec une perte de contrôle « contrôlée » et transitoire, elle est le moyen efficace que l'être humain se donne pour apprendre dans le sens le plus large du terme.

Ce processus de l'addiction transitoire à fonction d'apprentissage se retrouve tout au long de la vie et nous avons vu plus haut comment les adolescents utilisent ce moyen pour construire leur bagage de compétences (sociales, affectives, sexuelles, intellectuelles) qui feront d'eux des adultes... compétents. Ce processus addictif, si nous nous rappelons les bases cérébrales et neuronales des addictions, semble prendre son origine dans l'association des fonctions d'acquisition et de gestion hédonique. Pour reprendre un terme psychanalytique porteur – l'étayage – **la fonction d'acquisition s'étaye sur la fonction de gestion hédonique pour réaliser la construction des acquis**. Les animaux eux-mêmes ne sont pas exempts de cet étayage et typiquement, nous savons que les jeunes animaux acquièrent leurs compétences sociales et de survie par le jeu, c'est-à-dire l'entraînement au *gnosos* par le *ludos* et la répétition des mêmes activités, à la fois pour jouer et pour apprendre à vivre. On pourrait sans doute avancer l'idée que, tout comme la nature a créé le plaisir sexuel pour assurer la perpétuation de l'espèce, elle aurait créé le plaisir (encore le plaisir) ludique de la répétition, de l'addiction, pour assurer la croissance de nos compétences.

Proche des acquisitions, les addictions transitoires peuvent aussi assurer une fonction de maturation. Alors que les acquis, les compétences, concernent les possibilités de réponses adéquates dans les situations d'adaptation à l'environnement, la maturation, qui est surtout psychique et affective, concerne la structuration du système d'actions, les aspects proprement pragmalogiques avec leurs concomitants d'équilibre de la personnalité. Les addictions transitoires à fonction de maturation concernent tout ce qui va permettre le travail psychique : comme les rêveries, les fantasmes érotiques, (voire certains délires), les expériences esthétiques, artistiques, de la créativité, les expériences spirituelles, les relations intimes sur les plans affectifs et sexuels, mais encore certaines expériences avec les drogues psychotropes, lorsqu'elles sont employées sciemment dans ce but de maturation intérieure. Notre modèle rejoint ici les idées anciennes d'un R. Laing (1969) qui considérait maintes psychoses, ou d'autres comportements « fous » chez les jeunes adultes, comme des phases de maturation intérieure qu'il convient de protéger par un environnement spécifique et de faciliter afin de produire une croissance et un dépassement naturel de la crise. Autres exemples, les cohabitations juvéniles successives, les aventures amoureuses à répétition, avec leur parcours classique de la révélation, la lune de miel, l'essoufflement entrecoupé de crises agressives et finalement la rupture, correspondent à ce genre d'addictions transitoires qui, en plus d'apporter des compétences dans les relations humaines au niveau de l'intimité du couple et familiale, réalisent aussi une maturation intérieure (qui peut souvent être aidée par une psychothérapie, autre forme de répétition...).

Une autre fonction très commune des addictions transitoires est tout simplement d'assurer une régulation psychique. Il s'agit là de toutes ces petites Addictions de la Vie Quotidienne, ces petits engouements dont l'enchaînement tout au long de la vie permet de réguler nos humeurs, nos excitations, nos états psychologiques et par contrecoup de nous donner les capacités d'affronter le quotidien, les charges de travail ou familiales. Le tabagisme, l'utilisation modérée et rituelle de l'alcool, du cannabis ou d'un psychotrope prescrit, mais encore la télévision, la musique, les sorties « ciné », « restau », en boîtes de nuit, les *raves*, les pratiques de la relaxation ou de la méditation, la masturbation[1], toutes ces activités répétitives servent l'équilibre permanent de l'appareil psychique humain. Cela peut aller jusqu'à des activités dont l'importance pragmatique peut nous faire oublier le rôle de régulation pragmalogique, comme une activité professionnelle ou étudiante ; ce sont le chômage, le départ à la retraite ou l'arrêt des études qui, par l'impérieuse nécessité du réaménagement douloureux du système d'actions, mettent en lumière la fonction régulatrice de ces AVQ.

Après les fonctions d'acquisition, de maturation et de régulation, une dernière fonction peut être proposée en ce qui concerne les addictions transitoires : la fonction de métabolisation psychique. Ici, nous avons affaire à une configuration particulière des fonctions de maturation et de régulation qui va servir à la « digestion » d'un complexe psychique, souvent lié à un traumatisme. C'est ici que nous

---

[1] Seul ou à deux…

retrouvons la fameuse névrose traumatique de Freud qui l'interrogea tant sur cette compulsion de répétition qu'il jugeait mortifère. Pour notre part, nous considérons que les addictions sont toujours sous le principe de plaisir et que toutes leurs différentes fonctions, telles que nous venons de les décrire, y compris la fonction de métabolisation psychique dont nous allons parler, servent avant toute chose le plaisir de l'être humain (ou au moins le soulagement de sa souffrance psychique). Les addictions de métabolisation concernent ces addictions extrêmes et apparemment pathologiques, au cours desquelles se répète, sous forme d'imaginaire ou de réalité rejouée par le sujet dans des « mises en situation », le traumatisme originel. Il peut s'agir de cauchemars récurrents, de rêveries obsédantes, ou de la tendance du sujet à se placer dans des contextes de vie et relationnels où il rejouera sans cesse la scène traumatique. Au simple niveau phénoménologique ces répétitions paraissent négatives et d'ailleurs, comme tout bon névrosé, le sujet s'en plaint, il souffre. Cependant, nous savons aussi que, comme pour toute névrose, il faut se méfier particulièrement de la « souffrance » rattachée au symptôme. Bien sûr, le petit pervers sexuel (reproduisant l'agression sexuelle dont il fut victime durant son enfance), se dira (en psychothérapie) souffrir de son symptôme qui le pousse à des actes répréhensibles, souffrir de l'envahissement quotidien de son psychisme par des scénarios pornographiques de plus en plus déviants ; mais en même temps, on sait combien cette souffrance est ambiguë, paradoxale, et que si pervers il y a, c'est que le pervers est bien le dernier à vouloir renoncer à son symptôme. Même sa culpabilité, face aux victimes, reste problématique, car ce que ne sait pas encore expliquer le pervers, c'est que sa souffrance du symptôme est une sorte de plaisir « en négatif » (le soulagement) qui lui permet d'éviter une souffrance encore plus grande, une dépression profonde et une angoisse quasi-psychotique qui renvoie au déni de lui-même en tant que sujet au moment du traumatisme initial. Cette souffrance paradoxale, qui est plaisir, la souffrance du jouir, se retrouve tout aussi classiquement chez le toxicomane au long cours, qui se plaint de sa toxicomanie, de ses conséquences, de ne plus y trouver de plaisir, tout en se sentant contraint à consommer toujours son héroïne. C'est qu'ici aussi nous avons le plaisir relatif d'une moindre souffrance à côté de la souffrance psychique profonde que ressentirait le toxicomane sans sa drogue. Les neurobiologistes nous proposent une explication à ce phénomène de plaisir paradoxal : le modèle de la sensibilisation cérébrale qui, au-delà des renforcements positifs ou négatifs de la drogue, produirait cette empreinte comportementale qui entraîne le « symptôme chronique de rechute ». Or, on peut se poser la question des effets de « sensibilisation » produits par les traumatismes, d'où le souffrance/plaisir paradoxal des addictions transitoires (ou chroniques) à fonction de métabolisation psychique.

Si nous comprenons mieux à présent ce que sont les AVQ et leurs aspects transitoires, ces addictions de processus qui remplissent de grandes fonctions positives chez l'être humain, comment pouvons-nous comprendre maintenant le glissement qui se produit, des AVQ aux addictions pathologiques ? Deux fonctions, plus particulièrement, vont nous ouvrir à cette pathologisation des addictions : celles de régulation et de métabolisation. En effet, c'est au travers de ces deux fonctions que se présentera, pour certains sujets, la possibilité d'un dérapage de la fonction. Ce dérapage se produit sur un terrain particulier que la clinique a bien décrit depuis longtemps : les personnalités narcissiques, états-limites, mais de plus en plus on se rend compte que sous maintes addictions pathologiques peut aussi s'aménager une psychose (qui décompense alors au sevrage). Nous n'allons pas ici reprendre les travaux classiques (par exemple, Bergeret, 1982 ; Charles-Nicolas, 1985 ; Jeammet, 1995 ; McDougall, 1982 ; Venisse, Renauld, Rousseau, 1995 ; Pedinielli, Rouan, Bertagne, 1997) concernant la psychopathologie des addictions, mais plutôt, nous allons essayer de comprendre certains aspects des addictions transitoires qui vont nous permettre d'appréhender le passage entre le normal et le pathologique.

L'observation des addictions transitoires, selon leurs fonctions, nous permet de reconnaître trois types de boucles dans leurs phénomènes de répétition. Une addiction peut se présenter tout d'abord comme une *boucle évolutive* : les addictions se succèdent, chaque fois appliquées sur une source de stimulation différente, selon le schéma de l'accommodation de Piaget. Ici les addictions servent typiquement l'acquisition des compétences, des savoirs et des habilités. C'est par une succession d'addictions passionnées que le petit enfant apprend à marcher, à parler, à lire et écrire. Plus tard, adolescent, c'est en ressassant des scénarios amoureux et érotiques et en se masturbant qu'il apprendra à devenir un amant, c'est encore en collectionnant les aventures amoureuses qu'il maturera sa vie affective et c'est au travers de passions sportives, idéologiques, exploratoires, que l'adulte s'enrichit intérieurement, que son esprit s'ouvre à la diversité, qui conduit à l'équilibre et à la tolérance (nous retrouvons là les stratégies « ouvertes » – Apter, 1992).

Le second type d'addictions correspond aux *boucles itératives* : les addictions se succèdent, mais toujours appliquées sur une même source de stimulation, selon le schéma de l'assimilation de Piaget. Ce type d'addictions n'a pas pour fonction les acquisitions ou la maturation de la personne, mais sa régulation interne. A la base la dysphorie est trop importante et la structure du système d'actions n'est pas suffisante pour gérer de façon autonome une telle dysphorie. Le sujet reste fixé sur une même source de stimulation (par exemple, l'excitation sexuelle, ou l'effet psychotrope d'une substance) et ses phases addictives se succèdent au fil du temps, sans varier de source (de l'exhibitionnisme on passe au voyeurisme, puis à l'agression sexuelle ; de l'alcool, on passe au cannabis, puis à l'héroïne). L'individu ne s'enrichit jamais, tout ce qui peut paraître nouveau est assimilé par sa boucle itérative et il retombe toujours sur le même schéma de fonctionnement (les stratégies « fermées » de Apter).

Enfin, le troisième type d'addictions correspond aux *boucles perpétuelles* : une seule et grande addiction semble occuper massivement toute la vie du sujet. Il n'y a ni l'accommodation évolutive à la nouveauté, ni l'assimilation de la nouveauté au même itératif, car ici l'addiction est destinée à nier l'étrangeté du monde, elle sert un perpétuel identique dans un effort de négation de la différence. C'est la stéréotypie de l'autiste, le délire massif et récurrent de la psychose, la compulsion obsessionnelle du névrosé. Ce type d'addictions sert une fonction unique de métabolisation psychique, de digestion d'un traumatisme consécutif à une rencontre immensément douloureuse avec le monde. La répétition mécanique, vide, sert alors de bouclier protecteur contre le monde et rumine sans cesse la douleur passée.

Si nous plaçons les addictions sur un continuum entre AVQ et addictions pathologiques, cela signifie que s'il y a, certes, des différences entre l'héroïnomanie, la passion amoureuse et la collection de timbres, ces différences ne représentent pas le plus important de ce qui caractérise vraiment ces activités. Nous devons nous pencher sur leurs similitudes structurelles, plus profondes, afin de voir la trame processuelle qu'elles partagent toutes et qui fait que nous regroupons toutes ces activités sous le terme d'addiction. Nous devons ainsi bien voir comment toutes servent à nous rendre heureux, à nous exciter, comme à nous détendre. Si l'on oublie un instant la trajectoire à long terme d'addictions comme l'héroïnomanie, la passion amoureuse ou la collection de timbres, alors nous voyons bien qu'elles remplissent les mêmes fonctions hédoniques et d'activation dans l'instant. Les différences ne sont pas dans la structure profonde, mais dans la trajectoire et les niveaux d'appréhension de cette trajectoire et ses conséquences. Le schéma des boucles évolutives, itératives et perpétuelles est une première approche pour décrire différents types de trajectoires addictives. Cette description doit prendre en compte une écologie de l'action et la structure du système d'actions. Le paramètre le plus important à retenir est sans aucun doute la variété de ce système. Celle-ci va en décroissant des boucles évolutives aux boucles perpétuelles, signant, selon la loi d'Ashby (1958) le niveau d'adaptabilité du système (qui est bien entendu une fonction directe de sa variété).

En d'autres termes, toute addiction vraiment transitoire, de type évolutif, qui sert le développement et la maturation de l'individu, gardant un caractère équilibré, du fait de son inscription dans une variété des sources hédoniques, rattachée à son aspect effectivement transitoire, peut être considérée comme positive pour la personne (et partant pour la société), étant entendu par ailleurs, qu'en tant que processus naturel, on ne saurait s'en passer.

Avec les addictions de type itératif, pour lesquelles le transitoire est comme obéré par la constance de l'objet d'addiction, une bonne part de la variété est perdue afin d'assurer une régulation de l'humeur et de l'équilibre psychique. Ces addictions appartiennent aux « fausses » solutions addictives, pour lesquelles la répression légale ne saurait jamais, elle, être une solution (quelle que soit l'ampleur sociale du « fléau »), puisque nous sommes face à la psychopathologie. Et justement, c'est bien la réponse pénale qui, ignorante de la fonction métabolisante des addictions graves, peut parfois conduire le sujet vers l'addiction de type perpétuel, lorsque le contrôle social devient facteur supplémentaire de traumatisme.

C. L'écologie de l'action et la psychologie des états

En partant de la première loi du système d'actions, celle de la double fonction de nos conduites de la vie quotidienne, pragmatique d'adaptation au monde et pragmalogique d'adaptation à soi, dans le cadre d'une fonction de gestion hédonique, nous allons voir que cette double fonction parallèle, fait de nos dépendances, aussi bien des interdépendances.

C'est parce que nos manipulations pragmatiques, opératoires du monde, se doublent de manipulations de nos états internes, que les sociétés humaines, des rapports duels (mère/enfant, homme/ femme, ...), jusqu'aux relations internationales, sont l'enjeu de dépendances partagées, associées, en conflit, en concertation, voire... en guerre. Prenons deux exemples. L'interdépendance mère/enfant est sans doute la plus fondamentale. Dans sa relation aux adultes, et plus particulièrement à sa mère, le nourrisson va construire son système d'actions. Par étayage au système d'actions de sa mère, il va apprendre les stratégies qu'il utilisera plus tard, de façon de plus en plus autonome, pour gérer sa tonalité hédonique, ses niveaux d'activation et la dialectique de ses états psychologiques. Sa mère, de son côté, au point de vue d'une maturation psychologique, ne saurait vraiment se passer de cette expérience de la maternité et du maternage. Dans la clinique on observe bien la souffrance des femmes qui ne peuvent enfanter, et par ailleurs, les pathologies typiques du lien, de la relation mère/enfant, mettent en jeu les excès de cette dépendance, lorsqu'une mère, véritablement « addictée » à son enfant, lui enlève toutes possibilités d'autonomisation par le sur-étayage prolongé auquel elle soumet le système d'actions de son enfant. Dans un autre contexte, au sein du couple, l'interdépendance des dépendances est elle aussi patente. Au-delà du *trip* de la lune de miel, apparaissent maintes dépendances amoureuses et sexuelles réciproques. Avec l'avènement en Occident des valeurs individualistes, hommes et femmes sont désormais responsables de leur système d'actions qui les confronte directement à des phénomènes systémiques d'usure de la relation comme source de stimulations (une sorte de « tolérance » au partenaire). **L'autre est toujours un enjeu pour notre système d'actions**. Nous nous servons des autres comme sources d'activation, pour gérer nos états psychologiques. Et comme la fonction est réciproque, nous passons maints accords tacites, entre amis, entre camarades, entre époux, entre enfants et parents, entre les membres d'une secte, d'une corporation, pour, par étayages mutuels des systèmes d'actions, assurer la constance de notre gestion hédonique.

Ce que nous devons reconnaître à présent comme une interdépendance des systèmes d'actions des humains composant une société, nous conduit à regarder autrement maints phénomènes à l'échelle collective, comme les conflits sociaux, économiques, politiques, jusqu'aux guerres meurtrières qui en sont souvent les tragiques aboutissements. Si l'on considère, par exemple, le poids du budget global de l'aide sociale dans un pays développé comme la France ou le Royaume-Uni, on se rend très vite compte que ce budget ne peut croître indéfiniment sans que ceux qui n'y émargent pas, parce qu'ils travaillent, ne doivent se serrer la ceinture en conséquence. Mais, que veut dire « se serrer la ceinture » en terme de système d'actions ? Tout simplement que l'on aura moins les moyens de se distraire, de se cultiver, de se faire plaisir, c'est-à-dire une perte de moyens et de ressources en terme de gestion hédonique. Et que signifient du côté des exclus les revendications pour du travail, pour le partage des ressources-travail, ou pour une augmentation des minima sociaux, exactement la même chose, c'est-à-dire avoir les moyens de gérer son bonheur, de gérer ses dépendances à des sources variées de stimulations (dans la mesure où les minima sociaux permettent déjà d'assurer l'intendance, toit et vivres). Dans le cadre d'un second exemple, nous allons voir que ce système global de gestion des ressources hédoniques, peut conduire à des situations beaucoup plus dramatiques. Nous savons que les guerres actuelles, plus ou moins civiles ou militaires, en ex-Yougoslavie, en Algérie, comme ailleurs, sont basées sur des conflits territoriaux et économiques qui se ramènent à des conflits de pouvoir. Ces conflits touchent pour l'essentiel à l'accès aux ressources naturelles et aux richesses (le pétrole, l'eau, les métaux, les terres cultivables, ...). Sur ce premier versant, nous avons affaire à l'interdépendance des systèmes d'actions pour accéder aux moyens nécessaires à la mise en place de riches sources de stimulations (par exemple, vendre du pétrole pour pouvoir acheter des télévisions, des voitures, ..., ou encore des armes destinées à accroître encore les sources de stimulations). Bien entendu, cet aspect du conflit n'est jamais vraiment mis en lumière ; il est déguisé sous un conflit d'idéologies (politiques, raciales, religieuses, ...). Ce déguisement a sa propre utilité car il va permettre la mise en œuvre des actes de violence. Et c'est là qu'apparaît le second versant de l'interdépendance lorsque certains des acteurs de la violence (terroristes, milices armées) deviennent comme « addictés » à la violence et à la cruauté et s'y enferment comme le drogué avec son héroïne (Forestier, 1999). On voit ainsi comment une guerre civile est l'expression du système de toute une série d'interdépendances au niveau des sources de stimulations. Pour faire un raccourci assez vertigineux, nous pourrions dire qu'il y a interdépendance entre le système d'actions du dictateur qui vit dans le confort et l'opulence de son palais présidentiel et le système d'actions du milicien qui viole, torture, assassine et pose des bombes[1].

Si nous revenons à présent aux addictions pathologiques, l'interdépendance des systèmes d'actions est toujours présente. Tout d'abord au niveau de la genèse d'une fragilité narcissique qui représente un manque d'autonomisation du système d'actions. Nous avons vu que dans le cadre des relations d'objet de l'enfant avec ses parents, son système d'actions se trouve étayé par celui de ses parents. C'est dans les deux cas extrêmes d'un sur-étayage, ou d'un sous-étayage, que le système d'actions de l'enfant ne trouve pas à s'autonomiser suffisamment. Dans le cas du sur-étayage, les adultes utilisent trop l'enfant comme source de stimulation pour leur propre système d'actions. C'est l'enfant « couvé » anxieusement, dont les initiatives sont étouffées, qui est constamment piloté de l'extérieur. L'enfant apprend ainsi à compter exclusivement sur cet étayage et ne développe pas suffisamment de stratégies propres. Dans le cas des sous-étayages, beaucoup plus dramatiques, l'enfant est exclu du système d'actions de ses parents, de sorte qu'il est amené à développer des stratégies insuffisamment élaborées d'auto-stimulation. Dans les deux cas, l'enfant devenu adolescent, puis adulte, ne possède pas un système d'actions suffisamment structuré pour affronter la vie adulte autonome.

A partir de là, ce sont les interdépendances qui vont jouer, au niveau social, économique et culturel, pour actualiser une fragilité addictive potentielle du système d'actions en une addiction pathologique manifeste. Les conditions d'interculturalité, de ségrégation, d'exclusion, de paupérisation, avec le chômage, la violence, l'émergence d'une sous-culture de la zone, de la marginalité, de la déviance, tous ces facteurs vont contribuer à révéler le déséquilibre dans la gestion de la

[1] Le système d'actions du marchand d'armes d'un riche pays occidental doit, lui aussi, être associé à ce système de systèmes d'actions.

dépendance, par l'usage abusif des substances psychotropes, les addictions aux transgressions ou aux sensations fortes.

Notre modèle de système d'actions qui, finalement, représente un système de gestion du bonheur, nous ouvre à l'idée d'une **écologie de l'action**. Si nous retenons bien que, ce que l'on appelle « actions » concerne cette seconde fonction de nos conduites triviales de la vie quotidienne, qui sert la gestion de notre accès au bonheur sous toutes ses formes, alors « écologie de l'action » signifie que nous devons étudier les relations des actions d'un individu entre elles, mais encore les relations des actions de cet individu avec les actions de son entourage et finalement de la société toute entière. Par exemple, nous ne pouvons plus considérer comme une entité isolée et pathologique l'acte de s'injecter de l'héroïne au cœur d'une banlieue « difficile ». Nous devons examiner les systèmes d'actions qui ont contribué à créer les conditions d'une banlieue « difficile », puis les systèmes d'actions qui trouvent un équilibre dans ces banlieues « difficiles », dans l'aide sociale, dans la « lutte » contre la toxicomanie et la délinquance, et l'on comprendra enfin comment les systèmes d'actions toxicomanes, ou délinquants, s'insèrent dans un système de systèmes d'actions plus global. Voilà ce que pourrait être une écologie de l'action.

On rencontre maints exemples de troubles addictifs dramatiques, présents au niveau d'une communauté entière, lorsqu'une culture traditionnelle est détruite par l'introduction forcée de la culture occidentale moderne. On observe alors une montée considérable de troubles comme l'alcoolisme, ou la consommation désordonnée de drogues dont l'usage était auparavant strictement codifié dans des rituels. Au point de vue d'une écologie de l'action, nous observons là l'effet d'une perte d'étayage collectif des systèmes d'actions. Une culture, un système culturel, avec ses règles, ses rituels, ses prescriptions et ses interdits, son calendrier d'activités, ses conventions, les états d'esprit qu'ils génèrent, forment un étayage au quotidien des systèmes d'actions de tous les membres d'une communauté.

En Occident, devoir aller au travail, amener les enfants à l'école, répondre à certaines responsabilités, faire ses courses, regarder le journal télévisé du soir, participer à la vie familiale, et ainsi de suite, représente aussi un ensemble de contraintes d'actions qui étayent notre système d'actions individuel. Cette contrainte étant permanente, à l'instar du poids de la pesanteur sur notre corps, nous ne la sentons pas, jusqu'au moment où elle nous est retirée. Se retrouver isolé, sans travail, sans télévision, loin de sa famille, et pire, dans une culture étrangère, sont les conditions qui peuvent nous permettre de découvrir, en négatif, par son absence même, cette contrainte de tous les jours. Sans cet étayage les êtres humains tomberaient dans ce que les sociologues appellent l'anomie, c'est-à-dire la perte des règles qui assurent l'ordre social, mais encore l'ordre personnel des conduites. Au sein d'une culture traditionnelle les personnes trouvent un étayage à leur système d'actions, intégré à l'écologie propre de leur environnement (le système de survie et de régulation sociale). On pratique la culture, la chasse, la pêche, on fabrique des outils, des huttes, on surveille les troupeaux. On participe à des fêtes sacrées, des cérémonies, des initiations. On appartient à sa communauté, on y a des droits et des devoirs, elle donne un sens à la vie, nous inscrit dans un avenir, des buts à atteindre. Tout cet ensemble de contraintes font que l'individu ne peut faire tout ce qu'il veut, mais en contre-partie, il sait qu'il a toujours quelque chose à faire. Et même s'il lui est autorisé des périodes de désœuvrement, celles-ci s'inscrivent dans un code de conduite qui place des frontières à ce désœuvrement. Lorsque la culture occidentale vient détruire cet ordre social, les systèmes d'actions des individus perdent tout à coup leur étayage culturel. La culture occidentale, avec son aide sociale, le chômage, la nourriture qu'on achète en conserves dans les super-marchés, la télévision, crée le contexte d'un changement culturel, c'est-à-dire d'un changement d'étayage des systèmes d'actions de la communauté, sans donner les moyens suffisants pour ce changement. La perte des valeurs traditionnelles, le désœuvrement, l'absence du cadre social, familial, culturel communautaire, sans toutefois la possibilité d'accéder vraiment au cadre culturel occidental, placent les individus dans un *no man's land* culturel, un entre-deux, qui génère l'ennui, la dépression, une élévation de la souffrance psychique qui conduit finalement aux addictions. Dans ce cas, l'alcoolisme, par exemple, est la réponse, la « solution » addictive, que les individus adoptent faute de pouvoir accéder à des activités plus élaborées, variées, différenciées.

On voit ainsi que sans cet étayage culturel, le système d'actions de gestion hédonique d'un être humain, même adulte, se dégrade en un système d'actions frustre, déséquilibré, désorganisé et qui ne peut trouver une certaine efficacité de gestion hédonique qu'au prix d'une activité addictive plus ou moins massive. L'étayage culturel du système d'actions illustre pleinement le principe de cette interdépendance des systèmes d'actions dans une écologie de l'action.

Conclusion :
l'hédonologie, science de la gestion hédonique

L'objectif de notre recherche était d'apporter une réponse, voire une solution, à l'anomalie épistémologique d'un concept pléthorique d'addiction et de ses multiples modèles. Cet objectif nous estimons nous en être approché en construisant pas à pas une théorie générale de l'addiction, basée sur cinq idées simples :

1. les addictions représentent des processus qui mettent en jeu la dialectique entre la souffrance psychique et les activités destinées à la contrôler, à la gérer ;
2. ces activités ne sont pas proprement spécifiques à la gestion hédonique, mais elles possèdent plutôt une double fonction, pragmatique (les activités) et pragmalogique de gestion hédonique (les actions) ;
3. en plus de s'organiser en système d'activités, en tant qu'actions de gestion hédonique, nos activités forment un système d'actions qui obéit à des lois d'investissement (saillance), de variété et de vicariance ;
4. ce sont les différents modes d'organisation et de fonctionnement de ce système d'actions qui déterminent les addictions, à la fois sur l'axe de leur variété classificatoire (la pléthore des addictions) et sur l'axe de leur sévérité, entre Addictions de la Vie Quotidienne et addictions pathologiques ;
5. ces modes d'organisation et de fonctionnement du système d'actions mettent en jeu un ensemble de stratégies (gestion hédonique, recherche d'activation, renversements d'états psychologiques, mécanismes de défense et de coping) obéissant à la fois à des schèmes individuels et aux transactions que l'individu est amené à réaliser avec son environnement (facilitations et compétences addictives).

La recherche sur le terrain que nous avons réalisée nous a permis de tester l'hypothèse générale que les caractéristiques structurales et fonctionnelles du système d'activités permettent de dégager les caractéristiques plus ou moins addictives d'un système d'actions sous-jacent. Système d'actions qui est alors relié au degré de sévérité de son organisation addictive (l'addiction) et aux indicateurs de la souffrance psychique qui en est le pendant. La démonstration qu'apporte la validation de nos hypothèses opérationnelles (limitée toutefois au cadre de notre expérience et à notre échantillon de population), tend à soutenir le concept central de la théorie générale de l'addiction : il y a un système d'actions de gestion hédonique qui double le système des activités humaines, dont les variables rendent compte des différences entre sujets addictés et sujets de contrôle et paraissent liées aux variables cliniques de la souffrance psychique. Ce système d'actions de gestion hédonique possède sa propre logique interne, qui peut interférer et comme parasiter, la logique pragmatique du système des activités. C'est ainsi que nous pouvons, de façon très générale, expliquer les dérapages addictifs en tous genres couramment observés au cœur des activités et des situations les plus prosaïques.

La théorie générale de l'addiction nous permet de faire la démonstration de la mise en œuvre d'un principe d'addictivité générale (dont les bases sont cérébrales) qui préside à toutes nos addictions petites et grandes. Finalement, ce n'est pas à telle ou telle source d'activation que nous sommes addictés, mais plus proprement, nous sommes addictés à notre système d'actions et la gravité de cette addiction dépend de la configuration de ce système d'actions. Cependant, nous sommes ainsi amenés à sortir des points de vue dichotomiques habituels qui placent en opposition, sur la base de critères peu scientifiques, mais le plus souvent culturels et idéologiques, les addictions pathologiques et celles qui ne le sont pas, les drogues illégales et les drogues légales, « dures » ou « douces », et ainsi de suite. La pensée dichotomique (celle qu'il faut bien employer pour promulguer des lois) est en général peu intelligente car elle simplifie à l'extrême la complexité du réel. Les addictions n'ont pas à recevoir un jugement en blanc ou noir, mais doivent être comprises au travers des multiples fonctions qu'elles remplissent pour nous, êtres humains en souffrance et en recherche de plaisir.

Ainsi, suivant la théorie générale de l'addiction, les addictions ne sont plus considérées comme des maladies, ni même des maladies socialement entérinées, mais comme un phénomène général et fondamental, que l'on trouve déjà chez les animaux supérieurs. Les addictions nous servent à quelque chose : à nous donner du plaisir, à nous détendre, ou à nous exciter, à soulager nos souffrances morales. Les addictions servent encore nos apprentissages et l'acquisition de nos compétences et habiletés et prennent alors un jour transitoire, servant des processus positifs de développement ou d'équilibration internes. La gravité d'une addiction ne peut donc plus se mesurer simplement à l'aune de son investissement, on doit aussi prendre en compte son but. Il peut être des addictions transitoirement massives, comme une passion, qui vont servir la maturation interne, l'épuisement d'un intérêt, l'acquisition d'expériences formatrices et transformatrices. Même si parfois de telles addictions mettent au défi les lois ambiantes, il est toujours dommageable de ne voir, d'abord, que la transgression et l'ordre social à court terme. La prohibition de type Western et sans nuance génère le trafic, qui génère la répression, qui génère la coercition judiciaire. Au bout du compte, cet ordre social que l'on voulait sauver aujourd'hui, se trouvera compromis demain avec tous ces « drogués » qui apprennent en prison à être des révoltés et des marginaux, alors qu'une organisation sociale conciliante de la consommation de drogues aurait pu permettre à la plupart d'entre eux de dépasser cette phase difficile de leur vie. Ainsi, nous attendons toujours le Pinel des drogués qui viendrait les désenchaîner et ferait faire au juriste, le grand pas qu'accomplit autrefois l'aliéniste.

La théorie générale de l'addiction et son concept de système d'actions ouvrent la voie à de multiples propositions nouvelles en matière de prévention et de soin des addictions. Deux mouvements généraux peuvent être décrits : premièrement abandonner la centration sur la source addictive elle-même et deuxièmement orienter l'attention sur les facteurs contribuant aux addictions. Parce que l'on reconnaît les addictions comme expression d'un principe d'addictivité générale, pourquoi continuer à ergoter sur telles ou telles addictions que l'on va inutilement diaboliser, transformant la prévention en un champ de menaces (fascinantes pour les chercheurs de sensations fortes que sont la plupart des adolescents) et le soin en une lutte contre la rechute. Une prévention humaine et sans partage devrait inciter, d'abord, chacun à balayer devant sa porte et à reconnaître ses propres addictions soigneusement cachées[1]. Que chacun reconnaisse d'abord qu'il a ses propres addictions et que chacun a ensuite les addictions qu'il peut et l'on enrichira les relations humaines d'un principe élémentaire de tolérance et d'ouverture d'esprit propre à une véritable prévention qui, chez les jeunes, rejoint l'éducation. Le premier mouvement est donc celui d'une humilité face aux addictions humaines.

Une fois mise de côté l'obsession pour la source addictive, nous aurons tout le loisir d'explorer intelligemment les facteurs qui entrent en jeu et les processus mis en œuvre dans les addictions. Les concepts de système d'actions et de souffrance psychique devront être présentés, et même aux plus jeunes en adaptant leur présentation. Ce qui doit être particulièrement expliqué et compris, ce sont les enjeux de cette souffrance intime au cœur de la psychée et les solutions que tout un chacun peut trouver pour soulager cette souffrance. Il s'agit aussi de considérer les conditions qui entraînent un accroissement de cette souffrance psychique et qui augmentent, de ce fait, le risque addictif (les diverses crises qui accompagnent les âges de la vie : la pré-adolescence, l'adolescence, l'entrée dans la vie adulte, les épreuves spécifiques que sont le chômage, les séparations, les tensions familiales, la crise de mi-vie, l'entrée dans la vieillesse). La prévention doit s'attacher à montrer le phénomène des

---

[1] Il est consternant de voir le tabagisme massif et endémique de nos fameux « intervenants en toxicomanie ». Par ailleurs, l'écologie de l'action éclaire d'un jour nouveau maintes hypocrisies comme, par exemple, le cas du politicien qui « lutte contre la drogue » dans son programme électoral, mais se permet des détournements de fonds publics pour sa propre gestion hédonique.

addictions dans toute sa complexité et le relier clairement à certaines conditions sociales et économiques, non pas pour l'excuser ou en faire une fatalité, mais pour permettre la prise de mesures individuelles et collectives. Les addictions devront être expliquées en termes de transformation des paramètres d'un système d'actions : la saillance, le manque de variété et la difficulté de vicariance. On pourra ensuite introduire (aussi bien au stade de la prévention, qu'à celui du soin) l'idée de stratégies qui permettent de moduler ces paramètres (mieux répartir les investissements d'actions, augmenter leur variété afin de faciliter leur vicariance, que l'on pourra aider par un entraînement systématique) et de dispositions de l'environnement qui vont permettre d'éloigner le risque addictif.

Plus loin, il s'agit d'apprendre à reconnaître les signes d'une élévation de la souffrance psychique et d'entrée dans une spirale addictive, les signaux d'alerte personnelle ou interpersonnelle, comme les changements majeurs dans l'accès aux sources hédoniques et addictives habituelles, l'emprise d'une addiction-passion, le passage du plaisir au soulagement, la destructivité potentielle d'une addiction. Cependant, on aura aussi intérêt à considérer avec indulgence et sérénité les aspects maturants d'une addiction qui peut parfois prendre un jour spectaculaire, mais qui pourra sans doute se résorber à condition qu'on laisse à la personne le temps de cette maturation intérieure. Ces passages sont difficiles, aussi bien pour le sujet que pour son entourage et l'un et les autres devraient être aidés pour franchir cette crise. Enfin, et c'est là sans doute le point qui sera le plus difficile à faire entendre aux pourfendeurs du désordre social et moral : l'être humain, surtout dans sa jeunesse, possède une soif naturelle pour les sensations fortes, le danger, le risque, l'extrême sous toutes ses formes et certains plus que d'autres. Beaucoup d'addictions n'ont pas d'autres motifs que cette recherche de sensations, elles ne servent pas tant à soulager la souffrance, qu'à amener un plus à la vie (même si c'est au risque d'un moins). Ici, nous en arrivons au point où toute mesure de prévention des addictions se heurtera à une irrémédiable résistance tant que l'institution sociale n'aura pas, elle-même, intégré les addictions, toutes les addictions, à quelques niveaux de sévérité que ce soit, comme des comportements acceptables, sous certaines conditions. C'est en abandonnant toute exclusive que la société pourra franchir le pas qui lui permettra de définir ces conditions et, quittant ainsi la sphère de la répression, entrer dans celle de la régulation sociale (à l'instar des sociétés dites traditionnelles).

Enfin, la théorie générale de l'addiction et son concept de système d'actions, ne proposent pas moins que de substituer à la crispation et à la course en avant répressive en matière d'addictions, une opportunité d'émergence d'idées nouvelles, dont tout le crédit tient dans cette nouveauté même et le changement de paradigme qu'elle implique. Ce changement de paradigme aura sans doute des répercussions importantes sur l'avenir de toute la psychologie elle-même. Ce qu'il nous est d'ores et déjà possible de prévoir aujourd'hui, est l'avènement d'une véritable « psychologie des états » qui pourrait être formalisée comme une « hédonologie ».

Dans la langue anglaise, le terme *hedonology* signifie l'étude de l'impact d'une blessure, d'un traumatisme ou d'un accident sur le style de vie de la personne. Cette idée de traumatisme et de ses répercussions sur la vie de l'individu est bien proche de nos préoccupations concernant les addictions, qui sont souvent, et pour ce qui concerne leurs aspects les plus pathologiques, des contrecoups de souffrances passées, de nœuds psychiques qui empêchent désormais une régulation hédonique suffisante et équilibrée. Cependant, nous reprenons légitimement ce terme d'hédonologie pour aller plus loin encore et proposer un nouveau programme de recherches.

Si l'on considère l'hédonologie comme la science de la gestion hédonique, il s'agit d'étudier de façon tant empirique qu'expérimentale, l'ensemble des moyens et des stratégies que les êtres humains (et par comparaison les animaux supérieurs), à tout âge, mettent en œuvre pour gérer leur hédonie. La gestion hédonique, comme tout ce que font les êtres humains, chaque jour et à chaque instant, pour gérer leur humeur et plus généralement leurs états psychologiques, est une activité générale. Cela signifie bien que nul n'y échappe et qu'elle emplit le champ complet de nos vies. L'hédonologie étudiera donc la gestion hédonique comme un ensemble de systèmes de gestion hédonique, des stratégies individuelles et collectives qui organisent au mieux les actions de gestion hédonique et leurs ressources. Cette organisation pouvant être marquée de défaillances, de désorganisation, de conflits et d'échecs.

Un programme de recherches expérimentales en hédonologie pourrait comporter un certains nombre de thèmes de base, comme l'étude de la confrontation à la dysphorie du quotidien ; celle de la hiérarchie d'activation des sources de gestion hédonique ; le contrôle des paramètres de variété, saillance et vicariance dans un système de gestion hédonique ; l'étude des systèmes de gestion hédonique dans leur organisation stratégique ; leur genèse et développement et leur écologie inter-personnelle et sociale.

L'hédonologie pourrait ainsi représenter l'un des axes majeurs d'étude en psychologie de la santé.

Bibliographie

1. Abgrall J.M. (1996), *La mécanique des sectes*. Payot, Paris.

2. Adès J. (1985), *Les conduites alcooliques*. Doin, Paris.

3. Adès J., Lejoyeux M. (1994), Les achats pathologiques. *Neuropsy*, 9(1-2), 25-32.

4. Aigner T.G., Balster R.L. (1978), Choice Behavior in Rhesus Monkey : Cocaine Versus Food. *Science*, 201, 534-535.

5. Ajuriaguerra J. De (1964), Désafférentation expérimentale et clinique. In *Symposium de Bel-Air II*, Genève, septembre, Masson, Paris.

6. Allison J. (1970), Respiratory Changes During Transcendental Meditation. *Lancet*, april 18, 7651, 833-834.

7. Anderson D.J. (1977), Transcendental Meditation as an Alternative to Heroin Abuse in Servicemen. *Am. J. Psychiatry*, 134(11), 1308-1309.

8. Anderson G., Brown R.I.F. (1987), Some Applications of Reversal Theory to the Explanation of Gambling and Gambling Addictions. *Journal of Gambling Behavior*, vol. 3(3), 179-189.

9. Anderson G., Brown R.I.F. (1984), Real and Laboratory Gambling, Sensation-Seeking and Arousal. *BR. J. Psychol.*, 75, 401-410.

10. Anderson T.L. (1995), Toward a preliminary macro theory of drug addiction. *Deviant Behavior*, Oct.-Dec., 16(4), 353-372.

11. Ansevics N.L., Doweiko E.H. (1991), Serial Murderers : Early Proposed Developmental Model and Typology. *Psychotherapy in Private Practice*, 9, 107-122.

12. Anton R.F., Moak D.H., Latham P.K. (1995), The Obsessive-Compulsive Drinking Scale: A Self-Rated Instrument for the Quantification of Thoughts About Alcohol and Drinking Behavior. *Alcohol Clin. Exp. Res.*, 19, 92-99.

13. Anzieu D. (1994), *Le penser. Du moi-peau au moi-pensant*. Dunod, Paris.

14. APA – American Psychiatrists Association (1996), *Manuel Diagnostique et Statistique des Troubles Mentaux (DSM-IV)*. Traduction J. Guelfi, Masson, Paris.

15. Apfel R.J., Sifneos P.E. (1979), Alexithymia : Concept and Measurement. *Psychotherapy Psychosomatic*, 32, 180-190.

16. Apter M.J. (1982), *The Experience of Motivation : The Theory of Psychological Reversals*. Academic Press, London, UK and New York, NY.
17. Apter M.J. (1989), *Reversal Theory, Motivation, Emotion and Personality*. Routledge, New York, NY.
18. Apter M.J. (1992), *The Dangerous Edge, the Psychology of Excitment*. The Free Press, Macmillan Inc., New York, NY.
19. Apter M.J., Kerr J.H., Cowles M. (1988), *Progress in Reversal Theory*, Elsevier, Amsterdam.
20. Apter M.J., Svebak S. (1992), Reversal Theory as a Biological Approach to Individual Differences. In A. Gale, M.W. Eysenck (eds), *Handbook of Individual Differences : Biological Perspectives*, John Wiley & Sons Ltd, New York, NY, 323-353.
21. Apter M.J., Larsen R.J. (1993), Sixty Consecutive Days : Telic and Paratelic States in Everyday Life. In J.H. Kerr, S. Murgatroyd, M.J. Apter (eds), *Advances in Reversal Theory*, Swets & Zeitlinger, Amsterdam.
22. Apter M.J., Mallows R., Williams S. (1998), The Development of the Motivational Style Profile. *Person. Individ. Diff.*, 24(1), 7-18.
23. Arnoux D. (1990), Des souffrances adolescentes. *Revue Française de Psychanalyse*, 54(1), 153-161.
24. Ashby W.R. (1958), Requisite Variety and its Implications for the Control of Complex Systems. *Cybernetica*, 1(2), 83-99.
25. Atlan H. (1979), *Entre le cristal et la fumée. Essai sur l'organisation du vivant*. Seuil, Paris.
26. Auriacombe M. et al. (1994), Traitement de substitution par méthadone et buprénorphine pour la toxicomanie à l'héroïne. In J.M. Guffens (ed.), *Toxicomanie Hépatites SIDA*, Synthélabo, « Les Empêcheurs de Penser en Rond », Paris, 173-198.
27. Azima H., Lemieux M., Fern J. (1962), Isolement sensoriel, étude psychopathologique et psychanalytique de la régression et du schéma corporel. L'Evolution Psychiatrique, avril-juin, 27, 259-282.
28. Bachelard G. (1938), *La formation de l'esprit scientifique*. Editions J. Vrin, Paris, 1982.
29. Bachman C., Coppel A. (1989), *La drogue dans le monde, hier et aujourd'hui*. Seuil, Points Actuels, Paris.
30. Bachman J.G., Schulenberg J. (1993), How Part-Time Work Intensity Relates to Drug Use, Problem Behavior, Time Use, and Satisfaction Among High School Seniors : Are These Consequences or Merely Correlates ? *Developmental Psychology*, 29(2), 220-235.

31. Bandura A. (1980), *L'apprentissage social.* Mardaga, Bruxelles.
32. Bailly D., Parquet Ph.J. (1990), Une conduite addictive : la tentative de suicide. In J.L. Venisse (ed.), *Les nouvelles addictions*, Masson, Paris, 204-210.
33. Bailly D., Venisse J.L. (1994), *Dépendance et conduites de dépendance.* Masson, Paris.
34. Bales R.F. (1946), Cultural Differences in Rates of Alcoholism. *Quarterly Journal of Studies on Alcohol*, 6, 480-499.
35. Bandura A. (1980), *L'apprentissage social.* Mardaga, Bruxelles.
36. Banquet J.P. (1973), Spectral Analysis of the E.E.G. in Meditation. *Electroencephalography and Clinical Neurophysiology*, 35, 143-151.
37. Baron A., Kish G.B. (1962), Low-Intensity Auditory and Visual Stimuli as Reinforcers for the Mouse. *Journal of Comparative and Physiological Psychology*, 55(6), 1011-1013.
38. Barte H.N., Bastien B. (1980), Regard froid sur la méditation transcendantale. *Annales Médico-Psychologiques*, 138(7), 839-848.
39. Barth R.J., Kinder B.N. (1987), The Mislabeling of sexual Impulsivity. *Journal of Sex and Marital Therapy*, 13(1), 15-23.
40. Barwood T.J., Empson J.A.C., Lister S.G., Tilley A.J. (1978), Auditory Evoked Potentials and Transcendental Meditation. *Electroencephalography and Clinical Neurophysiology*, 45, 671-673.
41. Battegay R. (1988), Long-Term Crisis Management by Furthering Group Dependence as a Narcissistic Reinforcement of Drug and Alcohol Dependents. *Crisis*, 9(2), 83-92.
42. Bateson G. (1977/1980), *Vers une écologie de l'esprit.* 2 vol., Seuil, Paris.
43. Baumeister R.F., Heatherton T.F., Tice D.M., (1994), *Losing Control : How and Why People Fail at Self-regulation.* Academic Press, San Diego, CA.
44. Baylé F.J., Chignon J.M., Adès J. (1994), Le concept d'addiction. *Neuro-Psy*, 9, 9-18.
45. Beck A., Ward C., Mendelson M., Mock J., Erbaugh J. (1961), An Inventory for Measuring Depression. *Arch. Gen. Psychiatry*, 4, 53-63.
46. Beck A.T., BeamesDerfer A. (1974), Assessment of Depression : The Depression Inventory in Psychological Measurements in Psychopharmacology. In P. Pichot (ed.),

Models and Problems in Pharmacopsychiatry, Kargen Basel, Paris, 7, 151-159.
47. Becker H.S. (1953), Becoming a Marijuana User. *American Journal of Sociology*, 59, 235-242.
48. Becker H.S. (1963), *Outsiders : études de sociologie de la déviance*. Métaillé, Paris, 1985.
49. Becker G.S., Murphy K.M. (1988), A theory of rational addiction. *Journal of Political Economy*, 96, 675-700.
50. Bejerot N. (1972), *Addiction : An Artificially Induced Drive*. Charles C. Thomas, Springfield, IL.
51. Bergeret J. (1980), *Le toxicomane et ses environnements*. P.U.F., Paris.
52. Bergeret J. (1981), *Le psychanalyste à l'écoute du toxicomane*. Dunod, Paris.
53. Bergeret J. (1982), *Toxicomanie et personnalité*. P.U.F., Paris.
54. Bergeret J. (1990a), *Les toxicomanes parmi les autres*. Odile Jacob, Paris.
55. Bergeret J. (1990b), Les conduites addictives, approche clinique et thérapeutique. In J.L. Venisse (ed.), *Les nouvelles addictions*, Masson, Paris, 3-9.
56. Bergeret J. Leblanc J. (eds) (1983), *Précis des toxicomanies*. Masson, Paris.
57. Bergès J., Bounes M. (1974), *La relaxation thérapeutique chez l'enfant*. Masson, Paris.
58. Bergler E. (1957), *The Psychology of Gambling*. Hill & Wang, New York, NY.
59. Berlyne D.E., Boudewijns W.J. (1971), Hedonic Effects of Uniformity in Variety. *Canadian Journal of Psychology*, June, 25(3), 195-206.
60. Bernstein I.S. (1976), Taboo or Toy ? In J.S. Bruner, A. Jolly, K. Sylva (eds), *Play : Its Role in Development and Evolution*, Penguin, Harmondsworth, UK, 194-198.
61. Berridge V., Edwards G. (1981), *Opium and the People : Opiate Use in Nineteenth-Century England*. Yale University, New Haven, CT.
62. Bertagne P., Pedinielli J.L., Marlière C. (1992), L'alexithymie : évaluation, données quantitatives et cliniques. *L'Encéphale*, XVIII, 121-130.
63. Bertalanffy L. Von (1968), *Théorie générale des systèmes*. Dunod, Paris, 1973.

64. Bexton W.H., Héron W., Scott T.H. (1954), Effects of Decreased Variation in the Sensory Environment. *Canadian Journal of Psychology*, 8, 70-76.
65. Bibring E. (1943), The Conception of the Repetition Compulsion. *Psychoanalytic Quaterly*, XII(4), 486-519.
66. Bibring G.L., Dwyer T.F., Huntington D.S., Valenstein A.F. (1961), A Study of the Psychological Processes in Pregnancy and of the Earliest Mother-Child Relationships. *The Psychoanalytic Study of the Child*, 16, 9-72.
67. Bickel W.K., DeGrandpre R.J., Higgins S.T., Hughes J.R. (1990), Behavioral Economics and Drug Self-Administration. I, Functional Equivalence of Response Requirement and Drug Dose. *Life Sciences*, 47, 1501-1510.
68. Bickel W.K., DeGrandpre R.J., Higgins S.T. (1993), Behavioral Economics : A Novel Experimental Approach to the Study of Drug Dependence. *Drug and Alcohol Dependence*, 33, 173-192.
69. Biernacki P. (1986), *Pathways From Heroin Addiction : Recovery Without Treatment*. Temple University Press, Philadelphia, PA.
70. Blum R.H. et al. (1969), *Drugs I : Society and Drugs*. Jossey-Bass, San Francisco, CA.
71. Bobet R., Charry S. (1997), Les dépensiers compulsifs et le langage de l'argent. *Pratiques Psychologiques*, 4, 59-67.
72. Bonis M. de (1973), Etude de l'anxiété par la méthode des questionnaires I, problèmes généraux et II, travaux expérimentaux. *Revue de Psychologie Appliquée*, 23, 31-47 et 105-131.
73. Bonis M. De, Ferrey G. (1975), Anxiété-trait, anxiété-état, changement réel, changement apparent. *L'Encéphale*, I, 53-60.
74. Bowers A.J. (1985), Reversals, Delinquency and Disruption. *British Journal of Clinical Psychology*, 25, 303-304.
75. Bowers A.J. (1988), Telic Dominance and Delinquency in Adolescents Boys. In M.J. Apter, J.H. Kerr, M. Cowles (eds), *Progress in Reversal Theory*, Elsevier, Amsterdam, 231-234.
76. Bowlby J. (1969), *Attachement et perte*. T. I : *L'attachement*, t. II : *La séparation*, t. III : *La perte*, PUF, Paris, 1984.
77. Bozarth M.A., Wise R.A. (1985), Toxicity Associated with Long-Term Intravenous Heroin and Cocaine Self-Administration in the Rat. *JAMA*, 254, 81-83.

78. Brady J.P. (1973), Metronome-Conditioned Relaxation : A New Behavioural Procedure. *British Journal of Psychiatry*, 122, 729-730.
79. Braunschweig D., Fain M. (1974), *La nuit et le jour*. PUF, Paris.
80. Bringuiet J.-C. (1972), *Conversations libres avec Jean Piaget*. Robert Laffont, Paris.
81. Brittain R.P. (1967), The Sadistic Murderer. *Medicine, Science and Law*, 10, 198-207.
82. Brochu S. (1995), *Drogue et criminalité : une relation complexe*. Presses Universitaires de Montréal, Collection Perspectives Criminologiques, Montréal, Québec.
83. Brochu S., Brunelle N. (1997), Toxicomanie et délinquance, une question de style de vie ? *Psychotropes*, 3(4), 107-125.
84. Brown R.I.F. (1986), Arousal and Sensation-Seeking Components in the General Explanation of Gambling and Gambling Addictions. *International Journal of the Addictions*, 21(9/10), 1001-1016.
85. Brown R.I.F. (1988a), *Gambling Addictions : Commonalities and Pecularities. Implications for a Value-Free and Psychologically Centred Concept of Addiction*. Paper presented to the Scottish Branch of the British Psychological Sociaty, University of Strathclyde, Glasgow.
86. Brown R.I.F. (1988b), Reversal Theory and Subjective Experience in the Explanation of Addiction and Relapse. In M.J. Apter, J.H. Kerr, M. Cowles (1988), *Progress in Reversal Theory*, Elsevier, Amsterdam, 191-212.
87. Brown R.I.F. (1993a), Reversals and Switching in Multiple Personality Disorder. In J.H. Kerr, S. Murgatroyd, M.J. Apter (eds), *Advances in Reversal Theory*, Swets & Zeitlinger, Amsterdam, 267-282.
88. Brown R.I.F. (1993b), Planning Deficiencies in Addictions from the Perspective of Reversal Theory. In J.H. Kerr, S. Murgatroyd, M.J. Apter (eds), *Advances in Reversal Theory*, Swets & Zeitlinger, Amsterdam, 205-223.
89. Brown R.I.F. (1997), A Theorical Model of the Behavioural Addictions – Applied to Offending. In J.E. Hodge, M. McMurran, C.R. Hollin (eds), *Addicted to crime ?* John Wiley & Sons Ltd, Glasgow, UK, 13-65.
90. Bruchon-Schweitzer M., Dantzer R. (1994), *Introduction à la psychologie de la santé*. PUF, Psychologie d'aujourd'hui, Paris.

91. Brusset B. (1985), Anorexie et boulimie dans leurs rapports à la toxicomanie. In *L'anorexie mentale aujourd'hui*, La Pensée Sauvage, Grenoble.
92. Brusset B. (1990), Psychopathologie et métapsychologie de l'addiction boulimique. In *La boulimie*, Monographies de la Revue Française de Psychanalyse, PUF, Paris.
93. Bucher C. (1993), Le jeu pathologique, une conduite addictive : le jeu, le joueur et la loi. *Nervure, Journal de Psychiatrie*, 6(9), 15-26.
94. Buckley W. (1967), *Sociology and Modern Systems Theory*. Prentice Hall, Englewood Cliffs, NJ.
95. Burgess A.W., Hartman C.R., Ressler R.K., Douglas J.E., McCormack A. (1986), Sexual Homicide : a Motivational Model. *Journal of Interpersonal Violence*, 1, 251-272.
96. Burlingham D., Freud A. (1948), *Enfants sans famille*. PUF, Paris.
97. Butler R.A., Alexander H.M. (1955), Daily patterns of visual exploratory behavior in the monkey. *Journal of Comparative and Physiological Psychology*, 48, 247-249.
98. Byrne D. (1961), The Repression-Sensitization Scale : Rationale, Reliability, and Validity. *Journal of Personality*, 29, 334-349.
99. Cahalan D., Room R. (1974), *Problem Drinking Among American Men*. Monograph 7, Rutgers Center of Alcohol Studies, New Brunswick, NJ.
100. Caiata M. (1996), La consommation contrôlée de drogues dures. *Psychotropes*, juin, 2(2), 7-24.
101. Caillois R. (1958), *Les jeux et les hommes : le masque et le vertige*. Gallimard, Paris.
102. Cameron J., Bryan M. (1994), *L'argent apprivoisé, de la dépendance à la liberté d'être*. Editions Dangles, St-Jean-de-Braye.
103. Cannon W. (1929), *Bodily Changes in Pain, Hunger, Fear and Rage : An Account of Researches into the Function of Emotional Excitment*. Appleton Century, New York, NY.
104. Carnes P. (1983a), *The Sexual Addiction*. Minneapolis Campeare Publications, Minneapolis, MN.
105. Carnes P. (1983b), *Understanding Sexual Addiction*. Minneapolis Campeare Publications.
106. Carnes P. (1993), *S'affranchir du secret - Sexualité compulsive*. Traduction de (1992), *Out of the Shadows*, Modus Vivendi Editions, Québec, Canada.

107. Carraz Y., Ehrhardt R. (1973), L'automutilation chez des enfants en institution. *Revue de Neuropsychiatrie Infantile*, 21(4/5), 217-227.
108. Carroll M.E., Zuckerman M. (1977), Psychopathology and Sensation Seeking in « Downers », « Speeders », and « Trippers » : A Study of the Relationship Between Personality and Drug Choice. *International Journal of the Addictions*, 12, 591-601.
109. Carroll M.E., Zuckerman M., Vogel W.H. (1982), A Test of the Optimum Level of Arousal Theory of Sensation Seeking. *Journal of Personality and Social Psychology*, 42, 572-575.
110. Carroll M.E. (1993), The Economic Context of Drug and Non-Drug Reinforcers Affects Acquisition and Maintenance of Drug-Reinforced Behavior and Withdrawal Effects. *Drug and Alcohol Dependence*, 33, 201-210.
111. Carroll M.E., Lac S.T., Nygaard S.L. (1989), A Concurrently Available Nondrug Reinforcer Prevents the Acquisition or Decreases the Maintenance of Cocaine-Reinforced Behavior. *Psychopharmacology*, 97, 23-29.
112. Carroll M.E., Lac S.T., (1993), Autoshaping I.V. Cocaine Self-Administration in Rats : Effects of Nondrug Alternative Reinforcers on Acquisition. *Psychopharmacology*, 110, 5-12.
113. Carton S. (1995), La recherche de sensations : quel hédonisme ? *Revue Internationale de Psychopathologie*, 17, 71-93.
114. Castel R. (Sous la direction de) (1992), *Les sorties de la toxicomanie*. GRASS-MIRE, Paris.
115. Castel R. (1994), Les sorties de la toxicomanie. In A. Ogien, P. Mignon, *La demande sociale de drogue*, DGLDT, La Documentation Française, Paris, 23-30.
116. Castro B. (1997), Le « workaholisme » : une vraie dépendance ? *Pratiques Psychologiques*, 4, 79-87.
117. Célerier M.C. (1990), Anorexie mentale et maladie d'emprise. *Revue de Médecine Psychosomatique*, 23, 83-96.
118. Cermak T.L. (1991), Co-Addiction as a Disease. *Psychiatric Annals*, 21(5), 266-272.
119. Chabrol H. (1984), *Les comportements suicidaires de l'adolescent*. PUF, Paris.
120. Charles-Nicolas A. (1981), Passion et ordalie. In J. Bergeret (ed.), *Le psychanalyste à l'écoute du toxicomane*, Dunod, Paris, 63-74.
121. Charles-Nicolas A., Valleur M. (1982), Les conduites ordaliques. In *La vie du toxicomane*, PUF, Paris, 85-102.

122. Charles-Nicolas A. (1985), A propos des conduites ordaliques : une stratégie contre la psychose ? *Topique*, 35/36, 207-229.
123. Charles-Nicolas A. (1990), Processus toxicomanogènes, constantes et évolution. In J.L. Venisse (ed.), *Les nouvelles addictions*, Masson, Paris, 30-41.
124. Charlot V. (1994), L'addiction au travail. *Neuro-Psy*, 1/2, 48-50.
125. Charlton A., Bates C. (2000), Decline in teenage smoking with rise in mobile phone ownership. *British Medecine Journal*, 321, 1155.
126. Chein I., Gerard D.L., Lee R.S., Rosenfeld E. (1964), *The Road to H.* Basic Books, New York, NY.
127. Chiland C. (1976), Narcisse ou le meilleur des mondes possibles. *Nouvelle Revue de Psychanalyse* (Narcisses), printemps, 13, 223-235.
128. Childress A.R., McLellan A.T., Ehrman R., O'Brien C.P. (1988), Classically Conditioned Responses in Opioid and Cocaine Dependence : A Role in Relapse ? *NIDA Res. Monogr.*, 84, 25-43.
129. Clark W.B. (1982), Public Drinking Contexts : Bars and Taverns. In T.C. Harford, L.S. Gaines (eds), *Social Drinking Contexts*, Research monograph 7, National Institute on Alcohol Abuse and Alcoholism, Rockville, MD.
130. Clarke D.D., Crossland J. (1985), *Action Systems, an Introduction to the Analysis of Complex Behaviour*. Methuen & Co. Ltd, New York, NY.
131. Clerc L. (1994), *Les dépensiers compulsifs*. Editions Anne Carrière, Paris.
132. Cohen F., Lazarus R.S. (1973), Active Coping Processes, Coping Dispositions and Recovery from Surgery. *Psychosomatic Medicine*, 35, 375-389.
133. Cohen S. (1985), Reinforcement and Rapid Delivery Systems : Understanding Adverse Consequence of Cocaine. In N.J. Kozel, E.H. Adams (eds), *Cocaine Use in America : Epidemiologic Clinical Perspectives*, DHHS Publication, N° ADM 85-1414, pp. 151-157, Government Printing Office, Washington, DC.
134. Coleman E. (1992), Is your Patient Suffering from Compulsive Behavior ? Paraphilias and Related Disorders. *Psychiatric Annals*, 2(6), 320-325.
135. Collet L., Cottraux J. (1986), Inventaire abrégé de la dépression de Beck (13 items). Etude de la validité concurrente

avec les échelles de Hamilton et de ralentissement de Widlöcher. *L'Encéphale*, 12, 77-79.
136. Colt E.W.D., Wardlaw S.L., Frantz A.G. (1981), The effect of running on plasma β-endorphin. *Life Sciences*, 28, 1637-1640.
137. Coopersmith S. (1984), *Inventaire d'estime de soi de Coopersmith, SEI.* Les Editions du Centre de Psychologie Appliquée, Paris.
138. Corby J.C., Roth W.T., Zarcone V.P. jr, Kopell B.S. (1978), Psychophysiological Correlates of the Pratice of Tantric Yoga Meditation. *Arch. Gen. Psychiatry*, may, 35, 571-577.
139. Cordeiro J.C. (1972), Une nouvelle perspective dans le traitement des toxicomanes, la relaxation. *Annales Médico-Psychologiques*, 130(1), 11-17.
140. Cottraux J. (1988), Depressive Cognitions of Obsessive-Compulsive Patients : A Factorial Analysis of the Shorter Form of the beck depression Inventory. In C. Perris, M. Eisemann (eds), *Cognitive Therapy : An Update*, Dopuu Press, Umea.
141. Craig R.J., Verinis J.S., Wexler S. (1985), Personality Characteristics of Drug Addicts and Alcoholics on the Millon Clinical Multiaxial Inventory. *Journal of Personality Assessment*, 49(2), 156-160.
142. Criquillon-Doublets (1992), Boulimies et achats pathologiques. *Dépendances*, 4(3), 13-15.
143. Cronbach L.T. (1951), Coefficient Alpha and the Internal Structure of Tests. *Psychometrika*, 16, 297-334.
144. Crowley J. (1985), *Snow*. Omni Publications Ltd. Pour la traduction française, La neige, in *Univers 1987*, Editions J'ai lu, Science Fiction, Paris, 1987, 236-255.
145. Curie J., Hajjar V., Marquié H., Roques M. (1990), Proposition méthodologique pour la description du système des activités. *Le Travail Humain*, 53(2), 103-118.
146. Dantzer R. (1989), *Adaptation à l'environnement : psychologie de la réaction au stress*. Collection Scientifique Stablon, 1.
147. Darcourt G. (1994), Economie psychique de la dépendance. In D. Bailly, J.L. Venisse (eds), *Dépendance et conduites de dépendance*, Masson, Paris, 125-133.
148. DeGrandpre R.J., Bickel W.K., Hugues J.R., Layng M.P., Badger G. (1993), Unit Price as a Useful Metric in Analysing Effects of Reinforcer Magnitude. *Journal of the Experimental Analysis of Behavior*, 60, 641-666.

149. Dembo R., Williams L., Schmeidler J. (1994), Cocaine Selling Among Urban Black and White Adolescent Males. *International Journal of the Addictions*, 29(14), 1813-1834.
150. Deneau G., Yanagita T., Seevers M.H. (1969), Self-Administration of Psycho-active Drugs by the Monkey : A Measure of Psychological Dependence. *Psychopharmacologia*, 16, 30-48.
151. DGLDT (1999), *Drogues et toxicomanies, indicateurs et tendances*. Observatoire Français des Drogues et des Toxicomanies, Paris.
152. Di Chiara G., Imperato A. (1988), Drugs Abused by Humans Preferentially Increase Synaptic Dopamine Concentrations in the Mesolimbic System of Freely Moving Rats. *Proc. Natl. Acad. Sci. USA*, 85, 5274-5278.
153. Dickerson M.G. (1979), Schedules and Persistence at Gambling in the UK Betting Office. *J. Appl. Behav. Anal.*, 12, 315-323.
154. Disalver S.C. (1994), Withdrawal Phenomena Associated with Antidepressante and Antipsychotic Agents. *Drug Safety*, 10(2), 103-114.
155. Doherty O., Matthews G., Personality Characteristics of Opiate Addicts. *Person. Individ. Diff.*, 9(1), 171-172.
156. Dollard J. (1939), Culture, Society, Impulse, and socialization. *American Journal of Sociology*, 45, 50-63.
157. Dutton D.G., Aron A.P. (1974), Some Evidence for Heightened Sexual Attraction Under Conditions of High Anxiety. *Journal of Personality and Social Psychology*, 30, 510-517.
158. Elliot D.S., Huizinga D., Menard S. (1989), *Multiple Problem Youth : Delinquency, Substance Abuse, and Mental Health Problems*. Springer-Verlag, New York, NY.
159. Erickson P.G. (1993), Prospect of Harm Reduction for Psychostimulants. In N. Heather, A. Wodak, E.A. Nadelmann, P. O'Hare (eds), *Psychoactive Drugs and Harm Reduction*, Whurr, London, UK, 184-210.
160. Erickson P.G., Alexander B.K. (1989), Cocaine and Addictive Liability. *Social Pharmacology*, 3, 249-270.
161. Erickson P.G., Adlaf E.M., Murray G.F., Smart R.G. (1987), *The Steel Drug : Cocaine in Perspective*. Lexington, Lexington, MA.
162. Eysenck M.W. (1982), *Attention and Arousal : Cognition and Performance*. Springer, Berlin.
163. Eysenck H.J., Wilson G. (1975), *Know Your Own Personality*. Temple-Smith, London, UK.

164. Fagin J., Chin K.L. (1989), Initiation into Crack and Cocaine : A Tale of Two Epidemics. *Contemporary Drug Problems*, 17, 579-616.
165. Falk J.L. (1983), Drug Dependence : Myth or Motive ? *Pharmacology Biochemistry and Behavior*, 19, 385-391.
166. Falk J.L., Dews P.B., Schuster C.R. (1983), Commonalities in the Environmental Control of Behavior. In P.K. Levison, D.R. Gerstein, D.R. Maloff (eds), *Commonalities in Substance Abuse and Habitual Behavior*, Lexington, Lexington, MA.
167. Falkman S., Lazarus R.S., Gruen R.J., Delongis A. (1986), Appraisal, Coping, Health Status, and Psychological Symptoms. *Journal of Personality and Social Psychology*, 3, 571-579.
168. Fassel D. (1990), *Working Ourselves to Death : The High Cost of Workaholism and the Rewards of Recovery.* Harper Collins, New York, NY.
169. Fayat-Picard J. (1985), Thérapie de relaxation en groupe appliquée aux psychotiques. *Annales Médico-Psychologiques*, 143(2), 160-165.
170. Fenichel O. (1945), *La théorie psychanalytique des névroses*. Payot, Paris, 1981.
171. Fernandez L. (1998), Étude de la variabilité du tabagisme et de la variabilité de la disposition narcissique chez des fumeurs consultant pour sevrage tabagique. *Alcoologie*, 20(2), 190.
172. Fernandez L., Sztulman H. (1997), Approche du concept d'addiction en psychopathologie. *Annales Médico-Psychologiques*, 155(4), 255-265.
173. Fernandez L., Sztulman H. (1998), Les modèles psychologiques de l'addiction. *Psychotropes*, mars, 4(1), 47-67.
174. Fernandez L., Sztulman H. (1998), Comment repérer une disposition narcissique chez un fumeur présentant une addiction tabagique grâce à un bilan psychologique. *L'Évolution Psychiatrique*, 63(3), 409-432.
175. Fernandez L., Sztulman H. (1999), La dépendance en psychopathologie. *L'Encéphale*, XXV, 233-243.
176. Festinger L. (1957), *A theory of Cognitive Dissonance*. Row, Peterson & Co., New York, NY.
177. Fine M.A., McKenry P.C., Chung H. (1992), Post-Divorce Adjustment of Black and White Single Parents. *Journal of Divorce & Remarriage*, 17(3/4), 121-134.
178. Fiore M.C., Novotny T.E., Pierce J.P., Giovino G.A., Hatziandreu E.J., Newcomb P.A., Surawicz T.S., Davis R.M. (1990), Methods Used to Quit Smoking in the United States. *JAMA*, 263, 2760-2765.

179. Fisher S.E. (1994), Identifying Video Game Addiction in Children and Adolescents. *Addictive Behaviours*, 14, 21-28.
180. Fitch T.E., Roberts D.C.S. (1993), The Effects of Dose and Access on the Periodicity of Cocaine Self-Administration in the rat. *Drug and Alcohol Dependence*, 33, 119-128.
181. Forestier P. (1999), *Confession d'un émir du G.I.A.* Paris, Grasset.
182. Frank B. (1996), The use of internal games: The case of addiction. *Journal of Economic Psychology*, Nov., 17(5), 651-660.
183. Freud A. (1936), *Le moi et les mécanismes de défense*. PUF, Paris, 1993.
184. Freud S. (1905), *Trois essais sur la théorie de la sexualité.* Gallimard, Paris, 1962.
185. Freud S. (1908), La morale sexuelle « civilisée » et la maladie nerveuse des temps modernes. In *La vie sexuelle*, PUF, Paris, 1985, 28-46.
186. Freud S. (1910a), *Contribution à la psychologie de la vie amoureuse*. In *La vie sexuelle*, PUF, Paris, 1969.
187. Freud S. (1910b), *Un souvenir d'enfance de Léonard de Vinci*. Gallimard, Paris, 1987.
188. Freud S. (1911), Formulations on the two principles of mental functioning. In *Standard Edition*, II, 210-218.
189. Freud S. (1914), *Introduction au narcissisme*. In *La vie sexuelle*, PUF, Paris, 1969.
190. Freud S. (1920), Au-delà du principe de plaisir. In *Essais de Psychanalyse*, traduction de J. Laplanche, J.B. Pontalis, Payot, Paris, 1981.
191. Freud S. (1923), Le moi et le ça. In *Essais de psychanalyse*, Payot, Paris, 177-234.
192. Freud S. (1930), *Malaise dans la culture*. PUF, Paris, 1995.
193. Frith C.D. (1971), Smoking Behaviour and its Relation to the Smoker's immediate Experience. *British Journal of Social and Clinical Psychology*, 10, 73-78.
194. Gallois Ph. (1984), Modifications neurophysiologiques et respiratoires lors de la pratique des techniques de relaxation. *L'Encéphale*, X, 139-144.
195. Gay G.R., Senay E.C., Newmeyer J.A. (1973), The Pseudo-Junkie : Evolution of the Heroin Lifestyle in the Nonaddicted Individual. *Drug Forum*, 2, 279-290.
196. George Y., Mammar N., Rousseau M., Servillat T., Venisse J.L. (1998), Perception des problèmes de toxicomanie et de

dépendances médicamenteuses par les médecins généralistes. *Psychotropes*, mars, 4(1), 69-81.
197. Gilbert R.M. (1981), Drug Abuse as Excessive Behavior. In H. Shaffer, M.E. Burglass (eds), *Classic Contributions in the Addictions*, Brunner/Mazel, New York, NK.
198. Gilovitch T. (1983), Biased Evaluation and Persistence in Gambling. *J. Pers. Soc. Psychol.*, 44, 1110-1126.
199. Glasser W. (1976), *Positive Addictions*. Harper & Row, New York, NY.
200. Goffman E. (1971), *Relations in public*. Penguin, Harmondsworth.
201. Goldberg S.R. (1973), Comparable Behavior Maintained Under Fixed-Ratio and Secund-Order Schedules of Food Presentation, Cocaine Injection or D-Amphetamine Injection in the Squirrel Monkey. *Journal of Pharmacology and Experimental Therapeutics*, 186, 18-30.
202. Goldberg S.R., Kelleher R.T. (1976), Behavior Controlled by Scheduled Injections of Cocaine in Squirrel and Rhesus Monkeys. *Journal of the Experimental Analysis Behavior*, 25, 93-104.
203. Goldstein A. (1976), Opioid Peptides (Endorphins) in Pitiutary and Brain. *Science*, 193, 1081-1086.
204. Goldstein A., Kaiser S., Whitby O. (1969), Psychotropic Effects of Caffeine in Man IV : Quantitative and Qualitative Differences Associated With Habituation to Coffee. *Clinical Pharmacology and Therapeutics*, 10, 489-497.
205. Goodman A. (1990), Addiction : Definition and Implications. *British Journal of Addiction*, 85, 1403-1408.
206. Goodman W.K., Price L.H., Rasmussen S.A. et al. (1989), The Yale-Brown Obsessive Compulsive Scale. II : Validity. *Zrch. Ge. Psychiatry*, 46, 1012-1016.
207. Gordon B. (1979), *I'm Dancing as Fast as I Can*. Harper & Row, New York, NY.
208. Grabot D., Auriacombe M. Et al. (1993), L'Addiction Severity Index : un outil d'évaluation fiable et valide des comportements de dépendance. In Comptes Rendus du *Congrès de Psychiatrie et Neurologie de Langue Française*, 213-219.
209. Graven D.B., Greaven K.A. (1982), Treated and Untreated addicts : Factors Associated With Participation in Treatment of Heroin Use. *Journal of Drug Issues*, 2, 207-218.
210. Gray J.A. (1987), The Neuropsychology of Emotion and Personality Structure. *Zhurnal Vysshei Nervnoi Deyatel'Nosti*, Nov-Dec, 37(6), 1011-1024.

211. Greenacre Ph. (1953), *Traumatisme, croissance et personnalité*. PUF, Paris, 1971.
212. Gresswell D.M., Hollin C.R. (1997), Addictions and Multiple Murder : a Behavioural Perspective. In J.E. Hodge, M. McMurran, C.R. Hollin (eds), *Addicted to crime ?* John Wiley & Sons Ltd, Glasgow, UK, 139-164.
213. Grosch W.N. (1994), Narcissism : Shame, Rage and Addiction. Special Issue : Narcissism and Self Psychology. *Psychiatric Quaterly*, 65(1), 49-63.
214. Grünberger B. (1971), *Le narcissisme*. Payot, Paris.
215. Gueth W., Kliemt H. (1996), One person – many players ? On Bjoern Frank's « The use of internal games : The case of addiction ». *Journal of Economic Psychology*, Nov., 17(5), 661-668.
216. Gutton P. (1984), Pratiques de l'incorporation. *Adolescence*, 2(2), 315-338.
217. Haan N. (1969), Tripartite Model of Ego Functioning Values and Clinical Research Applications. *Journal of Nervous and Mental Disease*, 148, 14-30.
218. Hanson B., Beschner G., Walters J.M., Borelle E. (1985), *Life With Heroin*. Lexington Books, Lexington, MA.
219. Hantouche E.G. (1997), Addictions et compulsions : similitudes conceptuelles. *Pratiques Psychologiques*, 4, 25-36.
220. Harlow H.F. (1953), Mice, Monkeys, Men, and Motives. *Psychological Review*, 60, 23-32.
221. Harlow H.F. (1958), The nature of love. *American Psychologist*, 13, 673-685.
222. Harlow H.F. (1972), Love Created, Love Destroyed, Love Regained. In *Modèles animaux du comportement humain*, C.N.R.S., Colloques Internationaux, n° 198.
223. Harré R. (1976), The Constructive Role of Models. In L. Collins (ed.), *The Use of Models in the Social Sciences*, Tavistock, London.
224. Harré G., Clarke D.D., Carlo N. (1985), *Motives and Mechanisms : An Introduction to the Psychology of Action*. Methuen, London.
225. Harrigan S.E., Downs D.A. (1978), Self-Administration of Heroin, Acetylnethadol, Morphine, and Methadone in Rhesus Monkeys. *Life Sciences*, 22, 619-624.
226. Hariton E.B., Singer J.L. (1974), Women's Fantasies During Sexual Intercourse : Normative and Theoretical Implications. *Journal of Consulting and Clinical Psychology*, 42(3), 313-322.

227. Hatcher A.S. (1989), From One Addiction to Another : Life After Alcohol and Drug Abuse. *Nurse Pract.*, 14(11), 13-20.
228. Hawley L.M., Butterfield G.E. (1981), Exercise and the Endogenous Opioids. *New England Journal of Medicine*, 305, 1591.
229. Heather N., Rollnick S., Winton M. (1983), A Comparison of Objective and Subjective Measures of Alcohol Dependence as Predictors of Relapse Following Treatment. *British Journal of the Addictions*, 15, 47-60.
230. Heather N. (1998), A conceptual framework for explaining drug addiction. *Journal of Psychopharmacology*, 12(1), 3-7.
231. Hebb D.O. (1955), Drives and the C.N.S. (Conceptual Nervous System). *Psychological Review*, 62, 243-254.
232. Hebb D.O., Thompson W.R. (1954), The Social Significance of Animal Studies. In G. Lindzey (ed.), *Handbook of Social Psychology*, Addison-Wesley, Cambridge, MA.
233. Hebb D.O. (1958), *Psychophysiologie du comportement.* PUF, Paris.
234. Henningfield J.E., Cohen C., Slade J.D. (1991), Is Nicotine More Addictive Than Cocaine ? *British Journal of Addiction*, 86, 565-570.
235. Henrion R. et al. (1995), *Rapport de la commission de réflexion sur la drogue et la toxicomanie.* La Documentation Française, mars, Paris.
236. Herrnstein R.J., Lœwenstein G.F., Prelec D., Vaughan W. (1993), Utility maximization and melioration : Internalities in individual choice. *Journal of Behavioral Decision Making*, Sep., 6(3), 149-185.
237. Herrnstein R.J., Prelec D. (1992), A theory of addiction. In G. Lœwenstein, J. Elster (eds), *Choice over time*, Russell Sage Foundation, New York, NY, 331-360.
238. Herrnstein R.J., Vaughan W. Jr. (1980), Melioration and behavioral allocation. In J.E.R. Staddon (ed.), *Limits to action: The allocation of individual behavior*, Academic Press, New York, NY, 143-176.
239. Heyman G.M. (1996), Resolving the contradictions of addiction. *Behavioral and Brain Sciences*, Dec., 19(4), 561-610.
240. Hirschman E.C. (1992), The consciousness of addiction : Toward a general theory of compulsive consumption. *Journal of Consumer Research*, sep., 19(2), 155-179 (USA).
241. Hodge J.E., McMurran M., Hollin C.R. (1997), *Addicted to crime ?* John Wiley & Sons Ltd, Glasgow, UK.

242. Hollander E. (1993), *Obsessive-Compulsive Related Disorders*. American Psychiatric Press, Washington, DC.
243. Hull C.L. (1943), *Principle of Behaviour*. Appleton-Century-Crofts, New York, NY.
244. Hull C.L. (1952), *A Behavior System*. Yale University Press, New Haven, CT.
245. Hursch S.R. (1993), Behavioral Economic of Drug Self-Administration : An Introduction. *Drug and Alcohol Dependence*, 33, 165-172.
246. Ionescu S. (1993), Bases de la psychopathologie. In R. Ghiglione, J.-F. Richard (eds), *Cours de psychologie II. Bases, méthodes, épistémologie*, Dunod, Paris, 227-263.
247. Ionescu S., Jacquet M.-M., Lhote C. (1997), *Les mécanismes de défense, théorie et clinique*. Nathan, Université, Paris.
248. Ishige H. (1985), A Study on Traits and Factors Resulting in Stimulant Dependence of Prisoners. *Japanese Journal of Criminal Psychology*, 22(2), 35-50.
249. Jaffe J.H., Harris T.G. (1973), As Far as Heroin is Concerned, the Worst is Over. *Psychology Today*, august, 85, 68-79.
250. Jarvik M.E. (1973), Further Observations on Nicotine as the Reinforcing Agent in Smoking. In W.L. Dunn jr. (ed.), *Smoking Behavior : Motives and Incentives*, Winston, Washington, DC.
251. Jarvik M.E., Glick S.D., Nakamura R.K. (1970), Inhibition of Cigarette Smoking by Orally Administred Nicotine. *Clinical Pharmacology and Therapeutics*, 11, 574-576.
252. Jaffe J.H., Harris T.G. (1973), As Far as Heroin is Concerned, the Worst is Over. *Psychology Today*, august, 85, 68-79.
253. Jeammet P. (1985), La dépression chez l'adolescent. In S. Lebovici, R. Diatkine, M. Soulé (eds), *Traité de psychiatrie de l'enfant et de l'adolescent*, T. II, PUF, Paris.
254. Jeammet Ph. (1987a), Conduites suicidaires chez les adolescents. *Rev. Prat.*, 37, 725-730.
255. Jeammet Ph. (1987b), Psychopathologie des troubles des conduites alimentaires, valeur heuristique du concept de dépendance. *Confrontations Psychiatriques*, 31, 177-202.
256. Jeammet Ph. (1990), Addiction, dépendance, adolescence, réflexions sur leurs liens, conséquences sur nos attitudes thérapeutiques. In J.L. Venisse, *Les nouvelles addictions*. Masson, Paris, 10-29.

257. Jeammet P. (1995), Psychopathologie des conduites de dépendance et d'addiction. *Cliniques Méditerranéennes*, 47/48, 155-175.
258. Jeammet Ph., Birot E. (1994), *Etude psychopathologique des tentatives de suicide chez l'adolescent et le jeune adulte.* PUF, Paris.
259. Jean J.P. (1997), L'usage de drogues en prison, entre logique de contrôle et logique sanitaire. *Psychotropes*, 3(4), 93-106.
260. Jessor R., Jessor S.L. (1977), *Problem Behavior and Psychosocial Development : A longitudinal Study of Youth.* Academic Press, New York, NY.
261. Johanson C.E., Balster R.L., Bonese K. (1976), Self-Administration of Psychomotor Stimulant Drugs : Effects of Unlimited Access. *Pharmacology Biochemistry & Behavior*, 4, 45-51.
262. Johanson C.E., Fischman M.W. (1989), The Pharmacology of Cocaine Related to its Abuse. *Pharmacological Reviews*, 41, 3-52.
263. Johanson C.E., Uhlenhuth E.H.(1981), Drug Preference and Mood in Humans : Repeated Assessment of D-Amphetamine. *Pharmacology Biochemistry & Behavior*, 14, 159-163.
264. Johnson B. (1993), A Developmental Model of Addictions, and its Relationship to the Twelve Step Program of Alcoholics Anonymous. *J. of Substance Abuse Treatment*, 10(1), 23-34.
265. Jones A. (1961), Supplementary Report : Information Deprivation and Irrelevant Drive as Determiners of an Instrument Response. *Journal of Experimental Psychology*, 62, 310-311.
266. Jones E. (1955), *La vie et l'œuvre de Sigmund Freud. Les années de maturité.* T. II (1901-1919), PUF, Paris, 1979.
267. Jones H.B., Jones H.C. (1977), *Sensual Drugs*. Cambridge University Press, Cambridge, UK.
268. Kabat-Zinn J., Massion A.O., Kristeller J. et al. (1992), Effectiveness of a Meditation-Based Stress Reduction Program in the Treatment of Anxiety Disorders. *Am. J. Psychiatry*, 149(7), 936-943.
269. Kafka M.P. (1991), Successful antidepressant treatment of non-paraphilic sexual addictions and paraphilias in men. *Journal of Clinical Psychiatry*, 52(2), 60-65.
270. Kafka M.P., Prentky R. (1992), A comparative study of non-paraphilic sexual addictions and paraphilias in men. *Journal of Clinical Psychiatry*, 53(3), 71-76.

271. Kahneman D., Tversky A. (1982), The Psychology of Preferences. *Sci. Am.*, January, 160-173.
272. Kalant H. (1982), Drug Research is Muddied by Sundry Dependence Concepts. Communication au *Meeting Annuel de la Canadian Psychological Association*, Montréal, juin.
273. Kales A., Bixler E.O., Tjiauw-Ling T., Scharf M.B., Kales J.D. (1974), Chronic Hypnotic-Drug Use : Ineffectiveness, Drug-Withdrawal Insomnia, and Dependence. *JAMA*, 227, 513-517.
274. Kandel D.B. (1978), Homophily, Selection, and Socialization in Adolescents Freindship. *American Journal of Sociology*, 84, 427-436.
275. Kaplan H.B. (1995), Drugs, Crime, and Other Deviant Adaptations. In H.B. Kaplan (ed.), *Drugs, Crime, and Other Deviant Adaptations Longitudinal Studies*, Plenum Press, New York, NY, 3-48.
276. Katz J. (1988), *Seductions of Crimes : Moral and Sensual Attractions in Doing Evil*. Basic Books, New York, NY.
277. Kernberg O. (1979), *Les troubles limites de la personnalité*. Privat, Toulouse, 1989.
278. Kernberg O. (1980), *La personnalité narcissique*. Privat, Toulouse.
279. Kilpatrick R. (1997), Joy-Riding : An Addictive Behaviour. In J.E. Hodge, M. McMurran, C.R. Hollin (eds), *Addicted to crime ?* John Wiley & Sons Ltd, Glasgow, UK.
280. Klein M. (1932), *La psychanalyse des enfants*. PUF, Paris, 1969.
281. Klein M. (1948), *Essais de psychanalyse*. Payot, Paris, 1976.
282. Kobasa S.C., Maddi S.R., Kahn S. (1982), Hardiness and Health : A Prospectice Study. *Journal of Personality and Social Psychology*, 42, 168-177.
283. Kohut K. (1974), *Le soi, la psychanalyse des transferts narcissiques*. PUF, Paris.
284. Kolb L. (1962), *Drug Addiction : A Medical Problem*. Charles C. Thomas, Springfield, IL.
285. Koob G.F. (1996), Drug Addiction : The Yin and Yang of Hedonic Homeostasis. *Neuron*, 16(5), 893-896.
286. Koob G.F., Le Moal M. (1997), Drug Abuse : Hedonic Homeostatic Dysregulation. *Science*, vol. 278, 3 oct., 52-58.
287. Kozlowski L.T., Wilkinson D.A., Skinner W., Kent C., Franklin T., Pope M. (1989), Comparing Tobacco Cigarette Dependence With Other Drug Dependencies. *JAMA*, 261, 898-901.

288. Kuhn T.S. (1962/70), *La structure des révolutions scientifiques*. Flammarion, Paris, 1983.
289. Lagache G. (1957), Fascination de la conscience par le moi. In *Agressivité, structure de la personnalité et autres travaux, Œuvres IV* (1956-1962), PUF, Paris, 1982, 62-82.
290. Lagache G. (1961), La psychanalyse et la structure de la personnalité. In *Agressivité, structure de la personnalité et autres travaux, Œuvres IV* (1956-1962), PUF, Paris, 1982, 283-296.
291. Lagache G. (1962a), La conception de l'homme dans l'expérience psychanalytique. In *Agressivité, structure de la personnalité et autres travaux, Œuvres IV* (1956-1962), PUF, Paris, 1982, 62-82.
292. Lagache G. (1962b), La sublimation et les valeurs. In *De la fantaisie à la sublimation, Œuvres V* (1962-1964), PUF, Paris, 1984, 1-72.
293. Laing R.D. (1969), *Soi et les autres*. Paris, Gallimard, 1971.
294. Lang A.R. (1983), Addictive Personality : A Viable Construct ? In P.K. Levison, D.R. Gerstein, D.R. Maloff (eds), *Commonalities in Substance Abuse and Habitual Behavior*, Lexington, Lexington, MA.
295. Langer E.J. (1975), The Illusion of Control. *J. Pers. Soc. Psychol.*, 32, 311-328.
296. Laplanche J. (1980), *Problématique III. La sublimation*. PUF, Paris.
297. Laplanche J., Pontalis J.B. (1967), *Vocabulaire de la psychanalyse*. PUF, Paris, 1984.
298. Lasagna L., Mosteller E., von Felsinger J.M., Beecher H.K. (1954), A Study of the Placebo Response. *American Journal of medicine*, 16, 770-779.
299. Lazarus R.S., Folkman S. (1984), *Stress, appraisal and coping*. Springer, New York, NY.
300. Lazear J. (1992), *Meditations for Men Who do Too Much*. Fireside/Parkside - Simon & Schuster, New York, NY.
301. Lee L.W. (1988), The predator-prey theory of addiction. *Journal of Behavioral Economics*, 17, 249-262.
302. Le Guen C. (Sous la direction de) (1985), *Le refoulement (les défenses)*. 45e Congrès des Psychanalystes de Langue Française des Pays Romans, Paris.
303. Lejoyeux M., Hourtane M., Rondepierre C., Adès J. (1992), Les conduites d'achats pathologiques. *Dépendances*, 4(3), 1-4.
304. Lempérière T., Lepine J.P., Rouillon F., Hardy P., Adès J., Luaute J.P., Ferrand I. (1984), Comparaison de différents instruments d'évaluation de la dépression à l'occasion d'une

étude sur l'Athymil 30 mg. *Annales Médico-Psychologiques*, 142, 1206-1212.
305. Lennard H.L., Epstein L.J., Berstein A., Ransom D. (1971), Mystification and Drug Misuse. Jossey-Bass, San-Francisco, CA.
306. Leshner A.I. (1997a), Addiction is a Brain Disease, and it Matters. *Science*, vol. 278, 3 oct., 45-47.
307. Leshner A.I. (1997b), Drug Abuse and Addiction Treatment Research. *Arch. Gen. Psychiatry*, 54, 691-694.
308. Leventhal H. (1980), Toward a Comprehensive Theory of Emotion. In L. Berkowitz (ed.), *Advances in Experimental Social Psychology*, vol. 13, Academic Press, New York, NY.
309. Levine H.G. (1978), The Discovery of Addiction : Changing Conceptions of Habitual Drunkenness in America. *J. Stud. Alcohol*, 39, 143-174.
310. Levine J., Fox J.A. (1985), *Mass Murder : America's Growing Menace*. Plenum Press, New York, NY.
311. Lewin K. (1959), *Psychologie dynamique*. PUF, Paris.
312. Lewandowski L.M., Westman A.S. (1991), Drug Use and its Relation to High School Students' Activities. *Psychological Reports*, 68(2), 363-367.
313. Lewis A. (1969), Introduction : Definitions and Perspectives. In H. Steinberg (ed.), *Scientific Basis of Drug Dependence*, Churchill, London, UK.
314. Light A.B., Torrance E.G.G. (1929), Opiate Addiction VI : The Effects of Abrupt Withdrawal Followed by Readministration of Morphine in Human Addicts, With special Reference to the Composition of the Blood, the Circulation and the Metabolism. *Archives of Internal Medicine*, 44, 1-16.
315. Lindesmith A.R. (1968), *Addiction and Opiates*. Aldine, Chicago, IL.
316. Linnoila M., Fawcett J., Fuller R.K. et al. (1994), Evaluation of Pharmacologic Treatments for Alcohol Abuse, Dependence, and their Complications. In R.F. Prien, D.S. Robinson (eds), *Clinical Evaluation of Psychotropic Drugs : Principles and Guidelines*, Raven-Press, New York, NY, 625-649.
317. Loas G., Fremaux D., Marchand M.P., Chaperot C., Dardennes R. (1993), L'alexithymie chez le sujet sain : validation de l'échelle d'alexithymie de Toronto (TAS) dans une population « tout venant » de 144 sujets, application au calcul de la prévalence. *Annales Médico-Psychologiques*, 151(9), 660-663.
318. Loas G., Fremaux D., Marchand M.P. (1995), Etude de la structure factorielle et de la cohérence interne de la version française de l'échelle d'alexithymie de Toronto à 20 items (TAS-

20) chez un groupe de 183 sujets sains. *L'Encéphale*, XXI, 117-122.
319. Lœwenstein G. (1995), A visceral account of addiction. *Working Paper*, Carnegie Mellon University.
320. Loonis E. (2001), *La structure des fantasmes érotiques, mise en scène de nos egosexualités*. Paris, Publibook.
321. Loonis E., Apter M.J., Sztulman H. (2000), Addiction as a Function of Action System Properties. *Addictive Behaviors*, 25(3), 477-481.
322. Loonis E., Apter M.J. (2000), Addictions et système d'actions. *L'Encéphale*, XXVI (2), 63-69.
323. Loonis E., Bernoussi A., Brandibas G. et al. (2000), Validation de la version française de la Telic Dominance Scale (TDS) Echelle de Dominance Télique. *L'Encéphale*, XXVI (3), 24-32.
324. Loonis E., Peele S. (2000), Une approche psychosociale des addictions toujours d'actualité. *Bulletin de Psychologie*, 53(2), n°446, 215-224.
325. Loonis E. (1999), Iain Brown : un modèle de gestion hédonique des addictions. *Psychotropes*, 5(3), 59-73.
326. Loonis E. (1999), Approche structurale des fantasmes érotiques. *L'Évolution Psychiatrique*, 64(1), 43-60.
327. Loonis E. (1998), Vers une écologie de l'action. *Psychotropes*, 4(1), 33-48.
328. Loonis E., Sztulman H. (1998), Le fonctionnement de notre cerveau serait-il de nature addictive ? *L'Encéphale*, XXIV (1), 26-32.
329. Loonis E. (1997), *Notre cerveau est un drogué, vers une théorie générale des addictions*. Presses Universitaires du Mirail, Toulouse.
330. Lorenz K. (1950), The Comparative Method in Studying Innate behaviour Patterns. In *Symposia of the Society for Experimental Psychology*, vol. 4, Cambridge University Press, Cambridge, UK, 221-268.
331. Lorenz K. (1978), *L'année de l'oie cendrée*. Stock, Paris.
332. Lorenz K. (1984), *Les fondements de l'éthologie*. Flammarion, Paris.
333. Loutre du Pasquier N. (1981), *Le devenir d'enfants abandonnés. Le tissage du lien*. PUF, Paris.
334. Lucas B. (1996), Politique française en matière de drogue, la singularité du cas lyonnais. *Psychotropes*, juin, 2, 75-95.

335. Lukoff I.E., Brook J.S. (1974), A Sociocultural Exploration of Reported Heroin Use. In C. Winick (ed.), *Sociological Aspects of Drug Dependence*, CRC Press, Cleveland, OH.
336. Lyng S. (1990), Edgework : A Social Psychological Analysis of Voluntary Risk-Taking. *American Journal of Sociology*, 95(4), 85-86.
337. MacCoun R., Reuter P. (1997), Interpreting Dutch Cannabis Policy : Reasoning by Analogy in the Legalization Debate. *Science*, vol. 278, 3 oct., 47-52.
338. MacCulloch M.J., Snowden P.R., Wood P.J.W., Mills H.E. (1983), Sadistic Fantasy, Sadistic Behaviour and Offending. *British Journal of Psychiatry*, 4, 20-29.
339. MacPhillamy D.J., Lewinsohn P.M. (1982), The Pleasant Events Schedule : Studies on Reliability, Validity, and Scale Intercorrelation. *Journal of Consulting and Clinical Psychology*, 50(3), 363-380.
340. Maddux J.E., Desmond D.P. (1981), *Careers of Opioid Users*. Praeger, New York, NY.
341. Maestracci N. (1999), *Lutte contre la drogue et la toxicomanie*. Rapport remis au premier ministre Lionel Jospin, janvier, confidentiel.
342. Maisondieu J. (1996), Le crépuscule de la raison : comprendre, pour les soigner, les personnes âgées dépendantes. Bayard, Paris.
343. Malson L. (1964), *Les enfants sauvages : mythe et réalité*. U.G.E., 10/18, Paris.
344. Markou A., Koob G.F. (1991), Post-Cocaine Anhedonia : An Animal Model of Cocaine Withdrawal. *Neuropsychopharmacology*, 4(1), 17-26.
345. Marks I. (1990), Behavioural (Non-Chemical) Addictions. *Br. J. Addict.*, 85, 1389-1394.
346. Marlatt G.A. (1979), Alcohol Use and Problem Drinking : A Cognitive-Behavioural Analysis. In P.C. Kendall, S.D. Hollon (eds), *Cognitive-Behavioural Interventions : Theory, Research and Procedures*, Academic Press, New York, NY.
347. Marlatt G.A. (1982), Relapse Prevention : A Self-Control Program for the Treatment of Addictive Behaviors. In R.B. Stuart (ed.), *Adherence, Compliance and Generalization in Behavioral Medicine*, Brunner/Mazl, New York, NY.
348. Marlat G.A., Gordon J. (1985), *Relapse Prevention*. Guildford Press, New York, NY.
349. Marty P., M'Uzan M. de (1963), La pensée opératoire. *Revue Française de Psychanalyse*, 27, 345-356.

350. Masters B. (1985), *Killing for Company : the Case of Denis Nilsen*. Jonathan Cape, London, UK.
351. Masters B. (1993), *The Shrine of Jeffrey Dahmer*. Hodder & Stoughton, London, UK.
352. McCauley C. (1996), Understanding addiction: Conventional rewards and lack of control. Commentary/Heyman: Resolving the contradictions of addictions, *Behavioral and Brain Sciences*, 19, 585-586.
353. McCord J. (1995), Relationship Between Alcohol and Crime Over the Life Course. In H.B. Kaplan (ed), *Drugs, Crime, and Other Deviant Adaptations Longitudinal Studies*, Plenum Press, New York, NY, 129-141.
354. McDermott M.R. (1988a), Measuring Rebelliousness : The Development of the Negativism Dominance Scale. In M.J. Apter, J.H. Kerr, M.P. Cowles (eds), *Progress in Reversal Theory*, Elsevier, Amsterdam, 297-312.
355. McDermott M.R. (1988b), Recognising Rebelliousness : The Ecological Validity of the Negativism Dominance Scale. In M.J. Apter, J.H. Kerr, M.P. Cowles (eds), *Progress in Reversal Theory*, Elsevier, Amsterdam, 313-325.
356. McDougall J. (1978), *Plaidoyer pour une certaine anormalité*. Gallimard, NRF, Paris.
357. McDougall J. (1982), *Théâtre du jeu*. Gallimard, NRF, Paris.
358. McDougall J. (1987), Le roman du pervers : les néo-sexualités. In J. McDougall, O. Mannoni, D. Vasse, L. Dethiville (eds.), *Le divan de Procuste, le poids des mots, le mal-entendu du sexe*, Denoël, Paris, 105-135.
359. McDougall J. (1991), De la sexualité addictive. *Psychiatrie Française*, 22, 29-51.
360. McDougall J. (1996), *Éros aux mille visages*. Gallimard, NRF, Paris.
361. McElroy S.L., Hudson J.L., Pope H.G. et al. (1992), The DSM-III-R Impulses Control Disorders Not Elsewhere Classified : Clinical Characteristics and relationship to Other Psychiatric Disorders. *Am. J. Psychiatry*, 149, 318-327.
362. McElroy S.L., Phillips K.A., Keck P.E. (1994), Obsessive-Compulsive Spectrum Disorder. *Journal of Clinical Psychiatry*, 55 (suppl. 10), 33-51.
363. McLellan A.T., Kushner H. et al. (1992), The fifth edition of the Addiction Severity Index : historical critique and normative data. *Journal of Substance Abuse*, 9, 199-213.

364. McLellan A.T., Luborsky L., Woody G.E. et al. (1980), An Improved Diagnostic Evaluation Instrument for Substance Abuse patients : The Addiction Severity Index (ASI*). J. Nerv. Ment. Dis.*, 168, 26-33.
365. Meish R.A., George F.R., Lemaire G.A. (1990), Orally Delivered Cocaine as a Reinforcer for Rhesus Monkeys. *Pharmacology Biochemistry & Behavior*, 35, 245-249.
366. Meissner W.W. (1980-81), Addiction and Paranoid Process : Psychoanalytic Perspectives. *International Journal of Psychoanalytic Psychotherapy*, 8, 273-310.
367. Menninger K. (1954a), Psychological Aspects of the Organism Under Stress. Part I : The Homeostatic Regulatory Function of the Ego. *Journal of the American Psychoanalytic Association*, 2, 67-106.
368. Menninger K. (1954b), Psychological Aspects of the Organism Under Stress. Part II : Regulatory Devices of the Ego Under Majot Stress. *Journal of the American Psychoanalytic Association*, 2, 280-310.
369. Merleau-Ponty M. (1942), *La structure du comportement.* PUF, Quadrige, Paris, 1990.
370. Mesmin C. (1997), Dépendances, contraintes, négociations. Que vivent les migrants par rapport à leur culture ? *Pratiques Psychologiques*, 4, 89-99.
371. Meyer R.E., Mirin A.M. (1979), *The heroin Stimulus : Implications for a Theory of Addiction*. Plenum Press, New York, NY.
372. Mijolla-Mellor S. (1992), *Le plaisir de pensée*. PUF, Paris.
373. Milkman H.B., Sunderworth S. (eds) (1987), *Craving for Ecstasy : The Consciousness and Chemistry of Escape*. D.C. Heath, Lexington, MA.
374. Miller W.R. (1985), Addictive Behavior and the Theory of Psychological Reversals. *Addictive Behaviors*, vol. 10, 177-180.
375. Modell J.G., Glaser F.B., Cyr L. et al. (1992), Obsessive and Compulsive Characteristics of Craving for Alcohol in Alcohol Abuse and Dependance. *Alcohol Clin. Exp. Res.*, 16, 272-274.
376. Modell J.G., Glaser F.B., Mountz J.M. et al. (1992b), Obsessive and Compulsive Characteristics of Alcohol in Alcohol Abuse and Dependance : Quantification by a Newly Developed Questionnaire. *Alcohol Clin. Exp. Res.*, 16, 266-271.
377. Morel A., Hervé F., Fontaine B. (1997), *Soigner les toxicomanes*. Dunod, Paris.

378. Moos R., Tsu V.D. (1977), The Crisis of Physical Illness : An Overview. In R. Moos (ed.), *Coping with Physical Illness*, Plenum, New York, NY.
379. Mucchielli A. (1981), *Les mécanismes de défense*. PUF, Paris.
380. Murgatroyd S. (1985), Introduction to Reversal Theory. In M.J. Apter, D. Fontana, S. Murgatroyd (eds), *Reversal Theory : Applications and Developments*, University College of Cardif Press, Cardif, UK, 20-41.
381. Murgatroyd S., Rushton C., Apter M.J., Ray C. (1978), The Development of the Telic Dominance Scale. *Journal of Personnality Assessment*, 42(5), 519-528.
382. Neiss R. (1993), The Role of Psychobiological States in Chemical Dependency : Who Becomes Addicted ? *Addiction*, 88, 745-756.
383. Nemiah J.C., Sifneos P.E. (1970), Affect and Fantasy in Patients with Psychosomatic Disorders. In J. Hill (ed.), *Modern Trends in Psychosomatic Medicine*, Butterworth, London, UK.
384. Nesse R.M., Berridge K.C. (1997), Psychoactive Drug Use in Evolutionary Perspective. *Science*, vol. 278, 3 oct., 63-66.
385. Newcomb M.D., Bentler P.M. (1986a), Cocaine Use Among Adolescents : Longitudinal Associations with Social Context, Psychoapthology, and Use of Other Substances. *Addictive Behaviors*, 11, 263-273.
386. Newcomb M.D., Bentler P.M. (1986b), Cocaine Use Among Young Adults. *Advances in Alcohol and Substance Abuse*, 6, 73-96.
387. Noiville P. (1982), Alcoolisme, sexualité et dépendance. *L'Information Psychiatrique*, 58(4), 517-526.
388. Norris J. (1990), *Serial Killers*. Arrow, London, UK.
389. Nurco D.N., Cisin I.H., Balter M.B. (1981), Addict Careers III : Trends Across Time. *International Journal of Addictions*, 16, 1353-1372.
390. Nuttin J. (1980), *Théorie de la motivation humaine : du besoin au projet d'action*. PUF, Psychologie d'Aujourd'hui, Paris.
391. O'Connell K.A. (1988), Reversal Theory and Smoking Cessation. In M.J. Apter, J.H. Kerr, M.P. Cowles (eds), *Progress in Reversal Theory*, Elsevier, Amsterdam.
392. O'Connell K.A., Gerkovich M.M., Cook M.R. (1995), Reversal Theory's Mastery and Sympathy States in Smoking Cessation. *Image : Journal of Nursing Scholarship*, 27(4), 311-316.

393. O'Donnell J.A. (1969), *Narcotics Addicts in Kentucky*. National Institute of Mental Health, Chevy Chase, MD.

394. O'Donnell J.A., Voss H., Clayton R., Slatin G., Room R. (1976), *Young Men and Drugs : A Nationwide Survey*. Research Monograph 5, National Institute of Drug Abuse, Rockville, MD.

395. Ogien A., Mignon P. (1994), *La demande sociale de drogue*, DGLDT, La Documentation Française, Paris.

396. Øie B.K., Skadberg B.T., Myking O.L., Aakvaag A., Ohm O.J. (1991), The influence of Supine Relaxation on Blood Pressure, Heart Rate and Atrial Natriuretic Peptide in Normal Subjects. *Scand. J. Lab. Invest.*, 51, 329-333.

397. Oki G. (1974), *Alcohol Use by Skid Row Alcoholics I : Drinking at Bon Accord*. Substudy 612, Addiction Research Foundation, Toronto.

398. OMS – Organisation Modiale de la Santé (1994), *Classification Internationale des Troubles Mentaux et des Troubles du Comportement, Critères diagnostics pour la recherche (CIM-10)*. Traduction coordonnée par C.B. Pull, Masson, Paris.

399. Orford J. (1985), *Excessive appetites: A psychological view of addictions*. John Wiley & Sons Ltd, New York, NY.

400. Orford J. (1996), Addiction is not a puzzling as it seems. Commentary/Heyman: Resolving the contradictions of addictions, *Behavioral and Brain Sciences*, 19, 591-592.

401. Osgood D.W., Wilson J.K., O'Malley P.M., Bachman J.G., Johnston L.D. (1996), Routine Activities and Individual Deviant Behavior. *American Sociological Review*, 61(4), 635-655.

402. Parsons T., Shils E.A. (1951), *Toward a General Theory of Action*. Harvard University Press, Cambridge, MA.

403. Paulhan I., Bourgeois M. (1995), *Stress et coping, les stratégies d'ajustement à l'adversité*. PUF, Nodules, Paris.

404. Pavlov I.P. (1927), *Les réflexes conditionnels : étude objective de l'activité nerveuse supérieure des animaux*. PUF, Paris, 1977.

405. Peden B.F., Timberlake W. (1984), Effects of Reward Magnitude on Key Pecking and Eating by Pigeons in a Closed Economy. *Psychological Records*, 34, 397-415.

406. Pedinielli J.L. (1985), Clinique des conduites addictives. *Psychologie Médicale*, 17(12), 1837-1839.

407. Pedinielli J.L. (1990), Statut clinique et épistémologique du concept d'addiction, intérêts et limites. In J.L. Venisse (ed.), *Les nouvelles addictions*, Masson, Paris.

408. Pedinielli J.L. (1992), *Psychosomatique et alexithymie*. PUF, Nodules, Paris.
409. Pedinielli J.L. (1997), *Sectes et addiction*. Communication au Colloque « Manipulations Mentales », Centre d'Etude des Nouvelles Religions (CESNUR), Paris, 25 avril.
410. Pedinielli J.L., Rouan G., Bertagne P. (1997), *Psychopathologie des addictions*. PUF, Nodules, Paris.
411. Peele S. (1978), Addiction : The Analgesic Experience. *Human Nature*, september, 61-67.
412. Peele S. (1983), Is Alcoholism Different From Other Substance Abuse ? *American Psychologist*, 38, 963-964.
413. Peele S. (1985), *The Meaning of Addiction*. Lexington, Lexington, MA.
414. Peele S. (1987), Why Do Controlled-Drinking Outcomes Vary by Investigator, by Country and by Era ? Cultural Conceptions of Relapse and Remission in Alcoholism. *Drug and Alcohol Dependence*, 20, 173-201.
415. Peele S. (1990), Addiction as a Cultural Concept. *Annals of the New York Academy of Sciences*, 602, 205-220.
416. Peele S., Brodsky A. (1975), *Love and Addiction*. Taplinger, New York, NY.
417. Peele S., DeGrandpre R.J. (à paraître), Cocaine and the Concept of Addiction : Environmental Factors in Drug Compulsions. *Addiction Research*.
418. Penot B. (1988), La famille Narcisse. *Psychiatrie de l'Enfant*, 31(2), 607-641.
419. Piaget J. (1936), *La naissance de l'intelligence*. Neuchâtel et Paris, Delachaux & Niestlé.
420. Piaget J. (1937), *La construction du réel chez l'enfant*. Neuchâtel et Paris, Delachaux & Niestlé.
421. Piazza P.V., Deminière J.M., Le Moal M., Simon H. (1989), Factors That Predict Individual Vulnerability To Amphetamin Self-Administration. *Science*, 245, 1511-1513.
422. Piazza P.V., Le Moal M. (1997), Glucocorticoids as a Biological Substrate of Reward : Physiological and Pathophysiological Implications. *Brain Research Reviews*, 25(3), 359-372.
423. Plutchick R. (1995), A Theory of Ego Defenses. In H.R. Conte, R. Plutchick (eds), *Ego Defenses. Theory and Measurement*, John Willey & Sons Inc., New York, NY.
424. Pontieri F.E., Tanda G., Orzi F., Di Chiara G. (1996), Effects of Nicotine on the Nucleus Acumbens and Similarity to Those of Addictive Drugs. *Nature*, 382(6588), 255-257.

425. Potocky M., Gerkovich M.M., O'Connell K.A., Cook M.R. (1991), State-Outcome Consistency in Smoking Relapse Crises : A Reversal Theory Approach. *Journal of Consulting and Clinical Psychology*, 59(2), 351-353.
426. Poudat F.X. (1997), Les addictions sexuelles. *Pratiques Psychologiques*, 4, 45-58.
427. Premack D. (1965), Reinforcement theory. In D. Levine (ed.), *Nebraska Symposium on Motivation: 1965*, University of Nebraska Press, Lincoln, NE, 123-179.
428. Pruschy R., Stora R. (1975), *Socialiser les pulsions*. Fleurus, Paris.
429. Racamier P.C. (1963), La privation sensorielle. *Psychiatrie de l'Enfant*, 4(1), 255-280.
430. Rachlin H. (1997), Four teleological theories of addictions. *Psychonomic Bulletin and Review*, Dec., 4(4), 462-473.
431. Rachlin H., Battalio R., Kagel J., Green L. (1981), Maximization in behavioral psychology. *Behavioral & Brain Sciences*, 4, 371-419.
432. Rachlin H., Burkhard B. (1978), The temporal triangle: Response substitution in instrumental conditioning. *Psychological Review*, 85, 22-448.
433. Raskin M., Bali L.R., Peek H.V. (1980), Muscle Biofeedback and Transcendental Meditation. A Controlled Evaluation of Efficacy in the Treatment of Chronic Anxiety. *Arch. Gen. Psychiatry*, january, 37, 93-97.
434. Reno R.R., Aiken L.S. (1993), Life Activities and Life Quality of Heroin Addicts In and Out of Methadone Treatment. The International Journal of the Addictions, 28(3), 211-232.
435. Resnick S.M., Gottesman I.I., McGue M. (1993), Sensation Seeking in opposite-sex twins : An Effect of Prenatal Hormones ? *Behavior Genetics*, 23(4), 323-329.
436. Ressler R.K., Burgess A.W., Douglas J.E., (1988), *Sexual Homicide : Patterns and Motives*. Lexington Books, Lexington, MA.
437. Ressler R.K., Burgess A.W., Douglas J.E., Hartman C.R., D'Agostino R.B. (1986), Sexual Killers and their Victims : Identifying Patterns Through Crime Scene Analysis. *Journal of Interpersonal Violence*, 1, 288-308.
438. Restak R.M. (1987), Eating Disorders and Long-Distance Running : The Ascetic Condition. *Integrative Psychiatry*, 5(3), 204.
439. Revitch E. (1965), Sex Murder and the Potential Sex Murderer. *Diseases of the Nervous System*, 26, 640-646.

440. Robins L.N., Davis D.H., Goodwin D.W. (1974), Drug Use by U.S. Army Enlisted Men in Viet Nam : A Follow-Up on Their Return Home. *American Journal of Epidemiology*, 99, 235-249.
441. Robins L.N., Helzer J.E., Davis D.H. (1975), Narcotic Use in Southeast Asia and Afterward. *Archives of General Psychiatry*, 32, 955-961.
442. Robins L.N., Helzer J.E., Hesselbrock M., Wish E. (1980), Viet Nam Veterans Three Years After Viet Nam : How Our Study Changed Our View of Heroin. In L. Brill, C. Winick (eds), *The Yearbook of Substance Use and Abuse*, vol. 2, Human Sciences Press, New York, NY.
443. Robins L.N., Murphy G.E. (1967), Drug Use in a Normal Population of Young Negro Men. *American Journal of Public Health*, 57, 1580-1596.
444. Robinson B.E. (1989), *Work Addiction*. Health Communication Inc., Deerfield Beach, FL.
445. Robinson T.E., Berridge K.C. (1993), The Neural Basis of Drug Craving : An Incentive-Sensitization Theory of Addiction. *Brain Res. Rev.*, 18, 247-291.
446. Rodriguez de Fonesca F., Carrera M.R.A., Navarro M., Koob G.F., Weiss F. (1997), Activation of Corticotropin-Release Factor in the Limbic System During Cannabinoid Withdrawal. *Science*, 276 (5321), 2050-2054.
447. Rollnick S., Heather N. (1982), The Application of Bandura's Self-Efficacy Theory to Abstinence-Oriented Alcoholism Treatment. *Addictive behaviors*, 7, 243-250.
448. Roques B. (1998), *La dangerosité des drogues*. Paris, Odile Jacob, La Documentation Française.
449. Roques M., Cascino N., Curie J. (1990), Durée du chômage et phases d'évolution des chômeurs. *Revue Internationale de Psychologie Sociale*, 3(1), 50-66.
450. Rotter J.B. (1966), Generalized expectancies for internal versus external control of reinforcement. *Psychological Monographs: General and Applied*, 80.
451. Rouan G., Pedinielli J.L., Bertagne P. (1994), Clinique du « vouloir mourir » et de ses équivoques. *Psychologie Médicale*, 26, 1125-1128.
452. Rounsaville B., Kleber H.D. (1983), Untreated Opiates Addicts, How Do They Differ From Those Seeking Treatment ? *Archives of General Psychiatry*, 42(11), 1072-1077.
453. Rubington E. (1967), Drug Addiction as a Deviant Career. *International Journal of the Addictions*, 2, 3-20.

454. Russel J.A. (1980), A Circomplex Model of Affect. *Journal of Personnality and Social Psychology*, 39, 1161-1178.
455. Russel J.A., Mehrabian M.A. (1975), The Mediating Role of Emotions in Alcohol Use. *Journal of Studies in Alcohol*, 29, 355-363.
456. Russel J.A., Mehrabian M.A. (1977), Evidence for a Three Factor Theory of Russel. *Journal of Research in Personnality*, 11, 273-294.
457. Ryden M.B. (1978), An Adult Version of the Coopersmith Self-Esteem Inventory : Test-Retest Reliability and Social Desirability. *Psychological Reports*, 43, 1189-1190.
458. Sanchez-Cardenas M. (1990), *Le comportement boulimique*. Masson, Paris.
459. Sandler J. (1985), *L'analyse des défenses. Entretiens avec Anna Freud*. PUF, Paris.
460. Sapir M., Reverchon F., Prévost J.J. et al. (1979), *La relaxation : son approche psychanalytique*. Bordas, Paris.
461. Saunders B., Wilkinson C., Towers T. (1996), Motivation and addictive behaviors : Theoretical perspectives. In F. Rotgers, D.S. Keller et al. (eds), *Treating substance abuse : Theory and technique. The Guilford substance abuse series.*, Guilford Press, New York, NY, 241-265.
462. Schachter S. (1978), Pharmacological and Psychological Determinants of Smoking. *Annals of Internal Medicine*, 88, 104-114.
463. Schachter S., Singer J.E. (1962), Cognitive, Social, and Physiological Determinants of Emotional State. *Psychological Review*, 69, 378-399.
464. Scott T.H., Bexton W.H., Héron W., Doan B.K. (1959), Cognitive Effects of Perceptual Isolation. *Canadian Journal of Psychology*, 13, 200-209.
465. Selvini-Palazzoli M., Cirillo S., Selvini M., Sorrentino A.M. (1988), *Les jeux psychotiques dans la famille*. ESF, Paris.
466. Shafii M., Lavely R., Jaffe R. (1975), Meditation and the Prevention of Alcohol Abuse. *Am. J. Psychiatry*, 132(9), 942-945.
467. Shafii M., Lavely R., Jaffe R. (1974), Meditation and Marijuana. *Am. J. Psychiatry*, 131(1), 60-63.
468. Shapiro D.H. jr (1982), Overview : Clinical and Physiological Comparison of Meditation with Other Self-Control Strategies. *Am. J. Psychiatry*, march, 139(3), 267-274.

469. Shizgal P. (1996), The Janus faces of addictions. Commentary/Heyman: Resolving the contradictions of addictions, *Behavioral and Brain Sciences*, 19, 595-596.
470. Sidman M. (1956), Drug Behavior Interactions. *Annals of the New York Academy of Sciences*, 65, 282-302.
471. Siegel S. (1975), Evidence From rats that Morphine Tolerance is a Learned Response. *Journal of Comparative Psychology*, 89, 498-506.
472. Siegel S., Hinson R.E., Krank M.S. (1978), The Role of Predrug Signals in Morphin Analgesic Tolerance. *Journal of Experimental Psychology (Animal Behavior processes)*, 4, 188-196.
473. Siegel S., Hinson R.E., Krank M.S., McCully J. (1982), Heroin « Over-Dose » Death : Contribution of Drug-Associated Environmental Cues. *Science*, 216, 436-437.
474. Siegel S. (1983), Classical Conditioning, Drug Tolerance, and Drug Dependence. In R.G. Smart, F.B. Glasser, Y. Israel, H. Kalant, R.E. Popham, W. Schmidt, *Research Advances in Alcohol and Drug Problems*, vol. 7, Plenum, New York, NY.
475. Siegel R.K. (1984), Changing Patterns of Cocaine Use. In J. Grabowski (ed.), *Cocaine : Pharmacology, Effects, and Treatment of Abuse*, DHHS Publication, N° ADM 84-1326, pp. 92-110, Government Printing Office, Rockville, MD.
476. Singh J.A.L., Zingg R.M. (1980), *L'homme en friche. De l'enfant-loup à Kaspar Hauser*. Editions Complexe, Paris.
477. Smith K.C.P., Apter M.J. (1975), *A Theory of Psychological Reversals*. Picton Publishing, Wilts.
478. Smith D.E., Wesson D.R. (1983), Benzodiazepine Dependency Syndromes. *Journal of Psychoactive Drugs*, 15, 85-95.
479. Snaith R.P. (1974), A Method of Psychotherapy Based on Relaxation Techniques. *British J. of Psychiatry*, 124, 473-481.
480. Solal J.F. (1997), Abstinence et substitution : histoire et actualité des traitements aux toxicomanes. *Pratiques Psychologiques*, 4, 13-24.
481. Solomon R.L. (1977), The Evolution of Non-Medical Opiate Use in Canada II : 1930-1970. *Drug Forum*, 6, 1-25.
482. Solomon R.L., Corbit J.D. (1974), An Opponent-Process Theory of Motivation : I. Temporal Dynamics of Affect. *Psychological Review*, 81(2), 119-145.
483. Soulé M. (1958), La carence de soins maternels dans la petite enfance. La frustration précoce et ses effets cliniques. *Psychiatrie de l'Enfant*, 1(2), 523-540.
484. Spear D.J., Muntaner C., Goldberg S.R., Katz J.L. (1991), Methohexital and Cocaine Self-Administration Under Fixed-ratio

and Secund-Order Schedules. *Pharmacology Biochemistry & Behavior*, 38, 411-416.
485. Spitz R.A. (1968), *De la naissance à la parole, la première année de la vie de l'enfant*. PUF, Paris.
486. Sprankle J., Ebel H. (1987), The Workaholic Syndrome : Your Job Is Not Your Life ! Walker &Company, New York, NY.
487. Stein J.A. , Smith G.M., Guy S.M., Bentler P.M. (1993), Consequences of Adolescent Drug Use on Young Adult Job Behavior and Job Satisfaction. *Journal of Applied Psychology*, 78(3), 463-474.
488. Steptoe A. (1991), *Adaptation à l'environnement : psychologie de la réaction au stress*. Collection Scientifique Stablon, 4.
489. Stewart J., de Wit H., Eikelboom R. (1984), Role of unconditioned and conditioned drug effects in the self-administration of opiates and stimulants. *Psychological Review*, 91, 251-268.
490. Stigler G., Becker G. (1977), De gustibus non est disputandum. *American Economic Review*, 67, 76-90.
491. Stigsby B., Rodenberg J.C., Moth H.B. (1981), Electroencephalographic Findings During Mantra Meditation (Transcendantal Meditation). A Controlled, Quantitative Study of Experienced Meditators. *Electroencephalography and Clinical Neurophysiology*, 51, 434-442.
492. Sue D. (1979), Erotic Fantasies of College Students During Coitus. *Journal of Sex Research*, 15, 299-305.
493. Svebak S., Murgatroyd M. (1985), Metamotivational Dominance : A Multimethod Validation of Reversal Theory Constructs. *Journal of Personality and Social Psychology*, 48, 107-116.
494. Swift R.M. (1995), Effect of Naltrexone on Human Alcohol Consumption. *J. Clin. Psychiatry*, 56 (suppl. 7), 24-29.
495. Sztulman H. (1998), Vers le concept de personnalités limites addictives. Communication au *IVe Congrès International sur les Addictions*, « Addictions et Psychiatrie », Lille, 26-27 mars.
496. Tabakoff B., Hoffman P.L. (1992), Substance Abuse and Treatment. In J.H. Lowinson, P. Ruiz, R.B. Millman (eds), *Substance Abuse : A Comprehensive Textbook*, Williams & Wilkins, Baltimore, MD, 152-185.
497. Tacon P., Abner B. (1993), Normative Data for the Telic Dominance and Negativism Dominance Scales. In J.H. Kerr, S. Murgatroyd, M.J. Apter (eds), *Advances in Reversal Theory*, Swets & Zeitlinger, Amsterdam, 165-175.

498. Tanda G., Pontieri G.E., Di Chiara G. (1997), Cannabinoid and heroin Activation of Mesolimbic Dopamine Transmission by a Common mu SUB 1 Opioid Receptor Mechanism. *Science*, 276(5321), 2048-2050.
499. Tassin J.P. (1998), Drogues, dépendance et dopamine. *La Recherche*, février, 306, 48-53.
500. Thayer R.E. (1989), *The Biopsychology of Mood and Arousal*. Oxford University Press, New York, NY.
501. Taylor G.J. (1990), La pensée opératoire et le concept d'alexithymie. *Revue Française de Psychanalyse*, 54(3), 784-797.
502. Taylor G.J., Ryan D.P., Bagby R.M. (1985), Toward the Development of a New Self-Report Alexithymia Scale. *Psychotherapy Psychosomatic*, 44, 191-199.
503. Taylor G.J., Bagby R.M., Parker J.D.A. (1992), The Revised Toronto Alexithymia Scale : Some Reliability, Validity and Normative Data. *Psychotherapy Psychosomatic*, 57, 34-41.
504. Tolman E.C. (1926), The Nature of Fundamental Drives. *Journal of Abnormal and Social Psychology*, 20, 349-358.
505. Vaillant G.E. (1983), *The natural History of Alcoholism*. Harvard University Press, Cambridge, MA.
506. Van Dyke C., Byck R. (1982), Cocaine. *Scientific American*, march, 128-141.
507. Van-Schoor E. (1992), Pathological Narcissism and Addiction : A Self-Psychology Perspective. *Psychoanalytic Psychotherapy*, 6(3), 205-212.
508. Varela J.F. (1980), *Autonomie et connaissance*. Seuil, Paris, 1989.
509. Varela J.F. (1993), *L'inscription corporelle de l'esprit*. Seuil, La Couleur des Idées, Paris.
510. Venisse J.L. (ed.) (1990), *Les nouvelles addictions*. Masson, Paris.
511. Venisse J.L. (1983), *L'anorexie mentale*. PUF, Paris.
512. Venisse J.-L., Renauld M., Rousseau M. (1995), *Conduites de dépendance du sujet jeune*. Paris E.S.F.
513. Wada K., Fukui S. (1993), Prevalence of Volatile Solvent Inhalation Among Junior High School Students in Japan and Background Life Style of Users. *Addiction*, 88(1), 89-100.
514. Waldorf D. (1983), Natural Recovery from Opiate Addiction : Some Social-Psychological of Untreated recovery. *Journal of Drug Issues*, 13, 237-280.

515. Waldorf D., Reinerman C., Murphy S. (1991), *Cocaine Changes : The Experience of Using and Quitting*. Temple University Press, Philadelphia, PA.
516. Wallace R.K., Benson H., Wilson H.F. (1971), A Wakeful Hypometabolic Physiologic State. *American Journal of Physiology*, september, 221(3), 795-799.
517. Walsh D.P. (1978), *Shoplifting : Controlling a Major Crime*. Macmillan, London, UK.
518. Waldorf D. (1973), *Careers in Dope*. Prentice-Hall, Englewood Cliffs, NJ.
519. Waldorf D. (1983), Natural Recovery from Opiate Addiction : Some Social-Psychological Processes of Untreated Recovery. *Journal of Drug Issues*, 13, 237-280.
520. Walters G.D. (1994a), Discriminating Between High and Low Volume Substance Abusers by Means of the Drug Lifestyle Screening Interview. *American Journal of Drug and Alcohol Abuse*, 20(1), 19-33.
521. Walters G.D. (1994b), Drugs and Crime in Lifestyle Perspective. In J.A. Inciardi (ed.), *Drugs, Health, and Social Policy Series*, vol. 1, Sage Publications, Thousand Oaks.
522. Walters J.B., Apter M.J., Svebak S. (1982), Colour Preference, Arousal and the Theory of Psychological Reversals. *Motivation and Emotion*, 6(3), 193-215.
523. Watson D., Tellegen A. (1985), Toward a Consensual Structure of Mood. *Psychological Bulletin*, 98, 219-235.
524. Wheaton B. (1983), Stress, Personal Coping Resources, and Psychiatric Symptoms. *Journal of Health and Social Behavior*, 24, 208-229.
525. Widlöcher D. (1983), *Les logiques de la dépression*. Fayard, Paris.
526. Wikler A. (1973), Dynamics of Drug Dependence : Implications of a Conditioning Theory for Research and Treatment. *Archives of General Psychiatry*, 28, 611-616.
527. Wilson M.C., Hitomi M., Schuster C.R. (1971), Psychomotor Stimulant Self-Administration as a Function of Dosage per Injection in the Rhesus Monkey. *Psychopharmacologia*, 22, 271-281.
528. Winnicott D.W. (1968), *Processus de maturation chez l'enfant*. Payot, Paris, 1970.
529. Winnicott D.W. (1951), *De la pédiatrie à la psychanalyse*, Payot, Paris, 1969.
530. Winnicott D.W. (1971), *Jeu et réalité*. Gallimard, Paris, 1975.

531. Winnicott D.W. (1974), Le rôle de miroir de la mère et de la famille dans le développement de l'enfant. *Nouvelle Revue de Psychanalyse*, 10, 79-88.
532. Winick C. (1962), Maturing out of Narcotic Addiction. *Bulletin on Narcotics*, 14, 1-7.
533. Winick C. (1961), Physician Narcotic Addicts. *Social Problems*, 9, 174-186.
534. Winston G.C. (1980), Addiction and backsliding. *Journal of Economic Behavior and Organization*, 1, 295-324.
535. Wise R.A., Bozarth M.A. (1987), A Psychomotor Stimulant Theory of Addiction. *Psychological Review*, 94(4), 469-492.
536. Wishnie H. (1977), *The Impulsive Personality*. Plenum, New York, NY.
537. Woolfolk R.L. (1975), Psychophysiological Correlates of Meditation. *Arch. Gen. Psychiatry*, october, 1326-1333.
538. Woolverton W.L. (1992), Determinants of Cocaine Self-Administration by Laboratory Animals. In G.R. Bock, J. Whelan (eds), *Cocaine : Scientific and Social Dimensions*, Wiley, West Sussex, 149-164.
539. Wray I., Dickerson M.G. (1981), Cessation of High Frequency Gambling and « Withdrawal » Symptoms. *British Journal of Addiction*, 76, 401-405.
540. Wurmser L. (1994), Psychodynamics in Compulsive Drug Use. In J.D. Levin, R.H. Weiss (eds), *The Dynamics and Treatment of Alcoholism : Essential Papers*. Jason Aronson, Inc., Northvale, NJ, 176-206.
541. Young A.M., Herling S. (1986), Drugs as Reinforcers : Studies in Laboratory Animals. In S.R. Goldberg, I.P. Stolerman (eds), *Behavioral Analysis of Drug Dependence*, Academic Press, Orlando, FL, 9-67.
542. Zillmann D. (1984), *Connections Between Sex and Agression*. Laurence Erlbaum, Hillsdale, NJ.
543. Zinberg N. (1972), Heroin Use in Viet nam and the Uniteed States. *Archives of General Psychiatry*, 26, 486-488.
544. Zinberg N. (1974), The Search for Rational Approaches to Heroin Use. In P.G. Bourne (ed.), *Addiction*, Academic Press, New York, NY.
545. Zinberg N. (1984), *Drug, Set and Setting : The Basis for Controlled Intoxicant Use*. Yale University Press, New Haven, CT.
546. Zinberg N., Jacobson R.C. (1976), The Natural History of Chipping. *American Journal of Psychiatry*, 133, 37-40.

547. Zinberg N., Lewis D.C. (1964), Narcotic Usage I : A Spectrum of a Difficult Medical Problem. *New England Journal of Medicine*, 270, 989-993.
548. Zinberg N., Robertson J.A. (1972), *Drugs and the Public.* Simon & Schuster, New York, NY.
549. Zuckerman M. et al. (1964), Development of a Sensation-Seeking Scale. *J. Consult. Clin. Psychol.*, 28(6), 477-482.
550. Zuckerman M. (1969), Theoretical Formulations I. In J.P. Zubeck (ed.), *Sensory Deprivation : Fifteen Years of Research*, Appleton-Century-Crofts, New York, NY.
551. Zuckerman M. et al. (1972), What is the Sensation Seeker ? Personality Trait and Experience Correlates of the Sensation-Seeking Scales. *J. Consult. Clin. Psychol.*, 39, 308-321.
552. Zuckerman M. (1979a), *Sensation Seeking : Beyond the Optimum Level of Arousal.* Lawrence Erlbaum Associates, Hillsdale, NJ.
553. Zuckerman M. (1979b), Sensation Seeking and Risk Taking. In C.E. Izard (ed.), *Emotions in Personnality and Psychopathology*, Plenum, New York, NY.
554. Zuckerman M. (1983), Sensation Seeking and Sports. *Personality and Individual Differences*, 4, 285-293.
555. Zuckerman M. (1994), *Behavioral Expressions and Biosocial Bases of Sensation Seeking.* Cambridge University Press, Cambridge, UK.

Index des matières

Index des auteurs

Table des tableaux

Table des figures

Table des matières

Catalogue

Décembre 2001

Ahmat (Mahamat)	*Catalogue : Catermar*
Akel (François)	*Sodoghorre Tome I*
Akel (François)	*Sodoghorre Tome II*
Arnaud Benastruc	*Année lunaire (L')*
Bergez-Casalou (Jean-François)	*autre monde (Un)*
Bordes (Luc)	*Rides sur l'eau (Des)*
Brecy	*En marge*
Brument varly (Rémy)	*Grimes*
Buteau (Sébastien)	*ciel pour porter les fantômes (Un)*
Christine Charvin	*silence des étoiles (Le)*
Claude Michel	*Anneau ophidien (L')*
Cloutier (François)	*Rêve minéral*
Cumps (Thierry)	*parisien au cœur des Philippines (Un)*
Deparnay (Arnaud)	*Béatitude*
Drapeau (Alain)	*Année comme les autres (Une)*
Dupuy (Yvan)	*Opalines oniriques (Les)*
Gil WINNER	*idéal(e)... né(e) d'une rencontre (L')*
Guyard (Jean-Claude)	*âme d'un grain de sable (L')*
Hilaire (Stéphane)	*Découpages*
Jawdat Marrash	*Guide oriental de savoir vivre*
Juillet (Jacques)	*mort au volant (La)*

Juillet (Jacques)	*Qui va payer l'addition*
Laffitte (René)	*Contes distraits et nouvelles de*
Leforestier (Vincent)	*Gouffre (Le)*
Lourdel (Nicole)	*dernier été de l'adolescence (Le)*
Lourdel (Nicole)	*Fin d'hiver*
Manfred	*Gatsby Les Baloches*
Michel de la Baracine	*Parcours Atypique*
Nicolas	*Légendes des hommes*
Sarrazin (Claude-Gérard)	*Gémeaux de Bha (Les)*
Soulas (Johann)	*Et l'homme... demain?*

Novembre 2001

Alexandre	*mort tombe à pique (Le)*
Andrieu (Jean-Fernand)	*Tu le sais ! Je le sais... Alors?*
Anna Cordier	*Fille du boche (La)*
Anne Grandchamp	*Meurtre des trois places (Le)*
Bady (Yves)	*Conspiration des Cenci (La)*
Baugé (Rémi)	*Attachements*
Bertaud (Guy)	*Poésie*
Berti (Luciano)	*Prix pour le bien être (Le)*
Billet (Edmond)	*Planète Hortzieme*
Bonato (Bruno)	*Psychothérapie par le corps*
Bonelli (André-Jean)	*Loona*
Bostffocher (Bernard)	*Camp 4*
Brandao (Pierre)	*Vengeance séculaire*
Brémond (Guy)	*Morale*

Brienne (Raymond)	*Poussières d'enfance*
Brune (René)	*déportation du travail (La)*
Brunic Gérard	*Parcours de la limace (Le)*
Carbon (Marie-Madelaine)	*matin Svetlana (Un)*
Casier Loÿs (Isabelle)	*Association du solitaire (L')*
Cilibrazi-Roux (Nathalie)	*Amour, je te hai... me*
Claude Palmeti	*Croisés de l'enfer (Les)*
Claude Palmeti	*Rue sur les murs (La)*
Collard (Pierre)	*35 heures à la drogue, quelques problèmes (Des)*
Coubard (Christian)	*Aveux d'Isabelle (Les)*
Dartiguenave (Paul)	*Bretteville sur odon du XIX au XX siècle - La modernité*
Demaison (Elisabeth)	*Printemps suèdois (Le)*
Deschler (Louis Michel)	*TING*
d'Humières (Pierre)	*Rêve de Ihan (Le)*
Drupt (Bernard)	*Naissance d'un espion...*
Dussarps (Philippe)	*mort, le prix à payer (La)*
Eridan Melchizedek	*abécédaire apocalyptique de l'Etre Ange (L')*
Eridan Melchizedek	*abécédaire révolutionnaire de l'Etre Ange (L')*
Fuchs (Guy)	*Symphonie à deux en Nouvelle-Calédonie*
Fulconis (Marc)	*Sadaë*
Gellereau	*Tristes amours*
Guibert (Gérard)	*cobra du Mékong (Le)*
Hayat (Maurice)	*Goulette (La)*

Hérisson (Guillaume)	*Génération 0*
Imelda Rosset	*Arc en ciel d'une vie (L')*
Juillet (Jacques)	*Ce vieil André !*
Kaczmarek (Sylvie)	*T.T.P.M.*
Kurtz (Gérard)	*expert accuse (Un)*
Labidi (Samia)	*D. Le Zéro Neutre*
Laine (Bruno)	*Hypothèse de l'homme (L')*
Langavant (François)	*Histoires simples 1*
Lazzaro (Eric)	*Envers du décor (L')*
Le Cam (Dominique)	*Désirs Bleutés*
Leber (Philippe)	*52 donnes à la Une*
Leblanc-Maillane	*Nuit s'achève (La)*
Lefebvre (Albert)	*Madame de la Motte*
Lemaire (Yvan)	*Full Revenge*
Lise Nanteuil	*Ebène et l'ivoire (L')*
Lucien Richard	*Féline (La)*
Machefert (Jacques)	*amants du mort d'eau (Les)*
Mad Chicken	*Drôles de nouvelles*
Mamou Mani (Alain)	*rififi dans les start-up (Du)*
Marin (Nicolas)	*Aube Tome 1*
Marion Mercure	*Orphea, la rebelle américaine*
Max (Pierre)	*travail d'interêt général (Le)*
Michaud (Marie-Pierre)	*Haïti, Perle noire des Antilles*
Michel Herman	*Petit Archer (Le)*
Michèle Thoulon-Langlet	*Voulzie (La)*

Minard (Daniel)	*Templiers Gardiens de la Terre Sainte et de la Tombe du Christ (Les)*
Motus	*Chants discrets (Les)*
N. du Fié	*Giberne*
Ouaknine (Joseph)	*1001 histoires drôles 1*
Ouaknine (Joseph)	*1001 Histoires drôles II*
Ouaknine (Joseph)	*Péchés mignons*
Paschal (Francois)	*Eveil (L')*
Poznanski (Boris)	*Chansons mauves et visions noires*
Robert (Nicolas)	*Soldatenthal*
Robert-Reich (Michelle)	*Crabe (Le)*
Roly Vaer	*don inutile (Le)*
Sacchi (Henri)	*Cache tête*
Sanguie Lhamo	*Vers d'autres rives*
Sauvat (Eric)	*vie, des chiens (Une)*
Savard (Gérald)	*Dire l'ailleurs*
Sergio Berrocal	*Fidel Castro*
Sola (Jacques)	*Monde de Sophron (Le)*
Sommer (Gary)	*Réflexions et insolence*
Spielmann (Michel)	*Cavalier renversé (Le)*
Starosta (Jean-Claude)	*Rencontres et Amour*
Stéphane Nouvel	*Coups d'amour*
Stordeur (Michael)	*Messiah*
Tacchella (Xavier)	*de Rousillon (Une)*
Taurus (Ramon)	*Quelque part, la vie…, suivi de Voyage vocalisé*

Thioulouse (Valérie)	*Maminotte est de retour*
Van Vaeck (Christophe)	*an 1 roseau (L')*
Vaugeladc (Daniel)	*Salon physiocraphique des La Rochefoucauld (Le)*
Vial (Philippe)	*Antipode*
Vial (Philippe)	*Trident*
Vial (Philippe)	*Vesna*
Vincent Andre	*Quelques nouvelles du front*

Octobre 2001

Abbé de Vertot	*Histoire des chevaliers hospitaliers de Saint Jean de Jérusalem*
Ache Elcé	*Porte de l'Ange (La)*
AMI	*Comme un chant d'espoir*
Anne-Marie Lys	*Il est toujours l'heure de Dieu*
Apperce (Alexandra)	*Île froide (L')*
Attas (Victor)	*Sous le Pont d'Avignon*
Audebert (Pierre)	*Dernière page (La)*
Aurouet (Matthieu)	*réveil du Vieux Continent (Le)*
Bainier (Marie-France)	*Quinze nouvelles moins une*
Becquart (Donatien)	*lumières du Kelong (Les)*
Bege	*Petit essai de thermodynamique littéraire*
Bellieres (François)	*Île oubliée (L')*
Belvisi (Armand)	*Attentat (L')*
Bernard Paicheur	*Décadence*
Bettelheim (Valérie)	*Commando Forever*

Bettelheim (Valérie)	*Strip-tease philosophique*
Blanc (Michèle)	*Destinée, les nombres et les noms dans le Tarot (La)*
Bokobza (Yael)	*Confessions d'une poissarde*
Bonhomme (Dr Jean)	*culte napoléonien (Le)*
Brinet (Claude)	*Psychomachie ou les ébats farauds du cochon amoureux et du juge malade qui rendait la justice*
Brunelière (Raymond)	*Sauvetages en Méditerranée*
Cabanel (Jean)	*Juery*
Cadou (Francine)	*Beauté de l'âge (La)*
Callens (Eric)	*Alliance maudite du dernier Pharaon (L')*
Chapelle (Michel)	*Fleur immortelle*
Chapron (Jean-Michel)	*Nephrops Norvegicus L.*
Cieters (Charles)	*seconde enquête (La)*
Citti (Christiane)	*Ecran (L')*
Class	*Solitude, Bonheur ou Malheur*
Claude-Michel	*Mains liées (Les)*
Cohn-Rosenau (Walter)	*Miquette*
Cuvellier (Daniel)	*Poupées de Porcelaine*
Daspet (Nicole)	*Hortense tranche de vie*
de Bascher (Nicole)	*fille trop tranquille (Une)*
de Chantérac (Guillaume)	*Sans suite logique*
de Richemond (Paul)	*Preuves à l'épreuve*
Deparnay (Arnaud)	*Plein et délié*
Descoueyte (Marie)	*Transes Atlantiques*

Donon (Eric)	*R.A.C de Chichi (Le)*
Douillet (Pierre)	*Parents : quel fichu métier..!*
Douis (Jean-Claudc)	*Carnet de Bord'elles*
Drapeau (Alain)	*Pierrot de Montreuil*
Dutreil (Jacques)	*septième borne (La)*
Emil Aïkou	*Amour à mort*
Esther Joffe Israel	*Poème*
Fabien (Franck)	*Plaidoyer pour un métier peu ordinaire*
Février (Michel)	*Caballo obliga II*
Février (Michel)	*Cheval oblige II*
Gardien (Guy)	*Deodat Gratet de Dolomieu*
Garenne (Philippe)	*C'est la rentrée*
Gomez (Thierry)	*Pourquoi moi ?*
Gozzi (Marcel)	*Adolphe*
Graveleau (Daniel)	*Avec Magellan*
Green Turtle	*Carnet de Voyage-Travel note-Ireland*
Grenouillat (Jean-Paul)	*Colère*
Guibert (Gérard)	*Malédiction du Gerfaut (La)*
Guibert (Gérard)	*Mer Maudite (La)*
Guillemin (Christophe)	*Exil dans la tourmente*
Hammès (Liliane)	*Figures de proue*
Hart de Keating (Stefan)	*Pages d'une vie*
Hassoun-Lambert (Paul)	*Sulfures au corps*
Helson (Juliette)	*Regards féminins sur un monde qui ne l'est pas : l'Entreprise.*

Henno (Henri)	*Sum*
Hocine	*Demain est un autre jour*
Ian Manoa	*Superbrahman*
J P Garen	*Sorcières du marais (Les)*
Jean Baron	*Homo Erectus*
Jean Delahaye	*chemin de nos yeux (Le)*
Jean Lozi	*apprenti (L')*
Jegaden (Georges)	*Mais pourquoi donc a-t-on brûlé Giordano Bruno?*
Joly (Guy-Jean)	*Millenary chronology of the hospitallers of St John - OSJ*
Josset (Jean-Marc)	*Voyages virtuels*
Jouary (Pascal)	*Au même endroit du rêve*
Juillet (Jacques)	*coup des étrennes (Le)*
Juillet (Jacques)	*Dérapage*
Juillet (Jacques)	*Jeu de Crash Crash*
Juillet (Jacques)	*Piège à péage*
Koukoutsaki (Angeliki)	*Introduction aux techniques de la communication par l'image*
Kowal (Christian)	*Guide des croisements du Trotteur (Le)*
Lamaison (Nadine)	*Yeux de Pierre (Les)*
Lannes (Serge)	*Liberté de l'esprit et religions*
Le Guyadec (Yannick)	*Opération Madelone*
Lebleu (Olivier)	*Mike Brant : la voix du sacrifice*
Lebrun (Philippe)	*Histoires de coquelicots*
Léglise (Katia)	*fille des patrons (La)*

Lemaire (Yvan)	*Ames qui parlent (Les)*
Letellier (Paul-Eric)	*Pierrot*
Lohau (Christine)	*Bella (La)*
Manière (Nicolas)	*Bouquet sanglant (Le)*
Marie Martine	*Pages et Plume*
Martha Sémanne	*homme, planète de l'amour (Mon)*
Marty (Marie-claude)	*Toujours et jamais Tome 1*
Marty (Marie-claude)	*Toujours et jamais Tome 2*
Maubois (Caroline)	*Sybille*
Maxime Cazals	*Mémoires de vie*
Maxime Cazals	*Nature de la Vie et de la Mort (La)*
Mazodier (Nic)	*Bouche à Oreille (De)*
Micaux (Henri)	*decameron de Pamphile (Le)*
Montoya (Anne-Sophie)	*mot sur la table (Le)*
Mouchot (Dominique)	*Autre versant (L')*
Mouligné (Claude)	*enfant du siècle (Un)*
Mouligné (Claude)	*Jeanne*
Mouloungui (Clotaire)	*Manuel de droit Tome 2*
Mourgues (Thibaut)	*Jeunesse du mercenaire*
N'Diaye (Tidiane)	*longue marche des peuples noirs (La)*
N'Diaye (Tidiane)	*Passions créoles*
Oger (Bernard)	*Venables, une paroisse normande sous l'Ancien Régime*
Ouaknine (Joseph)	*Au-delà de la rivière*
OYANA	*Contes d'Ixto (Les)*

Pailler (Jean)	*marginale (La)*
Pailler (Jean)	*Repenser la République*
Panthier (Calliope)	*To vivlio tis mamas*
Perez de Obanos (Consuelo)	*Dépression (La)*
Peter (Jérôme)	*Il est temps*
Peyrillaud (Evelyne)	*l'autre côté du fleuve (De)*
Peyrillaud (Evelyne)	*rives du lac noir (Les)*
Peyrillaud (Evelyne)	*rouge vif des coquelicots (Le)*
Peyrillaud (Evelyne)	*terre des loups Tome 1 (La)*
Peyrillaud (Evelyne)	*terre des loups Tome 2 (La)*
Peyrillaud (Evelyne)	*terre des loups Tome 3 (La)*
Peyrillaud (Evelyne)	*vieux clown bariolé (Le)*
Phil Barnson	*Géhenne, itinéraire d'un demi-humain*
Pierre Zimmer	*vie est une langue étrangère (La)*
Pleigneur (Sylvain)	*Etreinte entre le loup et la lune*
Poyet-Roy (Evelyne)	*Sans être ni avoir*
Pradeau (Gérard)	*Creusois la droiture*
Rachel	*Poésie des cieux (La)*
Radochévitch (Serge)	*bonnes lunettes (Les)*
Rolland (Christian)	*Slyber*
Roly Vaer	*2 adolescents (Les)*
Rousse (Gérard)	*J'ai vraiment marché sur le chemin de Compostelle*
Roussel (Jean)	*Yigal d'Alexandrie*
Sabas (André)	*Basique, mon cher Watson*

Santos (Christophe)	*Qui êtes-vous Joncy ?*
Saurel (Virginie)	*9 Lunes*
Sébastien Iskelast	*Meute (La)*
Secco (Corinne)	*Apprentissages*
Serge Loxias	*Coutumes & Croyances*
Sergio Berrocal	*Ojo, prensa manipulada*
Sonja	*Vacances en Club*
Soufflet (Pierre)	*Educastration Nationale*
Starosta (Jean-Claude)	*femme du moulin (La)*
Tacher (Jocelyne)	*Geste (Le)*
Tanis	*Champagne !*
Tara de Fersenn	*Seigneur du Temps (Le)*
Tisserant (Sylvie)	*Rase-Motte, le nain de jardin*
Tissot (Gérard)	*Cahier (Le)*
Tissot (Laurence)	*Hymnes de notre cœur (Les)*
Tran (Edmond)	*Après Naufrage*
Tran (Edmond)	*Deux Mille ans et quelques*
Trapp (Jean-Marie)	*Autre bout de la lorgnette (L')*
Trigaux (Richard)	*Dumria*
Trigaux (Richard)	*planètes manquantes (Les)*
Vanstaen (Michel)	*A l'orée de mes doigts*
Veillon (François)	*Aphasie*
Venner (Yann)	*Calvacadences*
Venner (Yann)	*Camarde*
Venner (Yann)	*Voyaginaires*
Viquerat (Thierry)	*Pierre Brute*

Voiton (Christian)	*Cancan le petit colvert*
Voiton (Christian)	*Chasses à Madagascar & ailleurs*
Wieder (Roland)	*Télé-bijoux, télé-ripoux*
Zelda	*Chameau en peluche (Le)*

Septembre 2001

Abad (José)	*Homme qui ne baisse jamais sa garde (L')*
Abiteboul (Olivier)	*Crépuscule des préjugés*
AFDIT ()	*droit de l'informatique à l'aube du 3ème millénaire (Le)*
Ahmat (Mahamat)	*Guide linguistique pour voyager en Egypte*
Aimé le Rouge	*Icona*
Angoué-Ondo (Jean-Mathieu)	*Ligne Rouge Sang (La)*
Angoué-Ondo (Jean-Mathieu)	*Par delà les siècles des siècles*
Arfeuillère (Philippe)	*âme des bois (L')*
Arquier-colom (Patrick)	*Horreurs supplices cauchemars*
Baladier (Thibaut)	*si long Dimanche (Un)*
Barbé (Jean)	*A vrai dire*
Barneron (Pierre)	*prédateur du vercors (Le)*
Baudouin (Dominique)	*Entre enfer et paradis*
Bellaigue (Bertrand)	*Au delà de l'exil Tome 1*
Bessière (Stéphanie-Joséphine)	*Nuit sous les étoiles (Une)*
Bloch (Louis)	*goût des fraises (Le)*

BMX	*Marquise d'Erostroyes (La)*
Borel (Louis)	*A travers champs*
Brabant (Hervé)	*Chant des Roches (Le)*
Brechbuhl (Philippe)	*Réveil d'Aphrodite (Le)*
Brémond (Guy)	*pauvre (Le)*
Brémond (Guy)	*travail vole au secours des riches en volant les pauvres (Le)*
Brousse-René (Josiane)	*Mémoires... de chien (Mes)*
Cabanel (Jean)	*Aménager les paysages*
Cabanel (Jean)	*Dossier jaune*
Candian (Frédéric)	*sceau de Succubath (Le)*
Canella (Bruno)	*Instants inachevés*
Carpentier (Violeta)	*Opium*
Carven	*Désagrégation (La)*
Catherine Podgorski	*Charlatan, Scélérat, Menteur ! Je vous présente mon employeur*
Christian Delays	*Couleurs de vie*
Christiane Puech-Orliac	*école en otage (L')*
Claude Hyc	*Stéphanie*
Claude Pierre	*Bee*
Claude Pierre	*Emigré entre deux coeurs*
Claude Pierre	*Pour l'amour d'Alexandra*
Clement (Denise)	*aussi long silence (Un)*
Cybermarie	*Pseudo Cyber Marie*
Dan Zelter	*équilibre et l'émotion (L')*
Danièle Déon-Bessière	*Zita et Farah*

Darblade (Marie-Laure)	*Unique pureté (L')*
Delmas (Frédéric)	*Entre la Ligne 6 et la ligne 12*
Delsaut (Pierre)	*immobilier d'entreprise et la procédure d'agrément en Ile de France (1955-2000) (L')*
d'Hennezel (Philippe)	*Dérives Virtuelles*
Dodeman (Anne-Sylvie)	*Marie de Chair*
Ducasse (Franck)	*contes univoques (Les)*
Ducrocq (Alexandre)	*Fyrinn Kaal, l'Epée du dragon*
Emil Aïkou	*Shark*
Eriola (Sikirou Akandé)	*Au gré des Pensées*
F. Klein	*Dérives*
Fabrice Borderie	*Chronos*
Falguiere (Jean-Bruno)	*Il à L'Elle (L')*
Feeser (Richard)	*Nentybee*
Ferri (Tony)	*Répit (Le)*
Geneix (Laurent)	*Ruelle de la ponne cassée*
Georges Willy	*bon roy Dagobert (Le)*
Gomiéro (Annie)	*Séjour pittoresque à Uriage-Les-Bains*
Jacquemin (Jean-Pierre)	*En marge des hivers*
Jean-Pierre Lajeunesse	*SOS ! Sentiers battus*
Jeff Gelli	*Dernière baise (La)*
Jérémy K. Pierron	*Entre Espérance et Déchéance*
Joly (Guy-Jean)	*Chronologie millénaire des hospitaliers de Saint-Jean OSJ*
Jose Jorge Letria	*Et cette nuit devint avril...*

Ouaknine (Joseph)	*Miroir aux Alouettes (Le)*
Pericault-Dallu (Nanou)	*Ephémérides d'un coeur (Les)*
Pettinotti (sylvain)	*Bienvenue à Paris*
Pfersdorff (Arnault)	*momie du TGV (La)*
Pons (Florence)	*Carnet à Arabesques (Le)*
Poulain (Capucine)	*Lioah*
Prevost (Daniel)	*Sigmund et Raymond*
Renée Philip	*Meurtre à l'ANPE*
Reyt (Jean-Nicolas)	*agresseur (L')*
Roussel (Jean)	*vies ordinaires (Des)*
Schérer-Barthe (Nicole)	*corbeau ou la bécasse (Le)*
Secco (Romain)	*Voyage des Troyens (Le)*
Serguiev	*Falaise (La)*
Seyfried (Alain)	*Attimo sublime (L')*
Seyfried (Alain)	*Minute sublime (La)*
Seyfried (Alain)	*Smoky (version française)*
Seyfried (Alain)	*Smoky (version italienne)*
Simon (Pierre)	*deux pieds, les deux mains dans le médicament (Les)*
Taminau (Laurent)	*espoir (L')*
Thierry Walter	*Affaires sont les affaires (Les)*
Thillou (Laurent)	*Poèmes et pensées décapantes d'un rustre paysan*
Thirion (Jean Benoît)	*loi de poisson (La)*
Thuyen Nhis	*En un certain ordre rassemblés*
Tisserant (Sylvie)	*Meurtre à la Défense*

Tisserant (Sylvie)	*Omega*
Véronique GAITTE	*Voile Blanche (La)*
Vic Veneto	*Prends-moi la tête, Natacha*
Wiart-Teboul (Hélène)	*âne, as-tu mal à la tête ? (Mon)*

Août 2001

Artpainter Cat	*habitants du monde clos (Les)*
Bourgois (Magalie)	*Vies Interdites*
Jean Delahaye	*Apogées*
Mutschler (bernard)	*Contes pour adultes*
Nataf (Fernand)	*Savoir des pensées sans (trop) dépenser*
Vincent Morgan	*Bonjour l'angoisse !*

Juillet 2001

Benmchich (Hasfa)	*Malédiction (La)*
Chaine (Gérald)	*Chiens d'Orcus (Les)*
Corbasson (Nadine)	*Maudit soit le dernier jour*
Delpech (Michèle)	*Amour et Contrariété*
Lancereau-Forster (Nicole)	*Dame au Camescope (La)*
Lucien Desprez	*croisade des Jouvenceaux (La)*
Milena Vereb	*Baobab des chacals (Le)*
Morize (Jacques)	*Terra*
Obert (Patrice)	*Pour accueillir bébé*
Ouaknine (Joseph)	*Meurtre au salon du livre*
Palmeira (Katy)	*Vie en filigrane (La)*

Reid-Ellis (Afredo)	*Causes et conséquences économiques, politiques et culturelles de la migration dans l'aire des Caraïbes et l'Amérique centrales au XXème siècle*
Roux (Chantal)	*Ramollo*
Vincent (Eric)	*Alexa Sarbacane, détective extralucide : Episode 1*

Juin 2001

Bernard (Georges)	*Connaissance et vérité*
Cabrol (Guy)	*briquet d'Isabelle (Le)*
Clément (Stève)	*Errance*
Commarmond (Yves)	*Enigme de Mèze (L')*
Danielle Kéréveur	*poupée aux yeux crevés (La)*
Gori (Jennifer)	*Enfer et contre tous*
Jammet (Olivier)	*Sceptre de Podengo (Le)*
Kirsch (Antoine)	*contes, oniries, extravagances, exploits et aventures de l'exceptionnel et sublime Joachim Fritz Toto Ganzplum von Pampernickel d'Atlantide de Carabosse (Les)*
Max Maurice	*Prêt-Vers*
Michel Marié	*Pavés de L'Enfer (Les)*
Panetier (Laurent)	*Faute de mieux*
Tonic (François)	*Question d'Histoire*
Wach (Didier)	*Atlantis Galactica 1*

Mai 2001

Andreu Sanchez (Enrique)	*Merlancolie*

Claude Michel	*Psy... en liberté*
Claverie (Roger)	*côté des hamptons (Du)*
Claverie (Roger)	*Marie d'Angoust*
Collet (Xavier)	*J'aime tout sauf le titre*
Florence Lafeuille	*Maigrir heureux*
Foucard (Jean-Paul)	*Au delà des apparences*
Kamsu Tchuente (Joseph-Marie)	*Jalousie mortelle*
Loonis (Eric)	*Orcus*
Michel (Yves)	*Imprécis d'écomie polémique*
Moreau Burtschell (Marie-Claude)	*Fleur l'âge de la raison*
Pailler (Jean)	*Kafka - Sortie de scène*
Pascal Valérian	*Mots pour grandir (Les)*
Pasquet (François)	*Talisman Vert (Le)*
Pier-Paolo Conti	*Chancre (Le)*
Saunier (Marc)	*Comme le loup*
Thomassin (Eléonore)	*fête des mères (La)*
Tillié (Stéphane)	*printemps de femmes (Un)*

Avril 2001

Bege	*KG 24,189*
Bonnavion (Jean Pierre)	*E Pericoloso Spogersi*
Claverie (Roger)	*Forth Worth*
Else Rodgers	*Alexandra*
Etienne (Philippe)	*Poèmes*
Fabre (Jean-Luc)	*Eté des Fontanilles (L')*

Gerard Helmey	*Orans*
Gouarin (Maurice)	*Parcours*
Jerzy MILA	*Alice et Léopold*
Juanola (Denis)	*Virtualodrome*
Leboisselier (Guillaume)	*mal tournée (La)*
Portlock (Véronique)	*Correspondidos*

Mars 2001

Arfeuillère (Philippe)	*fièvre au coeur (La)*
Azais (David)	*Irène et lui*
Bege	*Humeurs couchées sur papiers couchés*
Carl Alexandre	*petites vacances illustrées de mes 4 ans (Les)*
Cazenave (Guillaume)	*A l'adresse d'Ilona*
Christine Robion	*Marie-Jeanne*
Crucy (Patrice)	*cordes frappées (Les)*
Géraldine Bosné	*Abeced'airs qu'on dit si on est*
Goyenetche (Pierre)	*cuisine (Ma)*
Guillaume (Gilles)	*Réflexions de dix ans*
Joseph Viela	*Tyro le Tyran*
McCracken (Elisabeth)	*complexe de Laïos (Le)*
Miquel (Christian)	*Chaos et la lumière Tome 1 (Le)*
Miquel (Christian)	*Chaos et la lumière Tome 2 (Le)*
Miquet (Guy)	*Classe dingue*
Moreau (Soizic)	*Chevalier de la république (Le)*
Moreau (Soizic)	*Déchirures*

Nottrelet (Jean Louis)	*Chalet Oublié (Le)*
Pailler (Jean)	*Anamnèse*
Pierre Alain	*Mical*
Priels (Hervé)	*femme interdite (La)*
Sergio Berrocal	*Principio y fin en La Habana*
Victor Hash	*éveil de Victor H (L')*

Février 2001

Beziau (Christian)	*Amante Religieuse (L')*
Binaud (Gaston)	*fiancée si parfaite (Une)*
Christos Siderakis	*Voyelles*
Claire Casamby	*Cactus flower's*
Demaison (Elisabeth)	*délices de la cuisine Oranaise (Les)*
Demaison (Elisabeth)	*hiver tyrolien (L')*
Francis Van	*Chroniques d'un voyage en Catharie*
Gozzi (Marcel)	*Autopsie d'un licenciement*
Joseph viela	*Pepiot*
Joseph Viela	*Rimailles*
Lace (Laurent)	*Fièvres*
Loonis (Eric)	*structure des fantasmes érotiques (La)*
Mia cage	*Autopsy*
Mike Selinas	*Bonheur où es-tu ?*
Puzzle	*Jeu de société Tome 1, puzzle*
Puzzle	*Jeu de société Tome 2, puzzle*
Rastegar (Ali)	*enseignant et le mendiant (L')*

Sergio Berrocal	*Ojos Verdes*

Janvier 2001

Aurore Amro	*Dans les jardins d'Allah*
Bellaigue (Bertrand)	*Au delà de l'exil Tome 2*
Billet (Charles)	*tête à l'envers (La)*
Cornillon (Michel)	*Eden : les chemins de l'ouverture 2*
Cornillon (Michel)	*Judith : les chemins de l'ouverture 1*
Dandeville (Annick)	*mémoires de sable (Des)*
de Chantérac (Guillaume)	*Testament d'une saison*
Emma	*Fleurs de Lys*
Gaunet (Marie)	*Effervescence*
Gene (Fred)	*illuminé de la pleine lune (L')*
Genillard (Pierre-Alain)	*errance mortelle (L')*
Gozzi (Marcel)	*Afin que nul n'oublie*
Guinot (Jean-Loup)	*miel au Curare (Du)*
Jammet (André)	*Quand un fait divers vous tombe dessus*
Jean Meniande	*Rikiki 1er, maire de Paris par intérim*
John Le Pitch	*Courriers des vecteurs*
Leroy (Jacques)	*Novelettes*
Mario Low	*élixir (L')*
Mario Low	*mythe (Le)*
Miquet (Guy)	*Big Bang dans les Alpilles*
Morel Castells (Pierrette)	*Ephémère*
Moyne (Paul)	*Cogito ergo mundus vivit*

Noirret (Michel)	*Connard*
Omont (François)	*années Vert de Gris (Les)*
Onof (Jérôme)	*Kâhlinoshâh*
Perron (Laurent)	*Degrés°*
Yannis Kolkhos	*Idylles*

Décembre 2000

Barrois (Jean-Louis)	*Otahi*
Bege	*foin dans la culture (Du)*
Beziau (Christian)	*dernier défi (Le)*
Beziau (Christian)	*Don de soi (Le)*
Dessay (Laurent)	*Chrysalide*
Do Ngoc (Tran)	*potée Kabylo-Tonkinoise (La)*
Féraud (thierry)	*On s'est promis*
Francine Garaude	*Sous Sein (Le)*
Frankie angelo	*A l'Est de Pecos*
Hailon (Fred)	*Alter-natif*
Jose Jorge Letria	*Karl Marx : l'ultime témoignage*
Louvel (Franck)	*Bout du Monde Tome 1 (Le)*
Louvel (Franck)	*Bout du Monde Tome 2 (Le)*
Mario Low	*mémoires de Cassandre (Les)*
Omont (François)	*Propos bougons et autres*
Patrick Bent	*Enfer du décor (L')*
Quimfumu (José Kiangani)	*Athéna et le paradis perdu*
Surin (Roger)	*homme qui regarde les étoiles (L')*
Tavernier (Michel)	*grand jeu de la réalité (Le)*